明师厚德　钻坚仰高

——沈祖炎教授从教 60 周年纪念文集

同济大学土木工程学院建筑工程系　编

图书在版编目(CIP)数据

明师厚德 钻坚仰高:沈祖炎教授从教60周年纪念文集/同济大学土木工程学院建筑工程系编. -- 上海:同济大学出版社,2015.11
ISBN 978-7-5608-6061-9

Ⅰ.①明… Ⅱ.①同… Ⅲ.①沈祖炎—纪念文集 Ⅳ.①K826.16-53

中国版本图书馆CIP数据核字(2015)第261008号

明师厚德 钻坚仰高——沈祖炎教授从教60周年纪念文集
同济大学土木工程学院建筑工程系 编

责任编辑 高晓辉 马继兰　责任校对 张德胜　封面设计 陈益平

出版发行	同济大学出版社　www.tongjipress.com.cn
	(地址:上海市四平路1239号 邮编:200092 电话:021-65985622)
经　销	全国各地新华书店
印　刷	上海中华商务联合印刷有限公司
开　本	889 mm×1 194 mm　1/16
印　张	18
插　页	12
字　数	584 000
版　次	2015年11月第1版　2015年11月第1次印刷
书　号	ISBN 978-7-5608-6061-9
定　价	168.00元

本书若有印装质量问题,请向本社发行部调换　　版权所有　侵权必究

序 一

沈祖炎院士1955年大学毕业后一直在同济大学执教，从事教学、科研和管理工作，至今已有60年。沈先生不仅在科学研究上成果卓著，在教学改革、人才培养及学校管理上也作出了突出贡献。他于1985年至1995年担任同济大学副校长，分管教学、科研和学科建设以及教师职称评定等工作。我在1989年至1995年间曾任校长助理和副校长，辅佐沈校长工作。

在学科建设上，沈先生为同济大学实现综合性大学的战略目标，提出了不少具有前瞻性的举措：他倡导建立了同济大学文科发展委员会，将当时仅从事教学工作的文科教师凝聚到学术研究的方向上，为此还创建了同济大学学报文科版；他提出了设立生物医学工程学科的建议，为同济恢复医学学科作了早期铺垫；即使在当时作为强项的同济工程学科中，他也敏锐地捕捉到未来的发展趋势，力主并推进了汽车专业的建立，组建了计算机CAD中心等，为不同于传统土建学科的学科新增长点谋篇布局。在这些影响到学校日后发展的重大决策的谋划和实施中，沈先生的思虑可谓站高望远，具体推进的步骤可谓举重若轻。

在教学管理上，沈先生主持了同济大学教学质量保证体系的研究。在沈先生的努力下，同济大学建成了行之有效、长期坚持、全面覆盖的教学质量保证系统，制定了相关的标准、要求，创造了一系列的制度、组织和运行方式，成为全国高校的范例。为此，同济大学的"全方位监控、循环闭合的本科教学质量保证体系的构建与实践"获得2008年上海市教学成果一等奖，同济大学的"全方位监控、多阶段跟踪、持续性改进、本研全覆盖的质量保证体系建设与实践"获得2014年国家级教学成果二等奖。

在人才培养上，沈先生身先示范，他主编的《钢结构基本原理》为"十五"国家级规划教材，2002年评为教育部全国高等学校优秀教材一等奖；主编的《房屋钢结构设计》为"十一五"国家级规划教材，2009年评为全国精品教材。他主编的这两本教材为我国土木工程专业教学提供了系列教材和参考书，在有关高校广泛使用。此外，他主持的《钢结构学科创新型人才培养教学体系建设》，获得了2009年上海市教学成果特等奖和国家级教学成果二等奖。他本人也于2006年获得全国"第二届高等学校教学名师奖"。

沈先生为我国土木工程专业教育的改革作出了重要贡献。他连续担任最早三届全国高校土木工程学科专业指导委员会主任,在他任该职期间,推动了我国土木工程专业从窄的专业方向教育向宽口径专业教育的实施,主持专业指导委员会制定了完整的土木工程专业(本科)培养目标、培养方案及课程设置等基本文件,使当时全国200余所设有土建类专业的院校实现了拓宽专业的转变。沈先生自1993年还连续担任最早的两届全国高校土木工程专业评估委员会主任,创立了我国第一个工程专业——土木工程专业评估认证制度,促进了我国工程教育以培养合格工程师为目标的改革,使我国早在1998年即实现了与英国土木工程专业评估结论的互认,提升了我国工程教育的国际地位。

我担任同济大学校长之前,有相当多的时间是在沈校长指导下工作的。跟随他工作,我受益良多。他治学严谨,作风缜密。特别令我印象深刻的是,他对学校教学、科研及学科发展,包括师资队伍等方方面面的了解至深。谈起同济的人和事,他如数家珍。为同济教学科研学科建设争取空间和资源,他据理力争,不遗余力。这充分反映了沈校长对同济大学的热爱。

沈先生从教60年,为人师表,著作等身,教书育人,桃李天下,待人谦和,提携后进,是同济大学的骄傲,也是我们崇尚学习的榜样。

衷心祝贺沈祖炎院士从教60年。

是为序。

吴启迪

教育部原副部长

同济大学前校长

2015年10月25日

序 二

同济大学土木工程学院建筑工程系将举办沈祖炎教授从教60周年庆祝活动,特意邀请我为《明师厚德 钻坚仰高——沈祖炎教授从教60周年纪念文集》作序。作为祖炎教授的老同学、老朋友,我感到非常高兴,欣然提笔,表示由衷的祝贺!

祖炎教授1951年和我同一届考入上海交通大学土木系,1952年经院系调整来到同济大学攻读工业与民用建筑结构专业。他在班上年龄虽小,但学习认真刻苦,很有方法,成绩一直名列前茅,毕业后得以留校任教。他在同济大学工作至今60载,在科研和教学方面作出了重要贡献,也为同济大学钢结构学科在国内外赢得了声誉。

1955年我们毕业时,国家百废待兴。由于钢产量有限,钢结构相关科研及工程实践很不活跃,但祖炎教授从那时起就一直专注于钢结构领域的研究,成果特色鲜明。首先,他基础理论研究涉猎广泛,在厂房钢结构、高层钢结构、大跨度钢结构和冷弯薄壁型钢结构的双重非线性分析、稳定极限承载力、局部屈曲和局部-整体相关屈曲、抗震性能、损伤累积以及设计理论等方面均取得了重要的成就,先后获国家级和省部级科技进步奖30多项;其次,他的研究成果和技术标准编制紧密结合,先后主(参)编钢结构有关技术标准近20部,建国后我国钢结构领域首次编制的诸多技术标准都有他的重要贡献;同时,他非常注重理论与实践相结合,研究成果为上海中心、上海东方明珠电视塔、国家大剧院、上海浦东国际机场航站楼、上海八万人体育场、上海大剧院、上海国际会议中心、上海国际博览中心、广州新体育馆、南京奥体中心等国内钢结构重点工程的建设提供了重要技术支撑。另外,祖炎教授作为全国和上海市超限高层建筑工程抗震设防审查专家委员会专家,先后参加上海环球金融中心、中央电视台新主楼等300余项超限工程的审查,为全国,特别是上海地区重大工程的安全建设作出了卓越的贡献。

同时,祖炎教授心系我国钢结构行业的发展,虽耄耋之年,仍热情不减。从这本纪念文集收录的代表性论文、媒体访谈和学生回忆短文也可以看出,他一直非常关注钢结构行业产业发展模式、人才培养方式及创新模式等研究;倡导钢结构的推广应用需充分发挥其"轻""快""好""省"的特点,利用好钢结构抗震性能的特点;呼吁在当前积极推进建筑工业化进程中要注重对建筑工业化本质和内涵的思考等,在业内反响强烈。

祖炎教授桃李满天下,60年来为钢结构行业培养了大批的优秀人才。这也是我们作为一名教育工作者最为欣慰的事情。

最后,再次祝贺沈祖炎教授从教60周年取得的卓越成就,衷心祝愿老同学身体健康!

董石麟

浙江大学教授

中国工程院院士

2015年9月于浙大玉泉

前　言

从 1955 年 7 月起,同济大学土木工程学院建筑工程系资深教授、中国工程院院士沈祖炎先生在同济大学从教已届 60 周年。沈祖炎先生从教 60 年来,辛勤耕耘三尺讲台,潜心学术研究、积极服务于国家的重大工程建设,曾经担任过同济大学副校长、研究生院院长、土木工程防灾国家重点实验室主任以及国内外众多学术组织的重要职务,在人才培养、科学研究、学科建设、教育管理、国际交流、钢结构行业发展、产学研合作以及重大工程建设等各个领域作出了卓越贡献,取得了非凡成就。沈祖炎先生是我国钢结构学科的泰斗、钢结构行业的大帅,治学严谨,造诣深厚,成果丰硕,著作等身。沈祖炎先生桃李满天下,培养了 130 多名硕士和博士研究生,这些学生毕业后都已成为国内外高校、设计院、施工企业、研发机构、房地产企业以及政府管理部门等单位、行业的优秀骨干和领军人物。

为了回顾和纪念沈祖炎先生 60 年来的从教生涯,我们编纂了本纪念文集。这本纪念文集的独特之处在于不是简单地汇集沈祖炎先生以往发表的专业学术论文,而是着重展示沈祖炎先生的工程教育与改革思想、创新人才培养理念、对钢结构产学研发展与实践的思考,并反映行业、媒体和学生们对沈祖炎先生的客观评价和感念。希望对我国高等院校土木工程专业教育、学科建设和行业发展有所裨益。同时,我们也将沈祖炎先生所发表的学术著作、论文以目录的形式列于书后,为广大科研和工程技术人员的检索查阅和学习参考提供一定的方便。

在沈祖炎先生从教 60 周年之际,我们借纪念文集的出版向沈祖炎先生表示崇高的敬意和祝贺,真诚感谢他所作的杰出贡献,衷心祝愿他安康长寿、家庭幸福!

纪念文集编辑委员会

童乐为　罗　烈　李元齐　孙飞飞　罗晓群　郭小农　罗金辉　王烨华　钱爱民
张其林　邓长根　丁洁民　陈以一　李国强　罗永峰　王人鹏　赵宪忠

目 录

序一/吴启迪 /I
序二/董石麟 /III
前言 /V

沈祖炎教授从教 60 周年简介 /1

教 育 思 想

21 世纪建筑工程及技术对力学的挑战 /9
Professional Accreditation for Civil Engineering Programs in China and International Recognition /20
挑战与突破——土建类专业人才培养方案及教学内容体系改革的研究 /24
Integrating Engineering Education in China into International Practice—An Irresistible Trend /29
采取最有效的方法来培养学生 /37
《土木工程概论》综述 /39
土木工程专业人才的知识结构 /50
研究生与导师关系变化明显 /63
土木工程专业创新型人才培养的设想 /65
知识经济时代的工程教育 /74
知识经济时代的高等工程教育——沈祖炎院士访谈纪要 /78

行 业 剖 析

上海城市防灾救灾现状及科研发展研究 /87
从几个重大工程中标方案引发的思考 /90
关于在四川地震灾区永久性住宅建设中采用钢结构体系的若干建议 /96
我国钢结构住宅发展前景及其关键问题 /101
促进我国建筑钢结构产业发展的几点思考 /110
中国建筑钢结构技术发展现状及展望 /119

如何扩大钢结构应用范围？	/134
促进我国建筑钢结构产业发展的技术政策研究	/137
钢结构学科的发展现状及前沿发展方向研究	/144
建筑工业化建造产业发展的技术政策思考	/159
我国钢结构设计理论与技术标准发展历程与展望	/165
上海及长三角地区建筑钢结构产业发展协同创新机制研究	/170
优秀建筑与结构	/184
建筑工业化建造的本质和内涵	/193

媒 体 之 声

乐育英才	/201
挺起钢结构中国脊梁——中国工程院院士著名钢结构专家沈祖炎教授	/205
红烛闪亮抒真情——记第二届"高校教学名师奖"获得者沈祖炎院士	/209
学识渊博，刚直不阿——中国工程院院士、同济大学教授沈祖炎独家专访	/213
专访中国工程院院士、同济大学教授沈祖炎	/218
"教师的责任最为重大"——沈祖炎院士分享60年为师、从教之道	/220

师 生 友 谊

六十年杏坛耕耘，门庭桃李遍天下；数十年钢构遨游，辉煌成果誉神州	姚念亮	/227
亦师亦友——回忆我与沈祖炎院士的友谊	汪大绥	/228
受惠日久　觉悟渐开——写在沈祖炎先生执教60年之际	李　杰	/230
沈老师引领我进入钢结构科学研究的殿堂	李国强	/231
师恩如山——记沈先生对我影响至深的几件事	丁洁民	/233
记沈先生对我指导的几个片断	陈以一	/235
简言从师之获	罗永峰	/237
回眸，感恩，敬佩	童乐为	/238
我与沈先生(诗词4首)	徐忠根	/240
感言	叶继红	/241
沈老师、同济、交大和我	赵金城	/242
恩师沈祖炎先生从教60周年庆祝随想	李元齐	/244
支撑起我国钢骨大厦的人——记同济大学结构工程学科带头人、 　　博士生导师——沈祖炎教授	孙飞飞　童乐为　曹文衔	/246
桃李不言，下自成蹊	赵宪忠	/250

沈祖炎教授学术专著、论文目录	/252
沈祖炎教授指导的研究生、博士后名录	/270
主要成果	/271
编后语	/278
沈祖炎教授留影选	/279

沈祖炎教授从教 60 周年简介

沈祖炎院士,浙江杭州人,出生于 1935 年 6 月 5 日。同济大学教授、博士生导师,长期从事土木工程钢结构领域的教学、科研和工程实践工作,研究方向主要为钢结构稳定、抗震及非线性分析理论及设计方法等。曾任同济大学副校长、上海防灾救灾研究所所长、土木工程防灾国家重点实验室主任、全国高校土木工程专业指导委员会主任及评估委员会主任、教育部工科院校科学技术委员会土木学组组长、上海市建设管理委员会科学技术委员会副主任、美国结构稳定研究委员会委员、国际桥梁与结构协会钢木结构委员会委员等。现为土木工程防灾国家重点实验室学术委员会常务副主任、中国工程建设标准化协会轻钢委员会副主任委员、中国工程建设标准化协会钢结构委员会常务委员、中国钢结构协会结构稳定与疲劳协会副理事长、国家土建结构预制装配化工程技术研究中心学术委员会主任、上海金属结构行业协会名誉会长、英国土木工程师学会(ICE)和英国结构工程师学会(IStructE)资深会员(Fellow)。2005 年当选为中国工程院院士。

沈祖炎先生自小学到高中都在上海私立南洋模范中小学学习,1951 年 7 月高中毕业后,以第一名的优异成绩考入上海交通大学土木系,从此开始了他与土木工程的不解之缘。

1952 年 8 月沈祖炎先生随高等院校院系调整转入同济大学结构系就读工业与民用建筑结构专业,其间由于优异的学习成绩和专业素养,作为在读大学生于 1954 年参加了由吴景祥、戴复东、张问清、李寿康、郑大同等教师主持的同济大学南、北教学楼和文远楼的工程设计工作。

1955 年 8 月沈祖炎先生于同济大学毕业后留校任教,开始了他至今已达六十年的从教生涯。

1955 年 9 月至 1960 年 10 月,任同济大学结构系钢结构教研室助教。

1960 年 11 月至 1980 年 3 月,任同济大学建筑工程系钢木结构教研室讲师,其间于 1978 年 1 月至 1980 年 3 月,任同济大学建筑工程系钢木结构教研室副主任。

1961 年 10 月,为了培养一批高、中、初级研究人员在内的基本力量,同济大学对优秀的青年教师试行在职研究生制度。沈祖炎先生被列入同济大学科学研究部正式提出需要重点培养、重点支持的 55 名教师名单,于 1962 年 3 月至 1966 年 8 月在王达时教授的指导下攻读同济大学结构理论专业金属结构方向在职硕士研究生。

1978 年国家在高等院校恢复招收研究生,沈祖炎先生成为首批硕士研究生导师。

1980 年 12 月至 1984 年 6 月,沈祖炎先生任同济大学建筑工程系(结构工程系)副教授,其间于

1980年4月至1982年1月,以高级访问学者身份在美国里海大学(Lehigh University)Fritz研究所从事研究工作,同时担任美国结构稳定研究委员会(SSRC)技术秘书。

1982年4月至1984年6月间担任同济大学结构工程系副主任。

1982年6月,同济大学决定由结构工程系王达时教授和孙钧教授分别作为学术带头人成立科研组,沈祖炎先生为王达时科研组骨干成员。

1983年1月同济大学结构工程系制订"1983年至1985年科研近期规划",沈祖炎先生同时成为"钢结构稳定理论及海上平台结构"(王达时,沈祖炎等)、"大跨及高层建筑钢结构"(沈祖炎,潘士劼)和"薄壁钢结构研究"(沈祖炎)方向的主要成员。

1984年6月起,沈祖炎先生任同济大学教授,并于1984年被国务院学位委员会特批增列为博士生指导教师。

1984年8月至1995年6月间沈祖炎教授担任同济大学副校长,主管教学、科研和技术职称评审工作,并于1989年2月至1993年2月间兼任同济大学研究生院院长,1992年12月至1994年2月间兼任同济大学函授学院院长。

1989年至2003年,沈祖炎教授先后担任第一、二、三届全国高校土木工程专业指导委员会主任,1993年至2003年先后担任第一、二届全国土木工程专业评估委员会主任。

2005年沈祖炎教授当选为中国工程院院士。

由于沈祖炎教授在土木工程教学和科研方面取得的卓越成就,他于1987年获得"上海市普通高等学校先进教育工作者"称号,1988年荣获人事部颁发的"中青年有突出贡献专家"称号,1998年获国务院"政府特殊津贴",1990年获"全国高等学校先进科技工作者"称号,1991年获上海市"科技精英"提名,2001年获"全国模范教师"称号,2006年先后获得"同济大学校长奖"、上海市"第二届高等学校教学名师"奖和全国"第二届高等学校教学名师"奖,2011年获上海市"教书育人楷模"提名奖。

沈祖炎院士长期坚持在教学一线为土木工程专业的本科生和结构工程方向的研究生授课。他始终认为:传道、授业、解惑永远是大学教师的第一职责,大学的职能就是要为国家培养高级人才,教师的教学工作责任重大,必须教给学生必要的知识,而且要采取最有效的方式来培养学生。为此他不断钻研教学方法,总结教学经验,先后出版了《钢结构基本原理》(普通高等教育"十五"国家规划教材)、《房屋钢结构设计》(普通高等教育"十一五"国家规划教材)、《钢结构》(全国推荐教材)、《网架与网壳》等一系列优秀教材。

在培养研究生的过程中,沈祖炎教授一方面坚持对研究生的高标准、严要求,另一方面又给予学生宽松的学术自由。他要求学生在科研工作中要发挥主观能动性,善于从科学研究和工程实践过程中发现问题和研究问题。在科研选题时,他总是先引导学生自主拟定一个研究方向,并就研究方向所涉及的学术领域查资料、看文献,然后师生一起就所选择课题研究的前瞻性、创新性、可行性、适用性以及研究的技术路径、研究方法进行反复研讨,最终确定研究课题。这个过程既能让学生初步掌握从事科研工作的一些基本方法和理念,又能通过研究课题的筛选,找出符合学生兴趣和特长的研究方向,为其今后的科研生涯奠定良好的基础。

正是在沈祖炎院士高瞻远瞩的学术敏感和精细入微的悉心指导下,他先后培养和指导的70名硕士研究生、63名博士研究生和7名博士后科研工作人员中的大多数已成长为我国土木工程领域的学术骨干和技术领导,其中不少学生也已成为知名学者和技术专家,可谓硕果累累、桃李芬芳。

沈祖炎院士还积极致力于土木工程专业的教学改革和实践,主持了大量的教学研究课题,其成果先后获得8项国家级教学成果奖和9项省部级教学成果奖。在这些工作中尤为重要的是"面向21世纪土建类人才培养方案和教学体系的研究和实践"课题。为了迎接新世纪的挑战,该课题于1996年6月由教育部批准立项。作为课题主持人,沈祖炎院士带领同济大学、东南大学、湖南大学、哈尔滨建筑大学、西南交通大学、郑州工业大学、河海大学、武汉水利水电大学等校的大量专家学者经过不懈的努力工作,圆满地完成了课题,取得丰硕的成果,并在1998年国家调整大学本科专业目录时,为设立宽口径的土木工程专业提供了极具价值的建议。课题成果于2001年获国家级教学成果二等奖。以该成果为基础,他主持教育部土木工程专业指导委员会完整地制定了土木工程专业(本科)的培养目标、培养方案、课程设置等基本文件,为全国200余所设有土建类专业的院校实现拓宽专业的转变奠定了坚实的基础。

2003年,受时任同济大学校长吴启迪教授的委托,沈祖炎院士主持研究同济大学教学质量保证体系。经过8年的坚持努力,他和他的团队为同济大学的本科生和研究生的教学建成了能全方位监控、多阶段跟踪、各环节全覆盖的行之有效的教育教学全面质量保证体系,成为全国高校的范例。该课题于2014年分别获得上海市教学成果特等奖和国家教学成果二等奖。

沈祖炎院士主持的"钢结构学科创新型人才培养教学体系建设"课题,创建了一个具有鲜明特色的针对工程技术创新型人才培养的教学体系,项目成果于2009年分别获得上海市教学成果奖特等奖和国家级教学成果奖二等奖。

沈祖炎院士在担任全国高等院校土木工程专业评估委员会主任期间,积极开展土木工程专业评估工作,创立了与国际实质等效的中国土木工程专业评估制度,并完成了中英两国土木工程专业评估结论的互认,使中国注册结构工程师与英国皇家特许结构工程师的互认处于平等地位,为我国土木工程技术人才进入世界市场打开了大门。课题成果"二十年磨一剑——与国际实质等效的中国土木工程专业评估制度的创立与实践"于2014年分别获得上海市教学成果奖特等奖和国家教学成果奖一等奖。

这一系列教学研究与实践,为我国土木工程创新型人才培养体系建设作出了重大贡献。

从走上教师岗位的第一天起,沈祖炎先生就坚持将科研工作和教学相结合,互相促进,很快就在同济大学结构系的科研工作中崭露头角。1956年5月5—7日,同济大学隆重召开了校庆暨第一次科学研究讨论会,结构系教师参加了总计60项报告中的26项报告。作为年轻的助教,沈祖炎先生代表钢结构教研组在力学和结构分会上做了题为《敞口连续刚构静力分析简捷法》的学术报告,同时作为课题组成员(庄纪良,沈祖炎,陈良声)参加了"管形塔式起重机设计"课题的交流。1957年5月5—8日,同济大学在五十周年校庆盛典之际举行了全校第二次科学讨论会。沈祖炎先生在结构、施工分组会上做了《上海地区建筑钢材匀质系数》报告,同时,他还是《上海地区的风雪荷载》报告的执笔者。

从此以后,沈祖炎院士的科研工作广泛涉及土木工程领域钢结构方向的各个层面,并不断取得丰硕的研究成果。他主持了40余项国家及省部级科研项目和30余项重大工程项目的研究,获国家级和省部级科学技术进步奖35项。

在高层建筑钢结构方面,他建立了能考虑损伤、损伤累积和裂缝效应的钢材本构关系、各类构件和梁柱节点的恢复力模型以及梁、柱单元的几何非线性弹塑性刚度矩阵,并在此基础上提出了高层钢结构静力和动力非线性分析的统一计算方法。该研究成果在国际上也属创新,它不仅能对高层建筑钢结构的承载力、弹塑性整体稳定、弹塑性抗震等进行更符合实际的分析,还能计算出地震后结构和构件的损伤程度、裂缝的出现和发展规律以及带损伤结构在后继地震时的反应、损伤和裂缝的进一步发展规律。

在大跨度空间结构方面,他提出了能考虑各种初始缺陷的大型空间结构大位移弹塑性稳定分析方法。此方法不仅能正确地得到空间结构在各种类型失稳后的性能,还为大跨度空间结构在地震作用下出现动力失稳提供了判别准则和分析依据。这些研究成果对于大型钢网壳结构在中国的应用起到了积极的推动作用,并广泛应用于上海体育场、国家大剧院等重点工程中。

在大量坚实的科研成果的基础上,沈祖炎院士先后出版了《钢结构学》《钢结构框架体系弹性及弹塑性分析与计算理论》《钢结构构件稳定理论》《桥梁结构稳定与振动》《空间网架结构》《多层及高层房屋结构设计》《钢结构设计手册》等多部著作和论文集,在国内外学术刊物上发表学术论文400余篇。

沈祖炎院士的研究成果不仅在国内很有影响,而且还受到国际学术界的重视。他多次应邀在国际会议上作特邀报告和出国讲学,在国际上赢得了良好的声誉。沈祖炎院士先后担任《结构工程师》期刊编委会主任、主编,《建筑钢结构进展》期刊编委会主任、中国工程院会刊 *Frontiers of Structural and Civil Engineering* 国际期刊主编以及国内外不少学术期刊的编委。

同时,沈祖炎院士的科学思想和真知灼见不仅体现在结构理论的研究上,在工程实践中同样闪烁着熠熠光辉。他先后协助工程设计单位负责了20余项重大工程项目的结构精细分析、抗震性能和节点计算的理论和试验研究,为上海中心、上海环球金融中心、上海东方明珠电视塔、上海体育场、上海浦东国际机场航站楼、上海东方艺术中心、上海火车南站、中央电视台新楼、国家大剧院、广州新体育馆、南京奥体中心等重大工程建设的建设提供了关键技术支持,并获得了多项省部级科学技术进步奖。他作为建设部和上海市分别聘任的全国和上海市超限高层建筑工程抗震设防审查专家委员会专家,已先后审查290余项工程项目设计,其中超过40层的有上海环球金融中心(101层)、中央电视台新主楼(51层)等17幢,为全国、特别是上海地区的重大工程的安全建设作出了卓越的贡献。

沈祖炎院士先后担任16本与钢结构设计和施工有关的规范、规程的主编和参编工作,在我国钢结构设计与施工技术标准体系的建立方面居功至伟。

沈祖炎院士是我国钢结构领域两本最重要规范《钢结构设计规范》(GB 50017)和《冷弯薄壁型钢结构技术规范》(GB 50018)的最早参与者之一。他自1969年参与冷弯薄壁型钢国家标准的编制工作,至87版规范的编制,他已经是该标准的技术负责人,他是02版规范中构件承载力核心计算方法——考虑板组约束的有效面积法的创始人,该规范1990年获国家科学技术进步奖三等奖,2005年获建设部科学技术进步奖二等奖。他是《钢结构设计规范》早期主要参编人员之一,88版规范计算组的负责人,其他各版的主要参编人员,该标准1992年获冶金部科学技术进步奖一等奖。

沈祖炎院士1992年主编的上海市标准《高层建筑钢结构设计暂行规定》、1998年主编的《轻型钢结构设计规程》都是我国该领域的第一本标准,不仅为上海市高层钢结构和轻型钢结构的安全使用和推广做出了重要贡献,同时也开创了外国设计者在上海市设计钢结构建筑必须遵照中国规范进行设计的局面。他于2001年、2004年、2008年、2010年主编的四部技术标准:《点支式玻璃幕墙工程技术规程》《矩形钢管混凝土结构技术规程》《铸钢节点应用技术规程》《低层冷弯薄壁型钢房屋建筑技术规程》也都是我国在相关领域的第一部标准,结束了这类结构在工程中应用时无标准可依的局面,实现了该领域技术水平与国际同步,直接推动了我国建筑钢结构领域技术标准体系的建立和行业进步。其中,《门式刚架轻型房屋钢结构技术规程》(CECS102:2002)在2005年获建设部科学技术进步奖二等奖,"《高层建筑钢－混凝土混合结构设计规程》及其科学研究与工程实践基础"2005年获上海市科科学技术进步奖二等奖。

如今,沈祖炎院士虽已达耄耋之年,但他仍然坚持进行科研和研究生指导工作。目前他的课题组继续承担着多项国家和地方的纵向课题研究,继续积极参与国家及地方上的许多重大工程项目相关问题的理论分析及试验研究工作。同时他更加关注和思考我国土木工程行业可持续发展的方向,不断地贡献着一位睿智长者的深邃的思想火花。

教育思想

21 世纪建筑工程及技术对力学的挑战

沈祖炎

(同济大学土木工程学院建筑工程系，上海 200092)

1 引言

1.1 新中国建筑工程的发展概况

近 50 年来，随着科技的飞速发展及人们对物质和文化生活要求的不断提高，对建筑科学提出了更新、更高、更广的要求。现代建筑科学已涉及许多交叉科学，特别是计算机技术和工程力学的飞速发展，为建筑工程及技术的进步提供了前提和保证。

中国现代建筑 50 年(1949 年至今)所走过的道路是曲折的，但仍在不断向前发展。

自 1953 年起，随着国民经济的逐步恢复，展开了大规模的建设活动。1953 年 7 月长春第一汽车制造厂的动工、1957 年武汉长江大桥的正式通车、1959 年以首都人民大会堂为代表的北京十大建筑的先后完工，以及随后一些大型体育馆、火车站、宾馆、公寓等的建成，使我国大型公共建筑走向一个新的阶段。特别是一些结构形式不同的大跨建筑的出现，如北京天文馆(1959，25 m 直径半球形壳)、北京网球馆(1959，42 m×42 m 的钢混双曲扁壳屋盖)、北京工人体育馆(1961，94 m 跨辐轮式悬索屋盖)、北京火车站(1959，35 m×35 m 方形双曲扁壳屋盖)、北京首都体育馆(1967，112.2 m×99 m 两向正交斜放平板钢网架)、郑州体育馆(1967，直径 64 m 环肋形单层网壳)、上海体育馆(1973，直径 110 m 平板型三向交叉钢网架)，标志着我国的建筑科学发展到了一个新的水平。这些成绩的取得与新中国工程力学水平的提高是分不开的。

1978 年之后，科学研究步入健康发展之路，国民经济持续增长，使得我国的高层建筑、大跨结构、电视塔、厂房等得到了进一步的发展。高层建筑、电视塔的高度记录一破再破，结构体系不断更新；各种大跨空间结构形式不断出现，覆盖跨度不断增大；一些轻钢厂房相继建成。以深圳地王大厦(325 m)、上海金贸大厦(420.5 m)、浙江省体育馆(80 m×60 m 椭圆鞍形悬索结构)、上海八万人体育馆(78 m 悬臂，覆膜)、吉林某厂仓库(直径 86 m 环肋形球壳)、天津市新体育馆(108 m 直径双层球壳)、嘉兴电厂干煤棚(103.5 m 跨双层三心圆柱面网壳)、北京北郊体育中心综合体育馆(112 m×80 m 斜拉网壳)、上海电视塔(460 m)等为代表的建筑物的建成，标志着我国建筑技术水平已迅速接近国际水平。

1.2 当代建筑结构体系的变革

随着对建筑高度及功能要求的不断提高，多层及高层建筑从古老的砖石结构体系发展到现代的框架结构体系、剪力墙结构体系、框架—剪力墙结构体系、筒体结构体系(内筒、框筒、筒中筒、束筒)，乃至当代超级框架结构体系、蒙皮结构体系等。芝加哥的西尔斯塔楼(1974 年建成，110 层，443 m)保持最高记录达 20 多年之久，新建成的吉隆坡双塔大厦(1996 年建成，88 层，452 m)、上海金贸大厦(1998 年建成，88 层，420.5 m)是当今世界高层建筑的最新代表。高层结构形式的复杂化，单元种类的多样化，使传统的梁—板—柱结构体系的分析方法已不适应当代高层结构体系的分析，而计算机技术及工程力学的发展为当代结构体系的分析提供了强有力的工具。

大跨空间结构体系近 50 年来是结构方面最活跃的研究领域。其结构形式经历了由传统的梁肋体系、拱结构体系、桁架体系、薄壳空间结构体系，到现代的网架网壳、悬索、悬挂(斜拉)、充气结构,以及各种杂交结构、可伸展结构、可折叠结构、张拉集成结构等。瑞士苏黎世某机场机库(125 m×128 m 网架)、美国新奥尔良的超级穹顶体育馆(213 m 直径平行联方型双层球面网壳)、苏联列宁格勒体育馆(160 m悬索结构)、美国亚特兰大奥运会主体育馆(240 m×193 m 张拉整体结构)、美国旧金山体育馆(235 m 索穹顶)、美国庞蒂亚克银色穹顶(235 m×183 m 充气膜)、日本东京都室内棒球场(201 m×201 m索—充气膜)、日本福冈穹顶的可开合网壳(220 m 直径)等,都是当今世界大跨结构的杰出代表作。已有的大跨度空间结构体系基本上可分为三大分支[1],即刚性体系(折板、薄壳、网架、网壳等);柔性体系(索结构、膜结构、索膜结构、张拉集成体系);杂交体系(拉索—网架、拉索—网壳、网架—平板、拱—网壳、拱—索、索—拉杆等)。由于大跨度结构的"柔"性化,使得结构表现出很强的非线性特征,甚至不同应力状态下结构几何形状具有不确定性。因而每一种新结构体系的出现,都可能会引出全新的问题,需要全新的力学分析方法,如张拉集成结构的形体分析理论、膜结构的剪裁等。

通信技术的发展,加之塔桅结构功能的增加,现代塔桅结构的发展趋向于高度的突破。1974 年波兰华沙建成的 642.5 m 长波无线电桅杆是目前世界上最高的桅杆结构。新建成的上海电视塔、560 m 印尼的雅加达电视塔是代表之作。随之而来的对水平运动控制,主要是风及地震作用下的振动控制技术的研究为目前广泛关注的问题。

1.3 与建筑相关的工程力学理论的发展概况

建筑工程及技术的发展离不开作为其理论基础的力学的进步,同时,建筑工程技术的发展又不断向力学提出挑战,有力地推动了工程力学的发展。由于现代结构工程的计算需要,弹性理论的发展在结构理论上有突出成就。进入 20 世纪后,板壳理论得到广泛的研究;实验力学应运而生,使得理论分析的结果有了验证的可能。现代结构工程重大事故的多次出现,引起对弹性稳定问题和脆性材料的断裂问题的重视。科研工作者对各种结构构件,乃至结构体系的稳定理论进行了大量研究,现代非线性稳定理论有了巨大的发展。对断裂问题的研究,诞生了一门新兴学科—断裂力学;由此展开的对延性材料的试验与研究,各种强度理论都得以发展。塑性理论在 40 年代又被重视起来,而塑性理论的部分应用,促使按极限状态设计方法成为可能,塑性理论在将来的结构设计中必然有更为广阔的前景。结构动力学的发展,使得结构工作者对各种动荷载,包括地震、风及撞击荷载的作用的研究成为可能,为结构高度及跨度的突破提供了必要条件。工程事故的出现及对动荷载的研究,表明结构构件在反复荷载作用下存在疲劳损伤积累的问题,进一步的研究表明,结构在灾害荷载作用下均存在损伤积累问题,连续损伤力学(continuous damage mechanics, CDM)也成为固体力学一个新的分支学科。计算机技术的发展,有限元、边界元理论的成熟,导致计算结构力学的兴起,成为现代力学的一个重要分支,为日趋复杂化的建筑工程及技术的发展创造了有利条件。随着许多柔性结构的出现,大位移非线性分析技术已得到了广泛的研究,静力稳定分支及动力稳定分支、混沌问题也引起了科研工作者的重视。为进一步分析结构实际状态下实际的工作性能,特别是分析风、地震及施工误差等对结构的影响,随机结构力学,包括随机有限元理论(stochastic finite element)、随机结构动力学(stochastic structural dynamics)等是目前研究的一个新热点。随着认识的逐步深入,以系统的观点研究整个建筑可靠度,乃至一个建筑群、一座城市的防灾系统可靠度已成为可能,并取得一定的研究成果。随着对结构理论分析的系统化、精细化,计算工作量急剧增加,并行计算理论亦将成为大型结构系统必要的分析工具。

2 建筑工程技术发展与力学

建筑工程及技术的发展与工程力学的发展相互促进。一方面,建筑工程技术的发展对力学不断提出新的挑战,为力学的发展提供了强大的源动力;另一方面,不断发展的力学为结构分析提供更有效的分析理论,使得一些新型结构体系的实现成为可能。

2.1 结构设计原理的发展与力学

由于现代结构的跨度越来越大,高度越来越高,计算分析又日趋精细,因而结构的可靠度就特别受到关注。自40年代开始,就有学者采用概率理论研究结构的可靠性问题。最初是把结构抗力R和荷载效应S作为随机变量,将其均值减去或加上标准差的若干倍作为设计抗力和设计荷载效应,并采用经验的安全系数将两者联系起来,形成了半经验半概率的设计方法,可称为半概率法(水准一)。我国1974年颁发的结构设计法即为半概率法。60年代末,人们提出以与结构失效概率有一定联系的可靠指标 β 作为衡量结构可靠性的统一标准,并发展了一次二阶矩方法,建立了结构可靠性的二阶矩模式。这就是近似概率法(水准二)。Lind等人进一步建议采用分离函数法,将可靠指标 β 表示为设计人员所习惯的分项系数。1985年颁布的《建筑结构设计统一标准》就体现了这一水准。在此基础上,我国制订了砌体结构、钢筋混凝土结构、钢结构等设计规范。但由于统计数据的不完善、分布类型的近似、功能函数的线性化等,近似概率法仍有许多缺陷,为此近年来人们对结构可靠度理论进行了大量的研究和改进。主要在以下几个方面:

(1) 对随机变量的抽样检测方法和统计分布特性进行了大量的调查与分析,运用可靠度理论对随机变量进行敏感性研究[2]。

(2) 在可靠度计算方法上,针对极限状态方程的高阶非线性而发展了蒙特卡罗法、近似重要性抽样法、基于拉普拉斯积分的渐近分析法、随机有限元法及二次二阶矩法等[3,4]。

(3) 与有限元法、计算机技术和实用概率网络分析理论的发展相呼应,现代可靠性分析理论开始由构件级水平向结构系统级水平过渡。文献[5,6]对结构串并联体系进行了可靠性分析;Ang等人采用故障树分析法(FTA)并借助于网络搜索识别结构系统的主要失效模式,最后通过概率网络评估法(PNET)综合给出结构系统的失效概率;Moses等人则依托传统的极限承载能力分析方法及现代数理统计理论的精致结合,从网络分析的角度进行结构失效模式和危险性分析[7];王光远等建立了普遍型模糊规划理论和相应算法,采用模糊数学方法和全局优化理论研究结构的可靠性,作出了若干开创性工作。目前,一些大型重要结构已逐步进行全局系统的可靠性分析。但如何解决一般结构的失效模式的发生概率、失效模式间相关性及失效模式排序等仍存在着若干问题,将这些工程力学理论转化为设计方法也有很多工作要做。

事实上,影响结构可靠性的各有关参数,如荷载、材料强度等都与时间因素有关,应采用随机过程加以描述,并应用全概率法对整个结构进行精确的概率分析,而不必借助于安全系数或可靠指标。这就是极限状态设计法的水准三——全概率法,也是力学工作者和工程师们努力的方向。

2.2 荷载分析技术的发展

荷载作用是影响结构可靠度的最主要因素。如何正确确定荷载作用的大小,特别是风荷载、地震作用和火荷载这一类属于非确定性的荷载和作用,一直是研究的重点。随机振动理论和热力学理论的发展和应用,使这一难题的解决有了很大的进展。

2.2.1 地震作用

随着高层建筑高度的增加和形体的复杂化,地震作用的时程分析已日益成为必需。时程分析的首要条件就是要有足够数量的合适的地面运动加速度时程曲线。随机过程和随机振动理论的发展,提出了平稳随机过程地震模型和非平稳随机过程地震模型,解决了地面运动加速度时程曲线的模拟[8]。

2.2.2 风荷载

高耸结构特别是桅杆结构十分高柔,在各类荷载中,风荷载是最重要的。不仅结构应力的80%~90%是风荷载引起的,而且还会引起结构的各种振动,如顺风向振动、横向风振、弯扭耦合振动、驰振、颤振,甚至出现混沌现象。由于桅杆结构的高非线性特征,为了正确分析这种现象,必须对风荷载引起的振动作时程分析,因而脉动风模拟成为关键。目前将脉动风作为各态经历的平稳空机过程,采用随机过程的模拟方法,模拟了多变量互相关水平脉动风速时程记录,取得了较好的效果[9]。现在正在进而研究风与结构相互作用的影响。

2.2.3 火灾作用

火荷载与风荷载、地震作用一样，也是一种随机过程，而且人为因素明显，因此火荷载的模拟就显得更为困难。目前这方面的研究正在开始，除了一些近似的火荷载模型外，尚无比较合适的理论模型可供使用。

2.3 设计极限状态的发展和力学

结构设计按极限状态进行是比容许应力法的一个极大进步。结构和构件达到承载能力极限状态时一般都进入材料的弹塑性阶段，因而材料在复杂应力状态下的弹塑性本构关系和钢筋与混凝土之间的粘结滑移模型就成为问题的关键，也成为力学研究的热门课题。

2.3.1 材料本构关系

材料的本构关系是建立各类工程问题的力学模型的基础。不同材料的本构行为一般相去甚远，至今还不具备建立统一的本构模型的条件，尤其像混凝土和钢材，前者为脆性材料，非线性行为主要表现为微裂纹、微缺陷的扩展演化[10]；后者为延性材料，非线性行为主要表现为材料的塑性延展[11]。目前，对本构模型的研究在微观、细观和宏观的三个层次上齐头并进，进入微观和细观层次，对于揭示材料本构行为的机理，无疑是必需的手段，但目前只有唯象宏观层次的模型具备可操作性。

从唯象的角度看，材料的本构行为都包括变形、损伤和断裂等三个方面，不同材料的本构行为仍有很多共性。从理论上看，本构理论存在着众多学派，至今仍未建立起一个一般性的本构关系。目前，各种材料层出不穷的本构模型都是在近代许多不同的研究方法和思想[12]（如内变量理论、不可逆热力学，以及公理化方法等）等基础上建立起来的，大致可以分为弹性模型、塑性模型、断裂模型、内时模型、损伤模型及其复合模型，如塑性内时模型、弹塑性断裂模型、断裂内时模型、弹塑性损伤模型、损伤内时模型等。

从实用的要求来看，目前的本构模型都还不够完善。为了切合实际又便于应用，研究者们提出了许多简化模型。文献[13]通过对弹性模量和屈服应力的折减，建立了钢材考虑损伤累积效应的滞回模型，损伤变量采用塑性应变来计算，并考虑了滞回能耗散，为杆系钢结构的损伤分析奠定了基础。

2.3.2 钢筋与混凝土的粘结滑移模型

钢筋混凝土是由钢筋和混凝土粘结在一起共同工作的组合材料。钢筋与混凝土之间粘结能力的退化，将导致钢筋混凝土结构构件承载力显著降低。因此结构分析时需要建立钢筋与混凝土的粘结滑移模型。文献[14,15]等分别建立了反复荷载下的钢筋与混凝土的局部粘结滑移经验模型。由于钢筋与混凝土之间的粘结作用很大程度上受到约束作用的影响，如何建立不同约束作用下甚至变化约束作用下的钢筋与混凝土粘结滑移模型仍是个未解决的问题。结构构件中销栓力的存在以及剪切裂缝的出现，对钢筋混凝土的粘结滑移性能也会产生明显的影响，这些因素都有待在粘结滑移模型中得到反应。

2.4 高层及超高层建筑的发展与力学

建筑物高度的增加和新的结构体系的出现，导致结构单元类型的多样化及数量的庞大化，因而对结构分析理论及计算技术提出更高的要求，主要表现在以下几个方面：

2.4.1 高层及超高层建筑的分析模型

目前，针对具体的结构体系，许多学者对满足精度要求的模型简化方法进行了研究，提出了不少方法。

直接基于微分方程的减缩法，如 Rayleigh_Ritz 法、振型分解法、静力凝聚法和动力凝聚法等，可适用于各种结构的模型降阶问题，但对于大型复杂结构，由于没有充分利用特定结构的拓扑特性，减缩基矢量的选取有很大的难度。

动态子结构方法，一般可分为模态综合法、界面位移综合法、超单元法和迁移子结构法等四类。目前在高层建筑结构的动力分析中应用很广的空间协同法[16]就是典型的界面位移综合法。

半解析法[17]，如分向半解析法、分域半解析法、分部半解析法、分区半解析法、无限元法、样条半解析法、摄动半解析法、样条子域法、QR 法等，把结构加以等效连续化处理，但不能用于平立面体型复杂的高层建筑结构。

结合动态子结构法和半解析法的优点，研究者们又提出了半连续半离散的建模思想,如综合离散法[18]、广义有限条法、样条综合离散法、超级元法[19](超级半解析元、超级边界元和超级加权残值法)等,对体系进行整体分析,对结构内部进行离散分析,可同时反映结构整体和局部力学特性。

巨型结构在现代并将在未来超高层建筑中广为采用。目前对巨型钢框架结构的分析模型也进行了一定的研究。

2.4.2 弹塑性抗震—恢复力模型

在强震下结构实际工作状态已超出线弹性的范围,并处于复杂的加卸载状态,因此结构弹塑性地震反应分析的关键在于单元恢复力模型的建立。高层建筑结构一般简化为下列振动分析模型:①层模型;②杆系—层模型;③杆系模型;④基于多种单元组合的有限元法。对于不同层次的结构单元模型必须建立相应的恢复力模型。层间模型虽然计算量小,但其恢复力模型的参数确定比较困难,且无法判断每根杆件的工作状态,不能达到揭露薄弱杆件的需求,其他三类模型由于可以直接采用构件单元的恢复力模型,不存在这个问题。

单元恢复力模型及其参数的确定合理与否将对弹塑性地震反应产生显著的影响。一般采用对构件单元的主要变形分量建立恢复力模型,而较简单实用的恢复力模型是对恢复力曲线的试验结果进行拟合得到的经验模型。迄今为止,国内外学者已经提出了许多适合于不同情况的双线型、三线型、光滑型,以及考虑滑移、强度退化效应和负刚度段的恢复力粘塑性模型,可以用于建立各种构件单元的各类变形分量的恢复力模型。

实际地震过程中,结构和结构构件都是处于空间受力状态,按平面受力分析安全的角柱在实际地震中大量的发生破坏,因此进行空间弹塑性地震反应分析势在必行。在平面受力恢复力模型的基础上,又提出了考虑刚度退化的三线型屈服面模型、双向力—变形模型等空间受力恢复力模型。

高层建筑的破坏状况和破坏程度,取决于地震动的特性及结构自身的力学特性。每一次地震,不同类型建筑的破坏程度都存在着较大差异,高层建筑的破坏状况也各具特点。如在1994年美国Northridge地震和1995年日本阪神地震中被公认延性很好的建筑钢结构发生了大量断裂现象。这一方面有构造设计、施工质量等方面的原因,另一方面也由于现有的恢复力模型仍未能捕提构件单元的全部重要滞回特性。以压弯构件为例,上述模型都不能考虑变动轴力条件下截面弯矩-曲率滞回关系,文献[20]提出的弹簧模型与文献[21]提出的纤维模型成功地解决了这个问题。但压弯构件受到压、弯、剪、扭等荷载的共同作用,而这些模型都只能考虑压弯耦合条件下的滞回性能。实际上,高层建筑中至关重要的底层柱往往剪跨比不大,剪切变形的成分相当显著,若其剪切能度和刚度发生退化,则对其受力性能产生很大的影响,破坏的可能性显著增加。文献[22]提出的由弹塑性弯曲弹簧、弹塑性剪切弹簧以及节点粘结滑移弹簧组成的复合梁柱单元可以考虑压、弯、剪的耦合作用,但该单元为平面受力单元,且不能考虑变动轴力的影响。因此,复杂受力条件和不同结构条件下的恢复力模型仍有待进一步研究。

2.4.3 灾害作用下的损伤

高层建筑在整个生命周期中有可能受到各种灾害的作用,其中最不利的是地震和火灾。

经过抗震设计的现代高层建筑,在地震中仍时有破坏现象发生。在实际的地震中,高层建筑的破坏并不全是一次完成的,而通常是由于结构损伤并逐渐累积到一定的程度后引起的。抗震设计允许结构在地震作用下产生一定的损伤。结构的损伤历史无疑将对建筑物在后期使用中的抗力和剩余寿命产生重大的影响。因而,结构抗震理论面临着新的问题:①地震作用下的损伤评估;②考虑损伤累积条件下的结构地震反应分析。

高层建筑在火灾中虽然结构材料本身不燃,但在高温作用下可能受到严重破坏,如1974年比利时一座三层钢筋混凝土框架结构(仓库)在起火75分钟后倒塌。另外,地震后火灾是发生频率最高的次生灾害,这将对结构的安全性造成更大的威胁。因此,必须解决如下问题:①火灾作用下的结构损伤评估;②考虑损伤累积条件下的结构火灾反应分析。

在已有结构抗震和抗火理论的基础上,损伤指标与损伤累积是亟待解决的基本问题。

结构损伤指标既为损伤评估提供了定量的依

据,又为结构损伤累积研究奠定了基础。文献[23,24]分别对不同情况下损伤指标进行了概括总结。归纳起来主要有以下三个方面:①抗力退化,包括强度退化、刚度退化和能量耗散退化。该类损伤指标比较直观,但它们过多地依靠模型假设,且计算比较困难。②变形,包括构件变形、应变和塑性率等。根据变形得出的损伤指标则比较简单、合理,但只能描述首起破坏现象,难以描述循环破坏现象。③变形和能量。这种方法同时反映了结构的最大变形和加载历史的影响。

2.5 大跨空间结构的发展与力学

2.5.1 网壳结构体系

网壳结构是大跨空间结构的一种主要形式,由于具有极强的非线性特征。这类结构面临着许多非常复杂的力学问题。

(1) 静、动力稳定性分析技术及稳定分枝、混沌问题。静力稳定性分析需跟踪结构的屈曲后路径[25],这在算法上和计算策略上都有极大的难度,主要表现在:①自动增量技术中载荷增量参数的确定,将影响分析的效率及稳定性;②刚度矩阵的病态或奇异将导致计算结果的严重飘移或解法失效;③计算方法的经济性;④分枝型失稳的跟踪技术。目前,对网壳结构非线性平衡路径跟踪技术已有长足进步,具有代表性的方法有位移控制迭代法、弧长跟踪法、能量平衡迭代法、最小位移逼近迭代法、最小荷载逼近法、加权响应迭代法,以及广义位移控制法等。这些方法各有利弊,其中各种弧长法的应用最为广泛。文献[26]在弧长法的基础上提出采用位移扰动法和力扰动法跟踪分枝型失稳问题。

网壳结构的动力稳定性问题则更为复杂[27,28],主要体现在:①引起网壳结构失稳的动力荷载主要是竖向脉动风荷载和竖向地震荷载,这种荷载具有随机性。②在动力稳定性分析中,目前用于非线性静力稳定性分析的方法已不再适用。因为在静力稳定性分析中,外加荷载是已知的,可采用比例加载方式。而在动力稳定性分析中,受惯性力和阻尼力的影响,荷载是未知的,不能再采用同比例加载。③在动力稳定性分析过程中还可能遇到诸如动力模态转换和混沌、分叉等复杂的力学现象。④对动力稳定性还缺乏一致公认的定义和统一的判定准则。

解决动力稳定性问题,可借鉴静力稳定性分析中对荷载增量参数的控制手段,对结构的动力平衡路径进行跟踪,通过分析结构的动力平衡路径的特征以及在跟踪过程中结构切线刚度矩阵的正定性和控制参数的变化特征,对结构动力稳定性进行判定。文献[28]分别对弧长跟踪法和广义位移控制法进行了改进,并将它们用于解决动力稳定性问题。

个别杆件破坏或局部失稳将会对整个结构产生动态效应的影响,已有文献[29]对这一问题进行了探讨,但需进一步研究。

(2) 初始缺陷敏感性研究。受各种初始缺陷的影响,网壳结构的临界荷载将会下降很多。在实际结构的设计中,各种初始缺陷必然存在,而且难以预测,这使得稳定性分析更为复杂化。随机有限元将是解决这一问题较好的方法,而已建工程的实际数据的系统收集也是非常必要的。

2.5.2 悬索结构体系

悬索结构是由承受拉力的柔性钢索作为主要承重构件,通过钢索的轴向拉伸来抵抗外荷载作用的一种空间结构。这一特征使它面临许多复杂的力学问题。

(1) 形状确定(Form-Finding)。钢索不具有抗压和抗弯能力,属柔性材料,即唯有其张力大于零时,才能维持一定的几何形状,并具有相应的承载力。其几何形状依赖于成形过程及应力状态。目前已提出几种主要方法:力密度法、动力松弛法、极小曲面法、杆长修正法和支座位移法等[30]。这些方法都有各自的局限性,仍需要研究更为有效的办法。

(2) 悬索结构的风致振动问题。悬索结构的随机风振响应是悬索结构抗风设计的关键,它是典型的非线性随机振动问题[31,32]。目前用来作非线性结构随机振动分析的FPK法、统计线性化法、摄动法,都受计算机速度和容量的限制,将其应用于大型多自由度悬索结构、薄膜结构的随机风振反应分析还有困难,因而在时域内对这类结构的风振反应进行求解是一种比较现实和有效的方法,但首先要寻找风荷载作用在结构上不同点的一系列风速曲线。与高层、高耸结构不同,对大跨结构,这些风速曲线与实际风速曲线不仅应具有相同的统计特性和时间相关性,而且还应具有相同的三维空间相关特性。

另外,悬索结构风致振动中出现的混沌现象[33]以及气流与结构振动组合的问题[34]也已引起广泛的注意。

2.5.3 膜结构

膜结构是用多种高强薄膜材料(PVC 或 Teflon)及加强构件通过一定的方式使其内部产生一定的预应力以形成相应空间形状的一种结构形式。膜结构可分张拉膜结构和充气膜结构。索穹顶膜结构兼有充气膜结构和张拉膜结构的优点,是一种适合大跨度的新型空间结构体系。膜材靠预应力才能维持形状,其设计和施工包含非常复杂的非线性力学问题。

(1) 膜结构形体分析。张拉膜结构的前身是索网结构。1972 年,德国奥托设计的帐篷式慕尼黑奥林匹克体育馆,其造型是用丝网模型法。正是在这次的设计中,人们意识到大型结构用物理模型法找形具有严重的不足,开始了力学方法的探索。目前,力密度法、动力松弛法等力学分析方法的提出,膜结构的应用开辟了广阔的前景,但都具有局限性,需进一步寻求更具普遍性的分析方法。

(2) 膜结构的静、动力受力性能的分析。由于膜材的正交异性,分析时首先要建立其本构关系。若采用黏弹性的本构关系,此时需考虑几何和物理双重非线性关系。对一般的膜结构,因考虑到经纬在缝制时并不一致,采用双非线性时难度极大,通常仍按各向同性计算。静载下结构分析是指从预应力初态到终态的过程,分析方法多采用有限元法[35]。但单元受荷后可能出现受压(即褶皱)的情况,皱曲现象在进行分析时会遇到很大的麻烦,因此要尽可能地维持结构的稳定性,避免皱曲的发生。

在风荷载下由于膜结构跨度大、重量轻,很可能成为风敏感结构。目前,对膜结构的动力分析与实验研究发现:①膜的振动频率和模态取决于预应力的大小和几何特性;②自振频率的计算应采用荷载下变形后的几何形态;③对整个结构的动力分析应把支撑结构和屋盖系统放在一起考虑。对动力问题目前仍有大量的工作要做。

(3) 膜的剪裁问题。膜材的剪裁和缝合是在无应力条件下进行的,而初预应力态的膜材有一定的预应力。在剪裁过程中要考虑应力的放松、徐变的大小及裁剪方式的简单性、经济性。这不仅关系到剪裁本身,也关系到能否成形。目前,主要采用的方法有力密度法、动力松弛法和离散超限投影法。后者将膜曲面转换为一系列三角形单元,再通过模拟热应力态按平面热应力问题的有限元思想处理,再采用动态规划法,依次递推计算出相邻条元的展开平面而达到计算整个区域的目的,求得最终剪裁图形。

2.5.4 张拉集成结构体系

张拉集成体系它是由一系列集成单元组成的空间结构体系,其单元组合是一种功能结构元件系统的集成,且结构要求处于最大限度的张力状态。张拉集成结构体系目前研究较多的有两类,即自平衡单元集成体系(索网架等)及索穹顶结构体系。

索穹顶结构是至今研究得最多且最接近于富勒所定义的可实现的张拉集成体系,它具有几个鲜明的受力特征:①自平衡。是指存在一个或多个应力的回路,在平衡的过程中荷载效应可相互抵消并应力较少流失。②自适应。是指结构自我减少物理效应、反抗变形,在不增加结构材料的前提下,借助外荷载或外部作用的效应来提高结构的效率,或利用附加作用比如预应力、强迫位移等效应来提高结构效率。③非保守性。是指结构体系的刚度变化不可逆,这也意味着结构的形变是不可逆的。结构的非保守性大大增加了结构分析的难度。文献[36]对索穹顶体系进行了系统的试验与理论研究。对索穹顶结构体系,目前研究较多的问题有:

(1) 施工模拟及跟踪分析。索穹顶的成形态分析是结构分析的关键,而成形态分析过程又与结构的实际张成过程密切相关,因此,对结构进行施工过程模拟非常必要。

(2) 成形分析。形状分析中的刚体变形和可能发生的几何软化为奇异性分析,可归结为结构的软化问题,它与线性相关问题是不同的,寻求的是 0/0 类的奇异解。对奇异问题的求解非常困难。它属于逆问题,在结构分析中是寻求满足静力平衡条件的几何。目前对此问题还无文献报道。因此可以说,对张拉集成结构体系最重要的问题是形体分析[37],而不是受力分析。

(3) 索穹顶结构的动、静力特性。文献[36]对索穹顶静力非线性有限元分析理论进行了研究,推导出分析中必要的高精度的五节点索单元及滑移单元模型。目前,风荷载下索穹顶结构的动力特性是迫切需要解决的难题。

对自平衡单元集成体系,在同样存在上述问题的同时,还有自平衡单元的构造准则及由单元集成为结构的拓扑准则两个难题。自平衡单元的构造必须复合张拉集成结构体系的基本特征,目前对自平衡单元集成体系的研究也仅限如此。文献[38]采用多面体几何学原理对多面体单元的平面和空间划分进行了研究,提出生成简单型及复合型多面体单元的基本原则。

2.6 高耸结构的发展与力学

目前,高耸建筑高度日趋增加,形式日趋多样化、新颖化,高强材料的应用越来越普及,这样导致结构的刚度下降,阻尼减小,在外来激励(地震、风荷载等)作用下,结构的反应势必增大,影响到结构的安全性和使用性。要成功地解决这些问题,涉及许多力学问题。其中,最为严重且最复杂的问题是结构顺风向和横风向的振动,甚至产生扭转耦合振动、失稳、驰振及颤振等。目前,高耸结构横向风振的机理尚未完全清楚[39],因横风向振动过大而造成疲劳损伤和破坏事故时有发生,这对桅杆结构的尤为突出。

桅杆结构在风作用下同时产生顺风向和横风向振动。

导致桅杆横风向振动主要因素有:

(1) 桅杆的结构特性引起的横风向振动。在随机风作用下,由于纤绳非线性以及纤绳与杆身振动的相互牵制,桅杆不但在顺风方向上,同时在横风向上产生振荡的弯曲响应,发生风致空间随机振动。它反映了桅杆结构独特的动力特性。

(2) 涡激振动。这是高耸结构横向风振的主要形式。风作用在圆截面的纤绳、弦杆或单筒式杆身上,产生交替脱落的旋涡,桅杆在横风向上被周期地驱动,但这种驱动力只引起很小的响应。当旋涡脱落频率与结构自振频率接近或相等时,出现频率锁定现象,引起桅杆在横风向上较大的运动,即横风共振。

(3) 纤绳驰振。对桅杆实测表明,纤绳在裹冰时可能会出现纤绳的驰振现象,但在格构式桅杆杆身上发生驰振的几率小,且作用时间短。

(4) 风作用在由型钢组成的格构式桅杆上,产生顺风阻尼和横风升力,随着风向的改变,结构横截面平均升力系数和阻尼系数随迎角变化,在升力系数曲线斜率小于零的区域,激励部分有可能产生负阻尼成分。如果风力达到某值时,负阻尼大于正阻尼,桅杆横风向可能产生大幅度振动,即驰振。

(5) 桅杆的内共振导致的横风振动。桅杆由于有纤绳的支持,使前面几个自振频率比较接近,容易导致两种自振形式之间的能量转换。桅杆在两种自振形式之间的变化导致桅杆的空间振动。

2.7 厂房钢结构的发展与力学

新中国成立以来,我国厂房结构的发展很快。近年来随着轻型板材的发展,轻型钢结构得到越来越多的应用,带来了许多力学问题。

(1) 结构整体分析。20世纪50—80年代厂房结构通常按照平面结构进行分析。对轻型厂房,为最大限度地节省钢材,应考虑屋面彩板的应力蒙皮作用、标条墙梁的侧向支撑作用及风载系数作用区域的变化等,进行结构整体分析。文献[40]对受力蒙皮的剪切刚度、弯曲刚度进行了试验研究和理论分析;许多学者结合支撑形式对厂房结构进行了整体分析和二阶效应分析。

(2) 弹塑性稳定分析。轻型钢结构常采用大宽厚比的薄壁杆件,其局部失稳常先于整体失稳。因此,壁板局部稳定和构件整体稳定的相互作用,以及这种相互作用对构件稳定极限承载能力的影响是结构分析必须预先解决的问题[41]。分析中除了须计入几何与材料双非线性和初始缺陷、残余应力等影响外,还应考虑任意形式的局部失稳形态和整体弯曲屈曲或弯扭屈曲模式的相关作用,以及板件中应力沿三个方向的重分布等,因而必然涉及板单元的大挠度和弹塑性理论。目前,非线性有限元分析理论已能求解结构的极限承载力[42],但由于其巨大的计算量还不能应用于实际工程。

(3) 断裂与疲劳损伤。重型厂房结构中50 mm以上的厚板被大量使用,板内及焊缝间不可避免地存在着微小裂缝,尤其对于50—60年代建造的厂房,在荷载及侵蚀环境作用下,这些裂纹将扩展至临界尺寸而发生断裂。对于建筑结构钢,强度不很高,屈服流限较大,需发展弹塑性断裂力学来解决构件脆断问题。目前,裂纹张开位移理论(COD理论)被应用于断裂分析,也有许多学者从能量的角度进行断裂力学分析。高强度钢材中一般储存的应变能较高,失稳断裂的可能性也大,尤其在腐独性介质中,即使应力很低,也会发生滞后开裂。迄今为止,以断裂力学为基础,考虑材质特性、尺寸效应、形状效应、温度效应、冷加工效应、应力腐蚀效应等的损容设计和损控设计也得到了一定的发展。

吊车梁等构件在重复荷载作用下将发生疲劳破损而断裂。早期疲劳研究的唯一手段是实验。断裂力学的发展为疲劳问题提供了新的研究手段。建筑钢结构疲劳破坏过程中,裂纹尖端塑性区域很小,可以应用线弹性断裂理论,即裂纹扩展采用 Paris 公式或 Forman 公式。我国钢结构设计规范中规定的疲劳验算公式就是在此基础上得出的。近年来,许多学者以随机损伤的微观力学模型,并结合有限元分析方法,对疲劳破损进行了数值模拟,不仅可反映出疲劳破损的非均匀发展和疲劳失效的局部特性,而且可以预测结构的疲劳寿命[43]。同时,结构疲劳可靠性的研究已取得很大进展,国内学者也进行了许多疲劳破损的可靠性分析研究[44]。目前,建立概率理论为基础的疲劳设计方法是基本可行的。

2.8 结构振动控制的发展与力学

现代结构控制的设计思想集中在隔震、减振和制振三个方面。限于整体稳定的要求,早期的隔震技术在高层建筑中不能适用,因而43层香港汇丰银行新大楼采用了悬挂隔震技术。减振技术包括耗能减振、冲击减振和吸振减振。耗能减振的装置分为阻尼器、耗能支撑和耗能墙三个系列,纽约110层世界贸易中心即采用了黏弹性阻尼器。吸振减振的装置有被动调谐质量阻尼器(P-TMD)、调谐液体阻尼器(TLD)、质量泵和质量放大器。波士顿60层 John Hancock 大厦和多伦多加拿大国家纪念塔都采用了 P-TMD 装置。日本横滨的新横滨王子旅馆是世界上第一个应用 TLD 的高层建筑。以制振为目标的主动控制在外部激励很大时就显示出其控制效率高的优点,目前主要有三种主动控制机理[45]:ATM(active tendon mechanism),ATMDM(active tendon mass damper mechanism)和 AAAM(active aefodynamic appendage mechanism)。近年来,融合主动、被动控制两者优点的混合控制方法(Hybrid Control)也取得了较大的进展,混合控制系统一般为非线性或滞后系统,由此也促进了针对非线性或滞后系统的控制策略的发展。Ghaboussi[46]将神经网络控制方法首次引入到建筑结构的振动控制中,从而建筑结构的振动控制开始逐步向智能化的方向发展。

目前,国际范围内建筑结构主动控制理论的发展主要集中在 H_2 优化控制理论中。由于高层建筑反应一般由少数几阶模态反应控制,因而可采用模态控制。自适应控制在高层建筑方面主要是参数估计自适应控制。

结构在强震或强风作用下允许有一定程度的塑性发展,将处于非线性振动状态。Yang[47]将优化控制法从线性系统推广到非线性系统,在二次性能指标中考虑了加速度和时间滞后的影响,分析表明优化算法在考虑了时间滞后后控制效果更好,且易于在线操作和应用。Utkin 和 Young 等人[48]提出 SMC(Sliding-mode Control)理论用来对不确定性非线性系统做鲁棒性控制,可以用于滞回结构的地震响应控制及参数控制,如主动变阻尼器和主动变高度器。

对钢结构电视塔,TMD 装置安装的位置越高,效果越好。但天线段空间狭小,只能将 TMD 设于塔楼上,这样导致控制点与结构振型的最大值点偏差较大,影响了 TMD 的控制效果。黏弹性阻尼器是一种耗能减震装置,它在低水平的振动力作用下就可开始工作,因而适合用来控制钢结构电视塔的风致振动。根据钢结构电视塔的结构特点,可采用两种控制装置[49],一种是利用塔楼上的生活水箱作为振动被动悬挂调谐质量阻尼器(PTMD),另外一种是设置于天线段的多个黏弹性阻尼器。两者属于不同的控制体系,TMD 吸收结构的振动能量,属于吸振控制装置;黏弹性阻尼器耗散结构振动能量,属于耗能控制装置。这样就会达到很好的振动控制效果。

3 展望

随着人类文明的迅速进步,人们对建筑结构的要求也越来越高,朝着结构形式更合理、高度更高、跨度更大的方向进一步发展。目前,在建中的 96 层上海环球金融大厦高达 460 m,而 500 m 以上高度的高层建筑正处在酝酿之中,如费尼克斯城的费尼克斯塔(516 m)、纽约的电视城大厦(509 m)、芝加哥的 Miglin_Beitler 大厦(最高点 594 m)、日本竹中工务店推出的空中城市(1 000 m)、日本大成建设推出的 X-Send 设计方案(4 000 m)等,这些方案均采用巨型框架结构体系。在大跨结构方面,日本巴组铁工所设计了直径 500 m 的网壳方案,正在酝酿中的还有 1 000 m 跨居民小区、太空工作站等。可以预见,由此带给力学的挑战将是空前的。展望 21 世纪,建筑工程及技术对力学的挑战将主要表现在以下几个方面:

(1) 设计原理。全概率法(水准三)的极限状态设计法是 21 世纪的研究目标,运用系统理论,进一步接近结构实际受荷状态和过程的可靠度研究及个体建筑乃至城市系统的防灾可靠度研究将成为热点。

(2) 荷载分析技术。由于结构的"柔"向发展,对地震、风荷载的精确模拟、火灾作用时温度场参数及风致振动机理将成为主要方向,特别对一些对荷载分布较敏感的结构。

(3) 新材料的本构关系研究。包括复合材料、智能材料等。

(4) 结构分析理论。主要包括对更加有效且稳定结构非线性技术的研究;对结构在地震、风振作用下的动力响应分析技术的研究;对静力稳定分枝及动力稳定分枝、混沌问题的研究;对新型结构体系实用分析技术的研究,如混合结构体系抗震性能研究、大跨度柔性结构的形体分析理论、抗地震及风振分析技术等。

(5) 快速计算技术。包括对庞大结构系统的快速算法研究,并行计算技术等的研究。

(6) 振动控制。即对能有效利用结构构件本身、重量轻、造价低、智能化的新型控制技术研究。

(7) 结构优化理论。如运用系统理论,对结构进行最佳受力形状分析,对建筑物方案进行系统优化等。

(8) 计算机辅助技术。包括计算机辅助设计技术研究、软件开发、专家系统设计等。

参 考 文 献

[1] 沈祖炎. 大跨空间结构的研究与发展:结构工程学的研究现状和趋势[M]. 上海:同济大学出版社,1995.

[2] 刘宁,吕泰仁. 三维结构可靠度对随机变量的敏感性研究[J]. 工程力学,1995.12(2):119-128.

[3] 赵国藩. 工程结构可靠性理论与应用[M]. 大连:大连理工大学出版社,1996.

[4] 姚耀武,杨柏华. 用于结构可靠度分析的随机有限元法[J]. 水利学报,1995(8):33-38.

[5] 贡金鑫,赵国藩. 并联结构体系可靠度计算的二次二阶矩方法[J]. 工程力学,1996(增刊):548-553.

[6] 王光远,张淑华,陈树助,谭东耀. 串联工程系统的全局优化[J]. 哈尔滨建筑工程学院学报,1991,24(4):1-8.

[7] 董聪,杨庆雄. 现代结构系统可靠性分析理论发展概况及若电用[J]. 力学进展,1993,23(2):206-211.

[8] 俞载道,曹国救. 随机振动理论及其应用[M]. 上海:同济大学出版社,1998.

[9] Iannuzzi A. Artificialwind generation and structural response [J]. Joumal of Structural Engineering, ASCE, 1987,113(12).

[10] 高路彬. 混凝土变形与损伤的分析[J]. 力学进展,1993,24(4):510-519.

[11] 董永涛,张耀春. 建筑用钢循环塑性本构模型[J]. 哈尔滨建筑工程学院学报,1993,26(6):106-112.

[12] 王仁,黄克智,朱兆祥. 塑性力学进展[M]. 北京:中国铁道出版社,1999.

[13] 董宝. 高层钢框架结构在多维地震作用下考虑损伤累积效应的弹塑性反应分析[D]. 上海:同济大学建筑工程系,1997.

[14] Hawkins N W, Lin I, Veda T. Anchorage of reinforcing bars for seismic forces[J]. ACI, Struc. J., 1987,407-418.

[15] Filippou F C. A simple model for reinforcedbar anchorage under cyclic excitation[J]. J Struc. Engrg., 1986,112(7):1639-1659.

[16] 李国强,沈祖炎. 钢结构框架体系弹性及弹塑性分析与计算理论[M]. 上海:上海科学技术出版社,1998.

[17] 曹志远,张佑启. 半解析数值方法[M]. 北京:国防工业出版社,1992.

[18] 沈祖炎,丁洁民. 空间钢框架结构弹塑性稳定的综合

离散分析法[J]. 同济大学学报,1992,20(1):1-9.

[19] 曹志远. 复杂结构分析的超级元法[J]. 力学与实践,1992,14(4):10-14,50.

[20] Chen Y. Inelastic behavior of steel frames considering varying ccmbined stress in the members (in Japanese)[D]. Thesis, the Univ. Of Tokyo. Japan, 1994.

[21] Chang G A, Mander T B, et al. Fibre-element modeling of the cyclic baxial behavior of R/C Columns[C]. 11WCEE,1996(14).

[22] Filippou F C, ambrisi A D, Issa A. Nonlinear static and dynamic analysis of reinforced concrete sub-assemblages[C]. UCB/EERC-92/08, 1992.

[23] 沈祖炎,董宝,曹文衔. 结构损伤累积分析的研究形状和存在的问题[J]. 同济大学学报,1997,25(2):135-139.

[24] 王立明,顾祥林,沈祖炎,等. 钢筋混凝土结构的损伤累积模型[J]. 工程力学,1997(增刊):44-49.

[25] Gioncu V. Buckling of reticulated shells: state of the art. Intemational[J]. Joumal of Space Structures, 1995,10(1):1-46.

[26] 李元齐. 大跨度拱支网壳结构的稳定性研究[D]. 上海同济大学土木工程学院,1998.

[27] 沈祖炎,叶继红. 运动稳定性理论在结构动力分析中的应用[J]. 工程力学,1997(3).

[28] 李忠学. 杆系钢结构的非线性动力稳定性分析[D]. 上海同济大学土木工程学院,1998.

[29] Ahmed El-Sheikh. Sensitivity of spacetrusses to sudden member loss[J]. International Journal of Space Structure, 1997,12(1):31-41.

[30] 高振锋. 张拉结构形体的研究[D]. 上海同济大学土木工程学院,1996.

[31] 杨庆山,沈世钊. 悬索结构随机风振反应分析[J]. 建筑结构学报,1998,19(4):29-39.

[32] Miyake A, Yoshimura T, Makino M. Aerodynamic instability of suspended roof models[J]. Joumal of wind Engineering and Industrial Aerody-namics, 1992,42(1-3):1471-1482.

[33] Fan Jiashen, He Fusheng, Liu Zhengrong. Chaotic mmation of saddle Form cable-suspended roofs under vertical excitation action[J]. Nonlinear Dynamics, 1997,12(1):57-68.

[34] Kawasita S, Bienkiewicz B, Cermak J E. Aeroellastic modei study of suspendedcable roof[J]. Joumal ofwind Engineering and Industrial Aerodynamics, 1992,42(1-3):1459-1470.

[35] Ishii K. Numerical Methods fal: Tension Structures. Proc. 10 Years of Progress in Shell and Spatial Structures[C]. 30th Anniversary of IASS. Madrid, 1989.

[36] 唐建民. 索穹顶体系的结构理论研究[D]. 上海同济大学土木工程学院,1996.

[37] 钱若军,沈祖炎,夏绍华,等. 结构概念及全张力体系的工作机理[J]. 空间结构,1996,2(3):2-7.

[38] 陈志华,刘锡良. 张拉整体体系与多面体几何[J]. 空间结构,1995,1(3):2-8.

[39] 王肇民,颜明忠. 桅杆结构横风向振动响应研究[J]. 建筑结构学报,1996,17(3):2-8.

[40] 林醒山,乐延方. 自攻螺钉、拉铆钉连接的受力蒙皮抗剪性能试验研究[J]. 工业建筑,1993(6):14-20.

[41] 沈祖炎. 钢结构稳定计算理论的现状及发展趋势[J]. 上海:同济大学学报,1994,22(增刊):1-9.

[42] 沈祖炎,张其林. 薄壁钢构件非线性稳定问题的曲壳有限元分析法[J]. 土木工程学报,1991,24(1).

[43] 高庆,黄正中. 低周疲劳随机损伤过程的有限元模拟[J]. 固体力学学报,1997,18(1):58-64.

[44] 陈伯真,胡毓仁,顾剑民. 结构系统疲劳可靠性分析研究评述[J]. 力学进展,1996,26(4):500-508.

[45] 每刚,沈亚鹏,王健. 建筑结构振动控制的发展动态[J]. 力学进展,1998,28(4):442-452.

[46] Ghbmi J. Structure control using neural networks[M]. In: ASCE Specialty Conf. on Probalistic Mech. And Geotech. Reliability, 1992.

[47] Yang J N, Li Z, et al. Aseismic Hybrid Control of Nonlinear and Hys-teretic Structures[J]. J Engng. Mech., 1992,198(7):1423-1456.

[48] Utkin V J. Siiding modes in control optimization[M]. New York: Springer-Verlag, 1992.

[49] 王肇民. 高耸结构振动控制[M]. 上海:同济大学出版社,1997.

(本文原载于:李国豪,何友声. 力学与工程——21世纪工程技术的发展对力学的挑战[M]. 上海:上海交通大学出版社,1999:205-229)

Professional Accreditation for Civil Engineering Programs in China and International Recognition

Shen Zuyan

(College of Civil Engineering, Tongji University, Shanghai 200092, China)

ABSTRACT The situation of the professional accreditation for civil engineering in China, including the criteria of accreditation, the procedure of accreditation and the influence on the quality of civil engineering education by the accreditation and the progress of international mutual recognition of the results of the professional accreditation are presented in the paper, The process of the bilateral contacts between China and U.K for the professional accreditation and the briefing of the signing of mutual recognition agreement for the professional accreditation on civil engineering programs are also given in the paper.

1 INTRODUCTION

Registration systems for professional civil engineers have been established in many countries for a long time.

In order to keep the education quality of civil engineering programs to be in conformity with the requirements of the registration system and to ensure a nationwide, unified quality standard, an external professional accreditation carried out by national professional accreditation body is necessary. While the economic activities breakthrough national boundaries and become more and more globalized, the globalization of engineering education and international mutual recognition of degree programs and professional qualifications become more and more important. Especially when in 1988 six engineering bodies of Australia, Canada, Ireland, New Zealand, UK and the US signed the Washington Accord for mutual recognition of each other's degree programs in engineering, the professional accreditation has been popularized worldwide.

In China, National Board of Civil Engineering Accreditation (NBCEA) was established in 1994 and a whole series of accreditation documents has been drawn up. Since 1995 eighteen civil engineering programs in different universities all over China have been reviewed and accredited and another eight civil engineering programs have submitted their application for accreditation this year. The professional accreditation in China has attracted the attention of the professional accreditation bodies in UK and the US. A mutual recognition agreement was signed in March of 1998 by China and UK, which was made for the purpose of confirming that the accreditation of civil engineering programs by the NBCEA of China and civil and structural first degree courses by the JBM (Joint Board of Moderators) of UK are mutually acceptable and as meeting the current academic requirements for both the registration of structural engineers in China and the membership of the Institution of Civil Engineers in UK.

2 NBCEA AND ACCREDITATION CRITERIA

The NBCEA consists of 21 members, including 2 from the Ministry of Constitution and the Ministry of Education, 1 from professional associations, 9 educationist and experts in civil engineering and 9 prestigious engineers in the same field. The Board has 1 chairperson, 2~3 deputy chairpersons and a general secretary. The Board can invite professors and engineers in the field of civil engineering out side the Board to join the visiting teams. Foreign experts can also be invited for consultation when needed. Final decisions of the Board should be made by plenary.

Documents on civil engineering accreditation comprises four articles, i. e. Statutes of the National Board of Civil Engineering Accreditation, Criteria for National Accreditation of Bachelor Degree Program in Civil Engineering, Procedures of National Accreditation of Bachelor Degree Programs in Civil Engineering and Guidelines for Visiting Team Work.

The outline of the Criteria for National Accreditation of Bachelor Degree Program in Civil Engineering, which is the sole basis for accreditation can be obtained from the following chart.

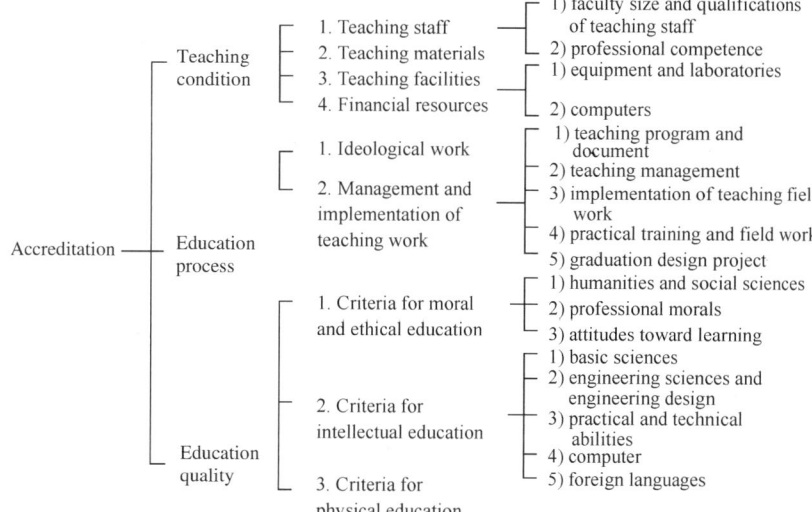

3 PROCEDURE OF ACCREDITATION

The procedure of accreditation mainly follows the following framework

3.1 Review of Application Report

The aim of reviewing application reports is to evaluate whether the application university and its civil engineering program have met the fundamental requirements of professional education standard.

Therefor the following points are taken as the main contents in the process of review. First, the applicant must be an institution of higher education founded on approval of the State Education Commission. Second, the civil engineering program of the applicant institution must be either approved by the State Education Commission or put in file of the State Education Commission. Third, the institution must at least have established the civil engineering program for 13 years and a Master's degree program related to the field of civil engineering. Fourth, there should be a certain number of professors and associate professors, a certain amount of books and periodicals from home and abroad and sufficient teaching facilities, laboratory equipment and computers to satisfy the teaching needs. Fifth, there should be sufficient financial resources to ensure the normal implementation of education work.

After reviewing, the Board of Accreditation should make either of the following decision: acceptance or rejection.

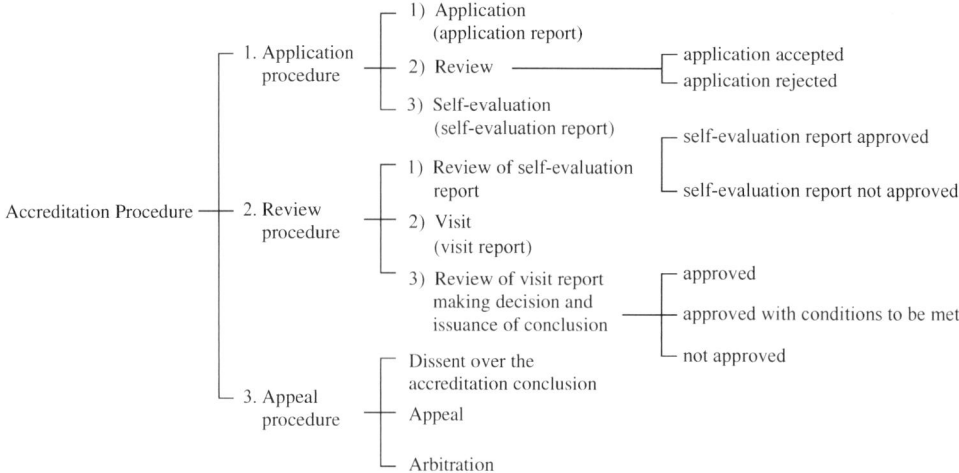

3.2 Review of Self-evaluation Report

When the application is accepted, the institution should submit a self-evaluation report to the Board of Accreditation. The self-evaluation report is an important item of this stage. The report should contain detailed argumentation and reliable figures and data. The self-evaluation report should comprise 8 parts: (1) Introduction, (2) Present state of the college, department and program, (3) Teaching philosophy, (4) Teaching program (5) Research, consultancy and exchange activities, (6) Self assessment, (7) Response to previous visit report and (8) Appendix.

Within the 2 months after receiving the self-evaluation report, the Board of Accreditation should make a comprehensive assessment on the report whether the program satisfies the requirements of the criteria and make its decision: (1) The Board approves the self-evaluation report and then proceeds to appoint a visiting team for site investigation, (2) The Board approves the self-evaluation report but requires further explanation, proofs or backing materials on some unclear or deficient parts, and then decides on the sending of visiting team. (3) The Board does not approve the self-evaluation report. In such case, the institution can reapply only in 4 years' time.

3.3 Review of Visiting Report and Making Decision

The visiting team consisting of 4 – 6 members should draft the report by the end of their visit The report should cover the following points: ① A brief description of the visit; ② Teaching condition; ③ Teaching management; ④ Teaching experience and special features; ⑤ Students' performance in moral, intellectual and physical education; ⑥ The applicant institution's response to the opinions of the previous visiting team; ⑦ Opinions and suggestions regarding the college and department work; ⑧ Assessment on the self-evaluation report; ⑨ Recommendation to the Board for accreditation decision (confidential).

The Board of Accreditation should organize thorough discussions by all the members and make accreditation decision by secret ballot. The accreditation decision may conclude the program that is approved as presented or is approved with conditions to be met or is not approved. The conditionally approved programs will be reviewed by a visiting team sent by The Board of Accreditation within one or two years after the accreditation decision is made.

The department of college approved by The Board of Accreditation will be granted a Certificate of National Accreditation of Civil Engineering Program in High Institutions, with an effective term of 5 years.

3.4 Appeal and Arbitration

The applicant institution which dissents over the accreditation conclusion may submit a written notice of intent to appeal within 15 days from the date of receipt of the conclusion and submit a detailed report stating the reasons for the appeal within 30 days. Then the arbitration team appointed by the Ministry of Constitution should study thoroughly the accreditation conclusion and the applicant's appeal. The decision made by the arbitration team is final and binding on both the appealing institution and Board of Accreditation

4 EFECTS OF PROFESSIONAL ACCREDITATION

Since its commencement the professional accreditation has played an effective role in.

(1) promoting the education reformation, especially broadening the curricula of civil engineering program to be comparable to the internationally recognized curricula.

(2) improving the educational administration both at the institution and faculty/department levels.

(3) improving the quality of the academic staff.

(4) promoting the link between communities' of the academic and the engineers and

(5) promoting the increase in input of educational funding.

5 INTERNATIONAL MUTUAL RECOGNITION

The Ministry of Constitution of PRC and NBCEA have been keeping close contact with foreign countries' relevant organizations especially the Institution of Civil Engineering (ICE) of UK, Institution of Structural Engineers (IStructE) of UK and the Joint Board of Moderators (JBM) of the ICE, the IStructE and the Chartered Institution of Building Services Engineers (UK). Since 1993, they have exchanged information on their individual processes, policies and criteria and their representatives have paid mutual visit to the civil and structural engineering departments and observed the accreditation processes of two countries. They have also held conferences cooperatively to discuss issues concerning professional accreditation and educational innovation in engineering. In 1998 an agreement entitled "Mutual Recognition of First Degree Courses Accreditation" was signed by the Ministry of Constitution of China and the ICE and the IStructE of UK And an Agreement for Mutual Recognition of Structural Engineers Examinations concerning competence to practice has been implemented with the first candidates taking the supplementary tests in Shenzhen, China in January 1999.

Now we are planning to get more contacts with other countries' accreditation organizations and to have link with the Washington Accord. This will be helpful in promoting mutual understanding of the civil engineering education and in speeding mutual recognition of the professional accreditation for civil engineering programs.

REFERENCES

[1] NBECA. Documents on Civil Engineering Accreditation in the Peoples' Republic of China [M]. Second Edition, 1996.

[2] NBECA Concluding Report of the First National Board of Civil engineering Accreditation [J]. J. of Architectural Education in Institutions of Higher Learning, 1997, 23(4):20-22.

(本文原载于:沈祖炎. Higher Education of Civil & Structural Engineering: Facing the Challenge of 21st Century[M]. 北京:中国建筑工业出版社, 1999: 174-179)

挑战与突破
——土建类专业人才培养方案及教学内容体系改革的研究

沈祖炎

(同济大学土木工程学院建筑工程系，上海 200092)

1 概述

1995年，国家教委(现教育部)推出了"面向21世纪高等工程教育教学内容和课程体系改革计划"。同济大学等学校提出的"土建类专业人才培养方案及教学内容体系改革的研究与实践"项目的立项论证报告及实施计划获得了国家教委的批准。同济大学为项目的牵头单位，对项目总负责。东南大学、西南交通大学、湖南大学、哈尔滨建筑大学为主持单位，河海大学、武汉水利水电大学、郑州工业大学为参加单位。参加项目单位经过多次讨论，将整个项目的研究内容分解为8个子课题，即：①国内外土建类专业人才培养方案及教学内容体系调查；②21世纪土建类专业人才的知识结构和能力结构；③土建类专业设置和培养方案；④建筑学类专业的教学体系和课程设置；⑤土木水利类专业的教学体系和课程设置；⑥土建类专业实验与工程实践及基地建设方案；⑦土建类专业教育管理模式；⑧土建类专业教育评估标准。各学校除了参加所有子课题的研究外，还分工由同济大学主持①、④、⑧课题，东南大学主持②、③课题，西南交通大学、湖南大学和哈尔滨建筑大学分别主持⑤、⑥和⑦课题。经过四年研究和三次阶段研讨会，已完成了项目的全部内容。本论文集是项目的理论研究成果。有关项目的实践成果，即土木工程专业改革试点、建筑学专业改革试点和城市规划专业改革试点将另文总结。此外，有关学校还编写了一批新教材，其中3本已作为面向21世纪教材出版，另有10本面向21世纪教材正在编写和审稿中，不久也将面世。

在研究与交流讨论的过程中，项目组成员从各个不同的角度提出了各自的看法，本论文集刊登的从总体上来说属于项目组讨论的结果，但也有一些是属于个人的观点。下面对理论研究成果进行简略的总结归纳。

2 国内外土建类专业培养方案方及教学内容体系调查

项目组对德国、美国、英国和俄罗斯等国的高等学校土建类专业进行了调查，研究了各国的专业设置、人才培养方案、教学计划和教学特点，并归纳出以下各点：

(1) 办学方针、专业设置与当前社会发展和需要相配合，并不断加以调整。

(2) 重视基础及人文、社会科学方面的教育。

(3) 注意能力培养，把大学教学中要注重的方面归纳为12点，即具备高的专业能力、学习自觉性和主动精神、抽象分析问题的能力、有预见和独立解决问题的能力、评价批评和决策的能力、从事集体工作的素质、自行制订工作计划，执行和自我监督的能力、承担相邻近专业工作的能力、适应技术继续发展的能力、解决纠纷的能力、宽容心和责任感以及知道在职业和社会相处中如何思维和行动，这几点要求在教学中都落实了相应措施。

(4) 重视实践教学环节，并严格要求。

(5) 重视社会发展需要,开设相关课程,包括外语、信息科学、生态与环保、材料与节能等。

对国内17所重点高校建筑工程专业设置及培养方案的现状进行了调查,经过与国外大学的比较后,提出了如下的建议:拓宽专业口径,调整知识结构,优化课程设置体系,充实现代内容,训练创造思维,加强能力培养,重视素质教育,严格管理制度。

对国际高等教育评估进行调查后指出,评估已被众多国家的政府和团体、教育界和公众所接受;评估已成为教育质量评价和鉴定、保证及提高的重要手段;评估已成为经济和技术、商品贸易和服务贸易全球化发展中不可缺少的一环。目前评估的发展趋向是:评估重心由重教育"投入"转向重教育"产出",这里的"投入"是指教学条件,"产出"是指学生质量,评估准则由倾向硬性的课程设置规定转而倾向弹性的毕业生综合能力要求,由偏重评价学校的学术声望转向重视教育的社会责任,评估由一国独行发展到多国合作,并正在进一步探讨评估与教育经费分配的关系以及由重学校外鉴定转向重学校建立自身的质量保证和评估体系,等等。

对于21世纪工程教育的展望,在"未来的高等教育"、"未来的大学"以及"未来中国的教育"等方面提出了许多展望性的和发人深思的观点,有助于开阔思路。

通过对国内外土建类专业教学情况的调查,得出的一些看法和建议,对于完成本项目的研究起了很有价值的参考作用。

3 知识和能力结构、专业设置及培养方案

3.1 知识和能力结构

通过国内外高等学校土建类专业教学的对比以及有关教育观念的讨论,我们明确了确立知识和能力结构的原则,并提出了土建类专业人才的知识和能力结构。从总体上说,知识结构应包括:科学技术知识,现代工具知识,经济、财务及管理知识,政策法律知识,人文社科知识以及生态环境知识等;能力结构应包括专业方面的能力和人文方面的能力。培养创新意识和创新精神应是知识和能力结构的主线。在科学技术知识中,应注意加强工程基础教育,实现自然科学、人文社会科学和工程技术三类基础课的通用化;在土木工程专业基础教育方面,应重视成为支撑专业知识结构的三大理论支柱,即结构工程理论、岩土工程理论和流体力学理论。在人文方面的能力应包括社会交往和适应能力,组织和管理能力以及有制订计划和实施的能力。

3.2 专业设置

衡量专业设置是否合理的标准应该是有没有遵循高等教育的宏观规律,是否同国民经济结构和社会发展需要相适应。据此来衡量目前的土建类专业设置情况,可以发现主要问题是专业口径过窄。随着市场经济的建立,暴露出专业设置和布局不合理的问题已日趋严重。因此,建立21世纪土建类专业合理的设置方案是一项十分重要的任务。

合理的专业设置应遵循下列原则:

(1) 预先性,要与社会和经济的发展相协调和统一。

(2) 适应性,要与社会主义市场经济的发展和经济全球化的趋势相适应。

(3) 综合性,要拓宽专业口径,以符合土建类专业人才的知识结构和能力结构的要求。

(4) 基础性,要建立终身教育的观念,在知识老化周期加速缩短的时代,本科教育应是本科毕业生今后继续学习和专业发展的基础,应与研究生学科相协调。

(5) 效益性,要有利于提高办学效益。

经过项目组多次反复讨论,提出了以下的专业拓宽方案:①土木工程专业,包括原有的建筑工程、交通土建工程、城镇建设(一部分)、矿井建设、水利工程、港口工程、海岸与海洋工程等专业;②建筑学专业;③城市规划专业,包括原有的城市规划、城镇建设(一部分)、风景园林等专业。

1997年教育部全面修订了普通高校本科专业目录,其中土建类专业目录的修订由同济大学牵头会同有关学校负责进行。在修订过程中,有关人员基本上采纳了本项目的研究成果,只是在土木工程专业中没有将水利工程、港口工程和海岸工程包括在内。

3.3 土木工程专业培养方案

项目组在讨论土木工程专业培养方案时,一致认为应注重以下几方面:

3.3.1 培养目标

工科专业的培养目标应该是素质比较全面、基础比较宽广的工程专业人才,培养专业人才是大学培养目标与中小学培养目标的主要差别所在。素质教育既有对人格、人品的一般要求,还应注意对专业人才的特殊要求。专业人才的培养应使培养对象对本专业的技术和管理等各个环节,对本专业可能涉及的主要技术问题都有一定的自然科学及技术的基础知识,具有解决这类问题的基本能力;并有创新意识,能在不断变化的形势中,发现问题,捕捉新事物,探索新理论和新方法。

3.3.2 业务范围

土建类专业的本科毕业生应能在房屋建筑、桥梁建筑、地下建筑、岩土勘察、道路工程、铁道工程、矿井建设等部门从事规划、勘察、设计、施工、管理及技术开发等工作,并能从事与上述业务有关的教学和科研工作。

土建类专业的本科毕业生将来可能要从事管理工作,不仅是技术的管理工作,而且是企业的、经济的甚至是社会的管理工作,成为诸如企业的、经济的乃至社会的管理人才,因此专业人才的培养应有这方面能力培养的要求。

3.3.3 学制及总学时

土木工程专业学制应为四年,总学时应不超过2 500学时,可根据各校的教学条件、教师和学生的水平,安排在2 300~2 500学时之间。

项目组曾经比较了国外一些大学的学时安排,英国著名大学帝国理工大学的年学时数为520,美国加州大学欧文分校为572学时,而英国以前的19所工学院则为628学时。这一比较说明,越是高层次的学校,安排的总学时数就越少,给学生以充分的自我发展的时间。这一点值得引起注意和参考。

3.3.4 知识结构

知识结构的内涵已在前面有所阐述,在课程设置中的具体体现可参考附录中所附参加项目研究的几所大学的教学计划。

3.3.5 专业拓宽后的课程设置

专业拓宽需由课程设置来实现。项目组认为拓宽的重点应放在一般自然科学和人文社会科学基础上,放在专业共有的学科平台基础上。在专业课方面,根据专业的业务范围,设立不同的课群组,要求学生至少选两个和两个以上的课群组,而不是要求学生遍学专业各个业务范围的专业课程。

因此,在自然科学基础方面,除传统的数、理、化之外,还应有信息、环境、材料科学方面的内容。数理化除了经典的基础理论外,还应有现代科学方面的内容。在人文社会科学方面,应对法律、经济和管理等课程适当加强。在专业共有的学科平台基础方面,除应设置结构工程理论、岩土工程理论和流体力学理论等课程外,还应有电工、机械等课程。

3.3.6 实践性教学环节

这部分内容将在下一节中阐述。

3.3.7 教学内容和方法

由于土木工程专业对学生的知识结构和能力结构提出了更高的要求,教学内容和方法必须做较大的改革。教学内容应作必要的整合,应为学生创造既能主动掌握知识、又能提高工程意识和创新能力的条件。在教学方法上,应把学生作为教学主体,教师则发挥启发引导作用,调动学生的积极性,让学生通过自己的理解体会获得知识,通过实践培养获得知识的能力。

项目组对土木工程专业培养方案中的研究成果已经得到建设部和全国高等学校土木工程学科专业指导委员会的认同,并在指导委员会制订的有关文件如"土木工程专业本科教育(四年制)培养目标和毕业生基本规格"以及"土木工程专业本科(四年制)培养方案"中得到反映。

3.4 建筑学专业与城市规划专业的培养方案及教学体系改革

3.4.1 建筑学专业

建筑学专业虽然专业名称没有改变,但在培养方案及教学体系上做了许多深入的改革,即转变教育思想和观念,培养创新精神,提高学生的全面素质;改革教学方式和方法,强调个性发展的能动性,增进各教学环节的选择性;打破课程体系的封闭性,充分发挥多学科的特点,提高课程体系组合上的多样性及适应性。在教学过程的实施中,强调学科团体的作用,将学科团体作为一种全系统知识增强型的组织形式。在这一观念的指导下,制订了建筑学专业教学体系的总纲和子纲,形成以培养学生的能力为纲,使教学更具有系统性、连贯性和开放性的教学新体系。将整个五年的教学分为:启蒙与初步、建筑设计入门、深化与分化、综合训练等四个培养阶段。教学总纲是一个教学总体规划,对五年的教学工程起整体、系统的控制作用,既考虑每个子系统的完整性、连续性及其合理布局,又考虑各子系统之间相辅相成的整体关系,以期尽量体现培养目标的要求。每个子系统应有一个综合类教学子纲,它以专业能力的培养为纲,对专业培养目标的要求更加具体、更加深入地进行控制,使教学总纲的要求得以落实。

建筑学专业的教学在总纲和子纲的控制下,自始至终重视建筑设计创造能力的培养,并在建筑设计基础教学、建筑设计教学、建筑技术教学等方面作了较深入的探索,取得显著的效果。

3.4.2 城市规划专业

城市规划专业通过深入的调查研究对专业的培养方案作出了至关重要的改革,提出应立足我国国情,考虑国际城市规划专业的状况,构建新的课程体系,加强城市的经济、社会、生态环境等可持续发展的教学内容,拓宽和调整知识结构,强化知识、能力和素质的培养。

城市规划专业培养方案在教学体系中提出以下四个原则:必须重视建筑、市政工程方面的专业知识的培养;应具备经济、社会、环境、建筑、市政工程等多方面的综合能力;必须摆脱就城市论城市的状况,学会从区域宏观的角度思考城市发展的战略和战术,重视培养城市规划技术行政管理、法律法规方面的知识。其中后面三个原则牵涉到一系列的新课程的设置,课程组提出了城市规划专业的课程设置的建议,对教学体系作了较根本性的改革。

4 实践教育、管理模式及教育评估

4.1 实践教学

实践性教学在土建类专业的现代工程教育中占有十分重要的位置,是培养学生能力的重要环节,是使土建类专业学生获得工程设计、工程施工和工程管理的基本训练,也是具有一般土建工程设计和施工的能力以及对土建工程质量评估和科学研究初步能力的关键环节。

根据所起主要作用的不同,实践教学可分为基础知识型实践教学、基本技能型实践教学、专业应用型实践教学和科学研究型实践教学四种类型。

基础知识型实践教学有社会实践、专题调查、认识实习、参观访问、原理实验、模拟试验和绘图作业等,其作用是使学生更好地掌握基础知识,为学习专业打下扎实的基础,并能顺畅地应用于将来的社会工作。

基本技能型实践教学有实验课、试验课、实习课、课程作业以及各种基本操作技能的实践课等,其作用是提高学生思维能力和动手能力,并经过一个循序渐进的过程,最终达到比较熟练的要求。因此,基本技能型实践教学应全面考虑,统筹安排,在整个大学期间形成一个相互联系、不断提高的循序渐进的系统过程。

专业应用型实践教学包括实验教学、实习教学和设计教学等,其作用是使学生获得工程设计、工程施工和工程管理的基本训练。因此,专业应用型实践教学必须联系工程实际,与工程设计、施工生产和管理相结合;特别是毕业设计应要求学生完成建筑、结构、施工三方面的内容。

科学研究型实践教学是培养高级专业人才的需要,其做法可以在科学研究、工程测量、工程检测、工程设计等方面有条件地组织高年级学生参加。

4.2 管理模式

随着我国社会主义市场经济体制的建立和不断完善,学分制必将成为我国高校教学管理制度的主流,学分制的推行,必将进一步推进教学改革和管理体制改革。学分制有四个基本特征。其一,学分制在相当程度上让学生具有一定的选修权,允许学生在一定程度上选修自己认为必要而且感兴趣的课程。其二,学分制对于学生修读的课程,经考试如果不及格,均可重修。第三,学分制不囿于学制年限的严格限制,优异学生可以率先修满总学分,提前毕业;因种种原因不能在规定年限内修满学分者,可以滞后一定时间修满学分毕业。第四,学分制使得学生班级淡化,年级淡化,以班级为单位的集体活动相应减少。因此,学分制的推行必将进一步推进教学管理的改革。学分制要求教学管理规范化、科学化、程序化和现代化;学分制使学生工作面临新的课题,导师制已势在必行;学分制使高校后勤面临新的挑战。

4.3 教育评估

我国第一届全国高等学校建筑工程专业教育评估委员会成立于 1993 年,已有 18 个学校的专业点通过了评估。实践证明,专业评估在提高教育质量、改革专业教育、改进教学管理、建设师资队伍、增加教育经费、加强教育界与工程界的联系和合作等方面均发挥了积极的作用,取得了良好的效果。同时专业评估也获得国外同行的好评和认可,为土木工程教育走向世界打开了通道。考虑到国际专业评估的发展趋势以及我国土木工程教育及评估的现状,土木工程专业评估应进一步改革。改革的原则为:

(1) 加强评估准则的国际可比性,使我国的专业评估标准与世界发达国家的鉴定水准相当。

(2) 逐步从以教育投入为核心转向以教育产出为核心。目前评估往往着重于教育投入,诸如师资力量、教学设施、图书馆、实验室、课程设置等,随着评估的持续进行,进入第二轮、第三轮后应该逐步转入以教育产出即学生的质量为核心。

(3) 逐步增加评估准则的弹性,以留下足够的自由空间,让各专业点形成各自的风格和特点。

(4) 逐步增加评估的开放性,使专业教育更好地与社会相通,更好地为社会服务。

以上只是对"土建类专业人才培养方案及教学内容体系改革的研究"课题的简略总结,有关详细内容可阅读研究论文以及改革实践试点的总结。

(本文原载于:沈祖炎.挑战与突破——面向21世纪土建类专业人才培养方案及教学内容体系改革的研究[M].上海:同济大学出版社,2000:1-7)

Integrating Engineering Education in China into International Practice — An Irresistible Trend

Bi Jiaju　Shen Zuyan

(Tongji University, Shanghai 200092, China)

In recent years the open-door economy in China is increasingly prosperous. It follows that China's engineering education and engineering professional surely be facing a new challenge. It is imperative to deepen the refomation of engineering education and to mould new type of engineering personnel in order to integrate the standard of engineering education into internationally recognized ones, and to meet the needs of markets both at home and abroad.

In this paper, civil engineering education is taken as a sample to make a comparison of engineering education in China with that in UK and the US. It brings forward problems that should be considered and properly handled during the process to integrate China's engineering education into international practice.

1 TO ESTABLISH A NATIONAL SYSTEM FOR PROFESSIONAL ENGINEERS AND TO PLACE UNIVERSITY ENGINEERING EDUCATION INTO AN "EXTENDED EDUCATION SYSTEM"

In the making of an engineer, university education is very important, but it is impossible to learn everything in this limited period, to say nothing of guaranteeing knowledge for a life long usage. A student, who has begun a professional career after graduation, must keep on learning while practising in professional engineering work. Engineering education as a whole should be formed into an "extended education system" consisting of degree education, practical training, continuing education, professional engineering experience, etc.

Many countries have already done so. In UK and the US, generally, it takes a student 7-8 years to become a professional engineer, starting from the commencement of his/her study in university. In every stage within this period there are clear and definite education requirement and education plan concerned in detail. It means that after graduation a professional person shall continue to fulfill, step by step, relevant education plan under the guidance of an appointed professional engineer and pass strict review and examinations. For example, the Engineering Council in UK and board of registration for professional engineers of each state in the US both have definite regulations and requirements in this respect.

In such an extended education system, both education and engineering circles put upon their shoulders the heavy duty to cultivate professional. What should be learned in universities and what should be trained after graduation are rather clear. The education requirements before graduation are distinct from those after graduation, and the aim of degree education reformation and quality improvement in universities can be rather definite and feasible.

In China, unfortunately, so far there is neither a registration system for professional engineers, nor professional training and education mechanism in or for enterprises that employ engineering graduates. If there is quality problem of cultivation of engineering professional, University education is unfairly the only target to find fault with.

Now the central Ministry of Construction is going to establish a system of registration for professional engineers in the field of civil and structural engineering involving an examination mechanism. This is the first of its kind in the whole engneering field in China. It will have a beneficial effect on forming an extended education system by both education and engineering circles. It greatly enhance the cultivation quality of engineering professional. But a major problem remains not to be solved, that is, how to establish a national registration system, including a professional education mechanism concerned, for professional engineers involving a full range of engineering branches.

2 TO ESTABLISH AN AUTHORITATIVE QUALITY ASSURANCE SYSTEM FOR ENGINEERING PROGRAMS OF STUDY

In a higher education system that possesses relatively good assurance, there is assurance mechanism at university and also its school and department levels respectively to carry out internal quality evaluation and review regularly in order to safeguard and improve education quality; there is also national professional accreditation bodies of engineering education to carry out external professional accreditation for each engineering program periodically in order to ensure a nationwide, unified quality standard, and to preserve and coordinate parity of quality standards among various fields of engineering. Some of them are governmental bodies, and others are non-governmental, independent statutory bodies. For example, the professional accreditation for civil engineering programs in UK is undertaken by the Joint Board of Moderators (JBM) of three closely related engineering bodies, namely The Institution of Civil Engineers, The Institution of Structural Engineers and The Chartered Institution of Building Services, which are under the national Engineering Council. In the US, professional accreditation for civil engineering programs is undertaken by Engineering Accreditation Commission (EAC) of The Accreditation Board for Engineering and Technology (ABET).

Therefore, the quality of engineering programs must be in conformity of the institution of higher education itself on one hand; while, more important, on the other hand, it must fulfill the criteria regulated by national professional accreditation bodies. These criteria are reviewed and drawn up by authoritative representatives of country wild education and engineering circles.

In China, Nation Board of Civil Engineering (Building) Accreditation has been established. A whole series of accreditation documents has been drafted. Professional accreditation of civil engineering (building) was formally commenced in 1995. Although only ten civil engineering programs have been reviewed and accredited for the first time, this event will surely set a good example for other civil engineering programs all over the country.

Currently, however, formal professional accreditation covers only a few disciplines, and few people pay attention to the establishment of a national quality assurance (umbrella) system in engineering education.

3 TO INVESTIGATE AND ANALYZE THE STANDARD AND PROCEDURE OF INTERNATIONAL MUTUAL RECOGNITION OF ENGINEERING DEGREE PROGRAMS AND PROFESSIONAL QUALIFICATIONS

As the economic activities break through national boundaries and become more and more globalized, the globalization of engineering education and international mutual recognition of degree programs and professional qualifications become more and more important. These are not considered merely a matter of theoretical discussion but practical implement. Much attention should be paid to the issue of international recognition. It is obvious that in the not distant future it will be widely practiced.

Six engineering bodies of Australia, Canada, Ireland, New Zealand, UK and the US signed the Washington Accord 1988 for mutual recognition of each other's degree programs in engineering. Later South Africa was admitted as the seventh signatory in 1993, and Hong Kong Institution of Engineers (HKIE) became the eighth member of the Accord in 1995. Some other engineering bodies in Asia and Europe countries also tend to join it. In recent years, the North American Free Trade Agreement (NAFTA) calls for the parties (Canada, Mexico, and The US) to encourage the jurisdictions in their respective territories to develop mutually acceptable standards and criteria for license and the certification of professional service providers and to provide recommendations on mutual recognition. The primary professions of North America currently participating in the linkage project are: engineering, architecture, medicine, pharmacy, psychology, law, agriculture, accounting and business management, etc. Several countries in Central and South America are anxious to be included in the linkage project and ultimately in the trade agreement now linking the countries of North America.

The "Federation Europeend d' Associations Nationales d' Ingeniems" (FEANI), which is composed of twenty two European countries, develops a unified "7 year EUR ING" formula. The formula requires a total period of engineering formation of at least seven years covering education, training and professional engineering experience, and it provides the basis for a method of professional recognition and conferment of "EUR ING" title. FEANI now intends to work towards extending recognition internationally. FEANI is attempting to establish the "FEANI INDEX" as the standard for the European component of the above mentioned Washington Accord. FEANI INDEX lists all the accredited programs meeting the required standards for applicants to the FEANI Register. Eastern European countries, especially Romania are going to start with the understanding that they are part of a global educational and labor market and they plan to incorporate international standards, and even international commission members from the outset.

If China has the intention of moving its engineering education, especially civil engineering education, towards the world and integrating it with international practice, it is necessary to strengthen planned links with world major engineering bodies, for instance Engineering Council and its subordinate organization, JBM, of UK ABET and its subordinate EAC of the US, and Canadian Council of Professional Engineers and its subordinate organization, Canadian Engineering Accreditation Board. This will be helpful in promoting mutual understanding, especially the understanding on their part to China's engineering education. Investigation and analysis should be carried a step further on the procedures, requirements and standards of international mutual recognition. Favorable conditions should be created for the preparation of application for mutual recognition as well.

On one hand, dining the process of working out documents of accreditation, the Ministry of Construction and National Board of Civil Engineering (Building) Accreditation had taken an active step in request for comments and advice from accreditation experts in UK, the US, Hong Kong and other parts of the world. Representatives from JBM had been invited to China to investigate the actual situation of civil engineering(building) programs in some institutions and to discuss issues regarding education reform and professional accreditation. In 1995, the first year of formal accreditation of civil engineering (building) programs in China, JBM and ABET representatives were invited, as observers, to China. JBM representatives paid site visits with Chinese penal teams to several institutions and reviewed their civil engineering (building) programs. They also attended the Working conference held by the Board afterwards. ABET accepted the invitation but unfortunately failed to come at the last minute.

On the other hand, the Ministry of Construction had arranged their officials engaged in management of engineering education and professional accreditation and heads of civil engineering department to investigate civil engineering education and its accreditation abroad.

This bilateral intercourse will surely speed up integration of China's civil engineering education into international practice. It is believed that fruitful results can be seen within a couple of years.

As regards engineering education and professional accreditation covered the full range of engineering disciplines, it remains unclear that who should be a national representative of the China's engineering circle to take charge of the international mutual recognition.

4 TO BREAK THROUGH THE BOUNDS OF MINISTRIES AND ESTABLISH A CIVIL ENGINEERING PROGRAM OF BROADENED COVERAGE

As a traditional program of study, the civil engineering programs in different places of the world usually have similar pattern. Generally speaking the program covers a wide range of sub-disciplines in civil engineering, rather than a few sub-disciplines. In practice, a menu of elective specialized courses or groups of courses are provided for junior and senior classes. Under the guidance of an advisor, students take appropriate courses from the menu according to certain regulations.

Courses covered a number of sub-disciplines are taught by the former 19 polytechnics in UK to students pursuing a first degree in civil engineering. These sub-disciplines include: structure, fluid, and also highway engineering and public health engineering. The elective courses offered by the Imperial College of Science, Technology and Medicine are more extensive. A large number of courses cover such sub-disciplines as structural engineering, hydraulic engineering, environmental engineering, highway engineering, transport engineering, estuary and coastal engineering, water resources engineering, building engineering, management engineering, engineering mechanics, etc.

The civil engineering programs at institutions in the US also cover many special fields in civil engineering, and each institution keeps its own characteristics in several special fields. The Civil Engineering Department of Stanford University offers free elective units in environmental and water studies or and construction. There are 11 elective groups in civil engineering program at University of California, Berkeley. They are civil engineering materials, construction engineering, geotechnical engineering, hydraulic engineering, sanitary and environmental engineering, water (and air) quality management, structural engineering, structural mechanics, transportation engineering, water resources engineering, and photogrammetry, surveying and geodesy.

From the above mentioned examples, we can see that, generally, the civil engineering programs in UK and the US both cover a wide range of in civil engineering. Some provide more, and some less. Some focus on certain special fields, and some the others. Civil engineering program at different institutions may cover different range of special fields according to its own situation. Students may take different elective courses according to their conditions. This is good not only for making the most of the institutional resources, improving the educational quality, fostering versatile graduates, but also for meeting the needs of labor market.

In 1993, the State Education Commission issued a new edition of "Catalog of and Introduction to Undergraduate Programs of Study Provided by Regular of Higher Education". According to it, the same sub-disciplines in civil engineering covered by only one civil engineering program in UK and the US are scattered in more than ten different programs under five disciplines in engineering respectively in China. These five disciplines are civil engineering and architecture, hydraulic engineering, survey and drawing, environmental engineering, and traffic and transportation engineering. The narrow programs are civil engineering (building); civil engineering (transportation); water supply and sanitary engineering; civil engineering (hydraulic and hydroelectric); estuary, channel and river regulation engineering; surveying engineering; environmental engineering; traffic engineering; etc. Furthermore, these programs are controlled by different central ministries and commissions separately. All the matters lead to a situation of multi-leadership, resource waste, unnecessary repetition of similar and separation from each other.

Now, it is principally agreed in China that the coverage of a program should be broadened. The problem is how broad it should be under China's present circumstances. To solve this problem, we shall consider it comprehensively with other problems mentioned above; make relevant investigation extensively and deeply; and listen to opinions from all sides. Then we can probably draw up a scheme of new programs, which will be feasible in China and acceptable by major engineering bodies in the world.

5 TO RENEW EDUCATIONAL THOUGHT AND TO IMPROVE ENGINEERING TEACHING, VIEWING FROM THE ANGLE OF TWENTY FIRST CENTURY

We start our analysis from curriculum. Now the authors have on their desks copies of curricula received from Imperial College of Science, Technology and Medicine in UK, former 19 Polytechnics in UK, University of California, Irvine in the US, and Tongji University in China. All the materials are of 1994 or 1995. Analysis and comparison of these curricula are shown in Table 1 and Table 2.

Table 1　　Comparison between bachelor's degree curricula of civil engineering adopted in China, UK and the US — teaching hours

Items	Imperial College UK	UC, Irvine US	Former 19 Polytech. UK	Tongji University China
Total Teaching Hours (Converted)	$1516 + 2.5 \times 17 = 1559$	Estimated from Credits Including Design Project 2 290	1 885	$2907 + 31.5 \times 20 = 3537$
Total Academic Years	3	4	3	4

(Continued)

Items	Imperial College UK	UC, Irvine US	Former 19 Polytech. UK	Tongji University China
Annually Average Teaching Hours	520	572	628	884
Annually Average Teaching Weeks	31	30	30	40
Weekly Average Teaching Hours	17	19	21	22
Total Number of Courses Required	>29	>54	>22	>63
Total Teaching Hrs. of Fundamental Math. & Science Courses	Arranged in Secondary School	480	Arranged in Secondary School	425

Table 2   Comparison between bachelor's degree curricula of civil engineering adopted in China, UK and the US — major part of the teaching contents

	Imperia college UK		UC, Irvine US		Former 19 Polytech. UK		Tongji University China	
Courses of Math. (Teaching Hours)(%)	154	10	120	7	210	11	85	3
Courses of Fundamental Engineering	321	20.5	340	19	288	15.5	425	14
Courses of Civil Engineering	602	39	700	39	909	48	850	28
Courses of Liberal Arts	117	7.5	370	20	244	13	901	30
Freely Elective Courses			40	2			221	7
Design and Practical Training	364.5	23	240	13	234	12.5	550	18
Total Teaching Hours of the Above-mentioned Courses	1 559	100	1 810	100	1 885	100	3 032	100

In many aspects, the curriculum of the US is quite different from those two of UK, but all of them have been accredited by the professional accrediting bodies in their countries, and recognized by all the signatories of Washington Accord. From this fact, we can see that fundamentally the and recognized programs must reach a education level, but different characteristics and style of teaching of each institution are respected.

As regards the amount of teaching hours, The Imperial College lays more stress on independent learning of students. Its total teaching hours, annually average teaching hours and weekly average teaching hours are the lowest respectively; former 19 Polytechnics put more emphasis on classroom teaching contact. The total, annually average and weekly average teaching hours are all rather high; The arrangements of teaching in University of California, Irvine are nearly the same as those in Imperial College.

As regards the classified proportion of teaching contents, the curricula in UK provide a rather strong foundation for Mathematics. Imperial College raises not only rather high requirements for students learning ability but also pays adequate attention to the training of students' practical ability; while University of California, Irvine puts more emphasis upon the developments of students in a all-round way. Not only appropriate science and engineering courses are arranged, but also a rather weighty and wide range of courses of liberal arts are provided. Students of Imperial College supposedly have rather strong learning ability and more fine for independent learning after class, while students of University of California, Irvine usually do part-time jobs during their vacations. Upon consideration of these facts, the distinction between curricula of these two institutions may be somewhat reduced. Besides, in former 19 Polytechnics more teaching are arranged for courses to embody its characteristics of stronger practicality. There is a striking distinction between the curricula of Tongji University and other institutions. Not only are the amount of its total teaching hours, annually average teaching hours and weekly average teaching hours, but also the total amount of courses are the highest. This does not mean that the curriculum of Tongji University is a satisfactory one. Compared to civil engineering education currently practiced in the world, disparity still exists.

The courses arranged in the curriculum are densely concentrated in a narrow and deep field. In comparison with those in UK and the US, the engineering programs in China appear to be confined in a narrower scope of knowledge, smaller coverage of professional skill and less elective professional branches. This kind of programs does not meet the various needs of the labor market, restricts the development of personal career and mixes undergraduate education up with graduate and continuing education. It thus puts an obstacle in the way of integrating China's engineering education into international practice, and will be difficult to dovetail with engineering registration system.

The courses of different categories are arranged out of proportion. It is especially so when the teaching hours of the courses of liberal arts reach as high as 901 hours, the highest among all categories of courses. Besides, the mathematics in curriculum is rather weak. Its teaching are obviously lower than those of the institutions in UK and the US. A proper ration of all categories of courses in the curriculum should be carefully set and firmly kept. The teaching hours of some categories of courses should be reduced and others should be increased.

The courses of social science do not meet the professional needs appropriately. that kind of comprehensive knowledge in dis respect an engineer should have under the condition of market economy is something that should be carefully considered. The courses and their contents should be arranged and set so as to provide students knowledge of practical use in economy, law, management, professional moral, environmental protection, and national policies and regulations concerned.

The curriculum shows a lack of training of communications, using computer, performing test, etc. The students have few chances to deal with the latest software commonly used in their fields. Their written and oral skills are not trained properly enough to express themselves professionally in Chinese and in languages as well.

Not enough attention is paid to the promotion of creative spirit. This results from both teaching and learning. On one hand, the span of a semester is long. The teaching hours are enormous. The contents of each course are narrow. The explanations are redundant. Almost everything is confined in a certain frame, leaving no room for students to develop their imaginations and creativity. On the other hand, the students show a lack of ability in independent study and practical skill. They do not seem to have good sense of cooperation and creativity. They are content with doing what they have been told.

The above mentioned ideas may be briefly summed up as follows.

It is necessary to solve the problem of integrating China's engineering education into international practice combing the solution to the problem of establishing professional accreditation and engineering registration systems and integrating them into international practice;

Greater efforts should be made to investigate systematically some typical engineering education, professional accreditation and engineering registration systems abroad with advantages to the relevant systems in China by extracting the essence from the experience of other countries;

China's engineering education should be innovated in a creative way and with great foresight in order to join the of the world engineering education and to be comparable with internationally recognized standards. The foreign experience and international background should be taken into account as well as the character and conditions in China.

REFERENCES

[1] Routes to Membership: Chartered Engineer (ICE 101). The Institution of Civil Engineering, London, UK, 1992.

[2] Law, Rules and Regulations (As of June 16, 1993). State Board of Registration for Professional Engineels of West Virginia, Charleston, West Virginia, USA, 1993.

[3] Fundamental of Engineering (FE), Reference Handbook. National Council of Examiners for Engineering and Surveying, Clemson, South Carolina, USA, 1993.

[4] Fundamental of Engineering (FE), Sample Examination. National Council of Examiners for Engineering and Surveying, Clemson, South Carolina, USA, 1993.

[5] Principles and Practice of Engineering (PE), Sample Problems and Solutions in Civil Engineering. National Council of Examiners for Engineering and Surveying, Clemson, South Carolina, USA, 1993.

[6] Relevant Guidelines. The Joint Board of Moderators (JBM), London, UK, 1992.

[7] Explanatory Notes for Moderation Visits. The Joint Board of Moderators (JBM), London, UK, 1992.

[8] Criteria for Accrediting Programs in Engineering in the United States (1949—1995 Accreditation Cycle). Accreditation Board for Engineering and Technology (ABET), New York, USA, 1994.

[9] Documents on Civil Engineering (Building) Accreditation in the People's Republic of China. National Board of Civil Engineering (Building) Accreditation, Beijing, China, 1994.

[10] Lenn M P. The Globalization of Higher Education and the Professions: the Bridging Role of Accreditation. Seminar Report on Qualification Assessment and Registration for Professional Engineers and Quality Assurance in Higher Education, University, Shanghai, China, Nov. 2-5, 1994.

[11] Agreement: Recognition of Equivalency of Engineering Education Courses/Programs leading to the Accredited Engineering Degree. Washington, D. C., USA, 1988, Amended and Executed in Prague, Czechoslovakia, 1989.

[12] Engineering Education Accreditation and the Registration of Engineering within Other European Countries and the Mutual Recognition between Them. The Joint Board of Moderators (JBM), London, UK, 1994.

[13] Hawkins R K. The Progress of Civil Engineering Higher Education in the United Kingdom. Seminar on Civil Engineering Higher Education and Its Professional Accreditation, Tongji University, Shanghai, China, 1994.

[14] Bi J J. A Prospect of Registration System for Professional Engineers in China. Tongji Educational Research, 1994, No 4. (in Chinese)

(本文原载于:沈祖炎. 挑战与突破——面向21世纪土建类专业人才培养方案及教学内容体系改革的研究[M].上海:同济大学出版社,2000:133-143)

采取最有效的方法来培养学生

在同济大学，师生们都知道，沈祖炎院士不仅要求自己把课上好，把握学生的特点、因材施教，同时培育学生独立自主的学习精神；作为一名导师，他对学生的要求似乎很苛刻，但是，他指导的学生已经成为相关领域的后起之秀，独当一面；作为院士，他把更多的发展机会留给年轻人，自己去开辟新的研究领域，避免和年轻人"撞车"。

1 本科教学重启迪

作为大学教师，沈祖炎认为，教学肯定是第一位的。因为大学的职能就是要为国家培养高级人才，因而教师的教学可说是责任重大，必须教给学生必要的知识，而且要采取最有效的办法来培养学生。

俗话说"台上十分钟，台下十年功"。对此，沈祖炎深有体会，给学生上一节课，用来准备的时间肯定比一节课要多几倍。一直以来，他养成了第二天要上课，头天晚上一定要安心备课的习惯。"年轻的时候知识储备少一些，为了备好课，每一章都要找几十篇相关的文章来充实外围知识，精心挑选出能在课上用得到的，这样心里才有底。"在后来的教学生涯里，备课成了沈祖炎生活里不可或缺的一部分。他认为，教授一门课程几十年，抱着一本讲义一教到底，容易给学生一种敷衍了事的感觉，这样往往得不到学生的认可。实际上也是，同一门课程的内容不可能一成不变，而是随着科学的发展，有新内容不断充实进来的，只有将这些新知识融入课程里面，学生才能学到新东西。

用足心思备课只是获得良好教学效果的基础，至于怎么教才能取得好效果，沈祖炎的方法说起来简单，可要做起来却不容易。他在开始上课的时候，通常要对学生摸底，或进行小测验或谈话，关键是"要充分了解学生的情况"。因为学生的接受能力不是整齐划一的，因此要在了解学生整体情况的基础上，把握教学的进度、难度等。考虑到学生的不同层次，沈祖炎采取了分层教学的办法："有的学生接受能力强，可能吃不饱，可以让他们再学深入一些；有的接受慢一些，这就要等一等。而在整体上，主要是考虑中间的学生，以便让最多的学生学好知识"。

沈祖炎在教学上的精益求精，还有很多细节。比如，板书究竟应该怎么写、写多少，前后顺序怎么安排等他都要在心里仔细盘算一番。他总结出的板书经验是，第一不能乱，否则学生看不懂，要有顺序、轻重有别，让学生好把握，也便于抄写。第二是不能一上课就抄满黑板，这样学生看着心里容易犯堵。第三是板书也不能太少，这样学生有可能记不住重点。

回想自己的本科教学生涯，沈祖炎认为教学不是简单地把知识传授给学生，不是老师教多少，学生学多少，而是在教给学生基本的知识后，如何启发和引导学生对所学的知识感兴趣，从而达到一种变被动为主动的学习、独立思考的境界，在学习中找到快乐。"学生自己想动脑筋了，将来肯定会有出息。"

2 培养人才严字当头

开始带研究生后，沈祖炎对于他们的要求严格得近乎苛刻，甚至让人有点"蛮不讲理"的感觉。为什么呢？从修学分来说，一般的硕士研究生只要修满36个学分就够了，但是当他的学生就不行，至少要修满50个学分。

沈祖炎对此的看法是，研究生和大学本科生有区别，研究生是为专业学科培养接班人，要学生修这么多学分，主要是让学生打好基础，不仅要有深度，还要有宽度。当然，他也知道，要修这么多学分，对学生评奖学金会有影响，因为修的课程多就很难门门都优秀，但是，就个人的长远发展来说，其利益远远大于失去的奖学金。后来，报考他的学生都知道，要读他的研究生首先就要有准备,那就是学习再学习。实际上,他带的研究生中,有的修的学分甚至比他要求的还要多,目的就是要向专业的纵深发展。

一方面是对研究生的严格要求,另一方面,沈祖炎对待他们也有宽松时候,当然,这种宽松并不是放松,而是放手让学生自我成长。这方面,最能体现的就是研究生的开题。一般情况下,导师有什么课题,其研究生就围绕导师的课题开展研究。但是,沈祖炎对学生并不这样要求,他的要求是学生自找选题,如果学生一定要跟着他做,他也不反对。他说,学生如果只是一味地跟着导师的课题转,有可能不是其本身的兴趣所在,很难深入下去。再者,如果学生没有独立研究的精神,只是被动地为了拿学位而应付,也很难达到学科人才培养的要求。

所以,沈祖炎在他的研究生开题时,总是先让学生自己拟定一个研究方向,学生按照研究方向查资料、看文献,然后师生一起商量,看看拟定的题目是否合适。据他介绍,一般他带的研究生都要反复两三次,最后才定下一个主题。这个过程既能让学生初步掌握做研究的一些基本方法、理念,又能通过题目的筛选,找出符合学生兴趣、特长的研究方向,为其今后的科研生涯奠定良好的基础。

"一个好的开题报告,实际上已经把论文的50%完成了。"在开始做研究之后,沈祖炎更加强调培养学生独立搞科研的能力,强调做学术要有一丝不苟的精神。他常给学生讲,师父领进门,修行靠个人,他负责把学生带进学术殿堂的大门,进门之后,更多的是靠学生的悟性寻求独立发展。

3 追寻育人的乐趣

沈祖炎说,教书是一门艺术,教学的内容与方法可以有很多种组合方式,讲台其实是一个展示的舞台。他常说,教书育人,有没有兴趣可以作为一块试金石,只有全身心地投入,才会感到其中的乐趣。他谈到,一个人不管做什么事情,倘若没有兴趣,是不可能达到很高的境界的。这种乐趣,在沈祖炎的教学生涯里比比皆是。比如琢磨学生其实也有很多乐趣。从"文革"前的学生到20世纪80、90年代,学生发生了很大的变化,这时候,倘若不把学生琢磨透,还抱着30年前的老讲义上讲台,明显不行。

作为学生的良师益友,沈祖炎可说是非常称职。在完成预定的教学任务和目标之后,沈祖炎做的一些事情似乎已经超出了教学的范围,但他的这种"超纲"的举动却赢得了学生的尊重与欢迎。他在课余会找学生谈心,从生活到学习等,大家在一起就像朋友一样地聊天。这种聊天的过程中,于他来说,不仅有着对学生求知、做学问的潜移默化的影响,还有着考察学生特点,为学科挑选好苗子的深层含意。

在沈祖炎眼里,看着自己的学生从进入大学学习到走进社会成为国家的栋梁之材,无疑是非常快乐的事情。于学生,他常常鼓励他们要冲破自己"框框"的束缚,走自己的路,希望他们发展得比老师更强。所以,他不仅要教学生,还要为学生的发展谋划。常常为了学生的发展,他还要在自己的专业领域内让出一些道路来。比如在钢结构领域,他教出来的学生开始独当一面时,有可能与自己的科研选题发生冲突。这时候沈祖炎就主动避让,学生站出来挑大梁。此外,在一些全国、国际会议上,他也尽可能地推荐他们参会,让这些青年才俊崭露头角,让他们在专业领域尽快地开辟出自己的一片天地。

在这种追寻育人乐趣的过程中,沈祖炎培养出了一批批国家的栋梁之材。而面对国家给予他的名师称号,他感到由衷的欣慰,因为"这是对他教学的肯定"。现在,年过七旬的他,依然奔忙在钢结构领域,做讲座、编写教材、主持重大课题、指导青年教师等。对于他来说,教学、科研早就与生活融为一体,而育人的无穷乐趣更是在血液里欢快地奔腾着。

(来源:科学网,2006-09-07)

《土木工程概论》综述

沈祖炎

1 土木工程与土木工程专业

1.1 土木工程

土木工程,英文为 Civil Engineering,是18世纪末由英国的斯米顿(John Smeaton,图1)首先提出的土木工程师(Civil Engineer)而得来的。斯米顿在英国被称为土木工程之父,英文 Civil Engineering 直译为民用工程,主要用以区别军事工程(Military Engineering),后来逐渐成为一切为了生活和生产所需要的民用工程设施的总称[1],并发展成为一个学科。

图1 英国工程师斯米顿(John Smeaton)

我国国务院学位委员会在公布的学科简介中为土木工程所下的定义是:土木工程是建造各类工程设施的科学技术的统称。它既指工程建设的对象,即建造在地上、地下、水中的各种工程设施,也指所应用的材料、设备和所进行的勘测、设计、施工、管理、养护、维修等专业技术[2]。

因此,土木工程涉及的领域十分宽广。从建设的对象看,土木工程包含建筑工程、地下工程、桥梁工程、隧道工程、道路工程、铁路工程、矿山建筑、港口工程、海洋工程、水利工程等,过去还包括给排水工程和建筑设备工程。从土木工程所用的材料看,可分成金属结构、混凝土结构、高分子材料结构、木结构、石结构、土结构等。从技术性质看,土木工程涉及勘测、设计、施工、管理、养护、维修等。从职业分工看,有从事土木工程的工程技术人员、工程管理人员、研究人员和教师等。

1.2 土木工程专业

为了培养土木工程所需的各类人员,世界各国在大学本科教学中都设立了土木工程专业。世界上最早培养土木工程师的大学是1747年法国创立的巴黎桥路学校。此后英国、德国等也相继在大学中设置了有关土木工程的专业。我国土木工程教育事业最早出现于1895年创办的北洋西学学堂(后称北洋大学,今天津大学)。之后,1896年的南洋公学(今上海交通大学)、1897年的浙江大学堂等也相继开展土木工程教育。同济大学于1914年设立了土木工程专业。现在土木工程专业也在我国教育部颁布的大学本科专业目录中。

我国高等学校土木工程专业教学指导委员会编制的土木工程专业教学指导性文件:《高等学校土木工程专业本科教育培养目标和培养方案及课程教学大纲》[3]中,对大学本科土木工程专业的培养目标、业务范围、毕业生基本规格和基本要求等都做了明确的指导性规定。

大学本科土木工程专业的培养目标是:"培养适应社会主义现代化建设需要,德智体全面发展,掌握土木工程学科的基本理论和基本知识，获得工程师基本训练并具有创新精神的高级专门人才。毕业生能从事土木工程的设计、施工与管理工作，具有初步的项目规划和研究开发能力。"这个培养目标说明我国对土木工程专业的毕业生不但要求有过硬的工程技术能力，还应有过硬的全面素质、品德和健全的体魄，能够为国家服务和做出创造性的贡献。

土木工程专业培养学生的业务范围是："能在房屋建筑、隧道与地下建筑、公路与城市道路、铁路工程、桥梁、矿山建筑等的设计、施工、管理、咨询、监理、研究、教育、投资和开发部门从事技术或管理工作。"

土木工程专业毕业生的基本规格与基本要求是：

(1) 在品德和政治思想方面的要求有：热爱社会主义祖国，拥护中国共产党的领导，理解马列主义、毛泽东思想和邓小平理论的基本原理；愿意为社会主义现代化建设服务，为人民服务；有为国家富强、民族昌盛而奋斗的志向和责任感；具有敬业爱岗、艰苦奋斗、热爱劳动、遵纪守法、团结合作的品质；具有良好的思想品德、社会公德和职业道德。

(2) 在主要知识和能力方面的要求有：具有基本的人文社会科学理论知识和素养；具有较扎实的自然科学基本理论知识；具有扎实的专业基础知识和基本理论；具有综合应用各种手段查询资料、获取信息的基本能力；具有进行工程设计、施工、管理的初步能力，经过一定环节的训练后，具有研究和应用开发的创新能力。

(3) 身体素质方面的要求为：形成健全的心理和健康体魄，能够履行建设祖国和保卫祖国的神圣义务。

从我国高等学校土木工程专业指导委员会制定的土木工程专业的培养目标、业务范围、毕业生基本规格和基本要求，可以看出所培养的学生是与土木工程具有十分宽广的领域以及在工程技术上有较高的要求相适应的。

2 土木工程发展简史

在公元前5000年新石器时代，虽然还没有"土木工程"一说，但已经出现原始的土木工程活动，比如从遗址中已发现用木骨泥墙构成的居室等，因此，可以认为土木工程是一个古老的学科。同时从土木工程的含义中也可以看到，只要人类存在就必然有土木工程活动，因此土木工程又是一个长盛不衰的学科。

土木工程的发展可分为古代、近代和现代三个阶段。阶段划分的依据，一般是建造材料、建造理论和建造技术的进步出现了根本性的突破，形成了划阶段的特征。

2.1 古代土木工程

第一阶段为古代土木工程，具有很长的时间跨度，它大致从公元前5000年的新石器时代到17世纪中叶，前后约7 000年。这一阶段土木工程的特征是：①建筑材料以天然材料为主，如土、石、木、草、竹等，辅以初级的人造材料，如砖、瓦、青铜、铁等。②建造理论主要是长期建造经验的总结，如公元前5世纪我国以记述木工、金工等工艺为主且兼论城市、宫殿、房屋建筑的土木工程专著《考工记》，公元1100年我国北宋李诫重新修编的《营造法式》，公元1世纪古罗马建筑师、工程师维特鲁威(Vitruvius)的《建筑十书》，公元15世纪，意大利文艺复兴时期的建筑师、建筑理论家阿尔贝蒂(Alberti)的《论建筑》等，都是当时最为优秀的专门著作。③建造技术以手工工具为主，如斧、凿、钻、锯、铲、碾等，也发明了一些简单的施工机械，如打桩机、桅杆起重机等；同时技术上的分工也日益细微，有木工、金工、瓦工、泥工、土工、窑工、雕工、石工、彩绘工等。

在古代土木工程中，一些文明古国如中国、古希腊、古罗马、埃及、印度等都有不少传世杰作，有些还流传和屹立至今。

(1) 在房屋建筑方面：约在公元前15世纪我国商代前期，已经出现能减小梁、柱受力的柱、额、梁、枋、斗拱组成的结构体系。这之后，经过历朝历代的积累、丰富、发展，逐渐形成我国特有的建筑风格。始建于公元1406年，建成于1420年的北京故宫，是世界上现存最大、最完整的古代木结构宫殿建筑群，占地72万 m^2，有房屋8 700余间，总建筑面积达15万 m^2，从整体规划到单体建筑都体现了中国古代建筑的优秀传统和独特风格，堪称世界一绝。公元前2世纪古罗马已出现穹顶结构，到公元

2 世纪已兴建了大量以石拱结构为主的建筑,其类型之多,结构设计之合理,施工技术之精湛,至今仍为世人赞叹。古罗马的这一建筑技术和建筑风格被西欧各国进一步发展,意大利的比萨大教堂建筑群、法国的巴黎圣母院大教堂,都是公元 11—13 世纪的著名建筑。公元 15—16 世纪文艺复兴时期的佛罗伦萨教堂和罗马的圣彼得大教堂(图2)堪称世界优秀建筑之精粹。

(2) 在桥梁工程方面:公元前 3 世纪我国已有铁索桥和跨度达 68 m 的木结构桥梁——咸阳渭河桥。公元 6 世纪我国隋朝建成的赵州桥(图3),跨度 37.02 m,全长 50.82 m,矢高 7.23 m,桥面宽约 10 m。该桥是世界上最早的敞肩式拱桥,无论在结构受力、艺术造型和经济上都达到了极高成就,并于 1991 年被美国土木工程学会选为世界上第 12 个土木工程里程碑[4]。

图 2　罗马圣彼得大教堂

图 3　赵州桥

(3) 在水利工程方面:公元前 5 世纪我国已修筑了引漳灌邺工程。公元前 3 世纪中叶,我国在四川建成的都江堰(图4)是世界历史上最长的无坝引水工程,兼有灌溉、防洪、水运和供水等功能,使用至今,现在灌溉总面积已扩大到 800 余万亩,成都平原因此沃野千里。该工规模之大,规划之周密,技术之合理,已被誉为世界上最早的综合性大型水利工程。公元 7 世纪初,我国隋朝开凿了世界历史上最长的大运河,共长 2 500 km。

图 4　都江堰水利工程图

(4) 在高塔工程方面:高塔建筑可以说是我国古代土木工程的骄傲。公元 11 世纪建成的山西应县佛宫寺释迦塔(也称应县木塔)为 9 层高 66 m 的木塔结构(图5),至今犹存。该塔具有抗震防火和不受雷击的功能,曾经历经多次大地震而安然无损,也曾受战争炮火轰击起火而后很快自行熄灭,足以证明我国古代高塔建筑的辉煌成就。

图 5　应县木塔

(5) 在其他方面:还必须提到人类的两项伟大工程,一项是我国举世闻名的长城(图6),始建于公元前 3 世纪,高约 12 m,宽 7~10 m,翻山越岭蜿蜒 6 700 km,至今大部分仍基本完好,堪称世界杰作。另一项是建于公元前 2700 年到 2600 年间的埃及帝王陵墓建筑群及名扬天下的吉萨金字塔群(图7),其中最大的金字塔塔基呈方形,每边长约 230.5 m,高约 146 m,不愧为人间奇迹。

图6 长城

图7 埃及金字塔

2.2 近代土木工程

第二阶段为近代土木工程,时间跨度从17世纪中叶到20世纪中叶,前后约300年时间。这一阶段土木工程的特征是:

(1) 建造材料从天然材料为主转向人造材料为主,如1824年波特兰水泥的发明和1856年转炉炼钢的成功使混凝土和钢材成为土木工程的主要建造材料,推动了钢筋混凝土结构和钢结构在土木工程中的广泛应用,从根本上改变了土木工程的结构形式。

(2) 建造理论从主要以总结长期建造经验向重视科学理论兼顾经验转变。这一转换可以从1638年意大利的伽利略(Galileo,图8)用公式表达了梁的设计理论和1660年英国的虎克(Hook,图9)提出虎克定律(Hook's law)为起点,以后许多研究者从多个不同的领域相继提出了开创性的新理论,如:1687年英国的牛顿(Newton,图10)提出了力学三大定律,为经典理论力学的发展奠定了基础;1744年瑞典的欧拉(Euler,图11)建立柱轴心受压时的屈曲理论,为结构和构件的稳定分析开辟了新天地;1773年法国的库仑(Coulomb)提出了材料强度的概念和挡土墙上的土压力理论;1825年的维纳(Navier)建立了结构设计的容许应力分析法,为结构设计理论提出了通用的方法;19世纪末,里特尔(Ritter)应用极限平衡概念,提出了钢筋混凝土设计理论,1886年美国的杰克逊(Jackson)提出了预应力混凝土的想法,后于1930年由法国的弗雷西内(Freyssinet,图12)研制成功;20世纪上半叶美国的克劳斯(Cross,图13)提出了力矩分配法,使刚架结构的分析简便可行,促进了刚架结构的应用;同时期奥地利的泰沙基(Terzaghi)提出了土的固结、侧压力、承载力等理论,奠定了土力学学科的基础。在这些开创性研究的引领下,土木工程的建造理论发展成为一门完整的学科——结构工程。

图8 意大利科学家伽利略　图9 英国物理学家虎克

图10 英国科学家牛顿　图11 瑞士数学家欧拉

图12 法国工程师弗雷西内　图13 美国工程师克劳斯

在科学理论的指导下,土木工程的结构体系发生了本质性的变化,出现了许多受力合理、结构新颖、用料经济的前所未有的新结构。1886年美国采用框架结构建造高层建筑,1889—1890年法国和美国分别采用空间桁架结构建造铁塔和铁路铁桥,1825年在英国出现了悬索桥,1825年美国建成了铁路,1863年英国建成了地下铁道,1921年德国建成了高速公路。一些现代结构也开始出现,如20世纪20年代的悬索屋盖,20世纪30年代的高拱重力坝,20世纪40年代的近海石油钻探平台。

(3) 建造技术从手工工具为主发展为大规模使用施工机械,一些性能优异的大型机械不断出现,并创造出各种极有成效的施工方法,人们开始能使用大型施工机械建造结构复杂或所处环境恶劣的土木工程。

在近代土木工程中,由于建造材料、建造理论和建造技术的进步,出现了不少举世瞩目的土木工程,如1889年在法国巴黎建成的埃菲尔铁塔(图14),高300 m;1931年,在美国纽约落成的帝国大厦(图15),共102层,高381 m;1937年,在美国旧金山建造的金门悬索桥(图16),跨度1 280 m;1936年,美国建成的胡佛坝(Hoover Dam)是当时最高的重力曲形坝,这些工程至今仍不失为伟大的土木工程。

图14　埃菲尔铁塔

图15　帝国大厦

图16　金门悬索桥

2.3 现代土木工程

第三阶段为现代土木工程,时间起点可定为20世纪中叶。这一阶段土木工程的特征是土木工程与高新技术相结合。

(1) 在建造材料方面,随着化学工业和冶金技术的不断发展,通过掺添加剂已能配置高性能和高强度的混凝土;用人造陶粒配置的混凝土是一种轻质高强的材料,可以建造更为经济的高层建筑;先进的冶金和轧钢技术已能生产优质高强的低合金钢,大规格宽翼缘工字钢以及冷加工成型的高效冷弯型钢,开创了现代钢结构的一个崭新的时代。高分子化学的发展,使高分子材料开始用于结构,出现了膜结构这一新结构形式。玻璃工业的发展,钢化玻璃的生产,使新颖的玻璃结构开始出现。

(2) 在结构理论方面,电子计算机的诞生,完全改变了理论的面貌。凭借电子计算机的强大运算和绘图能力,分析理论已能超越线弹性而考虑材料非线性和几何非线性;已能脱离解析解的束缚,采用数值解对结构的受力进行仿真;已不但能作静力分析,也能作动力分析等等,使得到的计算结果更能符合结构的实际情况,因而使得结构更加经济和安全。

设计理论也由容许应力设计方法进入到基于概率理论的可靠度设计方法。由于分析计算理论的进步,使结构设计更为自由,可以采取各种结构体系,各种结构形体。一些新颖的结构如任意曲面形式的网壳结构、各种形式的张拉结构、各种类型的斜拉桥、各种外形的索膜结构、各种不同深度的海洋石油钻井平台、各种不同岩土性质的隧道、地下铁道等,如雨后春笋般的到处涌现。

(3) 在建造技术方面,从单一的使用施工机械发展到机—电—计算机的一体化。对于复杂的施工,实现了全过程自动监测和计算机控制,使施工质量大大提高,施工进度大大加快,无论是施工过程中需要上天、入地还是翻山、下海,都已不再成为施工的障碍。在钢结构施工中,焊接技术的引入和普遍使用,大大简化了钢结构的构造和制作,同时焊接连接又能最大限度地适应钢结构多变体型的需要,从而使钢结构的发展进入了一个新的阶段。

在现代土木工程中,体现时代特征的土木工程已不再是一些个体工程,它已与世界经济的高度发展联系在一起。

(1) 在房屋建筑方面,随着经济的发展,人口的增长和城市化进程的加速,出现了一大批高度超过100 m的高层建筑,其中最为引人瞩目的有:1974年,美国芝加哥建成的西尔斯大厦器,高443 m;1996年,马来西亚吉隆坡建成的石油大厦双塔楼,高452 m;1998年,我国上海建成的金茂大厦,高420 m(图17);2004年,我国台北建成的国际金融中心,高508 m。

图17 金茂大厦

(2) 在桥梁工程方面,为了适应经济的发展,各国都大量投资于基础设施建设,建造了大量跨度超过1 000 m的悬索桥和跨度超过500 m的斜拉桥,其中最为引人瞩目的有:1998年日本建成的叫石海峡悬索桥,主跨长1 991 m;1997年,丹麦建成的大海带链悬索桥,主跨长1 624 m;1999年,我国建成的江阴悬索桥,主跨长1 385 m;2005年,我国建成的润扬悬索桥(图18),主跨长1 490 m;1995年法国建成的诺曼底斜拉桥(图19),主跨长856 m;1993年我国建成的上海杨浦斜拉桥,主跨长602 m;1999年日本建成的多多罗斜拉桥,主跨长890 m。

图18 润扬悬索桥

图 19　诺曼底斜拉桥

(3) 在长距离海底隧道方面，由日本和丹麦自 20 世纪 60 年代率先启动的跨海工程，引发了世界各国海底隧道的兴建热潮，我国也有 7 个跨海工程正在兴建或规划中。日本已于 1985 年完成了穿越津轻海峡长达 53.85 km 的青函海底隧道，埋深 100 m；1999 年贯通的英吉利海峡隧道长 50.5 km，埋深 45 m。

(4) 在高速铁路建设方面，高速铁路的出现使得时空距离不再遥远，1964 年日本建成了行车时速达 210 km 的新干线高速铁路；1981 年法国建成巴黎到里昂的高速铁路，时速高达 270 km；2004 年中国在上海建成了时速达 412 km 的磁悬浮高速列车。

(5) 在大高坝工程方面，由于经济的高速发展，我国建设了许多水电站，其中三峡水电站(图 20)的发电容量高达 1 820 万 kW，创世界纪录；在高度方面，有正在建设的雅砻江锦屏水电站，坝高 305 m，为世界之最；澜沧江的小湾水电站坝高 292 m，也为世人所瞩目。

(6) 在大跨度空间结构方面，也有许多极具现代气息的建筑，如 1998 年英国建成的伦敦千年穹顶(图 21)，为 320 m 覆盖跨度的索膜结构；2004 年我国建

图 20　三峡工程

成的南京奥林匹克体育中心(图 22)，为与地面成 45°倾角的两个 360 m 跨度桁架拱支承的空间结构；1996 年，美国建成的亚特大佐治亚穹顶(图 23)，椭圆平面 240 m×193 m 的索穹顶结构，用作奥运会主赛馆；1997 年中国建成的上海体育场(图 24)，为椭圆平面 288.4 m×274.4 m 的钢桁架悬挑结构支撑膜的空间结构；1993 年日本建成的福冈体育馆，为直径 222 m 的可开启球面网壳等。

(7) 在高塔工程方面，目前世界上最高的建筑是电视塔。1976 年加拿大建成的多伦多电视塔，高 553 m，是世界上最高的建筑；1994 年，我国建成的上海东方明珠电视塔(图 25)，在电视塔中高度位居第三，造型别致，已成为上海地标之一。

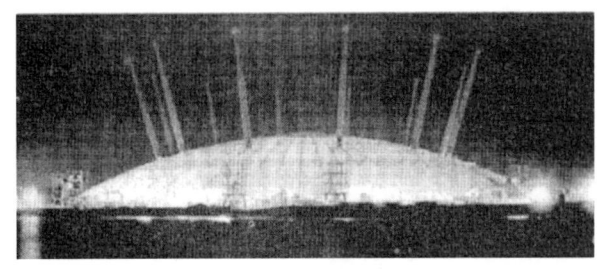

图 21　伦敦千年穹顶

图 22　南京奥林匹克体育中心

图 23　亚特兰大佐治亚穹顶

图 24　上海体育场

图 25　上海东方明珠电视塔

3　土木工程与人类生存的关系

从土木工程的定义可以看出，土木工程的基本任务是建造满足人类物质和精神生活需要各种工程设施。1992年联合国召开了全世界环境与发展首脑会议。在会议通过的《21世纪议程》中，确定了可持续发展的战略方针，该方针的宗旨就是要在满足当代人类发展需要时，为后代留下一个可以持续利用的资源环境。这就说明，土木工程不但与当前的发展有关，而且与人类的生存有关。

现代社会的发展已经出现了影响人类生存的几大不良后果：①圈用耕地和破坏森林、植被；②污染环境和破坏生态平衡；③过度开发资源；④浪费能源；⑤诱发各种灾害。对于我国来说，要避免出现这些不良后果，关键是各级政府特别是中央政府要提出适合国情的可持续发展的战略方针，制定一系列切实有效的政策。土木工程师也应该负起自己的责任，在每一项土木工程中实施可持续发展的方针和政策。

3.1　土木工程与资源

资源是人类生存和社会发展的物质基础。自然界固有的资源按大类分，有矿物资源、水资源、森林资源、土地资源、动植物资源等等。这类资源都是有限的，必须合理和有效地使用，同时还必须创造新的资源。

土木工程对国家的经济建设和人们生活具有深刻的影响，建造的工厂、矿山、铁路、公路、桥梁、机场、码头、水利设施、商场、办公楼、文体场馆、住宅、医院、学校等工程统称为国家的基本建设，在国民经济中占有很大比例，也是占用资源最多的领域。

土木工程中使用的建造材料以混凝土、砌体、钢材和木材为主，这些建造材料的制作都要开采矿物资源和砍伐森林资源。在《21世纪议程》确定了可持续发展战略方针后，建材工业提出了提倡生产和使用"绿色建材"的思想。绿色建材指采用清洁卫生的生产技术，少用天然资源和能源，大量使用由工业或城市废弃物生产的无毒害、无污染、无放射性、有利于环境保护和人体健康保护的建筑材料。绿色建材应有如下特征：

(1) 生产建材时所用原料尽可能少用天然资源，大量使用尾矿和其他废弃物。

(2) 采用低能耗制造工艺和无环境污染的生产技术。

(3) 在产品配置和生产过程中，不得使用甲醛、卤化物溶剂或芳香族碳氢化合物；产品中不得含有汞及其化合物的颜料和添加剂。

(4) 产品的设计是以改善生产环境、提高生活质量为宗旨，即产品不仅不损害人体健康，而且有益于人体健康，产品具有多种功能。

(5) 产品可循环或回收利用，无污染环境的废弃物[4]。

钢材与其他材料相比,较为符合绿色建材的标准,因此1997年在我国建设部颁发的《中国建筑技术政策》(1996—2010年)中明确提出了发展钢结构的要求。2005年7月20日公布的。经国务院常务会议审议批准的《钢铁产业发展政策》,对我国建筑用钢的发展提出了指导性意见。2006年上海市勘察设计行业协会和上海市金属结构行业协会联合提出了"以钢代木,保护地球生态资源;以钢代混凝土,促进绿色环保建筑"的口号。

3.2 土木工程与能源

能源是维持人类生存和社会发展的保障。人类使用的能源中最主要的是电力,目前电力中大多数为火力发电,需要使用煤和石油等矿物资源。因此,为了人类的生存和社会的发展,需要节约能源和发展新能源。

土木工程所耗费的能源出自两个方面,一方面是土木工程所用建造材料在生产过程中消耗的能源,另一方面是土木工程建造完毕后使用期间耗失的能源。与土木工程有关的能耗占总能耗相当大的比例,节约能源大有可为。

混凝土、混凝土砌块和钢材是土木工程主要使用的建造材料,而混凝土是由砂、石子和水泥组成。水泥和钢的生产会耗用大量能源,生产过程中排放的废气还会污染大气,因此均应想方设法减少能耗和污染源。除了在建造材料生产中改进生产工艺外,土木工程在建造材料使用中也大有可为。例如在配制混凝土时掺加电厂废料粉煤灰;采用空心砌块或采用由粉煤灰和矿渣制成的硅酸盐砌块,以降低水泥用量、减少能耗和减轻环境污染;钢材可以采用高强度钢或高效的截面形式和结构体系以减少钢材的用量,同样可以减少能耗和减轻环境污染。

土木工程使用期间能源的耗失是由不注意建筑的隔热保温造成的。为了减少能源的耗失,提出了节能建筑,即能有效利用能源、并能用新型能源取代传统能源的建筑,如采用太阳能技术、利用地热、应用风力发电、潮汐发电、提局围护结构的保温性能等等。国外发达国家以政府法令规定建筑节能,瑞典、加拿大、美国、德国等已修建了万余幢超级节能房,节能效率比传统建筑提高了75%。

3.3 土木工程与环境

环境是保证人类生存质量和社会发展的基础条件。人类生存环境的恶化,主要来自两个方面:一个是环境污染,另一个是生态环境的破坏。环境污染有固体废弃物污染、水污染、大气污染、噪声污染、光污染和电磁污染等。土木工程如不加限制地采用不符合绿色建材要求的建造材料,则这种材料的大量生产会不断加剧水和大气的污染;土木工程在施工过程中不采取必要的措施,也会发生水污染和产生大量的固体废弃物,造成污染。有些特殊使用要求和装饰要求的土木工程,如设计时不考虑环境保护的要求,就会产生持续的有关污染。环境污染产生的危害是缓慢的,但却是渐进的和累积的,当发展到一定程度就会出现致命的后果。

生态环境的破坏往往是由大量砍伐森林、破坏植被、缩小江湖面积造成的,这与土木工程的选址直接有关。破坏生态环境产生的后果在早期并不明显,但最终将酿成恶果,后果不堪设想,届时想要改变就为时已晚。因此,土木工程选址的决策至关重要,特别对于重大土木过程都应作立项的可行性研究和对环境影响进行专项评估。

3.4 土木工程与土地

土地是人类赖以生存和社会得以发展的载体。土地除了提供人类居住和经济建设必要的地盘外,还兼有提供人类生存必需的粮食用地,水资源必需的河流湖泊、矿物资源必需的矿区、生态环境必需的森林和海洋等等,因此必须对土地的合理使用进行科学部署。但是,供人类居住和经济建设必要的土地总是有限的,而人口却与日俱增,经济建设又是日新月异。现代土木工程的进步已经具备初步解决这一矛盾的能力,采用的方法就是"上天"、"入地"、"下海"。所谓上天,就是建筑向高空发展,在人口稠密的大城市建造一定数量的高层和超高层建筑,达到节约用地的目的,已经没有困难。现在已有学者提出建筑物向更高、更宏伟的方向发展的建议。所调入地,就是向地下发展,开发地下空间。日本由于人多地少的特点,已经在地下空间的利用方面走在了各国前面。自20世纪50年代开始日本就已经大规模开发利用浅层地下空间,到20世纪80年代已经开始研究50~100 m深层地下空间的开发利用问题。目前我国对地下空间的利用尚处于初级阶段。所谓下海就是向海洋延伸,建设人工岛。由于这一工程需要大量的资金投入,技术上也有难度,至今还处于探索阶段,由于海洋面积约为陆地面积的2.5倍,因此可以预计迟早会走出这一步。另外,迈向太空也正在人类的探索之中。

3.5 土木工程与灾害

灾害是人类生存和社会进步的主要敌人。灾害有自然灾害、人为灾害和人为与自然组合的灾害。自然灾害分突发性灾害和渐进性灾害两类,与土木工程有关的突发性灾害有地震、风灾、洪水、泥石流等,渐进性灾害有海平面上升、地面下沉、环境污染等,人为灾害有火灾、燃气爆炸、恐怖袭击等。有些灾害表面上是自然灾害,其根源却是人为造成的,如有些洪水灾害是与破坏流域植被、滥伐森林引起的水土流失有关,这类灾害可称为人为与自然组合的灾害。

为了减少在灾害发生时人们生命和财产的损失,土木工程应具有足够的抗灾能力。防洪墙不坍塌就能将洪水灾害的损失减至最少,房屋不倒塌就能将地震灾害的损失降至最低,输电线路铁塔不破坏就能将风灾的损失大量减少,土木工程不建在滑坡地带就能使滑坡和泥石流无法形成灾害。凡此种种不胜枚举。为此,土木工程应根据所建地区可能发生灾害的情况进行抗灾设计,如抗震设计、抗风设计、抗爆设计、抗洪设计,等等。

4 土木工程的展望

4.1 关于土木工程技术进步的展望

土木工程技术由3个要素组成:建造材料、建造理论和建造技术。

4.1.1 关于建造材料的展望

(1) 建造材料将大力开展"绿色建材"的研制。传统混凝土的使用将受到限制。"绿色"高性能混凝土和自修复混凝土等将受到广泛研究和应用。"绿色"高性能混凝土是用工业废渣为主的细掺料代替大量水泥并以大量纤维增强来克服混凝土的脆性的一种材料。自修复混凝土是在混凝土中灌以树脂、掺入空心纤维,当混凝土开裂时能自动流出树脂封闭裂缝。轻质高强混凝土也是今后的一个发展方向。

(2) 金属材料将向高强度发展并提高耐大气腐蚀和耐火性能。这种高强度高性能的金属材料可以是钢材也可以是其他合金材料,能减少金属材料的用量。金属材料的另一个发展方向是开展智能材料的研究,使结构由不变的、无智能和无生命的向可变的、有智能和有生命的方向发展。

(3) 其他新型材料如纳米建筑材料、高分子复合材料、化学合成材料等,在不久的将来必将出现可观的进展。

4.1.2 关于建造理论的展望

(1) 土木工程的计算机仿真分析和虚拟技术的应用将是今后需要重点研究和加以应用的课题。计算机仿真分析应以整个结构体系甚至整个土木工程为对象,对其安全性、适用性、耐久性、经济性和对环境的影响等进行仿真分析,也可以对原型结构在各种灾害作用下的反应作出仿真,借助虚拟技术演示真实情况,达到优化方案科学决策的目的。

(2) 对重大土木工程设置"健康"监测系统,建立"健康"档案,以便及时根据土木工程在使用过程中出现的不正常现象找出问题所在,及时维修和解决,确保土木工程使用安全,延长其使用寿命。

(3) 开展对各种灾害作用的研究。由于结构工程学科的发展,结构分析理论日趋完善,已能通过精细分析,对结构性态的描述得到相当精确的结果。但是,对各种灾害作用的大小、灾害形成的机理和变化的情况却不甚了解,这影响了分析结果的可信度。因此,对各种灾害作用进行研究已是当务之急。

(4) 开展对整个结构体系可靠度的研究。目前设计采用的可靠度只是构件的可靠度,设计者并不知道结构可靠度是多少,因此,结构设计的结果并不一定十分合理和经济。

4.1.3 关于建造技术的展望

(1) 计算机技术在建造过程中的应用将是今后发展的重点,包括钢结构构件的计算机辅助制造(CAM)。这样才能加快建造进度、缩短建造工期、确保工程质量。

(2) 建筑机器人的开发将提到议事日程上来,其应用也将日益普遍。建筑机器人的使用将使土木工程的施工过程高度机械化和智能化,必将推动土木工程施工过程的发展进入新的阶段。

4.2 关于土木工程建造场所的拓展

今后土木工程的建造必将从地球表面向其他方面拓展[4]。

4.2.1 向高空拓展

日本在 1992 年曾有人提出"一个工程师的梦"。梦想建造 X-SEED4000 超整体都市结构,即高 4 000 m 的空中城市(图 26),有效面积 5 000 万～7 000 万 m^2,可容纳 50 万～70 万居民,这虽然还只是一个梦想,但说明已有人在探索向超高空拓展的问题。

4.2.2 向地下拓展

城市向地下拓展可以有效地解决用地紧张、生存空间拥挤、交通阻塞、环境恶化等一系列的城市病。地下空间还具有低噪声、低能耗、防震防空袭等特性。地下空间也有许多不足之处,容易造成人的不良心理反应,因此应重视地下空间的开发。

今后地下空间开发的趋势是:尽一切可能把可转入地下的设施转入地下,并向深层发展。

4.2.3 向海洋拓展

向海洋拓展包括两个方面:一是向海洋要地,建设人工岛;二是开发海底。海洋面积约占地球表面积的 70%,向海洋要地拓展的潜力极大,我国从 20 世纪 60 年代起已经建成鸡骨礁人工岛和张巨河人工岛。现在我国还在进一步研究建造海上人工岛的可行性,用现代技术建造人工岛将是土木工程的新任务。海底具有丰富的矿床,对弥补大陆资源的缺乏将起到重要作用。海底开发中的深海勘探、深海采矿也将对土木工程提出新的挑战。由于向海洋拓展需要投入巨大的资金,技术上也存在巨大的困难,目前还只是一种尝试。可以预料,今后土木工程在向海洋拓展中必定大有所为。

4.2.4 向太空拓展

20 世纪 50 年代以来,太空科学技术迅速发展,已建立了太空站,宇宙飞船已经可以在地球与太空站之间往返,人类实现了太空旅游。要把人类的活动舞台扩展到太空、扩展到另一个星球,还有很远的路要走,需要人类的共同努力,其中也有土木工程师应尽的一份责任。

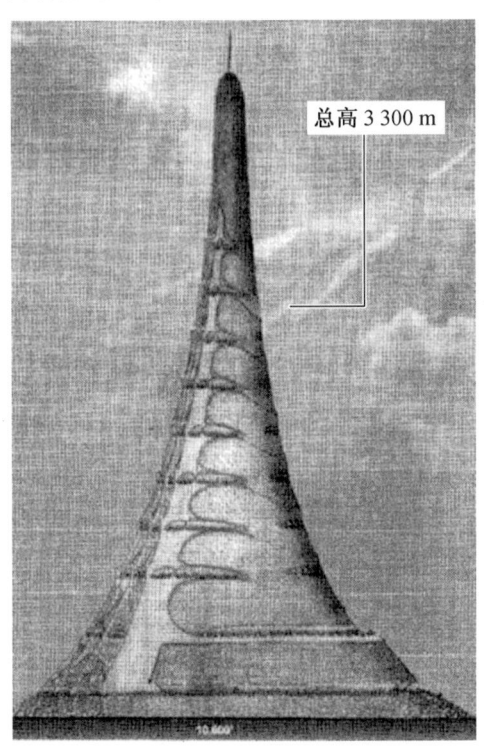

图 26 空中城市

参 考 文 献

[1] Roesset J M, Yao J T P. State of the art of structural engineering[M]. Journal of Structural Engineering, 2002,128(8):965-975.

[2] 中国土木工程学会.中国土木工程指南[M]. 2 版. 北京:科学出版社,2000.

[3] 高等学校土木工程专业指导委员会.高等学校土木工程专业本科教育培养目标和培养方案及课程教学大纲[M].北京:中国建筑工业出版社,2002.

[4] 丁大钧,蒋永生.土木工程概论[M].北京:中国建筑工业出版社,2003.

(本文原载于:项海帆,沈祖炎,范立础.土木工程概论[M].北京:人民交通出版社,2007:1-13)

土木工程专业人才的知识结构

沈祖炎　李元齐

1　概述

土木工程专业是一个业务范围十分宽广,职业去向十分多样的专业,土木工程专业毕业生的工作对象包括建筑工程、桥梁工程、岩土、隧道及地下工程、道路与机场工程、铁道工程、矿山建筑、港口工程、水利工程、海洋工程等;工作内容涵盖设计、施工、管理、咨询、监理、投资、教育、研究与开发等的技术或管理工作;工作性质包括工程技术、教学和研究工作等。在如此广阔的天地下,土木工程专业毕业生的择业范围是十分多样的;在一生中,几乎所有的人都会在工作对象、工作内容和工作性质中做出多种选择。

因此,土木工程专业的培养方案必须适应这一情况,做出符合教学规律的精心、细致、系统和全面的安排。

2　土木工程专业人才培养中的四要素

鉴于土木工程专业毕业生的工作对象较广且差别较大,工作内容多样且理论重点各异,工作性质更是截然不同,四年的学习年制是不可能采用一个对象、一个对象依次学习掌握的,必须按规律进行安排。从我国高等学校土木工程专业指导委员会编制的《高等学校土木工程专业本科教育培养目标和培养方案及课程教学大纲》[1]中,可以看出在土木工程专业高级专门人才培养的过程中,不论今后择业有何不同,都必须重视以下"四要素"的要求,并按照"四要素"的要求制订培养方案。"四要素"即为知识结构、实践技能、能力结构以及综合素质与创新意识。

知识结构是指土木工程专业毕业生必须掌握的知识,用"结构"两字是说明这些知识不是可以任意取舍、支离破碎的,也不应是互不相关的,而应该是组成土木工程专业的知识结构必不可少、不可或缺的。由这些知识组成的知识结构应能满足土木工程专业毕业生职业去向多样化的需要,也能为他们的今后发展提供坚实又宽广的理论基础,为他们向较高的综合素质与创新意识发展提供必要的理论知识上的保障。

土木工程专业是一个实践性非常强、工程性质十分明显的专业。为了土木工程专业的毕业生能够更好地为社会主义现代化建设做出贡献,必须培养他们具有较好的实践技能。否则,这样的毕业生将会在实践上暴露出较大的缺陷,是一个不全面的工程技术人员。

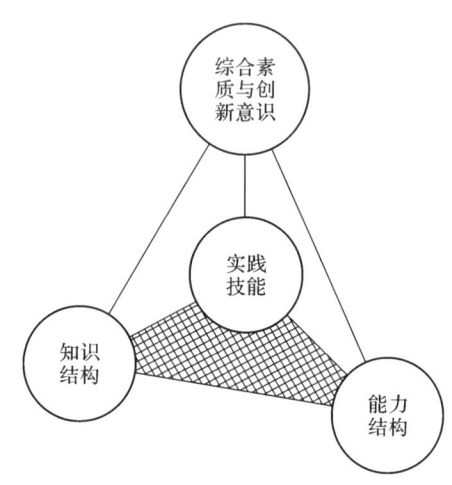

图1　土木工程专业人才培养四要素

能力结构是指土木工程专业毕业生必须具有的能力,用"结构"两字是说明这些能力应该是最基本的,也是最必需的。由这些能力组成的能力结构,应能为土木工程专业毕业生在工作中发挥很好的作用,并能为其向更高的综合素质与更强的创新意识发展,提供最重要也是最基础的能力上的保障。

因此,知识结构、实践技能和能力结构是人才培养的三个基础要素,用以支撑和发展综合素质与创新意识。综合素质与创新意识的高低则与三个基础要素休戚相关。四要素之间的关系可用图1表示。

3 土木工程专业的知识结构

3.1 土木工程专业知识结构的总体描述

土木工程专业知识结构的具体组成可分为三个阶段:第一阶段为公共基础知识,第二阶段为专业基础知识,第三阶段为专业知识,可用图2作一总体描述。

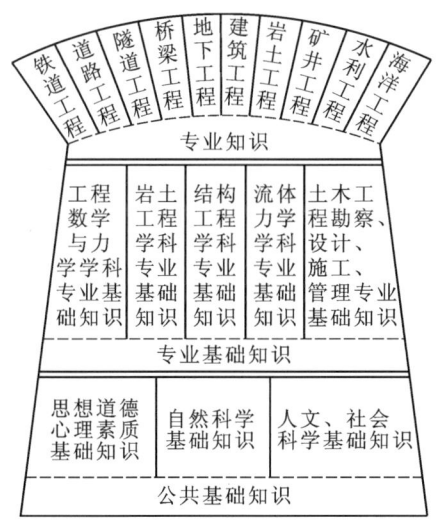

图2 土木工程专业知识结构的总体描述

从总体描述图中可以看出公共基础知识阶段、专业基础知识阶段和专业知识阶段之间的关系。公共基础知识是高级工程专门人才具有必要文化素质所需掌握的通用基础知识。在此基础上可以有效和扎实地学习专业基础知识。专业基础知识更是学习专业知识的基础。在专业知识阶段,学生可以修习1~2个具体工程对象的专业知识。学生毕业以后,当需要从事其他工程对象的技术工作时,可以运用专业基础知识、借鉴已学具体工程专业知识的方法和过程,举一反三,通过自学很快地掌握所需学习工程对象的专业知识。

公共基础知识阶段、专业基础知识阶段和专业知识阶段的这一关系和安排就构成了土木工程专业高级专门人才的知识结构。

3.2 第一阶段——公共基础知识阶段

这一阶段的内容是根据作为一个工程师所必须掌握的知识而安排的,包括以下两个方面的内容:

3.2.1 思想道德、心理素质及人文、社会科学基础知识

必修课有马克思主义哲学原理、毛泽东思想概论、邓小平理论概论、法律基础、土木工程建筑法规、大学英语等。选修课可由各院校自主决定开设,但宜覆盖以下学科门类:经济学(如政治经济学、经济学、工程经济学)、管理学、语言(如大学语文、科技论文写作)、文学和艺术、伦理(如伦理学、职业伦理、品德修养)、心理学或社会学(如公共关系学)、历史。

通过这些基础知识的学习,要求达到理解马列主义、毛泽东思想、邓小平理论的基本原理,在哲学及方法论、经济学、法律等方面具有必要的知识,了解社会发展规律和21世纪发展趋势,对文学、艺术、伦理、历史、社会学及公共关系学等的若干方面进行一定的修习,掌握一门外国语。

外国语对于土木工程专业是一种语言工具,可以用于阅读国外学术书刊等,了解国际最新动态,吸收国际先进技术;可以用于向国外刊物发表学术论文,将国内的先进技术介绍到国外;可以用于与国外的土木工程技术人员进行面对面的学术或技术交流。要达到这一要求,也就是通常说的要会"读、写、听、说"。对于一个土木工程专业的高级专门人才,应该尽可能向达到这一要求努力。在学习时应十分重视语言环境的营造,教师可以采用双语教学的方式提高学生"读"与"听"的能力;学生可以用外语提问和做作业,提高"写"与"说"的能力。同学之间可以约定在某些场合如寝室内采用外语交谈,提高"听"和"说"的能力。但是必须提出,外国语毕竟只

是一种语言工具,决不能因为学习外国语而影响了公共基础知识和专业基础知识的学习,否则就得不偿失和本末倒置了。

必须指出,土木工程与法律的关系较其他类别的工程要密切得多。土木工程的每一项工作都会关联到法律的问题。以建筑法规为例,在进行建设项目策划及立项时,要符合城市规划法;在进行工程设计时,要符合招标投标法、工程勘察设计法、消防法和抗震减灾法等;在进行工程施工时,要符合建筑法、建筑工程合同管理法和建筑企业及从业人员资质管理条例等;在进行房地产管理时,要符合城市房地产管理法。除此之外,与工程有关的法规还有环境保护法、文物保护法、风景名胜区法规、城市市政公用事业法、村庄和集镇建设管理条例,等等。因此在学习土木工程专业有关的知识时,必须时时注意与有关法规的关系,养成自觉注意和遵守各项法规的意识和习惯。

3.2.2 自然科学基础知识

必修课有高等数学、物理、物理实验、化学、化学实验、体育、军事理论等,选修课应覆盖以下学科门类:环境科学、信息科学、现代材料学、计算机语言与程序设计等。

通过这些基础知识的学习,要求达到掌握高等数学和土木工程专业所必需的工程数学,掌握普通物理的基本理论,掌握与土木工程专业有关的化学原理和分析方法,了解现代物理、现代化学的基本知识,了解信息科学、环境科学的基本知识,了解当代科学技术发展的其他主要方面和应用前景,掌握一门计算机程序语言。

计算机的发明,大大拓展了土木工程的设计理论;商用软件的面世,大大提高了土木工程的分析能力;互联网的出现,大大缩小了土木工程的信息世界。总之,计算机的出现和发展给土木工程带来了划时代的变化,这是不争的事实。但是计算机对于土木工程专业毕竟只是一种分析计算和信息收集的工具。土木工程要在设计理论、材料性能和施工技术等方面有所进展,一个土木工程项目要摆脱传统,应用新理论、新材料、新技术成为一个优秀工程项目,还得靠人的智意和创造。因此在学习计算机技术的同时,千万不要轻信"计算机万能"、"学习计算机走遍天下都不怕"等言论,而放松了公共基础知识和专业基础知识的学习。

公共基础知识阶段一般安排在一、二年级。由于公共基础知识是工程类学科均必须掌握的,因而很少会接触到土木工程专业的知识。这一阶段其实极为重要,必须十分重视,一方面因为是工程类学科的公共基础知识,另一方面则是由高中学习阶段向大学学习阶段的过渡。大学学习阶段与高中学习阶段的最大区别在于大学以讲授原理为主,应用和练习较少,且进度快,同时课余时间较多。因此要能深刻和扎实地掌握教师所讲的知识,主要靠自学。这一阶段的学习必须学会自己安排时间,根据自己的实际情况,通过自己学习,掌握教师讲授的知识。这仅仅是最低要求,此外还应有意识地加深和扩大所学的知识。当在第一阶段完成了这一过渡,学会了大学阶段的学习方法,对于今后学习能力的提升将起十分重要的作用,即使毕业后踏上社会也将是终身受益的。

3.3 第二阶段——专业基础知识阶段

在前文中已经提到土木工程是一个业务范围十分宽广、职业去向十分多样的专业。为了适应这一情况,土木工程专业的毕业生必须具有较深入且宽广的基础理论。第二阶段的内容是根据作为一个土木工程师所必须掌握的专业基础知识而安排的,不仅为专业学习需要,而且也为今后的发展以及进入新领域提供必要的基础理论。

专业基础知识阶段按土木工程专业业务范围的需要,可分为几个不同学科的内容,包括工程数学、工程力学、结构工程学、岩土工程学和流体力学等学科,以及从事土木工程设计、施工、管理所必需的专业基础理论。必修课有:线性代数、概率论与数理统计、数值计算、理论力学、材料力学、结构力学、流体力学、土力学或岩土力学、工程地质、土木工程材料、画法几何、工程制图与计算机绘图、工程测量、荷载与结构设计方法、混凝土结构设计原理、钢结构设计原理、基础工程、土木工程施工、建设项目策划与管理、工程概预算等。选修课有弹性力学、水文学、砌体结构、组合结构设计原理等。

通过这些专业基础知识的学习,要求达到掌握工程力学学科包括理论力学、材料力学、结构力学的基本原理和分析方法;掌握岩土工程学学科包括工程地质和土力学或岩土力学的基本原理和实验方法;掌握流体力学的基本原理和实验方法;掌握结构工程学主要是工程结构构件的力学性能和计算原理和一般基础的设计原理;掌握相关学科包括土木工程材料的基本性能和适用条件、工程测量的基本原理和方法、画法几何基本原理、土木工程施工与组织的一般过程等。

专业基础知识阶段一般安排在二、三年级。由于这一阶段的知识是土木工程专业的基础理论,因而有关土木工程各类具体工程对象的内容不会很多,但必须看到,专业基础知识构成了土木工程专业共同的专业平台,为以后的专业知识学习和毕业后在专业的各个领域继续学习提供坚实的基础,可以认为这一阶段的学习是大学期间最为重要的。

3.4 第三阶段——专业知识阶段

这一阶段的内容是要求通过对具体工程对象的分析,达到了解一般土木工程项目的设计、施工等基本过程,学会应用由专业基础知识阶段学得的基本理论,较深入地掌握专业技能,建立初步工程经验的目的,以适应当前用人单位对土木工程专业本科人才基本能力的一般要求。由于土木工程涵盖的具体工程对象类别繁多,如房屋建筑、桥梁、隧道、地下工程、道路与机场、铁路、矿山建筑、港口工程、水利工程及海洋工程等,在设计和施工方法上都有差别,在大学阶段不可能也不必要对每一种工程对象都要详细学习。学校对第三阶段即专业知识阶段可根据各自的特点进行安排。一般有以下几种:一主多辅模式、主辅组合模式、完全打通模式等。

一主多辅模式采用设立若干课群组,每一课群组集中对土木工程中某一类工程对象的勘察、设计、施工、管理等进行教学,要求学生系统修习某一课群组的基本课程,并修习其他课群组的若干门课程。主辅组合模式设立的课群组也可以以某一类工程对象为主,但配以若干门其他工程对象的课程,要求学生修习某一课群组。完全打通模式则不设课群组,但要求学生修习的课程能涉及土木工程较宽的范围。

通过专业知识的学习,要求达到掌握土木工程项目的勘测、规划、选线或选型、构造的基本知识;掌握土木工程结构的设计方法、CAD和其他软件的应用、土木工程基础的设计方法、了解地基处理的基本方法;掌握土木工程现代施工技术、工程检测与试验的基本方法;了解土木工程防灾与减灾的基本原理及一般设计方法;了解本专业的有关法规、规范与规程以及本专业的发展动态等。通过这一阶段的学习,还应了解相邻学科知识,包括:土木工程与可持续发展的关系、建筑与交通的基本知识、给排水、供热通风与空调、电气建筑设备以及土木工程机械等的一般知识。

专业知识阶段一般安排在三、四年级。学生所学的专业知识涉及面应在土木工程领域内有一定宽度,至少应涉及土木工程领域中的建筑工程类、交通土建工程类、地下—岩土—矿井建设类中的两类。在这一阶段中,除了要学习土木工程中某一类工程对象的勘察、设计、施工、管理等专业知识外,学生更应学会怎样从由专业基础知识构成的土木工程专业共同的专业平台上,掌握某一类工程对象的专业知识的过程和方法,这样才能在需要进入另一类工程对象领域时举一反三,不致束手无策。

3.5 知识的综合要求

在公共基础知识、专业基础知识和专业知识阶段,是主要以单一学科体系进行学习的。每门课程的学习均按照该门课程所属学科的严密体系由浅入深、由简到繁、循序渐进的方法进行学习。这是一种将自然界的现象和工程中的问题进行分析、按学科分解并归类、然后按学科体系进行学习的方法。从根本上说,这是一种以分析为主的学习方法,是分学科的学习方法。这种方法对于学习知识是有效的,也是科学的。但是,自然界的想象和工程中的问题本身却是综合性的,不同学科的问题错综复杂地交织在一起。解决问题时必须综合运用多学科的知识,针对问题的具体情况,理清头绪予以解决。

因此,可以这样说:学习知识应采用以分析为主的方法;解决工程问题应是多学科知识的综合运用。作为土木工程专业高级专门人才必须都要学会这两个方面。

怎样学习知识的综合运用呢？在大学学习阶段主要落实在实践教学环节，但是光靠学校的安排是不够的。更为重要的是靠自己有意识地学习和培养，采用的方法有以下几种：一种是根据不同的学习阶段注意阅读一些科技杂志，特别是在专业基础知识和专业知识学习阶段，更要安排固定时间阅读国内外有关土木工程的科技杂志，从文章中学习他人是怎样将知识综合运用于解决工程问题的，还可以对文章进行评论，提出问题或建议，并整理成文请教师指导；一种是积极参加各种设计竞赛，从中捉摸、学习和体会怎样综合运用知识才能进行设计、并能完成高质量的设计。只要能认真地、有意识地进行这方面的学习和培养，就会达到知识的综合要求，就会发现一片广阔的天地可供自由翱翔，就会感到学习的快乐，乐此不倦。

4 土木工程专业的实践技能

4.1 需要培养的各种实践技能

土木工程具有极强的实践性。在工程项目选址时，需要了解拟选的建造场地是否会滑坡，是否属于地震断裂带，是否存在不适宜工程项目选址的其他地质因素等，这就需要掌握一定的地质勘测技能；在工程项目设计时，需要进行大量的计算和绘制大量的工程图，这就需要掌握制图技能、计算机CAD绘图技能和应用计算机及分析软件进行分析计算的技能；当工程项目采用新材料、新理论、新结构和新技术而需要进行试验时，则需要掌握材料、结构、工艺试验的技能；在工程项目施工时，需要按设计图纸将工程项目在建设场地正确无误地定位并建造起来，这就需要掌握工程测量技能；当需要对某一既有工程进行检测并对其承载能力或耐久性进行鉴定时，这更需要掌握结构检测技能，等等。

因此，土木工程专业需要培养的实践技能主要有：制图技能、计算机应用技能、地质勘测技能、工程测量技能、材料、结构、工艺试验技能、结构检测技能。

4.2 如何培养实践技能

土木工程专业的实践技能是通过在公共基础知识阶段、专业基础知识阶段和专业知识阶段中的实践教学环节培养的。实践教学环节还具有培养学生各种能力，特别是工程能力和创新能力的作用。因此，实践教学环节在土木工程专业的教学中具有非常重要的地位，它的作用和功能是理论教学所不能替代的。

土木工程专业的实践教学环节有以下几种类别：计算机应用类、实验类、实习类、课程设计类和毕业设计（论文）等。有组织的科技创新活动等也应纳入实践教学环节。下面介绍各类实践教学所包括的实践技能和工程能力的培养要求。

4.2.1 计算机应用类

计算机应用包括计算机语言与程序设计课程中的计算机上机实习，以及在各课程教学和设计类教学过程中的计算机运用操作等。通过计算机应用类的实践环节，要求学生了解计算机基础、算法与数据结构，掌握若干种计算机实用软件，掌握有关的工程软件应用方法，熟悉CAD制图。

4.2.2 实验类

实验包括大学物理实验、化学实验、力学实验、材料实验、土工实验、结构实验和施工实验等。通过实验类的实践环节，要求学生了解所学课程的实验方法，能正确使用仪器设备，掌握一般结构实验的基本方法，初步具备结构检验的技能。通过实验类的实践环节，还应培养学生的实验动手能力、科学实验方法和创新意识。

4.2.3 实习类

实习包括认识实习、测量实习、地质实习、生产实习和毕业实习等。通过实习类的实践环节，要求学生掌握各项实习内容及有关的操作和测量技能，能初步应用理论知识解决工程实际问题；了解土木工程师的工作职责范围，参与部分工作；了解土木工程的项目管理，正确使用我国现行的施工规范和规程。

4.2.4 课程设计类

课程设计包括勘测或房屋建筑类课程设计、结构类课程设计、工程地基基础类课程设计、施工类课程设计等。通过课程设计类的实践环节,要求学生了解与土木工程有关的法规和规定;熟悉技术规程中与课程设计有关的主要内容;了解工程师的工作过程和工作职责;了解设计过程中各工种之间的配合原则。通过工程设计,学生应能综合应用所学基础理论和专业知识,具有独立分析和解决一般土木工程技术问题的能力;用书面及口头的方式清晰而准确地表达设计意图及各项技术观点。

4.2.5 毕业设计(论文)

毕业设计(论文)在培养学生的工程能力和创新能力上有十分重要的作用。通过毕业设计(论文)要求学生在知识方面能综合应用各学科的理论、知识和技能,分析和解决工程实际问题,并通过学习、研究和实践,使理论深化、知识拓宽、专业技能延伸。在能力方面能进行资料的调研和综合,能正确运用工具书,掌握有关工程设计程序、方法和技术规范,提高工程设计计算、理论分析、图表绘制、技术文件编写的能力;或具有实验、测试、数据分析等研究技能,有分析与解决问题的能力;有外文翻译和计算机应用的能力。在素质方面能培养并具备正确的设计思想、严肃认真的科学态度和严谨的工作作风,能遵守纪律,善于与他人合作。

5 土木工程专业的能力结构

5.1 需要培养的各种能力

土木工程是一个工程应用性的学科。工程技术人员要把在学校里学到的专业基础知识、专业知识和实践技能应用到工程项目中去,就要依靠他们自身的各种能力。一个缺少把专业知识综合运用到工程实践能力的工程技术人员,充其量也只能成为一部"活字典"、一个"信息源"。一个缺少把实践技能应用到工程项目能力的工程技术人员,充其量也只能成为一个"活工具"、一部"工具书"。

为了能够把所学的知识和实践技能灵活、有效并具创新性地应用于工程实践,一般需要培养以下各种能力:自学能力、工程能力、管理能力、科技开发能力、表达能力和公关能力,以及由这些能力衍生的创新能力。

5.1.1 自学能力

顾名思义,自学能力就是自己学习的能力。但是自学能力又可细分为通过自学接受知识的能力、通过自学获取知识的能力以及通过自学在获取知识的基础上进行创新思维的能力。

在公共基础知识阶段(一、二年级),由于教学以讲授原理为主,应用和练习较少,因此这一阶段的学习,学生应着力于培养自己能通过自学掌握教师所讲授知识的原理及其灵活应用的方法,也就是培养自己通过自学接受知识的能力。

在专业基础知识阶段(二、三年级),由于土木工程的专业基础涵盖范围极为广泛,教学内容涉及许多学科,将会引发学生学习的兴趣和积极性,学生会根据各自的特点希望将教师所讲授的内容进一步拓宽和加深,这一要求只能靠自己学习解决。因此这一阶段的学习,学生应在已具有通过自学接受知识能力的基础上,进一步培养自己通过自学去掌握教师没有讲授而自己又希望能掌握的知识,也就是培养自己通过自学获取知识的能力。

在专业知识阶段(三、四年级),教学内容已涉及某些具体的工程对象,教师除了讲授有关勘察、设计、施工、管理等方面的基本知识、设计方法、施工技术、管理原理外,还会加大信息量,讲述一些新的科研成果、正在探索的新设计理论、结合新的工程材料和分析方法出现的新的结构形式和体系、计算机控制的新施工技术,等等。这些内容必将激发学生的许多遐想。学生可以在通过自学获取知识的基础上学习创新思维,提出一些新的想法以及付诸实施的理论依据和实现技术,也就是培养自己在通过自学获取知识的基础上进行创新思维的能力。

可以看出,自学能力是高级专门人才赖以持续发展和不断提高的一种能力,因此也是最根本和最重要的能力。

5.1.2 工程能力

工程能力就是土木工程技术人员在从事土木工程工作时应用工程技术知识和技能的能力。对于土木工程专业技术人才,工程能力的培养是必不可少的。一个从事土木工程的技术人员,如果缺少必要的工程能力,将是一个不合格的土木工程师。

在大学阶段,工程能力的培养,主要在实习类实践教学环节、课程设计类实践教学环节和毕业设计实践教学环节中进行。各实践教学环节关于工程能力的培养要求,在前一节中已有所阐述。工程能力培养的总体要求应该是:具有根据使用要求、地质地形条件、材料与施工的实际情况,经济合理、安全可靠地进行土木工程勘测和设计的能力;具有解决施工技术问题和编制施工组织设计的初步能力;具有工程经济分析的初步能力;具有应用计算机进行辅助设计的初步能力。

5.1.3 管理能力

土木工程是一种群体性的工作。对于土木工程专业高级专门技术人才,应进行必要的管理能力与意识的培养,包括人力资源管理、投资管理、进度管理、质量管理、安全管理、工程项目管理、各工种工作的协调等。

大学阶段管理能力的培养,主要在生产实习、毕业实习和毕业设计等实践教学环节中进行。此外,还可在各种社会活动中进行。

管理能力的培养要求是:具有进行工程项目管理的初步能力;具有进行工程监测、检测、工程质量可靠性评价的初步能力;具有一般土木工程项目规划或策划的初步能力;具有应用计算机进行辅助管理的初步能力。

5.1.4 科技开发能力

科技开发能力是土木工程专业技术人才必须具备的一种重要的能力。科技开发能力就是在现有的设计方法和施工技术的基础上,对设计方法和施工技术提出改进设想并予以实施的能力。这一能力的培养除了要有自学能力、工程能力、管理能力外,还应在实验类实践教学环节和毕业设计(论文)实践教学环节中进一步培养。通过知识教学环节和实践教学环节,主要让学生掌握进行科技开发所需的必要知识和技能,但这并不等于科技开发能力。科技开发能力主要依靠自身有意识地培养,要在自学过程中养成提出问题、分析问题和解决问题的习惯。这种能力的培养需要有一个长期的过程,需要日积月累。如果在专业知识学习阶段能够发现有许多问题可以进一步改进或完善,并能提出正确的想法和建议或写成文章,这就说明有了一定的科技开发能力;否则,还需进一步培养。

5.1.5 表达能力和公关能力

土木工程具有工种繁多,与政府行政部门联系多等特点,土木工程专业高级专门技术人才需要有良好的表达能力和公关能力。具体地说,就是要具有文字、图纸和口头的表达能力;具有社会活动、人际交往和公关的能力。

5.2 各种能力间的关系

各种能力间的关系可用图3表示,图中反映了自学能力是最基本的能力,它是工程能力、管理能力和科技开发能力的基础,它的强弱将直接影响这些能力的培养。因此,在大学学习期间,自学能力的培养是一刻也不能忽视、一刻也不能松懈的。公关能力和表达能力与个人的性格、灵敏性和口才等有关,具有较多的先天性因素,但也可以通过后天的努力加以改变和提高,这同样有赖于自学能力。创新能力则是各种能力综合发挥的结果,它可以有各种不同方向的创新,与工作对象、工作环境、工作条件有关。

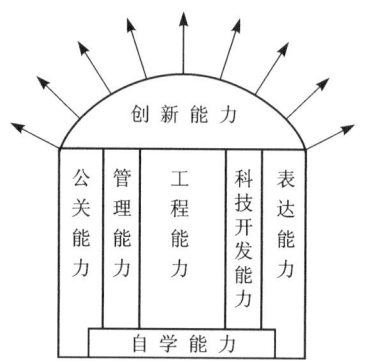

图3 各种能力之间的关系

6 培养土木工程专业人才的综合素质和创新意识

6.1 从对土木工程师的要求看大学教育的作用和地位

土木工程师是土木工程专业的专门人才。土木工程师的工作具有十分重大的社会意义,由他们负责设计和建造的土木工程项目都应符合安全、经济和耐久的要求。如果工程项目由于安全问题导致破坏甚至倒塌，就会造成人民生命和财产的重大损失；如果工程项目的建设很不经济，导致浪费，同样会造成人民和国家经济的重大损失；如果工程项目的耐久性很差，用后不久就暴露出各种问题，包括安全问题，这样给业主和社会带来棘手的后遗症，造成人民和国家的经济损失。因此，土木工程师肩负重要的社会责任，社会对土木工程师也提出了各种要求。我国采用土木工程师注册制度来保证土木工程师能符合各种要求，这也是世界各国通行的方式。我国土木工程师注册制度按工作性质分为注册结构工程师、注册岩土工程师、注册建造师等。

以注册结构工程师为例，分一级和二级两个级别。一级注册结构工程师是以四年大学本科教育为基本条件，再加上至少四年的工程结构设计经验。二级注册结构工程师的基本教育条件比较低，中专和大专毕业都可以。一级和二级注册结构工程师在执业范围上是有区别的，如规定某种复杂程度或某种难度或某种规模的工作必须由一级注册结构工程师做，等等。

我国的结构工程师注册制度规定[2]，要成为一级注册结构工程师，必须满足以下要求(详见附录)：

第一，通过基础考试。基础考试最早可在大学毕业后进行。基础考试的目的就是检查该毕业生是否已掌握作为一个结构工程师必须具有的公共基础知识、专业基础知识和专业知识。

第二，通过至少四年的工程结构设计经验。结构工程师的工作具有以下特点：①实践性强；②设计对象的个性强；③社会责任大。因此，结构工程师应具备下列要求：①要深入实践；②要积累经验；③要有社会责任感，包括法律意识、环境意识、可持续发展观等。这些要求在大学教学中无法培养，只能在工程实践中不断加以培养。在此期间还必须接受继续教育和职业训练。

第三，通过专业考试。专业考试最早在具有四年工程结构设计经验后进行。专业考试的目的就是检查该设计人员是否已具备作为一个结构工程师必须具备的要求。

第四，二年有效期后的重新注册。我国对一级注册结构工程师实行注册后二年有效的制度，二年期满后必须重新注册。重新注册的要求是每年必须要接受不少于规定时数的继续教育，不断更新知识；二年内必须完成与一级注册工程师相适应的工程实践。如达不到上述要求，就不能重新注册，也就失去了注册结构工程师的资格；要想再次注册，必须重新通过考试。

上述所举注册结构工程师的例子说明我国对注册工程师的要求有两大方面。第一方面的要求是注册工程师必须具备合格的知识结构，具有一定的实践技能和能力结构。这方面的要求是在大学学习阶段进行的，是作为注册工程师必备的基础条件，或称之为门槛条件。第二方面的要求是注册工程师必须经过质和量均符合要求的实践锻炼，不断积累经验；要接受继续教育更新知识；要有良好的综合素质。这方面的要求主要在工作阶段完成。

因此，从对土木工程师的要求看，大学教育的作用和地位可用图4描述。图4采用拟人化的方法绘出了注册结构工程师的几个主要方面。

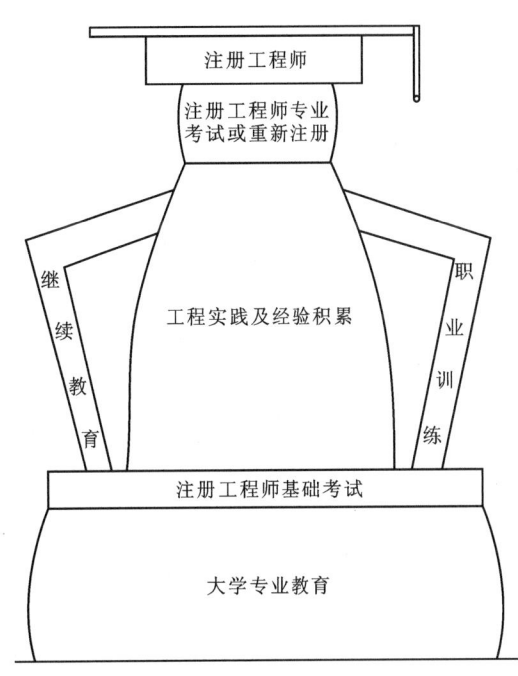

图4 从对土木工程师要求看大学专业教育的作用和地位

从图中可以看出，大学专业教育是一个十分重要的基础。基础是否打得深厚、宽广将最终影响"自身的形象"。深厚、宽广的基础，为高大形象的形成提供了条件;反之,如基础很窄很浅就很难形成高大的形象。工程实践及经验积累是建立在大学专业教育基础上并成为土木工程师的主体,只有主体结实才能使形象高大。主体只有在大学毕业后在工作中去形成它与大学专业教育有相当的相连关系,但又是互相独立的两个方面。继续教育和职业训练是两个很重要的组成部分,支撑着主体的壮大。一个不重视继续教育、知识更新和职业训练的工程师,他的工作必将是墨守成规、凭经验吃老本,也就不可能形成高大的形象。

一个土木工程专业的学生应该十分重视大学阶段的公共基础知识、专业基础知识和专业知识的学习,应该重视实践技能和各种能力的培养,并在此基础上着力向良好的综合素质和创新意识发展。只有这样,才能为今后的发展形成深厚、宽广的基础,在工作阶段为经验的积累和工程的创新起到事半功倍的作用。

6.2 如何培养学生的综合素质和创新意识

土木工程专业人才除了应有合格的知识结构、实践技能和能力结构外,还必须有良好的综合素质和创新意识。但是迄今为止,综合素质和创新意识指什么?在大学学习阶段如何培养?这些问题一直没有公认的说法。这里将作一些探索性的阐述。

6.2.1 关于综合素质的培养

综合素质应由以下诸方面组成:①在个人素养方面,应热爱祖国、具有良好的思想品德、社会公德和文明礼貌的举止;②在人文、社会科学方面,应具有基本的和高尚的科学人文素养和精神,具有哲理、情趣、品位和人格方面的较高修养;③在心理和体魄方面,应具有健康的心理和体魄,能保持心态平和、乐观和积极向上,能形成良好的体育锻炼和卫生习惯,能够履行建设祖国的神圣义务;④在自然科学方面,应能了解当代科学技术发展的主要方面,初步学会科学思维的方法,能够采用合理的方法对事情作出正确的判断;⑤在土木工程专业方面,应按照对土木工程师的素质要求,不断培养和提高专业素质。对土木工程师的专业素质要求,最主要的是:ⓐ要有很强的社会责任感,对工程质量应有终身负责的意识和行为。这是由土木工程的外在特性所决定的。土木工程师的社会责任感将在本书第十三章中阐述,简要而言,除了应有工程质量第一的意识外,还应有基本的法律意识、环境意识和可持续发展意识,包括合理利用资源、开发和应用再生资源和绿色资源、节约能源、合理使用土地等。ⓑ要有深入实践的愿望和本领。这是由土木工程的内在特性所决定的,因为任何一个土木工程项目都是先在设计图纸上体现出来,然后拿到建设现场去实施。由于设计时考虑的建设现场和施工实施时的可能情况会与实际情况有一定差别,这就需要在现场深入了解情况,提出解决办法。ⓒ要有良好的职业道德,包括敬业爱岗、团结合作、严肃认真的科学态度和严谨的工作作风。ⓓ要有正确的设计思想和创新意识,能够把上述要求在设计中充分反映。

由上所述可见,综合素质主要由五方面的素质组成,因此不可能由一门课来讲授,也不可能在短期内养成。综合素质的培养实际上是一个系统工程。首先要掌握这些素质的内涵,即有哪些基本知识和要求;其次要在大学学习期间自始至终加以注意,在各个教学环节中加以培养;再次要教师和学生的共同努力。教师应以身作则,言传身教;学生应边学边用,自我培养。

因此,综合素质的培养需要学校在教学中精心安排,如开设一些课程让学生选修;请一些先进人物来校作心得体会的报告,加深学生的了解;在实践环节中,提出一些要求,让学生在实践中增强感性认识;学生也应在各教学环节中着意加深自身综合素质的培养。

6.2.2 关于创新意识的培养

土木工程是工程学科中的一种。对于工程含义的理解,目前尚无统一的认识。李伯聪先生提出的"科学—技术—工程三元论"是工程、科学和技术三者相互关系的较为完整的说法[3]。三元论认为科学发现、技术发明和工程设计是三种不同的社会实践;科学活动的本质是反映存在,技术活动的本质是探寻变革存在的具体方法,而工程活动的本质则是创造一个世界上原本不存在的物,是超越存在和创造存在的活动。三元论提出的工程活动的本质就是创造的观点与 20 世纪著名流体力学家冯·卡门和现代著名桥梁专家邓文中的观点是一致的。冯·卡门认为科学家致力于发现已有的世界,而工程师则致力于创造从未有过的世界。邓文中认为一位桥梁工程师如果不试图在每项设计中尽可能地进行改进,那么他就没有尽到工程师应尽的义务[4]。这些至理名言都指出了创新和创造应是工程活动的本质,也是工程师的义务。这里指的工程当然也包含土木工程在内。因此可以认为创新意识和能力的培养是工程教育首要的核心任务。

创新意识是土木工程专业人才应该着力培养的,可是创新意识的培养并不简单,牵涉到教师的教学思想和学生的学习方法,以及他们对培养创新意识是他们教学工作的核心任务的认识。图1已经明确表示创新意识的基础是知识结构、实践技能和能力结构,脱离了知识结构、实践技能和能力结构就谈不上创新意识。因此,创新意识不可能孤立地培养。学生除了应有扎实的知识结构、良好的实践技能和完善的能力结构外,还必须结合各阶段的教学环节自觉地加以培养。

在各个教学环节中,教师的教学思想应有两方面的认识。第一,教师的教学重点应从单纯传授知识转变为在传授知识的同时,还应启发学生的思考,提出一些问题,营造一种得以让学生能够自由思考和探索的空间,激发学生对新知识进行探求的积极性,引导学生乐于思索的习惯。第二,教师的教学职责应从单纯传授好知识改变为不但要传授好知识,还应培养好学生的各种能力。应结合各种教学环节,包括理论教学和实践教学环节,采用各种不同的教学方式,如课堂或专题讨论、进行综合性或设计性实验、撰写实习报告和心得、进行设计方案的比较等,培养学生各种能力,特别是综合运用所学知识解决实际问题的能力。

在大学学习期间,学生应养成良好的学习方法。第一,学生应结合自己的特点、兴趣和志向,逐步明确今后的发展方向,选好学习课程,安排好学习时间。不少研究指出:知识的积淀和实践,加上艺术灵感火花的爆炸,就能产生创意。因为理工科专业往往过多强调逻辑思维,而艺术和音乐等则是着重创意思维和形象思维。两种方法的结合,往往是激发科技创新思维的很好途径。因此在安排学习时也应选修艺术和美学方面的课程,接受这方面的熏陶。

第二,在图3中已经描述了学生应掌握的各种能力间的关系,同时也阐明了自学能力是其他各种能力的基础。因此学生在大学学习期间除了要学习各种知识外,还必须培养自己的自学能力,二者不可偏废;应该在学习的不同阶段,循序渐进地培养通过自学掌握知识的能力、通过自学获取知识的能力和通过自学在获取知识的基础上进行创新思维的能力。

6.3 成才过程中应正确对待的几个关系

学生在大学学习期间,在成为土木工程专业高级专门人才的过程中,会遇到各种各样的困难和问题,在解决这些困难和问题时,下列一些关系是必须正确对待的:教师与学生的关系;接受知识与获取知识的关系;知识与能力的关系;自学能力与创新能力的关系;知识与综合素质的关系。这些关系在前面几节中都有涉及,这里再做一次汇总,前面已有详细阐述的就不再重复。

6.3.1 教师与学生的关系

在大学里,经常会听到学生埋怨教师的言论,认为教师讲不清楚,影响了自己的学习。这里就牵涉到一个教师与学生的关系问题。

学生在大学学习成为土木工程专业人才的过程中,教师与学生的关系应该是:"入门靠教师,深造靠自己"。

在进入大学后,学生开始在各自不同专业学习。为了使学生能够成为土木工程专业高级专门人才,学校对四年的教学进行精心安排,并挑选教师按学习阶段的不同,逐步引领学生入门,进入土木工程不同教学阶段的学习。由于受到时间的限制,教师只能讲授最基本也是最重要的内容,而且进度比较快。这时,有些学生学懂了,可以跟着教师的节奏前进;有些学生一知半解,懵懵懂懂地跟着走。如果是后面一种情况,就需要认真思考:如果是自己上课不专心听讲,这就需要认真约束自己上课认真听讲;如果是自己的基础不够扎实,这就需要抓紧时间补基础;如果是不习惯于教师的思维方式,这就需要多看教科书和参考书,学懂教师讲授的内容,跟上步伐,并逐步适应教师的思维方式;如果是课外花的复习时间太少,这就要合理安排时间。只有这样才能跟上教师的节奏,完成某一门学科的入门。这个入门其实并不难,只要肯认真并抓紧时间是能够完成的。如果一味埋怨教师,就会在客观原因的借口下放松学习,不接受教师的入门引领,从而被遗落在学科的大门之外。

在入门之后就会发现在学科中还有许多教师没有讲授而自己又感兴趣的知识,对这类知识要想进一步加深和拓宽则需要靠自学。

6.3.2 接受知识与获取知识的关系

这里所说的接受知识和获取知识是与通过自学接受知识和通过自学获取知识相对应的。在自学能力中,前者属于低层次的能力,后者属于较高层次的能力。

通过对两个层次自学能力的解释,可以看出接受知识是被动的,掌握知识的多少取决于教师或别人讲授内容的多少;而获取知识是主动的,掌握知识的多少完全取决于个人努力,可以大大超越教师或别人的讲授内容。因此,两者具有如下的关系:"接受知识可以充实自己,获取知识才能发展自己"。

了解这一关系后,学生在大学学习期间必须在掌握通过自学接受知识能力的基础上,着重培养并掌握通过自学获取知识的能力,具体地说就是要能针对某一问题,具有查阅文献或其他资料、获得信息、拓展知识领域、继续学习并提高业务水平的能力。

6.3.3 知识与能力的关系

在前文中分别对土木工程专业的知识结构和能力结构作了详尽的阐述。知识和能力是不相同的,对于土木工程专业高级专门人才而言,都是必需、不可偏废的,但是二者又是密切相关的,知识要靠能力去运用,能力要以知识为支撑,学习知识归根结底在于提高能力。

了解这个关系后,学生在大学学习期间不但要掌握扎实的知识,而且更要重视在掌握知识的基础上对能力的培养。

在土木工程专业所需要的各种能力的培养主要在实践教学环节中进行,学生在学习期间必须十分重视实践教学环节。根据能力的特点,能力的培养除了要依靠学校对实践教学环节的精心安排外,更需要学生自身的努力。因此,学生在各个实践教学环节中,应该努力捕捉各种机遇,勇于实践,有意识地培养各种能力。

6.3.4 自学能力与创新能力的关系

自学能力是其他各种能力,包括工程能力、管理能力和科技开发能力的基础,创新能力是各种能力综合发挥的结果。这个关系说明:"有自学能力一般易有创新能力,创新能力还需其他能力支持。"想通过捷径培养创新能力是不现实的。

6.3.5 知识与综合素质的关系

通过对综合素质的培养的叙述可得出知识与综合素质的关系为"综合素质必须建立在有关知识的基础上,有关知识只有一直落实在行动上才能成为良好的综合素质"。

一个人的综合素质是很难一言以蔽之的,但是在与他接触的过程中,他的一言一行却又会明明白白地表露出来。这说明一个人的综合素质不光与他的知识有关,更主要的是由他的行动表达的。这就形成了上述知识与综合素质关系中的后一个关系。

土木工程专业人才应具有良好的综合素质,学生在学习期间要培养自己具有优良的综合素质,就必须注意将优良综合素质的内涵时时、处处、事事落实在行动上并成为一种习惯行为。

附录 注册结构工程师执业资格制度暂行规定

第一章 总 则

第一条 为了加强对结构工程设计人员的管理,提高工程设计质量与水平,保障公众生命和财产安全,维护社会公共利益,根据执业资格制度的有关规定,制定本规定。

第二条 注册结构工程师资格制度纳入专业技术人员执业资格制度,由国家确认批准。

第三条 本规定所称注册结构工程师,是指取得中华人民共和国注册结构工程师执业资格证书和注册证书,从事房屋结构、桥梁结构及塔架结构等工程设计及相关业务的专业技术人员。

注册结构工程师分为一级注册结构工程师和二级注册结构工程师。

第四条 建设部、人事部和省、自治区、直辖市人民政府建设行政主管部门、人事行政主管部门依照本规定对注册结构工程师的考试、注册和执业实施指导、监督和管理。

第五条 全国注册结构工程师管理委员会由建设部、人事部和国务院有关部门的代表及工程设计专家组成。

省、自治区、直辖市可成立相应的注册结构工程师管理委员会。

各级注册结构工程师管理委员会可依照本规定及建设部、人事部有关规定,负责或参与注册结构工程师的考试和注册等具体工作。

第二章 考试与注册

第六条 注册结构工程师考试实行全国统一大纲、统一命题、统一组织的办法,原则上每年举行一次。

第七条 建设部负责组织有关专家拟定考试大纲、组织命题、编写培训教材、组织考前培训等工作;人事部负责组织有关专家审定考试大纲和试题,会同有关部门组织考试并负责考务等工作。

第八条 一级注册结构工程师资格考试由基础考试和专业考试两部分组成。通过基础考试的人员,从事结构工程设计或相关业务满规定年限,方可申请参加专业考试。

一级注册结构工程师考试具体办法由建设部、人事部另行制定。

第九条 注册结构工程师资格考试合格者,由省、自治区、直辖市人事(职改)部门颁发人事部统一印制、加盖建设部和人事部印章的中华人民共和国注册结构工程师执业资格证书。

第十条 取得注册结构工程师执业资格证书者,要从事结构工程设计业务的,须申请注册。

第十一条 有下列情形之一的,不予注册:

(一)不具备完全民事行为能力的。

(二)因受刑事处罚,自处罚完毕之日起至申请注册之日止不满5年的。

(三)因在结构工程设计或相关业务中犯有错误受到行政处罚或者撤职以上行政处分,自处罚、处分决定之日起至申请注册之日止不满2年的。

(四)受吊销注册结构工程师注册证书处罚,自处罚决定之日起至申请注册之日止不满5年的。

(五)建设部和国务院有关部门规定不予注册的其他情形的。

第十二条 全国注册结构工程师管理委员会和省、自治区、直辖市注册结构工程师管理委员会依照本规定第十一条,决定不予注册的,应当自决定之日起15日内书面通知申请人。若有异议的,可自收到通知之日起15日内向建设部或各省、自治区、直辖市人民政府建设行政主管部门申请复议。

第十三条 各级注册结构工程师管理委员会按照职责分工应将准予注册的注册结构工程师名单报同级建设行政主管部门备案。

建设部或各省、自治区、直辖市人民政府建设行政主管部门发现有与注册规定不符的,应通知有关注册结构工程师管理委员会撤销注册。

第十四条 准予注册的申请人,分别由全国注册结构工程师管理委员会和省、自治区、直辖市注册结构工程师管理委员会核发由建设部统一制作的注册结构工程师注册证书。

第十五条 注册结构工程师注册有效期为2年,有效期届满需要继续注册的,应当在期满前30日内办理注册手续。

第十六条 注册结构工程师注册后,有下列情形之一的,由全国或省、自治区、直辖市注册结构工程师管理委员会撤销注册,收回注册证书:

(一)完全丧失民事行为能力的。

(二)受刑事处罚的。

(三)因在工程设计或者相关业务中造成工程事故,受到行政处罚或者撤职以上行政处分的。

(四)自行停止注册结构工程师业务满2年的。

被撤销注册的当事人对撤销注册有异议的,可以自接到撤销注册通知之日起15日内向建设部或省、自治区、直辖市人民政府建设行政主管部门申请复议。

第十七条 被撤销注册的人员可依照本规定的要求重新注册。

第三章 执 业

第十八条 注册结构工程师的执业范围:

(一)结构工程设计。

(二)结构工程设计技术咨询。

(三)建筑物、构筑物、工程设施等调查和鉴定。

（四）对本人主持设计的项目进行施工指导和监督。

（五）建设部和国务院有关部门规定的其他业务。

一级注册结构工程师的执业范围不受工程规模及工程复杂程度的限制。

第十九条　注册结构工程师执行业务，应当加入一个勘察设计单位。

第二十条　注册结构工程师执行业务，由勘察设计单位统一接受委托并统一收费。

第二十一条　因结构设计质量造成的经济损失，由勘察设计单位承担赔偿责任；勘察设计单位有权向签字的注册结构工程师追偿。

第二十二条　注册结构工程师执业管理和处罚办法由建设部另行规定。

第四章　权利和义务

第二十三条　注册结构工程师有权以注册结构工程师的名义执行注册结构工程师业务。

非注册结构工程师不得以注册结构工程师的名义执行注册结构工程师业务。

第二十四条　国家规定的一定跨度、高度等以上的结构工程设计，应当由注册结构工程师主持设计。

第二十五条　任何单位和个人修改注册结构工程师的设计图纸，应当征得该注册结构工程师同意；但是因特殊情况不能征得该注册结构工程师同意的除外。

第二十六条　注册结构工程师应当履行下列义务：

（一）遵守法律、法规和职业道德，维护社会公众利益。

（二）保证工程设计的质量，并在其负责的设计图纸上签字盖章。

（三）保守在执业中知悉的单位和个人的秘密。

（四）不得同时受聘于二个以上勘察设计单位执行业务。

（五）不得准许他人以本人名义执行业务。

第二十七条　注册结构工程师按规定接受必要的继续教育，定期进行业务和法规培训，并作为重新注册的依据。

第五章　附　　则

第二十八条　在全国实施注册结构工程师考试之前，对已经达到注册结构工程师资格水平的，可经考核认定，获得注册结构工程师资格。

考核认定办法由建设部、人事部另行制定。

第二十九条　外国人申请参加中国注册结构工程师全国统一考试和注册以及外国结构工程师申请在中国境内执行注册结构工程师业务，由国务院主管部门另行规定。

工程师申请在中国境内执行注册结构工程师业务，国务院主管部门另行规定。

第三十条　二级注册结构工程师依照本规定的原则执行，具体实施办法由建设部、人事部另行制定。

第三十一条　本规定自发布之日起施行。本规定由建设部、人事部在各自的职责内负责解释。

参 考 文 献

[1] 高等学校土木工程专业指导委员会.高等学校土木工程专业本科教育培养目标和培养方案及课程教学大纲[M].北京:中国建筑工业出版社,2002:1-10.

[2] 中华人民共和国建设部.注册结构工程师执业资格制度暂行规定(建办设[1997]222号).

[3] 杜澄,李伯聪.工程研究:第1卷[M].北京:北京理工大学出版社,2004.

[4] 尹德兰.邓文中与桥梁——中国篇[M].北京:清华大学出版社,2006.

（本文原载于：项海帆,沈祖炎,范立础.土木工程概论[M].北京:人民交通出版社,2007:261-276）

研究生与导师关系变化明显

沈祖炎

(同济大学原副校长,中国工程院院士)

我1955年毕业于同济大学,获学士学位,1966年同济大学结构理论专业研究生毕业。曾于1980—1982年在美国做访问学者,后回国在同济大学教书。经历了学生与老师身份的变化,也观察了国内国外师生关系的不同,觉得目前的师生关系有了一些变化,其中研究生与导师的关系变化明显。

1 研究生时代:融洽的师生关系

我1962年开始读研究生,那时是四年制,没有学位制度,类似于现在的博士研究生,有两个导师指导我,一位是王达时老师,一位是李国豪老师。王先生主要负责制订培养计划,例如研究生应该学些什么课程。李先生有一个研究室,我当时在那里作研究写论文,李先生对于研究方向规划得很细,当时有很多研究生和一些青年教师一起作研究。

李先生的研究室有几个研究方向,我们可以找自己感兴趣的题目去做,李先生自己也作研究。我们每周有一个上午大家轮流介绍自己的研究计划、研究进展,等于是向老师与其他同学汇报,在汇报过程中大家一起讨论,提出一些想法。李先生做的题目我们也可以提意见。我们通过这种讨论的方式慢慢就把自己的研究方向定下来了。我当时二十几岁,与老师、同学都相处融洽。

总的来说,我读研究生时,两位老师在研究方向上把关很牢,根据每个人的研究兴趣,讨论我们的研究思路、技术路线,把握方向,指明前景,激发研究兴趣。还有非常重要的一点,就是鼓励我们独立进行科学研究,不是老师怎么说就怎么做,而是要求我们拿出自己的想法。那个阶段为我们培养科研兴趣、学会方法、培养能力打下了很好的基础。

我感觉,导师的确是在非常用心地指导我们的科研方法,培养我们独立创造的能力,在学科前沿共同讨论研究和引导。当时我们与导师的接触是非常频繁、非常密切的,感情也非常融洽,没有看到老师就有很感觉怕或者很疏远的感觉,我们对老师非常尊重,是感情上自发的尊重。

2 美国的导师与研究生有雇佣关系

我1980年到美国做访问学者,1982年回国,发现在美国有一种说法,"研究生是导师的廉价劳动力",后来我观察了一下,的确有这种情况,导师与研究生之间是雇佣关系,导师出了钱,学费、生活费都给研究生,研究生就给老师做事。

美国导师缺少一种关怀、培养的观念,更没有为国家培养高层次人才的观念,他们也不提这个东西,就是导师有钱了,请研究生来做,这种市场经济中商业交换的概念比较重。

有些导师觉得学生干活很好,总想多留学生一段时间在身边,做廉价劳动力,而不让学生毕业。有些研究生对导师恨极了,美国有的师生关系非常紧张。

3 自己对研究生重培养

回国后我做了研究生导师,就思考该采用哪种方式带研究生,我觉得还是按照我们原来的那种国内的方式比较好。

我认为,研究生培养是为国家对高层次人才的需要而设立的,所以我们带研究生不是让研究生帮我们完成科研任务,而是为国家培养高层次人才。这是一种责任,也是国家交给我们的任务。因此应该把培养的事情、关怀人的事情摆在主要位置。

我带研究生主要着眼于培养,根据他的情况,制定培养计划。我坚决反对把研究生当成劳动力。现在也有一些导师接了很多项目,让研究生帮他完成,这些项目与研究生培养关系不大,导师培养的意识非常差,所以研究生也觉得是帮导师打工了。

此外我是在考虑怎样把研究生的能力全面提高。特别是硕士研究生,我要求他们念的学分特别多,别的老师要求三十几个学分,我要求他念五十几个学分。学生正是年轻的时候应该好好学,所以研究生的学习应该比较饱满,我认为他需要学的我都要让他学,也不要求他非要做我的课题。

做论文的时候,我还是坚持李先生和王先生培养我们的观念,根据学生的兴趣,培养他们独立研究的能力。我很少去告诉他们下一步去做什么,而是让他们自己去摸索,他们摸索不出来我指点一下。因为我没有让他们做项目,时间上他们自己可以有一个调节。

到目前为止,我带了100多位研究生,毕业后和我的关系都非常好。他们觉得做我的研究生的确很苦,因为我的要求很高,学习课程也排得比较紧,到工作单位之后他们觉得这种苦是值得的,读研期间学的课程是有用的,学到了一些方法、能力,做工作都比较得心应手。

我认为,一有雇佣关系,研究生独立自主创新的能力就被压制住了。做导师的有责任爱护自己的学生,而不是通过研究生来做项目。我也有一些项目,会找年轻老师帮我做。除非项目与学生的研究方向是紧密结合的,可能会让他实践,如果不相关,我就不会让他做,这些在他们以后的工作岗位上是可以接触到的,何必在研究生期间就做呢?

所以,老师以身作则很重要。老师的一举一动学生都看在眼里,做得好,学生会把老师当作一个榜样,做得不好,他们可能觉得老师也不过如此,就对自己放松了。

(来源:科学时报,2008,1月15日,孙琛辉采访整理)

土木工程专业创新型人才培养的设想

沈祖炎

1 知识经济时代需要为数众多的创新型科技人才

1.1 世界发达国家的忧虑和对策

自 20 世纪 90 年代以来,欧美等国已经敏锐地感觉到世界正在迈入一个新的时代,这是一个以技术创新为基础的知识经济时代,并且有明显的全球化特征,同时也越来越意识到一个国家的技术创新能力将对经济繁荣、国家安全和社会福利起着关键作用[1]。

欧美地区的一些主要国家先后组织了一系列的研究,发布了行动计划。美国由国家科学院和工程院于 2005 年联合完成了研究报告,取名为 Rising above the gathering storm,可译成"立足于积聚的风暴之上"。国家工程院于 2004 年和 2005 年分别完成了《2020 年的工程师》第一卷和第二卷。当时的美国总统布什还提出《美国竞争力行动计划——创新引领世界》,总经费达 1 360 亿美元。竞争力委员会于 2006 年发布了《国家创新计划》,美国国会于 2007 年通过了《美国竞争法案》等等。欧盟也不甘落后,1999 年,欧盟的 29 个国家的部长通过了《博洛尼亚宣言》以及里斯本战略等。这些举措充分反映了欧美各国对这一新时代到来的忧虑和重视。

世界各国在面临以技术创新为基础的全球化知识经济时代的到来时,将遭遇以下几方面的重大挑战。首先是知识经济的挑战。当今社会的工业生产正逐渐从能源密集型和劳动密集型产品和加工向知识密集型产品和服务的转变。经济繁荣的关键因素就是知识本身,因此知识经济需要创新型的学习者和创造者以及新型的学习和教育模式。第二是全球化的挑战。当今的全球化表现为信息、技术、资本、商品、服务和人才在全球的流动,跨国经济已不再是一些跨国子公司,而是多个专业活动的全球组合,包括采购、管理、研发、生产和销售等等。因此面对全球化的挑战,需要工程师具有新的技巧和能力,不但要能与国际团队合作,能在多个国家工作,而且要能了解文化的多样性。第三是技术进步的挑战。一些新兴技术如信息技术、生物技术、纳米技术等等正在推动着整个世界的变化,而且呈指数级的速度发展。他们对世界发展的影响是本质的、快速的和无法预期的,对于企业、学校和政府的影响将是深远的。第四是技术创新的挑战。在全球化、知识经济时代,技术创新对竞争力、生产率的提高都起着非常关键的作用。

因此,世界发达国家都将创新看成决定一个国家能否成功的最重要因素,同时组织全国力量研究工程教育的改革,以期能够培养适应新时代的创新型人才。

1.2 我国对创新型人才培养的看法

改革开放 30 年来,我国经济建设的飞跃发展已为世界所瞩目,但这些成就的取得,所付出的代价是沉重的,基本上采取的是高投资、高能耗、高污染、高强度和低效益的传统工业化老路,目前仍没有摆脱依靠投资、依靠出口发展经济的粗放型经济增长方式。有研究认为,从整体上看,我国工程科技水平与世界先进水平仍相差 10~15 年[2]。目前,能源、资源和环境问题已经成为制约我国经济持续发展的瓶颈。要解决这些问题必须转变我国经济发展方式,向知识密集型产品和服务转变。只有这样,我国才能在 21 世纪的以技术创新为基础的全球化知识经济时代确保经济繁荣、国家安全和社会进步。

我国十分重视新时代的到来，已采取了许多措施。进入 21 世纪后，我国就大力实施科教兴国和人才强国战略，2006 年，国务院发布了《国家中长期科学和技术发展规划纲要（2006—2020 年）》等等。胡锦涛总书记在 2006 年 1 月全国科学技术大会上号召"坚持走中国特色自主创新道路，为建设创新型国家而努力奋斗"。在 2006 年 6 月两院院士大会上指出"建设创新型国家，关键在人才，尤其在创新型科技人才。没有一支宏大的创新型科技人才队伍作支撑，要实现建设创新型国家的目标是不可能的。世界范围的综合国力竞争，归根到底是人才特别是创新型人才的竞争"。在 2010 年 6 月两院院士大会上强调了加快转变经济发展方式的重要性和紧迫性，指出"建设创新型国家，加快转变经济发展方式，赢得发展先机和主动权，最根本的是要靠科技的力量，最关键的是要大幅提高自主创新能力。知识是发展永恒的重要资源，知识创新成为国家竞争力的核心要素"。

这些方面充分说明我国极其重视全国技术创新能力的提高，以应对新经济时代的挑战，关键是要培养一支宏大的适应新时代的创新型科技人才。

在教育领域，我国开始实施了一系列的改革。包括 1994 年的"高等教育面向 21 世纪教学内容和课程体系改革计划"，2000 年的"新世纪高等教育教学改革工程"，2003 年的"高等学校教学质量和教学改革工程"，2007 年的"高等学校教学质量工程二期"以及 2009 年的"卓越工程师培养计划"。2009 年中国工程院完成了《创新型工程科技人才培养研究报告》[3]等等。这些改革项目的启动充分表明了我国正在全面推动工程教育的改革。

1.3 知识经济时代的创新型技术人才

知识经济时代的工程与以往的工程相比，有以下一些特点：

（1）工程研究发生了根本性的变化。从研究领域看，一个是空间上越来越小，时间上越来越快，如信息、生物和纳米技术等；另一个是系统越来越复杂庞大，如能源、环境、基础设施、城市系统和全球系统等。从研究学科看，已面临需要真正多学科的协作，如信息技术将成为未来的每个产品和过程的一部分等。从研究过程看，需要用全新的学科和方法论，其中尤为突出的是迅速发展的网络基础设施。

（2）工程实践出现了全球化的特征。传统意义上，工程实践都在一个纵向过程中完成；而在知识经济时代，工程实践日益趋向于横向的共同发展。通过外包、复杂的服务外包（包括工程设计、研究乃至创新）以及全球采购等使工程实践以最高质量和最低成本完成。

由于新时代的工程实践有了新的特点，必然对未来工程师也会有新的要求。新时代的工程师不仅要能应对今天的需求，而且还要能面对明天即将面临的巨大挑战。

21 世纪的工程师除了在自然科学、数学和工程科学的基本原理方面应奠定坚实的基础外，尚应具备更广泛的技能，其中有三个尤为重要的特殊能力：首先是创新能力，工程师未来最重要的作用就是通过创造新的产品、过程和服务进行创新；其次是知识综合能力，21 世纪的工程师应努力成为博学者，需要在许多领域具有渊博的知识；第三是具有全球工作的能力，能在具有高度多样性文化的多学科团队中胜任工作。以上这些要求说明未来工程师的最重要的本质应是创新型科技人才。

根据新时代出现的工程实践的新特征，美国的 ABET（工程和技术鉴定委员会）和 NSB（国家科学理事会）分别从教育角度和企业角度提出了知识经济时代创新型人才的要求。

ABET 提出毕业生应具有如下方面的能力：能对数学、科学和工程知识加以应用；能设计一个实验和进行实验，并能分析和解释数据；能设计一个系统、元部件或程序，并达到预期要求；能在多学科的团队中发挥作用；能识别、形成并解决工程问题；能理解专业的责任和职业伦理；能有效沟通；能理解工程问题的解决方法对全世界或全社会的影响；能终身学习；能对当今的重大事务有一定的认识；能使用工程实践所需的技术技能和现代工程工具。

NSB 提出的要求是：工程师应有激情，能系统地思考，有创新能力，能够在多元文化的环境下工作，能理解工程问题所包含的商业内涵，有协调动力、交流能力、领导力、适应力，愿意终身学习。

1.4 创新型人才的培养途径

具有创新思维习惯应是创新型人才的最重要的素质之一,要养成创新思维习惯,不是一朝一夕能培养成功的。这个培养过程不仅贯穿人才成长的全过程,而且涉及成长环境的方方面面,包括从小学到大学到研究生教育、家庭教育、社会大环境、企事业文化、继续教育等等。

因此在进行创新型人才培养研究时,必须对这些方面加以全面考察,提出系统的改变策略和措施,才能事半功倍。

2 我国创新型人才的培养与成长环境的现状和思考

有关创新型人才培养的内容十分广泛,其中创新思维习惯的培养应是最本质也是最关键的。下面将以此内容进行讨论。

2.1 学校教育阶段创新思维培养环境的现状

2.1.1 中、小学教育阶段

在我国,由于受到高中全省(市)统考、大学全国统考入学选拔制度的约束,中、小学教育已陷入"应试教育"的漩涡,无法自拔,造成了一系列不良后果,其中以下列二点最为严重:

(1) 学习负担超重,学生普遍产生厌学情绪。中小学生这种迫于多方压力,无奈被动学习,感到学习索然无味的现象是最为可怕的。不少有天赋的学生常因此而埋没。

(2) 按照统一标准,用刻板的方式进行教育,严重抑制了学生养成创新思维的习惯。中小学生在各方面还不成熟,都在发展阶段,因此这种用统一标准、用刻板方式进行教育,显然会约束中小学生的活跃思维。在这种教育环境长年累月的影响下,中小学生必然养成一种跟从和追求标准答案的习惯。中小学生的不少良好的活跃思考常因此而被扼杀,这也是十分可悲的。

2.1.2 大学教育阶段

由于受到政府统一的办学和教学评估体系的约束,我国大学已被动走上"千校一面"的模式,许多院校还陷入疲于应付的困境。由此可能造成一系列不良后果,其中以下列三点最为严重:

(1) 学校负担太重,普遍存在重硬件、轻软件,重科研、轻教育,重教学过程、轻教学效果的不正常现象。其实对于这些现象,学校都知道,但苦于来自上面的考评以及社会舆论的压力又无力改变,这才是问题的严重所在。

(2) 教师苦于工资低微和工作考核带来的困难,不得不四处奔波承接科研含量很低的科技咨询服务项目;不得不忙于写文章发表等,无暇考虑教学改革,更不用说着力于对学生创新能力培养方面的改革。必须指出,教师对教学工作的精力不集中,是影响创新型人才培养的大害。

(3) 学生、包括研究生为了适应用人单位对各种技能要求而忙于考证,以及为寻找工作而四处奔波,往往在学习阶段的最后 1～2 年会较多地影响到正常的学习。学生连专心学习都难做到,如何能奢望有多大的创新能力呢?

2.2 家庭教育阶段创新思维培养环境的现状

每位家长希望子女长大后有所作为,无可厚非。但受制于当前学校的人才培养和选拔制度,他们不得不屈从于"应试教育"的压力而且更是变本加厉,强迫子女在周末及节假日接受各种科目的补习。这种家庭教育环境加重了青少年的厌学情绪,几乎完全侵占了青少年自由思考的时间。长期的应试教育,养成了青少年对学习的功利性,他们都快成了学习机器,对于创新思维习惯的培养根本无从谈起。

2.3 社会大环境的现状

学校教育阶段、家庭教育阶段存在的问题,其根源主要来自社会大环境的现状。

我国是一个正在起步并飞速发展的发展中国家,它的发展主要依靠两个方面:一个是依赖扩大经济投入,另一个是依赖采用高级设备。由此在社会上造成两种差异:一个是经济差异,包括地区经济发展差异、行业经济效益差异、城乡经济差异、职业收入差异等;另一个是社会地位差异,主要反映在包括城乡职业差异、学历差异、工作性质差异(特别是脑力劳动和体力劳动的差异、工作职位差异)等。这种差异的存在是正常的,但由于目前的差异已超过人们能接受的限度,就形成了一种特定的社会大环境。这一大环境对创新型人才的培养虽无直接关系,但通过对人们观念的影响产生了一种间接的但极为强势的引导,使家长对其子女,学校对其学生的期望提前寄托于从小进名校,随后考进重点中学、重点大学、热门专业,毕业后才不会因收入少、社会地位低而受到歧视。青少年也因此走上了一条竞争十分激烈和残酷的独木桥。于是学校崇尚应试教育,家长安排子女进行全方位补习以及学生带着功利性的目的学习成为普遍现象,明知不对,而仍旧趋之若鹜,唯恐一着落后,遗憾终身。

2.4 企事业创新文化环境的现状

我国自实现市场经济以来,只有二十余年的历史。市场经济的发展,还不成熟。企事业为适应市场经济进行的自身建设也并不完善,经验也不够成熟。目前企事业单位大多数仍处于依靠扩大规模以求发展的阶段,很少采用依靠科技创新获取优势竞争力引导发展的策略。企事业文化也因此凸现出一种急功近利的气息。在这样的环境下,很难营造鼓励探索、宽容失败、激励创新的宽松环境,也使得企业在人才的继续教育和培养方面缺乏投入的力度和动力。

2.5 构建有利于创新型人才培养与成长环境的思考

从以上对我国创新型人才的培养与成长环境的现状分析可以看出,目前的环境并不符合创新型人才培养和成长的自身规律。在这种环境下,要培养少量高端的创新型人才,不是没有可能,但要在各个层次涌现出成批的创新型人才几乎是不可能的。

为了建设国家提出的创新型国家,需要在各个层次培养一批创新型科技人才,关键是要营造符合创新型人才培养和成长的环境。由于目前的各种环境对于创新型人才的培养和成长已是一种阻碍,因此,要构建有利于创新型人才培养与成长的环境,单靠号召是不可能的。这是一个需要由国家下定决心,针对存在的问题,认真统一部署,进行改变的一项长期的系统工程。同时,更要发动各方面、各层次齐心协力共同完成。即使如此,也很难在几年甚至十几年内完成,因此需要作长期的共同奋斗。

不难看出,要改变目前的育人环境,在很多方面学校和教师是无能为力的,但应该也可以在大学教育阶段起我们力所能及的作用。

3 关于创新型人才的几个认识问题

3.1 创新型人才的定位

什么是创新?美国国家竞争力委员会曾提出:创新是把感悟和技术转化为能够创造新的市值、驱动经济增长和提高生活标准的新的产品、新的过程与方法和新的服务[2]。

什么是创新型人才?美国《创新杂志》认为:创新型人才是指能够孕育出新观念并能将其付诸实施,取得新成果的人[4]。

推广到土木工程专业创新型人才,则是指在土木工程方面能够提出新观念、新概念、新材料、新理论、新技术、新工艺、新过程、新服务等,并能将其付诸实施,驱动经济增长,提高生活标准,在土木工程领域取得新成果的工程技术人员。

为此,必须对创新有合理的认识和定位。一方面,不能将创新"泛化",不能把一切包含"新"的行为都冠之以创新。创新应该是在概念、原理、技术上的革新,应能创造新的市值、驱动经济增长,而不是所谓"外地有本地没有的"、"外国有本国没有的"、"在体量上增大而没有新意的"等等,照搬照抄不是创新。另一方面,创新不应"神化",人的本性就是创新,而创新的内容、程度可大可小。应该在教育领域和社会中建立鼓励创新的评价体制和理念,从而使得各种人才能够各尽所能地在实践中主动创新。

3.2 土木工程创新型人才的培养应遍及各个层次

土木工程专业科技人才一般可分为三大类:①工程科学人才,即以从事土木工程科学研究为主的专业人才;②工程技术人才,即以从事土木工程技术开发、应用等为主的专业人才;③工程技能人才,即以从事土木工程技能操作、建造等为主的专业人才。

土木工程科技创新一般有以下四种：①概念创新，主要指在土木工程领域的科研、技术开发和应用等方面提出新的概念，从而为某方面的工作提供全新的思路和方法；②原理创新，主要针对基础研究和应用基础研究中的理论创新；③技术集成创新，主要针对新技术的开发和以新应用领域、新应用方式等为目标的技术集成；④技术应用创新，主要是指在技术应用中以提高效益、创造更高价值等为目标的技术革新等。

土木工程专业科技人才与土木工程科技创新二者的联系可用图1简单示意，足以说明土木工程创新型人才培养应遍及各个层次。

概念创新	创新型人材	工程科学人才
原理创新		工程科学人才、工程技术人才
技术集成创新		工程技术人才
技术应用创新		工程技术人才、工程技能人才

图1　土木工程专业科技人才与土木工程科技创新之间的联系示意

3.3　各层次院校在土木工程创新型人才的培养中的责任

目前，我国设立土建类专业的高等院校较多，且发展十分迅速。1999年初，全国设有土建类专业的院校仅200余所，到2006年年底，已经发展到400多所。此外，我国土建类专业设置，不仅包括以培养高层次人才为主的研究生和本科生教育院校，还包括以培养高等和中等职业人才的职业教育学校，形成了各层次教育协调发展的专业发展模式。据不完全统计，截至到2006年，我国设有土建专业的本科院校及高等和中等职业教育学校的数量如表1所示[5]。

表1　我国2006年设立土建类专业或学科的院校数量

专业或学科	研究生培养	本科培养	高职	中专
土木工程	101	402	523	905
道路桥梁工程	32	5	11	121
建筑环境与设备工程	37	140	128	29
给水排水工程	33	101	108	91

* 职业教育为"道路桥梁和渡河工程"。

在我国，以至于世界上大多数国家，土木工程专业科技人员的学历层次有：博士、硕士、本科、大专、中专。显然，高等院校对各层次的土木工程创新型人才培养都有责任，也是创新型人才培养的重要基地和关键环节。图2表示了各层次学校在培养土木工程专业创新型人才中的责任。

博士	工程科学人才、工程技术人才
硕士	工程技术人才
本科	工程技术人才
大专	工程技术人才、工程技能人才
中专	工程技能人才

图2　各层次学校在培养土木工程专业创新型人才中的责任

4　土木工程本科专业创新型人才培养建议

随着知识经济时代的到来，目前的大学教育已很难适应培养能满足新时代要求的创新型人才，需要进行全面的改革。这是一个系统性的改革，现就想到的几点提出建议。

4.1　应科学确定本学院(系)培养的土木工程科技人才的类型

前面已经提到土木工程科技人才可分为工程科学人才、工程技术人才和工程技能人才三大类。各院(系)应该结合自身的条件、市场对各类型人才水平的要求和人才的供需状况科学地确定本院(系)培养的人才类型。在各类型人才的培养中，同样应以培养创新型人才为目标。由于人才类型不同，培养创新型人才的内容和方法也应有所不同，因此科学地确定培养人才的类型就显得尤其重要。如果一味追求工程科学人才的培养，难免陷入劳而无功、力不从心的尴尬境地。

4.2　应对土木工程专业创新型人才的培养作精心安排

4.2.1　工程教育需作大的变革

现在工程培养计划实际上是应用科学的培养计

划,重视科学分析与解题,已不适应新时代工程专业的发展和需要。工程是这样一种专业,通过学习、经验和实践获得的数学知识和自然科学知识,加上个人的判断开发出各种途径,经济地利用天然和人造材料,让自然的力量造福于人类。工程活动很大程度建立在综合、设计和创新的知识集成基础上。工程专业培养计划必须充分考虑这一特点,将工程设计的环节即问题形成、综合创造和创新贯穿于整个计划中,让学生在本科阶段的早期就接触工程的本质。

4.2.2 人才培养必须重视"四要素"

四要素即为知识结构、实践技能、能力结构以及综合素质与创新意识。图3是简单示意"四要素"之间的关系。土木工程专业人才的综合素质与创新意识是由他的知识结构、实践技能和能力结构三个基础要素支撑的;它的高低直接与这些能力的强弱有关。

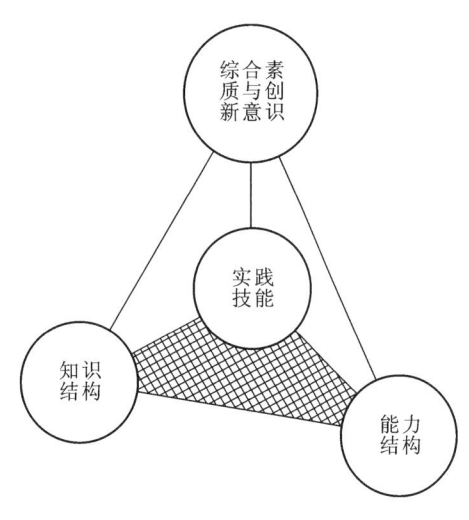

图3 四要素的关系示意

4.2.3 应重视知识结构中公共基础知识的通识教育要求

知识结构由三部分组成,即公共基础知识、专业基础知识和专业知识。由这三部分组成的知识结构应是一个有机整体,能为土木工程专业人才今后的发展提供坚实、宽广的理论基础,能为他们的创新意识的发展提供必要的理论知识上的保障。

其中,公共基础知识应按通识教育的要求予以安排并应特别予以重视。因为通识教育的目的是"发展青年人的理智,开阔思路,陶冶情操"。通识教育的内涵是:首先,它为学生提供一个探索阶段,一个供学生培养好奇天性、启迪新兴趣和能力的阶段;其次,它为学生传授非常宽泛的预备知识,为学生开阔眼界,并用各种方式训练他们的思维;最后也是最根本的,它旨在培养学生扎实的基本功,无论学生最后从事任何工作都可以受用。

对于工程教育,通识教育中除自然科学基础知识、人文和社会科学基础知识、思想道德心理素质基础知识外,也应将工程学科基础知识包含在内。

4.2.4 应重视实践技能和能力结构的要求

ABET及NSB对毕业生提出的要求中,除需要有扎实的数学、科学和工程知识外,更多的是关于能力方面的要求。这是根据新时代对工程师的要求提出的,应该引起重视。要能完成这些能力方面的要求,在教学环节和教学方法中都应做出较大的变更。

在各式各样的能力中,最基本也是最重要的能力应是具有自学能力。自学能力又可根据能力的不同细分为以下三个层次,即通过自学接受知识的能力,这是最初级的自学能力;进而为通过自学获取知识的能力,这是高一层次的能力;最后达到通过自学在获取知识的基础上进行创新思维的能力,这是最高境界的能力。可以看出,自学能力是创新型技术人才赖以持续发展和不断提高的一种能力,也是有利于其他各种能力得以衍生的一种能力。

4.2.5 应重视课程体系的调整

从新时代的工程及工程实践将会出现的特征可以看出,现在的课程体系已无法满足新时代培养工程师的需要,应予以调整。课程体系的调整需要非常郑重对待,因为这里有认识问题,也有许多具体问题,如师资力量、资金投入等等。但也不可否认,对课程设置已有以下一些共识:工程教育必须在重视基础的同时,同样重视实践;应压缩一些传统的工程课程,增加与工程设计、系统集成和创新有关的学科,加强一些关于沟通、领导力和创业精神方面的内容;应减少强调归纳性的学科,加强信息丰富的学科如生物技术、纳米技术、信息技术、大型基础设施、智能系统和知识服务等课程;在本科阶段引入跨学科学习,努力能在许多领域具有渊博的知识,并注重把不同领域的知识加以整合。对课程的安排,应在本科阶段的早期就能接触工程的本质。

在课程计划方面,美国加州理工学院(CIT)曾提出一份主题列表[1],其涉及面之广,变动之大令人吃惊:守恒定律,生物化学,标量波动方程,遗传学,动力系统,进化,细胞生物学,自然力,地球化学,大气化学,量子力学,离散数学,逻辑和概率,化学键,信息论,电路,统计力学,热力学,化学平衡,凝聚态,系统工程,复杂性,聚合特性,混沌系统,神经生物学。虽然这一份主题列表只是一个建议,但也不得不引起我们的深思。

4.2.6 教学方法应有根本性的转变

现在工科课程的教学方法与理科课程的教学方法如出一辙,采用大课讲授课程,严格限定问题的作业,安排周密的实验课。这种教学方法是否能培养工程师所需的能力,即整合、设计、创新等能力已经越来越受到质疑。已有日益增多的师生认识到过多的讲授对于真正的学习并不是好事,促成了一种被动的学习环境,抑制了主动学习的能力和动力。

对于培养创新型科技人才,掌握如何学习的技能远比试图掌握每一种学科的每一种知识重要。工程教育应该采用能培养解决问题能力,具有团队建设、创意、设计和创新能力的教学方法;应该采用能培养学生主动学习的教学方法,如团队合作、项目设计、案例分析、应用练习等。

4.3 应营造一个适合土木工程专业创新型人才培养的学习氛围

在培养创新型人才的过程中,有一个适宜的学习氛围是十分重要的。这个学习氛围需要体现在教育过程的方方面面,并由教育过程参与者共同努力来营造。教育过程包括课堂理论教学环节、实践教学环节、第二课堂活动和科技创新活动。由于课堂理论教学能为学生的创新意识的发展提供必不可少的理论知识,因此在这些方方面面中,课堂理论教学在培养学生创新意识中的作用应该是最重要的,也是最经常的。教学过程参与者包括教师、学生和职工。由于学生的创新意识需要教师启发和引导,而创新能力的形成则需要学生自身的努力,因此教师和学生应是创新意识培养的主体。

4.4 应全面提高教师对培养学生创新意识的自觉性

(1) 教师应把培养学生成为创新型人才作为自己的育人目标和重要职责。教师在进行各项教学活动时,应按有益于创新型人才培养的要求进行安排。

(2) 教师应提高自身的素质和水平,成为"双师型"教师。教师应既进行教学又进行科研。在培养工程科学型或工程技术型创新人才时,还应具有注册师的水平;在培养工程技能型创新人才时,应具有高级技师的水平。

(3) 教师应根据培养创新型人才的要求,转变教学思想和改进教学。第一,教师的教学重点应从单纯传授知识转变为在传授知识的同时,营造一种得以让学生能够自由思考和探索的空间,引导学生乐于思索的习惯。第二,教师的教学职责应从单纯传授好知识转变为不但要传授好知识,还应培养好学生的各种能力。因此,教学内容不仅要精选基本理论,而且要结合科技的发展介绍学科发展的历史沿革、最新成果和动态,要提出一些问题,启发学生的思考,激发学生对新知识进行探索的积极性。教学方法不仅要用启发式,而且要结合不同的教学环节,采用合适的方式,开展教师与学生、教与学的互动,如课堂或专题讨论、进行综合性或设计性实验、撰写实习报告或读书心得、进行设计方案比较等,培养学生的各种能力,提高学习兴趣。

4.5 应教育和引导广大学生主动重视创新意识的培养

(1) 学生应认识到土木工程是一个工程应用性的学科。学到的知识和实践技能只有应用到工程中去,才是有用的;但是,应用需要能力去实现。可以这样来说明知识与能力的关系:知识要靠能力去运用,能力要以知识来支撑,学习知识归根结底在于提高能力。因此,学生不但要掌握扎实的知识,而且更要重视在掌握知识的基础上对能力的培养。

(2) 学生应该深刻理解"工程活动的本质是创造一个世界上原本不存在的物,是超越存在和创造存在的活动"[7],也可以说"创新和创造是工程活动的本质,也是工程师的义务"[8]。因此,学生应该牢记能力培养的核心任务是创新意识和创新能力的培养。

（3）应教育学生了解创新能力是各种能力综合发挥的结果，创新能力不可能孤立地培养，想通过捷径培养创新能力是不现实的。在各种能力中，自学能力是最基本的能力，它是其他能力的基础，有自学能力一般易有创新能力。因此，学生应以最大努力和恒心培养自学能力。

自学能力应该随所学知识的增加由低级向高级发展。在学习公共基础知识阶段，学生应着力于培养自己能通过自学掌握教师所讲授知识的原理及其灵活应用的方法，也就是培养自己通过自学接受知识的能力。在学习专业基础知识阶段，学生应在已具有通过自学接受知识能力的基础上，进一步培养自己通过自学去掌握教师没有讲授而自己又希望能掌握的知识，也就是培养自己获取新知识的能力。在专业知识阶段，学生可以在通过自学获取新知识的基础上学习创新思维，提出一些新的想法以及付诸实施的理论依据和实现技术，也就是培养自己在通过自学获取新知识的基础上进行创新思维的能力。

（4）应为学生精心安排实践教学环节，特别是要建设"创新实践基地"，提供一种可以让学生能够自由思考和探索的空间，创造一种能够激励学生实践自己创新思维的基地。还应为学生组织各种竞赛，通过激烈的竞争，让学生体会到一个创新思维在成熟和实现过程中会遇到困难、挫折甚至失败，需要付出精力去克服，甚会废寝忘食。当创新思维取得成功时，更会体会到一种无法形容的快乐，这就是创新的魅力所在。

学生通过课堂理论教学环节、实践教学环节和创新实践基地、各种竞赛等活动，在教师的引导下，在师生的互动下，就会逐步形成创新思维的习惯。

5 同济大学土木工程专业创新型人才培养方案制定思路介绍

2009年教育部提出实施"卓越工程师培养计划"。同济大学土木学院开始制定"土木工程学院工程教育改革方案"，其基本思路可归纳如下。

5.1 工程教育发展的需求

（1）如何培养出大批的创新型人才

（2）如何培养足够数量具有国际视野、能在全球环境下工作的工程师

（3）如何改变教育界内部"重认知、轻能力"以及社会缺乏发明创造热情等不足

5.2 工程教育改革的着眼点

（1）激发大学生创新热情

（2）培养大学生创新意识、创新能力和工程实践能力

（3）提高全社会的工程素养，激发全社会对发明创造的热忱

5.3 工程教育的最终目标

目标是：培养具有人文精神、创新意识、创新能力、国际视野面向未来的创新型技术人才。

5.4 工程教育需要解决的问题

（1）跨层面和跨专业的通识教育

（2）以创新和实践为导向的工程教育

（3）以培养人文精神和职业素养为目标的人文教育

（4）适应科学技术前沿和全球化要求的教育改革

（5）适应新时代工程教育要求的师资的培养

5.5 土木工程未来发展方向

土木工程未来发展方向的重点应是：促进可持续发展和加快工程实践的全球化进程，在工程实践、科研开发等领域内开展学科内、跨学科和多学科的交流与合作。

5.6 土木工程创新型人才的培养方向

与土木工程发展方向相适应，土木工程创新型人才的培养方向应为：

（1）着眼于土木工程的未来发展方向；

（2）用心于培养人文精神、创新意识、创新能力

和国际视野；

(3) 着力于培养具有专业特点和特长。

同时，土木工程创新型人才应能成为：

(1) 学术思想与应用技术的创新者和整合者；

(2) 社会、经济与环境发展的规划者、设计者、建造者和运营者；

(3) 自然灾害、突发事件的预防者以及其他风险的管理者；

(4) 公共环境和基础设施建设决策的引导者。

5.7 土木工程创新型人才的基本要求

土木工程创新型人才应具有科学、工程和人文三方面的综合素质，在知识、能力、人格方面具有以下基本要求：

(1) 拥有科学、技术、专业以及社会经济方面的丰富知识，应具有宽泛的人文社会科学基础，具有扎实的自然科学基础，掌握基本的工具性知识，具有宽厚的专业知识，熟悉工程科学知识，了解社会发展和相关领域的科学知识，了解本专业的前沿发展现状和趋势。

(2) 拥有科学研究、技术开发、技术应用或管理、合作交流等基本技能，应具有发现问题和解决问题的能力，具有系统思维和创造性思维的能力，具有开拓创新意识和进行设计和开发的能力以及工程项目集成的基本能力，具有国际视野和跨文化环境下交流、合作与竞争的基本能力，具有信息获取、知识更新和终身学习的能力。

(3) 拥有良好的职业精神，具有对道德规范、个人和集体目标、团队利益负责的精神，具有严谨求实的科学精神，具有良好的市场、质量和安全意识，注重环境保护、生态平衡和可持续发展的社会责任感。

6 结束语

教师不仅是一种职业，它还肩负为国家培养一代代青少年的责任，它的责任关系到国家今后整体的发展。因此，与其他职业相比，教师具有更为重要和更为深远的社会责任。

现在，国家已经提出了在新世纪需要培养创新型人才的目标，并将完成这个目标的主要责任赋予教师。这是一个非常重大而又十分艰难的任务。但只要认识到这是教师应承担的社会责任，相信在共同的努力下，一定能够完成这一光荣而艰巨的任务。让我们一起共同努力奋斗吧！

参 考 文 献

[1] James J Duderstadt. Engineering for a Changing World: A Roadmap to the Future of Engineering Practice Research, and Education. 2008, 中国工程院教育委员会. 变革世界的：工程实践、研究和教育的未来之路[M]. 盛伟忠等，译. 国际工程教育前沿与进展，浙江大学科技发展战略研究中心，2009.

[2] 中国工程院"创新型人才"项目组. 走向创新—创新型工程科技人才培养研究综合报告[R]. 中国工程院：创新型工程科技人才培养研究报告(上册)，2009.

[3] 中国工程院"创新型人才"项目组. 创新型工程科技人才培养研究报告[R]. 中国工程院，中国工程院咨询研究项目，2009.

[4] 李国杰. 信息领域创新型工程技术人才的教育和培养[C]. "新形势下工程教育的改革和发展"高层论坛，2007年9月24—25日，上海.

[5] 中国工程院"创新型人才"项目组. 土木水利与建筑分课题研究报告[R]. 中国工程院，创新型工程科技人才培养研究报告(上册)，2009.

[6] 项海帆，沈祖炎，范立础. 土木工程概论[M]. 北京：人民交通出版社，2007.

[7] 杜澄，李伯聪. 工程研究第1卷[M]. 北京：北京理工大学出版社，2004.

[8] 尹德兰. 邓文中与桥梁——中国篇[M]. 北京：清华大学出版社，2006.

(本文发表于：全国高等学校土木工程专业课程建设与教学方法改革研讨会，2010年6月11—13日，东南大学)

知识经济时代的工程教育

沈祖炎

1 知识经济时代的挑战

1.1 知识经济时代的特征

知识经济时代是以技术创新为基础的时代，具有明显的全球化特征，很多问题不仅仅关乎一个国家，而是全球化的问题。知识经济时代的技术创新非常重要，对国际经济繁荣、社会安全起关键作用。

1.2 知识经济时代的挑战

时代性质的变化对教育的挑战非常明显。主要体现在以下几个方面：

(1) 对知识经济的挑战。这个时代是以知识经济为基础，以技术创新为主体。对创新型的学习者/创造者的需求量增加，也因此需要更多新型的学习和教育模式。

(2) 对全球化的挑战。全球化表现为信息、技术、资本、商业、服务和人才在全球的流动，需要工程师具有创新技巧和能力，不但能与国际团队合作，能在多个国家工作，而且要了解文化的多样性。

(3) 对技术进步的挑战。信息技术、生物技术、纳米技术等正在推动着整个世界的变化，而且呈指数级的速度发展，这将对企业、学校和政府带来深远的影响。

(4) 对技术创新的挑战。创新将成为一个国家能否成功的唯一因素，需要组组织全国力量研究和参与创新型工程教育的改革。

2 知识经济时代的工程教育改革

2.1 必须大力提高工程教育在国民经济中的地位

目前我国的工程教育在国民经济中的地位较低，社会认可度不高。主要表现：
- 学校办工程教育积极性不高；
- 学生怕选择需要潜心研究、慢工出细活的工程类专业；
- 家长不愿子女选择工程类专业。

2.2 必须拓展工程教育的培养目标

目前我们的培养目标主要是培养学生扎实的基础理论、扎实的专业理论、较强的技术能力。但是，随着知识经济时代的到来，培养目标需要逐渐向敏锐的社会洞察力、自发的创新思维、全球化的视野方向发展。

2.3 必须大力改革工程教育的教学过程

我国目前的教育在培养学生的能力和创新思维方面较弱。必须通过加强教学过程改革来实现创新能力、知识综合能力、全球性合作能力的培养。

2.4 必须认真建立继续工程教育制度

知识经济时代，新知识、新技术会出现爆炸性的飞速发展，学生不到几年就会感知自己所学的知识已变得非常陈旧和落后，需要继续学习。而目前我国没有建立起这样的制度。同时，知识经济时代的变革，将引起对继续工程教育观念的改变，这不仅对学校,对国家、对企业都将产生一定的影响。

3 欧美等国应对挑战的对策

美国从1980年开始,就意识到知识经济时代的挑战。

1980年,美国国家科学基金会加大对工程教育研究的资助;2004年、2005年,国家工程院发起"The Engineering of 2020"研究,出版了 The Engineering of 2020 第一卷和第二卷;2005年,国家科学院和工程院发起"Rising above the gathering storm"研究,总统布什提出"美国竞争力行动计划——创新引领世界"的思想,并给予1 360亿美元经费的经费支持;2006年,竞争力委员会发动"国家创新计划";2007年,国会通过"美国竞争法宣"。

欧洲对挑战的意识起步比美国稍晚。1988年,通过《大学教育宪章》,保障高等教育适应社会需要。1999年,欧盟29个国家签署《博洛尼亚宣言》,宣告大学教育要促进整个欧洲的发展,其中有一个"Bologna进程"旨在改革各国教育系统、加强欧洲竞争力;同时,欧洲国家工程联合会通过"EURO-ACE计划",实行欧洲工程教育统一认证。

4 中国对挑战所采取的措施

在国家层面,1995年,中国科学院通过《改革我国高等工程教育/增强我国国力和国际竞争力》的计划;1998年,中国工程院通过《我国工程教育改革与发展》计划;2008年,中国工程院发布《创新型工程科技人才培养研究》;2006年,召开两院院士大会。从这点可以看出,我们与美国的出发点不太一样,美国的出发点是培养引领世界的科技人才,而我国则主要是面向国内,培养国内需要的工程技术人才。胡锦涛曾说:"世界范围内的综合国力竞争,归根到底是人才特别是创新型人才的竞争。"但我们国家培养的人才,很少能够很好地发挥作用的创新人才。

在教育领域,1994年提出"高等教育面向21世纪教学内容和课程体系改革计划";2000年发表"新世纪高等教育教学的改革工程"计划;2003年推出"高等学校教学质量和教学改革工程";2006年发布"面向创新型国家的工程教育改革研究";2009年启动"卓越工程师培养计划"。

5 中国工程教育现状分析

我们国家的工程教育有三次大的改革。

20世纪50年代,为适应国家工业的发展,大规模开展院系调整。教育模式采用苏联模式,即以单科性工学院为主,隶属相应工业部委。这个阶段的教育主要注重动手能力和实践能力。存在的主要问题是知识面太窄,专业划分过细。

到了20世纪80年代,为了与国民经济产业结构发展相适应,我国开始改革高等教育,实行"宽口径、厚基础、高素质"的培养模式,为社会培养急需的工程科学型人才、工程技术型人才和工程管理型人才。但这种工程教育的培养模式重理论、轻设计、缺实践。

发展到现在的知识经济时代,我国工程技术人才创造能力不高的状况十分严峻,这关系到创新型国家的建设、关系到经济、社会、科技的可持续发展。因此,这个阶段改革的核心目标是培养成批的创新型工程技术人才。

6 我国创新型人才培养和成长的状况

我国很多的教育问题都归结于高等教育,但源发于中小学教育。我国的中小学教育都是应试教育。学生囿于统考入学制度,学习负担超重,厌学情绪严重,天赋因此被埋没。学校囿于上级评估指标,按照统一的标准,刻板的方式进行教育,抑制创新思维积极性,养成了追求标准答案的习惯。我国大学教育采用的都是"千校一面"的教育方式。学校重硬件、轻软件;重科研,轻教育;重教学过程,轻教学效果。教师囿于低薪、考核指标,将更多的时间用于承接科研咨询项目和发表文章,无暇考虑教学改革相关事宜。学生囿于求职艰难,忙于考证,到处求职应聘,疏远学业。

家庭教育方面,家长屈从"应试教育"的压力,强迫子女课外补习,导致学生厌学情绪加重,没有自由思考的时间,养成学习的功利性,成为学习的机器。

学校教育和家庭教育的现状导致学生创新思维习惯无从培养。

企事业文化环境方面,市场经济发展不成熟,企事业自身建设不完善,仍处在扩大规模求发展的阶段,很少依靠科技创新增强竞争力,缺乏对人员的继续教育与培养,企事业文化凸显出急功近利的气息。很难营造出提倡探索、宽容失败、激励创新的宽松环境。

总体来说,我国的社会大环境仍采用扩大经济投入,引用高级设备的模式,缺乏技术创新。这种社会大环境带来了经济差异和社会地位差异。经济差异主要包括地区经济发展差异、行业经济效益差异、城乡经济地域差异、职业性质收入差异社会地位差异主要体现在城乡职业差异、学历差异、工作性质差异,这些差异超出了一定的限度,形成了恶劣的社会倾向:学生一心想考重点院校、读热门专业;学校崇尚应试教育;家长热衷全面补习,学生带着功利性学习,企事业单位营造出急功近利的氛围。社会各方面都趋之若鹜。

7 关于我国工程教育改革的建议

我国工程教育改革是一个系统工程,涉及国家、工业界、教育部、工科院校几个层面。国家层面应该做出顶层设计,工业界则应积极参与到工程教育改革中,教育部则起根治症结的作用,最终落实到工科学校进行深入改革。

国家层面,成立专门委员会领导、组织和协调改革中的各种问题,进行顶层设计,建设有助于创新型工程技术人才培养的社会大环境,控制和减少"经济差异"和"社会地位差异"的严重程度,动员和组织各界人士齐心协力参与工程教育改革。

工业界层面,积极参与工程教育的改革,实施职业培训,组织继续工程教育,形成鼓励创新、奖励创新的氛围。

教育部层面,中小学根治"应试教育",大学重点防止"功利性学习"的弊端,减轻学生负担,让学生自由畅想、发展兴趣,养成创造性思维的习惯。工程类大学制订分类发展规划,改变"千校一面"的现状,提出不同类别学校办学目标和考评指标,最终实现创新型人才的培养,并为社会提供工程研究型、工程技术型、工程管理型、工程技能型等各类高质量的创新型工程技术人才。

工科学校层面,围绕培养目标、教学理念、课程体系、教学方法、学习氛围、教师考核进行一系列的改革。具体表现如下图:

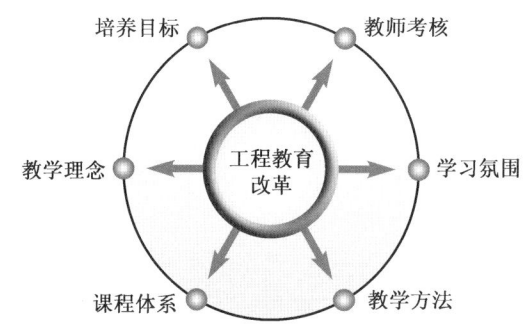

图 1 工程教育改革示意图

7.1 培养目标的变化

学生的定位:基础扎实、知识面广、能力强、素质高、具有国际视野和创新思维能力。

不同类型、不同层次学校的定位:职业教育学校应重点培养高等和中等职业技术人才;专科性学校应着重培养高等和中等专门工程技术人员;教学型大学应以培养本科生为主,研究型大学以培养科研能力为主。

7.2 教学理念的改革

目前的教学主要是沿袭理科教学理念,忽视了工程学科的特点,出现了重理论、轻能力,重知识、轻实践,重科学分析、轻综合创新,重个人钻研、轻团队协作的弊端。因此,工程教学理念必须改革,结合工程科学自身的特征和发展规律,建立适合新时代工程教育的教学理念。

7.3 课程体系的调整

传统的课程体系只重视基础,重视传统工程课程,强调归纳性学科,单一学科学习。课程体系的调整应该做到基础和实践并重,增加工程设计、系统集成创新课程,加强沟通、领导力和创新精神的内容,加强信息丰富的学科(生物技术、纳米技术、信息技术、大型基础设施、智能系统、知识服务),引入跨学科学习,尽早安排能接触工程本质的课程。

7.4 教学方法的根本性改革

目前,我国高等教育教学主要以大课的形式讲授课程,严格限定作业的答案,实验课都具有周密的实证性,与理论教学如出一辙。作为工程教育,必须整合、设计和创新教学方式方法,以培养解决问题能力,团队建设能力、创意设计能力、创新能力人才为导向,注重团队合作的项目设计、案例分析、综合练习、实验设计,促进学生主动学习。

7.5 营造"创新型"学习氛围

学校充分开展课堂理论教学环节、实践教学环节、第二课堂活动、科技创新活动。培养学生的学习兴趣、启发学生创新思维。

(本文发表于:吴启迪.中国高等工程教育发展论坛报告集.上海:同济大学出版社,2015:34-38)

知识经济时代的高等工程教育

——沈祖炎院士访谈纪要

访谈对象：中国工程院院士 沈祖炎教授
访谈时间：2013年4月2日 15:30—16:40
访谈地点：土木大楼322室
参访人员：王甫勤、刘波

Q：沈院士，您好！我们的课题主要研究我国高等工程教育政策的决策模式创新。首先想请您谈谈当前中国高等工程教育面临最大的挑战是什么？中国社会经济发展最需要哪种人才？

A：我们的教育问题到底出在哪里？我们国家的经济发展这几年的确是非常快，从一个经济上比较落后的国家现在已经是第二号经济大国，从这个方面来说我觉得我们的人才对我们国家发展来说是个很大的支撑作用。你不能否认这个，你没有人才不可能发展起来的。我们国家花了那么多时间把人才培养出来以后，对国家经济上的发展的确起到了一个保障作用。所以这一点不能否认我们教育部门的成绩，在人才培养方面的成绩。

但是现在大家都在说经济大国要成为经济强国，如果不能成为经济强国，这个经济大国就有可能在某一个时间衰落下去。人家一个新产品、新技术来了就把我们的好多东西比下去，我们都跟不上去，我们这个国家马上就容易受到损害。怎么从大国变成强国现在看起来，我觉得是非常困难的，社会上也好国家层面也好都在谈这个问题。真的要从大国变成强国关键就是大家现在一直在说的要有创新型的人才，还要有许许多多这样的人才，在各方面做出很多创新的事情来。

大家都知道，钱学森院士就问了这个问题——我们为什么培养不出大师来。钱老他都这么问，说明这个事情已经比较严重了。他觉得现在我们国家培养的人都不符合他认为的大师级的人才。老百姓中间也有几种说法。现在的小孩子啊，接受的是应试教育，题海战术，负担过重，在这种环境下你说能出许许多多的大师级人才、创新型人才吗？这是不可能的。因为这种环境能把小学生和中学生的个性发展和天赋发展轻易地抑杀掉。这些状况使我想起了第二个问题，即阻碍创新型培养的根本问题究竟是什么？为何长久不易解决？这些根本问题不解决，创新性人才是很难出来的。

创新型人才的标准到底是什么？我认为创新型人才应该具备两种素质，创新方面的两种素质。一是创新思维要非常活跃，他在工作当中就会一直在想怎么来创新我的工作，创新我做的产品。二是要有很强的创新能力。有了创新想法，就要能付诸实现，空想也没用。就像现在马路上堵车这么严重，让车飞起来那不是解决了吗。这个空想没用的，这句话说出来你没法去实现。这个当然也是创新思想，多少年后也许会实现，但现在是不可能的。现在问题就是要你既要创新思维非常活跃，又要创新能力非常强。我觉得我们现在高等教育培养出来的人才最主要的缺陷，就是这两条。

不是说我们现在培养出来的人才不好，我刚才开头就讲了，我们国家那么多经济上的发展，那么多的成就，都是我们培养的人做出来的。但是我们缺的就是创新思维非常活跃的，创新能力非常强的这一代人，要这两个同时具备的人更少。所以我觉得这是我们目前最需要改变的问题。

Q：随着经济发展和社会变迁，工科院校的专业设置发生了较大的变化。您认为主导这种专业变化的机制或影响因素是什么？学校应根据什么来设置专业？

A：提到专业设置我们首先要明确专业的含义到底是什么？我们以前的专业设置是学苏联的，他的专业设置跟欧美是完全两样的。当然,现在中国也有自己的专业设置,这跟俄罗斯、欧美都不一样。所以专业设置跟一个国家的国情、体制和需求都有密切关系。同样的问题出现以后,在美国有美国的解决方法,在中国有中国的解决方法,在俄罗斯有俄罗斯的解决方法。

人才培养总是要有相应的专业设置,没有专业不可能培养出人才。关键是专业到底怎么出来?从本质上来说,经济发展的需要促使我们在人才培养中形成某个专业去适应它,这是一个根本问题。我们的专业应该跟经济、社会发展的需要相适应。经济社会发展到一定程度,我们的专业去适应它,经济社会再进一步发展,形成新的专业去适应。国外专业的设置面还是比较宽的,像土木就是一个大类,机械也是一个大类,电气可能也就分一个强电和弱电。为什么这样分就可以了呢?就是因为它能够适应自己国家工业或者经济上发展的需要,如此培养出来的人才就是国家需要的。

我们国家的专业设置为什么一开始要去学苏联呢?因为当时我们是非常落后的国家,人才没有储备,但又要很快恢复我们国家的建设,所以一定要用一个最经济、最实用的方式来满足我们的生产需要,就学苏联的。土建行业就分得很细,因为每一个小的方面都需要专门人才,细分以后人才培养出来马上就可以应急上岗。为什么现在又变了呢?事实上我们国家经济慢慢强大以后,不需要再应急了,而是强调人的整体素质和能力。那原来的专业设置方式就不再适用了。所以说,专业的设置与我们的经济发展应该是相适应的。

现在的发达国家专业设置基本上定型了,几十年下来就是那样。其实这中间也有过很多次变革。最早的时候,是按照老的科学体系来分的(比如数理化),过去工科是很少的,大的科学家像牛顿、诺曼妮等都是物理、化学、数学等理科方面的。随着医学的发展,专业设置就要改,否则培养不出医生来,或者培养出来也不符合需要。所以后来他们的改革就从医学开始。美国一直把医学的改革看成一次重大的变革,因为医学改革打破了以前所谓的理科体系,医生的培养方式跟理科体系的培养方式是两样的。

英国最早提出 civil engineering。civil 就是民用的意思,就是说是 civil engineering 是专门为民众服务的工程,后来随着科学的发展,再分出机械啊,电气啊。其实它们以前都包含在 civil engineering 之中。我们后来把 civil engineering 译成土木工程。早的时候没什么环境意识的,现在环境问题的重要性凸显出来,环境工程也从 civil engineering 中分出来。建筑亦是如此。以前建筑师跟结构师是不分的。所以我说专业设置是与社会经济发展的需要分不开的。中国应该怎么设置专业,我觉得应该设立教育学研究课题,专门对我们专业设置的宽窄程度,如何适应国家发展需求,进行全面深入的研究。可能过了20年不合适你再改嘛,总是要变的。所以我觉得专业设置实际上是由经济发展的需求来主导的。

当然,在经济发展需求主导的过程中,我觉得要防止两类错误。一是急功近利。经济发展是有规律的,你不能只看到近两三年的经济发展,而是要看到几十年长远的经济发展。只看两三年的经济发展它需要的专业设置,跟考虑长远经济发展需要的专业设置肯定是不一样的。所以不能急功近利,一旦急功近利,就会把专业弄得太细太实用了,容易"戴帽穿鞋"。"戴帽"比如说在建筑前面加"电力"、"冶金"等,就成了电力建筑、冶金建筑等,"穿鞋"就是在后面加上"施工"、"设计"等,就成了电力建筑设计、电力建筑施工等,并美其名曰贴近需求。实际上现在已发展到社会主义市场经济时代,这种用急功近利观念培养的人才已经远远不适应社会的需要。

还有一个要防止的,就是政府和行政领导的主宰,这是现行的国家体制最容易犯的事情。现在经常有领导一说话,执行部门马上就按照他的口径做,这是非常可怕的事情。好在我们现在领导没过度干预,还不是大问题,但急功近利却普遍存在,只看到两三年的需要,没有看到长远的需要。到底怎么办这个专业,也不是拍拍脑袋就能决定的。从我们的角度,我们还无法用数据说话,这是要高一层的领导对国内多方面的数据进行分析以后才能够提出来的。

Q:那么,作为同济大学的老校长,您认为同济大学工科专业的设置有哪些特色?优势学科取得成功的经验有哪些?劣势学科不足的瓶颈有哪些?

A:刚才提到专业设置实际上应该符合国家需

要，但还要考虑学校的实际情况和具体条件。学校条件有两个：一个是师资，还有一个就是试验设备硬件条件。没有硬件条件是办不好工科的。但我们现在胡乱设置专业的还真不少，没有师资要上，没有设备也要上，只要领导认为要发展，不管有没有用、不管能不能办好，都要硬上。专业办了以后又不去养它，于是马上就成了劣势学科。也有一些专业是国家不需要的，你如果一定要办，以后也会出问题。听说现在社会工作这类专业的学生已经找不到心仪的工作了，因为社会还没发展到这个程度，大量培养也不行。前两天上海开了一个学科建设研讨会，说我们重复的学科太多了，根本办不出特色，只是在低水平重复。所以说，假使认准了它是国家需要，认准了一定要把它办好，人也聘足，设备、钱也投足，这个学科十年肯定能办出一些苗头来。一两年肯定是不可能的，认真办个一、二十年，肯定可以办得很好。但是假如你光设置专业却不去投入，那你办五十年都没用，这是必然的。我校裴校长来了以后，他想把专业理一理，一些没有发展可能性的专业把它关掉，我实际上赞成，但做起来难度很大。一旦审核下来把某个专业关掉，那你不是要"害人"嘛，这些教师怎么办？所以非常难弄。但是你不关掉，这些专业排名都在后面甚至100名以外，怎么办呢？

所以我觉得，学校要建立专业设置的淘汰制度，你要有认真的考核，要淘汰。说起来容易，真的到这个位置上做起来很难，反弹力很强。像我们政府不也在说要精简机构嘛，政府的机构改革同样碰到很多问题。因此，最要紧的是建这个专业的时候就要考虑清楚，你不能糊里糊涂地建。现在我们有好多事情都一哄而上，觉得这个专业将来肯定发展得很快，上吧上吧。上了以后其实你发展不起来，人家倒发展得很好，你发展不起来，上它干吗。

Q：那么，理论基础和专业实践在不同类型工程人才培养中，是否应有所侧重呢？

A：关于这个问题，我觉得应该看学校的档次。像同济大学这种学校就不用有所侧重。学生进来以后，就是要按照理论和实践相同要求来培养，不能让一些学生侧重理论基础，让一些学生侧重专业实践。但是，在培养过程中，应注意因材施教。因为人还是有差别的。有些人可能理论上能力特别强，有些人可能动手特别强，有些人可能另外一方面特别强，这个在学习过程中你能够发现这些，所以要因材施教。但是理论基础和专业实践应该都是一样的。那样到毕业的时候自然会形成几种不同类型的学生。一部分毕业生喜欢搞理论研究，一部分毕业生擅长专业实践。

如果我们学校在某一个专业培养中决定侧重培养应用型人才，就有可能埋没了好多人才，他们本来是可能适宜搞研究的，而且我们学校也是有能力把他往这方面去培养的。当然有一些学校，它的学生本来就是程度比较差一点，你说我要把他们都培养成科学研究人才，这又不对了。如果一些或个别学生理论学得非常好，那也要通过因材施教让他上去。所以我们说要因材施教，但做起来并不容易，教师必须要花心血。教师不花心血，因材施教找不到合适的对象，连对象都找不到，你说怎么施教。

现在许多高中都分理科班、文科班。这种班其实毫无道理，中学的学生还没有到分班的时候，这时候如果硬给分了，会出现该学的东西不学，不该学的东西，甚至大学要学的东西倒要现在学，这是对学生发展不负责任。我们念中学的时候没有什么文科班、理科班之类的。现在就是为了升学率，才进行分班的。

Q：我们从网上查到您的一些发展经历，能否请您谈谈您从在同济读书开始一直到现在这么多年，在这个过程当中你有没有感觉到什么变化？您那个时候的培养体制和现在培养人才的体制方面有没有一些差异？

A：实际上我一直在说，我最得益是我中学的老师、大学的老师以及我出国做访问学者的学校的那些教授们。我的得益是能遇上这些非常著名的人。为什么这么说呢？有这种名师在的学校实际上就是名校。名校有名校的一套基本的教学理念，包括教师到这个学校以后就必然按照这种好的理念在教学。我是从小学一年级到高中都在上海南洋模范中学念的，当时这所学校在上海不是第一就是第二。跟南洋模范中学能抢第一的就是上海中学。这所学校好在什么地方呢，就是我在那念书的时候，它的教学理念也好，它给学生灌输的想法也好，是把学生读书的兴趣调动起来。它不是压功课，但是教师教了以后我感觉好像把我对这门课的兴趣激出来了，激出来了以后觉得好像还有很多内容教师没讲，会自觉地去找各方面的书籍来看，而不是为了应付教师的考试。

南洋模范中学的篮球是中学中最好的，有些人进入大学后还成为国家队的队员，但是他考大学一样考，也不加分，那个时候没有加分的，也照样能考进很好的大学。原因就是教师的教法也激发了他们的学习兴趣，就会自觉地找时间去学，这是应试教育出不来的。

我到美国去的那所学校也一样，他们的研究课题都与工业、经济发展和科学发展联系非常紧密的。所以我一去以后就感觉里面天地很大，到处都是你喜欢的东西，到处都是想要学的东西。所以这种习惯就是在好的学校，好的老师底下才能养成的，当你养成这种习惯，读书感到有兴趣了，以后你就不怕。因为我想我们毕业时25岁，到60岁退休还有35年，35年里面假设你一直是那种状态下去，时间长了必然可以做出很多成绩出来。有人说这个工作我做得很枯燥，翻来覆去就是这个工作，好像是重复性工作。其实重复性工作里面有好多环节是值得思索、可以改进的，可以去发展的，应该是那样，就看你有没有这种习惯和想法，这是要靠学校里养成的。

我大学毕业后留在同济做教师，那个时候我们年轻人都要做班主任的。我是58年开始做一个大班的班主任，一直到63年学生毕业。当时的班级都有固定的专用教室，每天晚上我都到他们的教室去，答答疑、问问情况，到10点钟教室熄灯。这段时间我做班主任基本上都在学生中间，学生对我特别好，到现在为止他们班级聚会还一定要我参加。他们都七十几岁了，每次都叫我去，感情特别深。我当时是单身，10点钟回到单身宿舍后我就看书，一般看到2点钟才睡觉。为什么看书啊？我觉得看书是很开心的事情。人家说你苦不苦啊，弄得那么晚不去睡觉，我觉得好像没有比看书更开心的事了。这种习惯养成以后你就不怕没有时间看书学习了，你会自觉花时间上去的。我的体验特别深。记得在国外时，节假日到了我也不一定去玩，我觉得到实验室去，到计算机房去是最高兴最开心的事情。当然我也不是个书呆子，我小时候关心的、玩的东西也很多的，这种习惯是从小在家庭教育、在学校的老师和学校的熏陶下慢慢养成的。

因此，要培养一个创新型人才，如你没有办法把学生学习的主动性调动起来的话，实际上是很难的。因为他会把看书看成是苦差事，看成是一种负担，你说他做得好吗？做不好的。

现在回过来说创新型人才的培养，我觉得小学、中学和大学在教学上的确是有很多问题。特别是小学和中学，从小就担子压得太重，而且是应试教育。担子压得重以后把他还没有成熟、需要发展的东西都框死了，是按照教师希望他做题目这条路在走，走得只会做题目了。还有一点，我们学校现在的教育方法，它培养的不是学生的学习能力，而是他们的记忆力。所以现在成绩好的学生记忆力肯定是非常强的。题海战术，做了很多题以后都记住了，包括做作文都是这样。应试教育培养的结果是培养记忆力，而不是培养能力，这是非常可怕的事情。连外国人都说，你们中国人来考试都是全A的，别人根本考不过你们。但是一到做论文阶段，就没有那么灵活，想不出东西来。这个就是我们应试教育形成的。

为什么把应试教育、题海战术搞得那么厉害呢？我们的教育部，甚至国家领导不知道讲了多少次要减负，不要搞应试教育，要让学生自立发展，做得到嘛？讲归讲，学校做的还是应试教育。这是什么原因？我觉得根据我们国家的现状，情况必然是这样的，改变不了的。这个影响教育的现状，主要有两个方面，一个是贫富差异太大，另一个是社会地位差异太大。贫富不均主要表现为：穷的苦的每个月拿一千五百块钱左右，这些人也不在少数，而有一些人，一天工资就是上千，一个月三万块，这些人也不少。这么大的差距让人震惊，因为一千多元根本没法维持人们想要的基本生活。

社会地位差异表现为：工人、农民在工作单位没有话语权、没有地位、没有尊严，听命或受制于各级管理人员。而政府各级领导、企业家和科学家等在社会上的地位则完全是另一种情况。这些大家都看在眼里，都想自己的子女成为这些人，不想沦为工人。现在家长教育孩子经常说的一句话就是你好好念书，否则就要去当工人了，就要去农村种地了。这种家庭教育使小孩觉得做工人、农民很苦，只有读好书才能不做工人农民。只要这种差距不解决,家长和小孩都会期望从念书这条路找出路。走上这条独木桥后,从小就要进好的小学,再进好的中学,再进重点大学,重点大学里还要进重点学科。大家走上这条路后,为了要求公平,必然采用通过考试入学的方式。小学、中学的应试教育、题海战术也就因此而生,谁也改变不了。深爱子女的家长也不例外,一边痛心地说子女负担太重,学习太苦,但是星期六星期天又把他们拉出去拼命补课。

国外不一样,国外做一个工人,包括农业工人,他们用收入的60%~70%就能把基本生活的质量维持在比较高的层次。在这样的情况下,家长及其子女很少会把读书看成是逃避某种苦难的手段,也就不会采用应试教育和题海战术的方法了。

我国教育现状的出现,其实是我国目前的经济基础决定的,要改变其实并不容易,需要时间。现在我国的经济状况正在快速改变,人民的收入特别是最低收入正在逐步提高,只要能够把最底层的人的生活保障提高上来,使得他们能够做一个有尊严、有一定生活质量的人,使得他觉得他可以按照自己的想法去生活的话,我觉得以后的事情都可以解决。学生可以按照他自己的兴趣去学,有的人动手能力很强,他完全可以去做技能方面的事情,可以做得非常好。有人喜欢运动,不太喜欢念书,就让他从运动方面发展,他也可以做得很好。但是,现在还做不到。如果有人要按照兴趣去念书,将来会苦得要死,大学考不取。因为考大学是比记忆的,按照兴趣做他不去记这些事情,你说怎么办。所以这个问题要解决,可能会跟社会上的许许多多方面有关。比如说,你到企业去以后,它就是希望你能多出产值,要你加班加点地做,不需要你有什么创新。现在接任务搞发展还是靠关系不是靠技术,所以,不会鼓励你花时间去研究技术创新。

Q:您认为培养创新型人才中存在的这些困难应该如何解决呢?

A:造成我们整个教育不适应创新型人才培养,不同层面有不同层面的原因。从国家层面上来说,主要是人与人之间过大的社会地位差异和过大的经济差异,好多人生活上达不到一定的要求,而且比例还是比较大。这个层面上的问题只能依靠国家去解决。应该看到,人才培养是有规律的,跟社会发展和经济环境有必然联系,因此有关政策的制定都要考虑是否有利于创新型人才的涌现。

现在那些著名人士、国外的大奖获得者,很多都是以前大学毕业的。这些人为什么出得来?其中很多人的家庭经济条件比较优越,使得他可以自由地去选比较爱好的东西去学。当时考大学也不像现在,各个学校自己招生,觉得这个学生有特长可以马上招进去,所以有些人在这种情况底下就冒出来了。但是,按照我们现在这种方法就根本不可能,他不可能被大家认可,根本不可能成为名人。

第二个层面就是教育部门,教育部门必然是一个很关键的层面。教育部门到底要管一些什么,哪些应该放给学校,考虑的标准还是像我刚刚说的,怎样做才能让学生能够培养他的兴趣,培养他的创新意识,培养他的创新能力。我倒不怕基础理论会降下去,只要将学生学习的积极主动性调动起来,这个应该没有问题。但是你要把学习的兴趣,学习的主动性调动起来,教育部门实际上应该从这方面多去考虑政策。而且我觉得教育部门定政策时应该考虑到不同层次不同类型的学校。以大学为例,所谓层次就是指985的学校,211的学校,或者地方学校等。不同的类别,就是指研究型大学、教学型大学、高级职教学院等等。但是不管怎么样,最基本的要求都是一致的,就是你要培养学生的主动性,培养学生的创新意识,培养学生的创新能力,但他创新的层次都不一样,对象都不一样。

我们中国为什么一直出不了诺贝尔奖的人,这个不要担心。我们现在这个举国体制,总是能出来的。就好像我们的体育一样,我们这个举国体制可以拿到金牌的,那么多力量投下去以后肯定会有少量的人出来。但是这个少量的人出来并不等于我们是体育大国,我们的举国体制可以使中国成为金牌大国,但成不了体育大国。所以我说不担心诺贝尔奖的人出不来,现在文学的已经出来一个,将来说不定生命科学什么的也能出得来。那么多设备、钱都投下去了,那么多精英都集中起来了,我觉得完全有可能的,但是真的要把中国制造变成中国创造,并不那么容易,就是要在各个层次都有许许多多有创新意识,有创新能力的人。

因此，不同层次的学校，不同类型的学校都要按照这样一个目标去做，不是说只有985的学校才需要培养创新型人才，其他学校不要培养。其他学校都应该培养，但是层次不一样类别不一样，它的方式方法可能不一样。这个就是政策上该怎么来鼓励大家来做这个事情。不要老是鼓励985学校，鼓励二流学校往一流学校去靠，大家都是一流学校可能吗，不可能的呀。但是二流学校有把学生培养出来的办法，你不要和一流学校去比。这个是教育部门要考虑的问题，怎样培养国家强国需要的人才，各个层次上的都要有，这就有待于教育部门发一些政策和理念才行。教育系统里，大学有大学要做的事情，中学有中学要做的事情，小学有小学要做的事情。

第三个层面就是学校。关于学校的教育如何改革，已在我写的"知识经济时代的工程教育"一文中有较多阐述，这里不再重复，只想说一点关于继续教育的问题。我们国家的继续教育，叫是叫继续教育，实际上是做偏了的。继续教育偏在什么地方呢，它主要就是想给那些没有很好学习的或者没有机会很好学习的人给他继续学历教育的机会。他中专毕业了，觉得应再提高到大专，再学习，是这种类型的。其实，继续教育更多的一个方面，应是大学毕业以后的继续教育，这个我们做的很少。像国外就是利用暑假或者寒假的时候开很多的短的课程，两三个星期的课程，都是著名教授去上，很多工作部门的人来听，提高在职人员的水平，它不是学历教育，这个才真正是继续教育。博士也会来进修，因为他发现很多知识他需要，他就到学校里面来听，这种我们国家现在很少，开了也可能没人来听，因为他觉得没需要。

第四个层面是工业界。学校培养的人才是工业界的主力军，工业界对于人才培养的质量和要求是最有发言权的。在人才培养的大系统中，工业界不能只作为局外人，发表评论意见，还必须作为必要的一个层面参与其中。工业界除了要参加工科院校的改革外，还应是培养创新型人才的一个重要的方面和环节。企业在制订企业经营理念、企业文化、技术与管理人员的奖惩制度等方面应该考虑有利于创新型人才的培养。此外，还应该十分重视职业培训，这个其实也是非常要紧的一关。要为企业创新，企业的职业培训特别重要，是应该去做的，现在普遍缺少这一方面。我们这个研究题目叫决策模式，对不同的层面，决策模式应该是不一样的。国家的决策模式到底应该通过哪些过程来决定，教育部的应该通过哪些过程来决定，可能都不一样。这个题目蛮难做的，但是做好，政府部门能接受的话，是个很好的事情，因为它牵涉到整个国家。你不能把高等工程教育的决策模式局限在学校层面上来讨论问题，虽然可能可以改一点，但还是我刚才在说的，几十年下来这两个问题一直没解决，解决不了，而且愈演愈烈。现在连幼儿园学前教育都已经闹起来了，都在竞争。

Q：现在高等工程教育的问题事实上不完全在高等教育阶段，这也给我们的课题研究带来了很大的挑战。就是我们目前立意的角度事实上还是想通过教育部门的。

A：人的想法不是说我们这里理好了就会变，不会变的。人的共同想法是整个社会环境影响下形成的。你说学生，学生到学校来学习，他这些想法哪里来的，都是社会上给他的反应。他觉得按照应试教学的方法学，将来出来可以是好的，否则将来出来会苦得要死，工作都找不到。现在社会发展得很快，GDP也上去了，可是人们的生活还是在一个很低的层次，还缺少彻底改变的土壤。老百姓的生活到了一定的高层次以后，人的看法会变的。

为什么现在国外一些发达的国家，英国、美国、法国、德国、澳大利亚，它们的家庭也好，学生也好，想法跟我们中国的完全不一样，对小孩子的培养方式完全不一样。他们放得很开，让你去弄，以后再把你稍微收拢，按照你的兴趣进行培养。我有一个外孙，他在澳大利亚，他从小学一年级开始念到四年级是在中国念的，到四年级以后回到澳大利亚去念的。一念以后，他们老师跟他说你的数学那么好啊，比我还好呢，老师做不出来他做得出来。他们无所谓，小学数学差一点他们觉得无所谓。我们往往是压担子，把以后要学的东西往前面挤，其实人的思维能力的发展是有阶段性的，你还没到这个阶段你拼命灌进去，他只是记忆，他不理解。所以我们的中、小学现在一直培养的是记忆能力，而不是理解能力。

同济不是在搞尖子班嘛，我就跟陈校长说，我要提醒你一句,你不要把研究生的东西摆到尖子班来学,好像学生好得不得了。我说这是两个阶段,对这些学生来说可能是不好的,应该让他们有更多的自由时间,让他们在这个阶段按照他自己的需要去发展,不要用研究生的课程内容把这个空间压没了,这我是不赞成的。以前那些尖子班、少年大学生,到底有几个出来。当然这些人现在也不错,但是这个不错跟我们对他们的期望还差好远。这些人真的是不得了的,但是因为教学方法的问题把他们给耽误了,实际上是毁掉了。我不知道我们在国外或者国内的院士们有多少是少年班出来的,我估计很少很少。

Q:最近教育部也出台了不少高等工程教育的政策。像您很熟的卓越工程师计划,您对于这个政策有没有什么样的判断?从政策的制定情况来看,它能不能解决您刚才提出的一些挑战,培养高层次的创新型人才?

A:我觉得我们现在的教育部门,把高等教育看成只是自己的事情,我们学校可能也有这种倾向,没有把工程界的人拉进来,这是一个非常大的危险。实际上高等教育、工程教育的改革,除了学校是一个主体之外,它应该跟工程界的人结合起来弄,应该考虑到五年十年以后这个工程的将来发展会是怎么样,然后考虑我们现在的改革能否适应十年五年以后的发展情况,而不是看眼前的。假设按照眼前的东西去改革,那到毕业的时候,对不起,东西都已经变掉了,也没用。所以应该根据工程学科的发展,根据我们国家的经济发展来预测,然后考虑工程教育应该怎么改革。这是最关键的,但是我看现在很少做这一方面的考虑。这个事情到底怎么做?为什么像美国的有些尖端学校它可以引领教学的变革呢?就因为他们着眼的是长远的,前瞻的。人家一开始不理解他们,但是过了多少年以后发现这个改革是有道理的,大家就跟着它去做。教育改革一定要有前瞻性,没有前瞻性,眼前看起来是很好的,但过了几年又落后了。我很奇怪,我们总觉得中国高校的学生数学之类的课程都学得比较好,其实你去看看美国那些顶尖大学的数学比我们学得多得多啊。他们学的都是前沿的,都是特别需要的东西。

现在国外把工科叫工程科学。他们觉得工程科学跟自然科学是两个不同的科学体系。以前我们通识教育讲的是社会科学、自然科学,而他们觉得应该要有一个工程科学。那么工程科学到底开一些什么课程能够使学生的工程意识调动起来。美国也是怕的呀,美国现在学生都不想念工科,大家对工科都没兴趣,为什么呢?因为通识教育里讲的都是自然科学和人文科学、社会科学,没有工程科学,大家都不知道工程科学是什么,所以都没兴趣。等到两年学下来以后,学工科的人没有了,或者是不想学了。工程学科发展到现在已经形成为工程科学。工程科学应有自己的体系和特点,应该按照其体系和特点进行教学,但是我们对这些却知之甚少,因此我们应该在卓越工程师计划中着重研究这些问题,使我校的工程教育改革能够体现科学性、前瞻性和规律性。

(本文原载于:吴启迪.中国高等工程教育发展论坛报告集.上海:同济大学出版社,2015:110-122)

行业剖析

上海城市防灾救灾现状及科研发展研究

沈祖炎

上海地处我国东南沿海,位于长江和钱塘江入海口,属于亚热带季风气候区;在地质结构上处于溧阳和南黄海两个地震多发区之间。由于较为特殊的地理位置,自然灾害的发生比较频繁。同时上海又是我国人口最稠密的地区,常住人口 1 240 多万,每天的流动人口也在 200 万左右,任何灾害都会对全市乃至全国带来很大的影响。上海是全国最大的工业城市和经济中心。工厂、商店林立,国民总产值占全国的七分之一,因此,上海的繁荣与稳定,对我国的政治、经济起着极为重要的影响。

1 上海灾情现状及防灾抗灾能力现状的调查

1.1 风、水灾害

城市风灾主要是由热带气旋等自然灾害引起的。根据上海气象局 1960—1979 年资料统计,上海热带气旋影响,其中风力≥6 级,日雨量≥10 mm,增水≥10 cm 的平均每年 4.7 次;其中影响较大的:风力≥8 级,日雨量≥50 mm,增水≥50 cm 的平均每年 2.9 次,有严重影响:风力≥10 级,日雨量≥100 mm,增水≥100 cm 的平均每年一次。

城市水灾主要是由暴雨积水、潮水倒灌和水管爆裂等因素引起的。根据历年统计:上海年平均降水量为 1 143.3 mm,其中大部分集中在每年的 5—9 月份,5—9 月份内年平均降水量为 639.6 mm,大约占全年降水量的 61%,其间大暴雨和特大暴雨发生频繁,来势凶猛。以近 20 年内发生的 543 次暴雨过程计算,平均每年 27.2 次,一次暴雨过程最大雨量为 200～400 mm,并具有持续时间长,覆盖面大等特点。

灾害性气候条件,使上海每年都遭受频数较高的热带气旋及暴雨的袭击,旧上海遗留下来的简陋的排水设施,以及河道泄水、泄洪不畅使得上海每年都发生规模不同的积水灾害,风、水灾害对上海造成了各种破坏。

1.2 火灾灾害

在上海城市灾害系统中,火灾灾害是另一种发生频率高、损失严重的灾害现象。据统计,在 1982—1988 年的 7 年中,年平均火灾 591 起,年平均死亡人数 34 人,年平均直接经济损失 440 万元;而据公安消防部门统计,1989 年上海全市发生火灾 342 起,死亡 30 人,伤 52 人,直接经济损失 396.77 万元。可见,提高上海城市抗御火灾能力,仍然是当前一项主要任务,有可能取得较明显的经济效益和社会效益。

1.3 交通事故

上海市的交通事故中,首推道路交通事故。随着机动车辆以及自行车的增多,上海的道路交通事故日益频繁。上海的铁路、轮渡和航空交通事故也时有发生。

在上海城市灾害系统中,交通事故是发生频率最高,死亡人数最多,经济损失较严重的灾害现象。每年有六七百余人死于交通事故,从这种意义上说,交通事故是上海最大灾害之一。据公安局交通部门统计,1998 年本市道路共发生上报交通事故 7 527 起,其中死亡 562 人,受伤 4 875 人。

综上所述,上海目前的交通抗灾能力依然是较低的,不能适应上海城市的发展。因此,提高上海交通事故的抗御能力仍然是我们今后面临的重大课题。

1.4 地震灾害

上海地区属长江中下游地震区的东南边缘,毗邻中强地震活动频繁的南黄海海域和溧阳地区。根据地震灾害的特点,对地震灾害的抗灾能力主要表现在建筑物的抗震能力。长期以来,上海对建筑物的抗震要求是按烈度Ⅵ度的规定进行设计的。这样,以前对一般的工业和民用建筑都不考虑设防,甚至有些重要的工程设施,如车站、机场等也因种种原因未予以设防考虑。1948年以后的设计中才对重要建筑物进行地震设防。可以设想,一旦发生5级至6级地震,将造成何等重大的损失和伤亡。

城市抗震能力的另一个表现在于其生命线工程。上海现有的工程基础设施严重不足,地面负荷超过原设计要求的地下管道负荷指标,有的年久失修,超载运行。特别是这些生命线工程分布不合理,且大部分基于软土之上,防震能力弱。若上海遭受地震灾害,很可能引起输水、输气管道错位、断裂,进而造成断电、断气、断水、大火等一系列次生灾害。

1.5 化学工厂事故

上海是我国最大的化学工业基地之一,化学工厂事故时有发生,由于化学工厂事故往往伴随着爆炸、火灾等城市建设灾害,因此化学工厂事故也是不容忽视的。

随着化学工厂的发展,也带来了化学事故的危险,化学事故使化学毒物大量外泄,扩散到大气中,影响范围较大,造成大量人员中毒甚至死亡。此外,化学事故也是造成城市火灾的重要原因。

1.6 核事故

核事故是近几年来上海面临的一种新的事故隐患,随着核技术日益广泛应用,其危害性也是逐渐增加。秦山核电站即将投入运行,也给上海带来了核事故的隐患。上海市位于秦山的东北方向,市中心距秦山的直线距离为68 km,距上海金山区30 km。尽管秦山核电站采用目前世界上最安全的堆形,但这并不能说已绝对杜绝了事故发生的可能性,核电站失控或由于人为及客观原因所造成的重大核事故,仍是不能完全排除的。对严重核事故决不能小看,因为它不是一般放射性超标的问题,而是影响到人民生命和财产的大问题。

2 "八五"期间上海防灾救灾科研发展方向及建议

2.1 科研发展方向确定的原则

第一、在灾种方面,应把重点放在对上海产生危害较大的灾种的研究上。

第二、在防灾能力方面,应把重点放在能迅速改善上海抵御灾害能力,并能取得较大实效的研究项目上。

第三、要充分考虑可能提供的经费、现有的科研力量以及已经取得的科研成果情况。

2.2 着重研究的灾种

根据上述几条原则,根据我们对上海防灾救灾现状的调查,有关专家的咨询意见,以及对今后几年的灾情趋势的预测,我们认为,"八五"期间上海防灾救灾科研发展应注意以下几点:

从灾种来看,应重视对风灾、水灾、火灾、交通事故、地震等灾害的研究。

(1) 风、水灾害

① 对风、水灾害预测预报的系统研究,提高预报的准确性和有效性;

② 对市区排水泵站的分布与管理的研究,提高市区的排水实际能力;

③ 加强对防汛墙的设计维护,防汛设备的维护、保养和更新,研究制订切实有效的规章制度。

(2) 火灾

① 对高层建筑消防的研究;

② 加强对设备的安全度研究;

③ 进行对沿海海面火灾对策的研究;

④ 加强消防设备的研制以及消防设施的布局研究。

(3) 地震灾害

① 加强对地震灾害预报工作的研究;

② 加强对工程结构抗震能力的研究;
③ 重视对地震灾后的次生灾害抗御的研究;
④ 加强对地震灾害抗御知识的宣传普及工作。

(4) 交通事故

目前有关道路交通事故研究通常是从道路和交通两方面来进行的,而双方在研究中都侧重于某一个方面,难免有其片面性。因此,我们建议要更多地注意把道路和交通及市政工程建设结合起来进行研究,以提出一个城市交通综合治理的对策。

(5) 生命线系统

生命线系统不仅在人民日常生活中,而且也在救灾抢险工作中起着极其重要的作用。提高生命线系统的防灾能力,是提高整个城市防灾功能的一个关键问题。生命线系统作为一个整体是互相关联的,大部分生命线系统由一系列长距离的连续设施组成的,往往是一处受灾,影响面甚广,所以必须考虑各种网络可靠的应急对策。

2.3 关于灾害的预防和抗御

从灾害的预防和抗御的角度来看,应着重对预测和预报、组织、设备以及宣传教育等环节进行研究。

(1) 预测和预报研究;
(2) 救灾抢险设备的研究;
(3) 宣传教育工作的研究;
(4) 救灾保险的研究;
(5) 防灾救灾法规的研究;
(6) 防灾救灾组织机构的研究;
(7) 开展对城市建设灾害学的研究。

(本文发表于:论沿海地区减灾与发展——全国沿海地区减灾与发展研讨会论文集[C],1991年)

从几个重大工程中标方案引发的思考

沈祖炎

(同济大学土木工程学院建筑工程系，上海 200092)

摘　要　近年来,国内相继建造一大批大型重大公共建筑,在迅速改善国民生活水平的同时,建筑物本身却遭到了来自国内社会或国外专家的广泛关注甚至批判。本文回顾了近年来我国几个代表性重大工程中标方案的特点及存在的问题。在此基础上,从我国建筑结构设计相关国家标准的立意及基本要求出发,就这类重大工程中标方案的合理性进行了思考,最后给出了评判这类重大工程中标方案的基本原则建议,供相关人员参考。

关键词　重大工程；公共建筑；中标方案评判标准；用钢量指标

1 概述

随着我国国民经济的高速发展,全社会对体育、文化、娱乐、商业、交通等领域的活动要求迅速提高,相应的大型公共建筑的建设也得到了空前的发展。近 10 年来,国内兴建了一大批这类的大型工程,包括体育场馆、会展娱乐中心、剧院、候机楼、博物馆、车站等,大大提高和改善了人民的生活质量和水平,并成为所在城市的标志性建筑[1]。这些国家或地方重大工程多数都采用了国际招标的方式进行设计方案的征集,并通过召开专家评标会确定最终入选方案,因而能引起国内乃至世界广泛关注。其中部分大型工程项目建筑方案都出自国内外(且大多数是国外)知名建筑师之手,并经过代表国家或地方政府的业主委员会及各领域的专家评审把关。但不幸的是,其中不少方案却给部分国人及业内人士、甚至国内外建筑及结构领域专家留下疑惑和不满,有的还遭到严厉的批判[2-8]。这些工程最终中标方案中不乏体型怪异、喧宾夺主、结构笨重、用料指标奇高、造价昂贵、施工非常复杂的,甚至达到令业内人士称奇的地步。"一些大城市成了国外建筑师的畸形建筑试验场"[6],结构上完全违背"少(费)就是多(用)"(More with less)的结构哲学[7]。另一方面,这些大型工程都是由政府出资,因而更显得不可理解[8]。普通国民及专业人士不禁要问:评价这些现代化的大型公共建筑的建筑及结构方案的优劣究竟是什么标准？这些建筑所消耗的国家大量投资是否用得其所？

本文回顾了近年来我国几个代表性重大工程中标方案的特点及存在的问题,主要包括在建的奥运会国家主体育场、中央电视台新台址主楼及国家大剧院。在此基础上,从我国建筑结构设计相关国家标准的立意及基本要求出发,就这类重大工程中标方案的合理性进行了思考,最后给出了评判这类重大工程中标方案的基本原则建议,供相关人员参考。

2 几个重大工程中标方案简介

2.1 奥运会国家主体育场

奥运会国家主体育场(图 1)是 2008 年北京第 29 届奥运会的主体育场,将承担奥运会开幕、闭幕式与田径比赛。主体育场的固定座席可容纳 8 万人,活动坐席可容纳 1.1 万人,总建筑面积约为 25.8 万平方米。该建筑地面以上的平面呈椭圆形,长轴最大尺寸 332.3 m,短轴最大尺寸 296.4 m。建筑屋盖顶面为双向圆弧构成的鞍形曲面,最高点高度 68.5 m,最低点高度 40.1 m。屋盖中部的洞口长度为 185.3 m,宽度为 127.5 m,建成后无疑将成为北京市的重要标志性建筑。

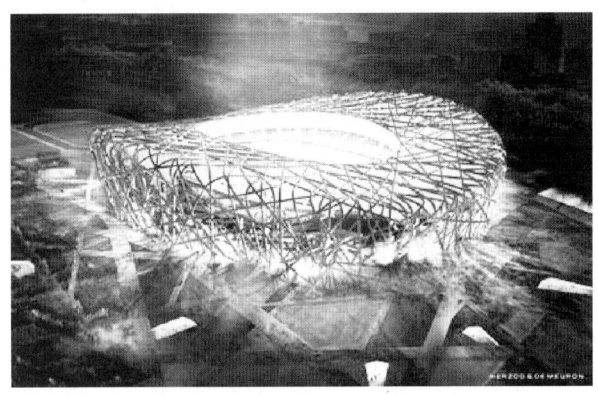

图 1 奥运会主体育场

奥运会国家主体育场"鸟巢"方案由瑞士赫尔佐格和德梅隆(Herzog & de Meuron)设计事务所、奥雅纳工程顾问公司及中国建筑设计研究院设计联合体共同设计,北京城建集团有限责任公司为项目的总承包,总投资约为35亿元人民币,将于2006年底竣工。

奥运会国家主体育场的结构体系采用空间钢框架体系。大跨度钢结构的主框架大量采用由钢板焊接而成的箱形构件,交叉布置与屋面及立面的次框架一起形成了"鸟巢"的特殊建筑造型。整个大跨度屋盖由24榀钢框架支承,沿周边的柱距为37.958 m。主框架围绕屋盖洞口环梁放射形布置,有22榀主框架直通或接近直通,并在中部形成由分段直线构成的钢内环。主场看台部分采用钢筋混凝土框架—剪力墙结构体系,与大跨度钢结构完全脱开。该建筑设计使用年限为100年,建筑结构的安全等级为一级,抗震设防分类乙类,抗震设防烈度8度,场地类别为Ⅱ类~Ⅲ类之间,设计地震分组为第一组。

奥运会国家主体育场总用钢量为41 875吨,用钢指标高达500 kg/m²左右,每吨钢平均造价大概在17 000元左右。

2.2 中央电视台新台址主楼

中央电视台新台址主楼建筑面积47万m²,地下3层,地上52层,高222.6 m,最高点234 m。1层为裙房,方形平面,高6 m。2~10层为"¬"形平面,高46 m。10层以上收成两塔楼,塔1在西北角,塔2在东南角。塔楼平面为矩形,均6°内倾。自37层(163 m)到塔楼顶部,塔2向西形成悬臂与塔1向南的悬臂连成整体,二塔楼由平面为"L"形的悬臂相连,成连体结构。L形悬臂的悬臂长度达70~80 m。建筑外表面的玻璃幕墙(10万m²,共27 400余块)由强烈的不规则几何图案组成,如图2所示。

图 2 中央电视台新台址主楼

中央电视台新台址主楼工程方案由世界著名建筑设计大师雷姆·库哈斯(Rem Koolhass)和奥勒·舍仁(Ole Scheemn)担任主建筑师,荷兰大都会建筑事务所负责设计,并与奥雅纳工程顾问公司合作完成,国内的合作设计单位为上海华东建筑设计研究院。中国建筑工程总公司获施工总承包权,中标合同金额高达46.5亿元人民币,将于2009年1月竣工。

中央电视台新台址主楼上部结构为在两座斜塔、悬臂及裙房四周由SRC柱组成的桁架式外框筒,内部有少量垂直的钢框筒和钢柱,通过组合楼板形成抗侧力结构体系。

中央电视台新台址主楼钢结构总用钢量高达12万吨,用钢指标为250 kg/m²,每吨钢平均制作费用在5 000元左右。

2.3 国家大剧院

国家大剧院是国家重点文化设施,工程位于北京人民大会堂西侧,长安街南面,占地面积约20万m²,总建筑面积15万m²。国家大剧院由歌剧院、音乐厅和戏剧场三幢建筑组成,再用一超级椭圆形半球壳体覆盖,壳体四周环绕巨大水池,建筑立意是"使壳体犹如椭圆形珍珠半浮于水面",如图3所示。建筑平面尺寸为:壳体长轴为212.20 m,短轴为143.64 m,半竖轴为46.285 m。结构设计使用年限为100年,建筑结构的安全等级为一级,抗震设防分类甲类,抗震设防烈度为8度。

图 3 国家大剧院

国家大剧院设计方案由法国巴黎机场公司著名建筑师保罗·安德鲁(Paul Andreu)设计、清华大学设计研究院配合。由北京城建、香港建设和上海建工组成施工总承包联合体，项目总投资约为 26.88 亿元人民币。

国家大剧院外壳体系为带少量支撑的肋环型钢网壳。钢网壳主要由中心顶环、径向空腹肋和环向连杆等构件通过节点连接组成，径向空腹肋坐落在钢筋混凝土环梁上。中心顶环位于壳体中心顶部，平面为折线椭圆形，长轴为 53～82 m，短轴为 36.40 m。径向空腹肋以中心顶环为中心呈辐射状分布，共 148 榀。径向空腹肋的底部截面高约 4 m，顶部截面高约 2 m，最大长度约 98 m，分 A、B 两类。A 类采用 60 mm 厚钢板拼焊而成，B 类采用 H 型钢焊接而成。环向连杆是连接径向空腹肋的主要构件，在径向空腹肋的内、外弦呈水平环状布置，共 41×2 道，采用 140 mm×8 mm～194 mm×5 mm 钢管。连接形式为铸钢件连接和套筒连接。斜撑分布在壳体平面正交轴的 4 个对角线上。每个斜撑区分布范围为 9 个径向空腹肋间距，其作用是增加壳体的稳定性。斜撑采用 194 mm×12 mm 钢管，连接节点采用管板形式。

国家大剧院外壳体系钢结构总重约 6 750 吨。按壳体投影面积计，用钢量指标高达 280 kg/m²；按壳体表面积计，用钢量指标也达 193 kg/m²。

3 中标方案有关问题的分析

3.1 建筑设计方案的评价原则

一般而言，建筑物设计方案的评价原则应该遵守国家现行的相关标准。国家现行标准《民用建筑设计通则》(GB50352—2005)[9]第 1.0.1 条规定民用建筑应符合适用、经济、安全、卫生和环保等基本要求。第 1.0.3 条还规定，民用建筑设计除应执行国家有关工程建设的法律、法规外，尚应符合下列要求：

(1) 应按可持续发展战略的原则，正确处理人、建筑和环境的相互关系；

(2) 必须保护生态环境，防止污染和破坏环境；

(3) 应以人为本，满足人们物质与精神的需求；

(4) 应贯彻节约用地、节约能源、节约用水和节约原材料的基本国策；

(5) 应符合当地城市规划的要求，并与周围环境相协调；

(6) 建筑和环境应综合采取防火、抗震、防洪、防空、抗风雪和雷击等防灾安全措施；

(7) 方便残疾人、老年人等人群使用，应在室内外环境中提供无障碍设施；

(8) 在国家或地方公布的各级历史文化名城、历史文化保护区、文物保护单位和风景名胜区的各项建设，应按国家或地方制定的保护规划和有关条例进行。

对具体结构设计而言，现行规范[10-12]为贯彻执行国家的技术经济政策，始终要求结构设计符合"技术先进、经济合理、安全适用、确保质量"。这应该是评判这类重大工程结构设计是否合理的重要原则。

因此，重大工程的建筑设计方案除了要有创意外，还应在使用功能上是合适的，与周围环境是协调的，在各种荷载作用下是安全的，施工安装是合理的，建筑造价是经济的。

重大工程的建筑设计方案，应该是建筑、结构、施工、设备等专业的设计人员共同精心设计的产物。

3.2 中标方案存在的有关问题

对照以上建筑及结构设计的评价原则，下面对以上提到的几个重大工程中标方案存在的相关问题进行简单剖析。

3.2.1 奥运会国家主体育场

奥运会国家主体育场的主要问题综合表现为经济性问题，具体表现在用钢量指标超乎寻常的大。该建筑几经"瘦身"，用钢量指标仍达 500 kg/m² 左右，并且每吨钢造价达 17 000 元左右。其主要原因表现在三个方面：

(1) 受力不合理。本质上讲，奥运会主体育场主体结构采用的是一个辐射状交叉的门式刚架体系，但每一榀门式刚架所跨越的跨度达 300 m 左右。众所周知，当跨度超过 50 m，采用门式刚架在受力上是不合理的。奥运会主体育场跨度已达300 m，仍采用门式刚架，必然导致用钢量的增加，并出现了钢结构自重在结构内力中所占比例非常之大，高达 80% 的少见情况。

(2) 结构不合理。一般情况下，截面的高度较大时，为了节约材料，都不采用实腹而改用格构式。奥运会主体育场的梁、柱构件大量采用大尺寸的箱型截面，这一结构上的不合理，不但大大增加了钢的用量，而且增加了自重。

(3) 制作不合理。奥运会主体育场结构基本构件主要采用箱型截面，而所有横梁的箱型截面都是扭曲的，组成截面的钢板就需要由许多经过压力加工制成扭曲的小块板焊接拼成，使得制作费用达到普通钢结构构件制作费用的两倍，进一步加大了项目土建的总投资。

3.2.2 中央电视台新台址主楼

中央电视台新台址主楼的主要问题是安全的问题。由于片面追求建筑效果，中央电视台新台址主楼为平面及竖向均为严重不规则的超限高层建筑，结构形状奇特，从抗震角度建筑方案实属严重不规则，建造在 8 度抗震设防区更为抗震设计设立了难题。我国抗震规范 GB 50011—2001 第 3.4.1 条规定，"建筑设计应符合抗震概念设计的要求，不应采用严重不规则的设计方案"。这条规定为强制性条文，据此该建筑方案属于不应该采用的设计方案。因此主楼结构的抗震设计不仅要做到小震不倒外，还应重视"中震可修"，关键是要"大震不倒"。为抵抗地震作用，导致了用钢指标高达 250 kg/m²，大大超过一般高层建筑钢结构的用钢指标水平，并且每吨钢制作费用也高，大概在 5 000 元左右。同时，为确保抗震设计满足要求，进行了大量的试验研究和理论分析，历时 2 年之多。业主除了在基建投资上付出代价外，在工程进度上也付出了代价，实在很不应该。

3.2.3 国家大剧院

国家大剧院的主要问题是巨型壳体在使用功能上的合理性和与周围环境的协调性问题。为了追求建筑效果，在三个剧场已有的屋顶上加盖的一个大屋盖，在使用功能上是多余的，是典型的形式主义的产物，并进一步迫使主体建筑向地下延伸 24～34 m，必然造成投资的大量浪费。同时，建筑整体外形与现场环境极不协调。

此外，作为标志性建筑，国家大剧院独特的建筑外形和复杂的内部结构给施工带来了相当大的难度[14]。

这种片面追求建筑效果，不顾材料和资金的巨大浪费，在已有完整建筑上附加大而空的"造型"结构的设计思维方式绝不是孤立现象。像号称"天鹅展翅"的天津博物馆(图 4)[15]、"大鹏展翅"的深圳市民中心(图 5)、上海浦东干部学院大屋盖(图 6)等，人们有理由要问：花费巨资得到的建筑效果是否物有所值？在当前国家经济发展水平下是否合适？

图 4　天津博物馆

图 5　深圳市民中心

图 6　上海浦东干部学院

另外，对这类方案而言，由于项目的人为"复杂性"，投入在项目论证、科学技术研究方面的人力、财力、时间也是值得关注的。更重要的是,这些研究的目的很多情况下仅仅只是为了保证单一项目的安全性,问题本身并不具有普遍的科学意义。

4 几点思考

4.1 不合理方案中标原因剖析

总体看来,这几个不同的重大工程中标方案中标的原因各不相同,但有一些肯定是相同的,即其建设资金是国家投资;项目建设的决策人,出于某种原因,片面追求建筑的标新立异,而把其他多种重要方面置若罔闻。

奥运会主体育场,为了追求所谓的"鸟巢"造型,浪费了大量钢材和资金,其用钢量和造价分别约是同类优秀建筑的3倍和5倍。

中央电视台新台址主楼,业主为了追求怪异的结构造型而不顾建筑造型对结构安全带来的严重影响,致使为了想方设法保证结构的安全,造成了建筑造价的大幅度增加,同时还留下了抗震安全的担心。像这类工程采用的建筑与结构如此不协调,导致因为严重的安全问题而不得不加大投资,这应该值得深思。

国家大剧院,同样片面为了追求建筑效果(且不说这个建筑效果的实际影响及与周围环境的协调性如何),出现了大体量的多余建筑,并"作茧自缚",迫使主体建筑向地下延伸,从而加大了政府的投资,同时也对建筑消防安全提出了挑战。

从这些中标方案中,还可以看到另一个现象,即中标方案的建筑师都来自非抗震国家,因此即使在北京这样的8度设防区,提出的建筑方案全不顾结构抗震的特点,也就不足为奇了。正是这种不考虑抗震要求的奇异的建筑方案,往往被那些把其他主要方面置之度外。

4.2 评价标准

如何对这类重大工程的参标方案进行合理评价是一个值得广泛关注的问题。应该说,不同要求的建筑应有不同的评价标准。

对私人投资的建筑物,如果因某种原因,追求特定的建筑效果,选用何种方案、结构是否合理、总价如何,只要不危及结构的安全当然不是主要考虑因素。但也必须满足当地政府的规划要求及建造现场的环境要求。

对政府投资的大型公共建筑,其评价标准的合理性必须接受全社会的监督。为此,现行的《民用建筑设计通则》(GB 50352—2005)[9]及相关设计规范的基本要求应该对这类重大工程建筑及结构方案具有较普遍的参考价值和法律意义。

4.3 指标体系

对大型公共建筑,特别是政府投资的,应有明确和可量化的方案评价指标体系。指标体系的建立必须结合当前社会发展的具体情况和水准,应该涵盖多个不同专业领域并给出综合评价时各专业的权数。这样才能确定一个就单一专业而言可能不是最优,但整体最为合理的中标方案。

4.4 重大工程的建筑方案应分专业评价

对政府投资的重大公共建筑,必须分专业进行评价,而不是现行的不同专业代表人士一起参与评价的办法体系。因为这样的话,在一个专业领域严重不合理的一个方案就很可能获得通过。这些专业可以包括:建筑、结构、施工、建筑设备、概算等。而且不同专业可以根据自己的指标体系,拥有一票否决权。这样,可以否决那些在某个领域具有严重不可接受的建筑方案,而不是被动地接受其他专业方面可能获利或最优的方案。

4.5 领导部门的作用

对政府投资的重大公共建筑,领导部门的作用是合理、顺利地组织招投标过程,掌握必要的时间进度,而方案的优劣完全应该交给相关领域的专家来评判,避免由政府官员的个人喜好或个人政绩思维方式来确定。应该切记,这些重大工程建设项目都是国家的投资,应该对广大老百姓负责!

5 结语

随着近几年来大量国家或地方重大工程建设项

目的完成或启动,业内人士及国家相关部门应该对目前这些重大工程建筑设计方案确定原则及评判标准进行回顾总结及广泛思考,积极避免目前已经出现的一些不良动向,从而保证仍处在快速推进的重大工程建设项目建设的健康发展。归纳起来,无论是国家或私人投资的大型工程建筑项目,均应该积极考虑以下几个方面的因素:

(1) 在建筑形式上,在造型创新的同时,应该力求"内容"与"形式"的统一——建筑设计的基本原理[16],结合国情,与环境协调,避免在起步阶段就得到一个必然会造成物质上极大地浪费的建筑方案。

(2) 在结构方案方面,必须注重结构方案的合理性与建筑造型的统一。不同的结构体系有着它固有的合理参数(如跨度、高度)范围。必须首先注重结构方案的技术先进性,才能在保证安全的前提下得到满意的整体经济指标,同时也能够"方便"地施工、"方便"地保证质量。众所周知,结构上"难实现"的、"难做"的,并不一定代表先进技术。

(3) 在重大工程建设项目方案选择的运作上,应该有充足的时间,对未来的重大工程建设项目应该有一个很好的前瞻性规划,"时间"就意味着"经济"和"质量",仓促上马是很难兼得的。

(4) 在参标方案评审中,不同要求的建筑应有不同的评价标准;对政府投资的重大公共建筑,必须建立具体的指标体系,分专业进行评价,不同专业应该拥有一票否决权。

(5) 对国家领导部门,应该关心这类重大工程建设项目政府投资的必要性、技术含量和效率,重视工程在相关领域的示范作用。应该避免缺乏专业分析的"以貌取人"而导致高投资、高消耗、低技术含量、低效益的畸形建筑的出现,或仅为满足得到"世界第一"、做"形象工程"等的虚荣心理而付出如此高昂代价。

参 考 文 献

[1] 沈祖炎,李国强,陈以一,张其林,罗永峰.钢结构学[M].北京:建筑工业出版社,2005.

[2] 刘锡良.2008年北京奥运会场馆建设近况及一些值得思考的问题[C]//第五届全国现代结构工程学术研讨会论文集,2005.

[3] 陆赐麟.从近50年历届奥运会主赛馆建筑结构的发展展望2008年北京奥运会建筑[J].建筑结构,2003,33(1):58-63.

[4] 王仕统.衡量大跨度空间结构优劣的五个指标[J].空间结构,2003,9(1):60-64.

[5] 陆赐麟.我国工程实践中的困惑与思考[C]//第四届全国现代结构工程学术研讨会论文集,2004:238-242.

[6] 吴良镛.最尖锐的矛盾与最优越的机遇——中国建筑发展寄语[J].中国工程科学,2004,6(2):13-16,32.

[7] 王仕统.点评国外中标方案——广东奥林匹克体育场的结构设计[C]//第四届全国现代结构工程学术研讨会论文集,2004:235-237.

[8] 罗恩.略谈近年来我国大型建筑结构工程设计的倾向性问题[C]//第五届全国现代结构工程学术研讨会论文集,2005:76-78.

[9] GB 50352—2005 民用建筑设计通则[S].北京:中国建筑工业出版社,2005.

[10] GB 50068—2001 建筑结构可靠度设计统一标准[S].北京:中国计划出版社,2001.

[11] GB 50017—2003 钢结构设计规范[S].北京:中国计划出版社,2003.

[12] JGJ 99—98 高层民用建筑钢结构技术规程[S].北京:中国建筑工业出版社,1998.

[13] 范重等.国家体育场钢结构设计中的优化技术[C]//第五届全国现代结构工程学术研讨会论文集,2005:10-20.

[14] 陈力.国家大剧院壳体钢结构工程回顾与思考[C]//第四届全国现代结构工程学术研讨会论文集,2004:56-58.

[15] 程志华,王小盾,刘锡良.天津博物馆的空间钢结构体系[J].建筑结构(增刊),2002:138-140.

[16] 魏大中.创造现代化中国的优秀建筑作品——1995年建设部优秀建筑设计评后感[J].建筑学报,1996(3):8-10.

(本文发表于:建筑结构设计常见问题及设计创新专题交流研讨会.中国·上海·良安大饭店,2006年6月26日)

关于在四川地震灾区永久性住宅建设中采用钢结构体系的若干建议

沈祖炎

1 结构住宅在灾后重建中的优越性

1.1 钢结构住宅结构的优异抗震性能

由于钢结构住宅的建筑材料—钢材具有很高的强度和很好的塑性，材质均匀而可以保证设计更符合实际受力情况，加上连接构造的耗能和维护材料的蒙皮效应、甚至耗能组件的使用，可以使得结构体系能够在强烈地震作用下表现优异。这是在像四川地震灾区已发生过9度以上地震的地区建造住宅，甚至包括学校、医院及其他重要建筑时首先必须考虑的问题。

1.2 钢结构住宅建造的高度工业化

钢结构住宅的各个组成部件，包括结构部件梁、柱、桁架、墙面板、楼面板、屋面板、连接件等，以及其他生活辅助设施等，都是由工厂进行工业化制作，现场一般只需简单的拼装即可。因此，整个住宅建筑的制作、施工等可以实现完全的工业化，施工速度很快，且能够保障建造的质量，是实现四川地震灾区灾后尽可能快速重建的首要选择。

1.3 钢结构住宅的运输便捷性

灾区重建需要的大量建筑材料不可能全部通过当地资源得到解决，即便尽量去解决，带来的环境破坏问题也将是十分巨大的。目前国家采取各省市对口支援的方式进行灾区重建，钢结构的轻质高强特点可以大大节约外省市建筑材料进入灾区的运输成本，提高建筑材料的供货效率，从而最大可能地避免重建过程对当地自然资源的破坏。

1.4 钢结构住宅的可拆卸性和重复利用性

在灾区重建中，过渡房和永久房建设是救灾的两个必然阶段。采用合理设计钢结构住宅体系，其可拆卸特性可以在设计中尽可能地将过渡房和永久房设计相结合，最大程度地避免在从过渡房建设到永久房建设之间的建筑垃圾"二次污染"问题。

2 钢结构住宅推广应用要解决的问题

钢结构住宅的推广应用所面向的消费主体直接是不同地域、不同层次的广大人民群众，因而其能否被接受所面临的影响因素较多。除主要的价格因素外，建筑造型、使用的舒适性能（保温、隔热、隔声、防腐防潮等）、耐火性能、节能性能、结构的安全性能（在抗震区时的抗震性能）等各个环节都至关重要。这就要求钢结构住宅必须面向这些要求，做针对性的产品化开发，解决以下几个方面的问题：

(1) 适合不同地域、不同文化和自然环境（如温度、地震、风、湿度等）的合理建筑造型的开发。

(2) 进行符合工业化生产模数的合理住宅钢结构体系的开发和相关技术问题研究。

(3) 开发三大板材，即墙板、屋面板、楼面板的研发，对应不同的建筑物理（保温、隔热、隔声等）、建筑节能和结构（安全性、耐久性）上的技术要求水平。

(4) 钢结构住宅设计和制作相关技术标准的研

究和制定。

(5) 以综合技术经济指标为主导,考虑不同舒适性能、耐火性能、节能性能、结构安全性能等等级的系统优化集成研究,以期提供具有市场竞争能力的住宅体系产品。

从以上可以看出,钢结构住宅的研发是一个以综合技术经济指标为最终目的、多领域的系统优化集成过程。在这个过程中,结构上的技术突破并不能像其他钢结构体系(大跨度、高层超高层等)的发展一样占据主导地位。

3 国内钢结构住宅发展和应用及研究现状

3.1 国内钢结构住宅发展概况

目前,国内在钢结构住宅方面的发展尚处于起步阶段。尽管不少国内企业在借鉴国外经验和技术的基础上,已着手开发能够适合中国国情的钢结构住宅,并进行了一定的工程实践和示范,但作为需求量最大的建筑产品之一,目前我国仅有几百万平方米的钢结构住宅。而在发达国家,其钢结构住宅能够占住宅建筑总数的40%~50%。可以预见,我国在今后一个相当长的时期内,推广建筑钢结构住宅将成为国家发展建筑钢结构产业的重要方面之一。

目前,国内钢结构住宅结构体系一般多选用轻钢龙骨式墙体体系(低层)、钢框架体系(低多层)、钢支撑框架体系(多层、小高层)、错列桁架体系(多层、小高层)、钢框架-混凝土剪力墙体系(小高层、高层)及钢框架-核心筒体系(高层)。针对这些结构体系的研究目前应该能够满足工程实践的技术需求。

钢结构住宅目前在国内应用有限,一个主要原因就是其造价问题。尽管国内许多企业已开始和研究单位合作,都有志于针对国内市场开发具有各自特色的住宅钢结构体系,但一般钢结构体系的工程总造价要高出同类体系的10%~20%,这对一般消费者而言就可能完全掩盖了钢结构住宅在工期短、工业化程度高、节能、节水、节地、环保等方面的社会优势。

对于钢结构住宅推广存在的造价问题,结合国外经验,从长远来看,完全可以通过制作的标准化、模数化和产业的规模化加以解决。但在应用推广阶段,还需靠国家和地方政府在技术政策方面加以扶持,毕竟钢结构住宅在节能、节水、节地、环保、资源重复利用等方面的优势是符合国家发展长远规划的。当然,目前相关技术标准的不完善、三大板材的工业化程度及建筑物理性能水平、社会消费观念等,都会在一定程度上影响钢结构住宅产业的快速发展。

3.2 同济在低层钢结构住宅(3层以下)方面的研究

由我和李元齐教授负责,同济大学建筑钢结构教育部工程研究中心多年来一直与博思格建筑系统(上海)公司合作,针对采用屈服强度550 MPa高强超薄壁冷弯型钢的龙骨式复合墙板体系的轻型钢结构住宅(图1)设计基本理论和成套技术进行了系

(a) 外形

(b) 龙骨构造

图1 高强超薄冷弯钢低层龙骨式住宅建筑

统研究,主要工作包括:(1)不同截面各类基本构件(轴压、偏压、受弯)的承载力试验、设计方法研究;(2)基本构件设计可靠度分析;(3)连接(自攻螺钉单剪连接、典型梁梁连接、典型梁柱连接、抗拔件连接)的承载力试验及分析方法;(4)龙骨式复合墙体体系的压弯承载力试验及分析方法;(5)屋架结构承载力试验和设计方法;(6)整体模型振动台试验及抗震性能分析等。相关试验照片如图2所示。

(a) 基本构建

(b) 基本连结

(c) 龙骨式复合板墙

(d) 屋架系统

(e) 足尺振动台模型

图2 低层龙骨式住宅体系相关研究

该研究填补了国内在屈服强度550 MPa高强钢材冷弯薄壁型钢结构轴压、偏压、受弯计算模式及可靠度分析方面的空白,对设计可靠指标及设计强度指标体系的合理选取提出了建议并证明了其可靠性,为这类结构的连接承载力设计及构造要求、屋架合理的承载力计算模式、龙骨式复合墙体体系压弯承载力分析方法等提供了试验及分析依据,证实了在采用合理的构造下这类高强钢材冷弯薄壁型钢住宅结构可以抵抗相应等级的地震作用(试验到9度罕遇,可以用于有抗震要求的区域。该项目已于2005年8月和2007年6月先后两次通过《冷弯薄壁型钢结构技术规范》国家标准管理组的科研成果鉴定,并给予了高度评价,已被正在编制的相关技术规范所采纳。

与此同时,博思格公司针对中国市场先后已完成这类建筑在设计和制造模数化、建筑声学、防雨降噪、节能、防火、耐久性等其他方面的研究。由我本人主编的针这类建筑的技术标准—建设部行业标准《低层冷弯薄壁型钢房屋建筑技术规程》的讨论稿也将在近期完成。

3.3 同济在低多层钢结构住宅方面的研究

由建筑钢结构教育部工程研究中心陈以一教授负责、与宝业集团和上海大通等企业合作的建设部科技项目"轻型钢框架低多层住宅建筑关键技术研究和应用课题"针对轻型钢框架低多层住宅建筑设计和应用的成套技术问题进行了研究,包括这类建筑的设计和制造模数化、声学测试、隔热测试、抗火分析与对策研究、采用大宽厚比、柔薄H形截面钢构件的节点和ALC墙板静力特性、结构抗震性能研究等,并在工程试点(图3,共5层,框架结构用钢量38 kg/m²;总造价:1 081.13元/m²)的基础上,提出了《轻型钢框架低多层住宅技术指南》(讨论稿)。该研究成果可为轻型钢框架低多层住宅的应用提供系

图 3 轻型钢框架低多层住宅

统的技术支持。

3.4 同济在多高层钢结构住宅方面的研究

由建筑钢结构教育部工程研究中心余安东教授负责的多高层钢结构住宅体系成套技术研究课题结合国内外住宅钢结构体系和研究的特点,提出了以 6 层和 14 层(图 4)为代表的多高层钢结构住宅体系。该钢结构体系采用焊接方钢柱、偏心支撑、开孔耗能钢梁、ALC 或薄钢保温夹心板或保温石膏板,以及下承式轻型钢筋混凝土连续楼板。在钢结构体系标准化、工业化的前提下,实现建筑设计多元化。同时,针对建筑细部构造,在节能、隔声方面根据不同的标准提出了不同的解决方案,为工程应用提供了技术参考。按节能标准,作了 4 个级别的节能设计方案。进行了能量计算,隔声计算,墙表面温度计算,对节能和舒适性有定量化的指标。在基本上统一的结构体系架构中,实现各种户型比,立面多元化,个性化,

保证使用功能舒适化。在抗震与节能等方面均有深入的研究,对结构体系进行了优化设计,结构力求标准化工业化,建筑力求舒适化多样化,体系融抗震,防火,节能,隔声,功能诸要素为一体。2004 年时的造价只比传统住宅方案贵 10%~15%。主体用钢量 40~50 kg/m²。

(a) 解决方案

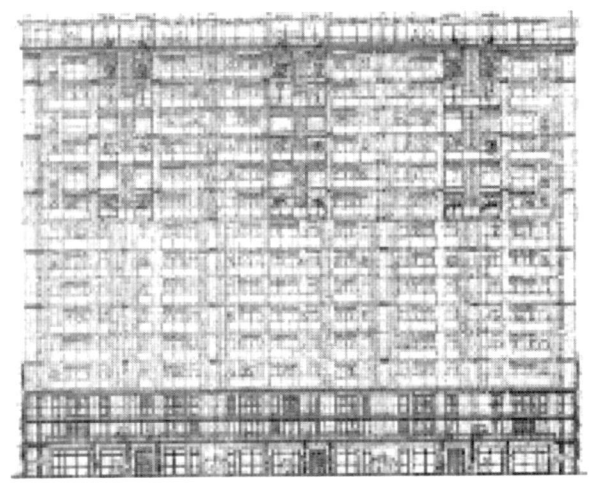

(b) 样板建筑(14层)

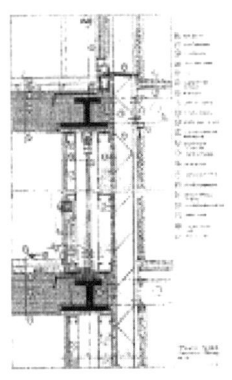

(c) 节能隔声构造

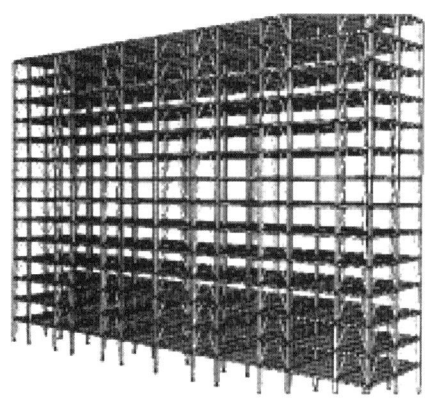

(d) 结构体系

(e) 建筑效果

图4 多高层钢结构住宅体系

4 若干感想和建议

4.1 若干感想

(1) 关于"抗震设防标准"的考虑。在现行的国家标准中,汶川地区的抗震设防烈度为7度。但附近茂县在1933年8月25日曾发生过7.5级的地震,据不完全统计死亡人数约在2 500余人左右。因此,这个7度的抗震设防烈度是否合理,国内其他地区、特别是需要考虑抗震设防地区的抗震设防烈度是否需要重新检讨,这些问题值得认真思考。

(2) 关于建筑物的破坏程度。地震是天灾,但没有按目前认识到的科学规律(如建筑抗震设防的相关技术标准等)来设计、建造房屋,特别是一些重要的建筑,如学校、医院或其他生命线工程,由之造成的重大损失则是"人祸"。在地震区,建筑物的破坏模式和程度可以完全反应这些问题,应该引起相关部门的反思。完全强调"天灾"的一面则无法减少今后可能发生的同类"人祸"。

(3) 从这次地震灾害可以得到的教训。这次灾害所造成的直接生命和财产损失巨大,灾后国家已经和即将投入的救助和灾后重建资金也将是空前的。在我们为国家已逐步强盛而有能力照顾好这次灾区群众的生活而感到庆幸和鼓舞的同时,更应该考虑到:目前国家在经济高速发展的同时,那些同样处在高抗震设防烈度区的学校、医院、公共建筑、住宅等建筑的安全性如何? 只有这样才可能避免悲剧的再次发生,才是以人为本、高效健康地发展经济。

4.2 几点建议

2008年5月12日在我国四川汶川发生8.0级特大地震,造成了重大人员伤亡和财产损失。随着抗震救灾工作的紧张进行,灾后重建工作迫在眉睫,将成为抗震救灾工作的重点。现就"四川地震灾害后重建中的工程建设问题"提几点建议:

(1) 应对灾后重建地区的"抗震设防标准"重新确定,这是灾后重建工程建设的设计依据。

(2) 应对灾后重建地区的地质条件重新评定,防止重建地区仍位于地震和地质灾害的高风险区;同时必须避开那些不应作为城镇选址的高危地区。

(3) 应对高震害地区的不同类型建筑确定"建筑物的抗震设防类别",中小学、医院以及一些重要的生命线工程应较一般建筑提高一度设防,并应提出"罕遇烈度地震作用下不倒塌"的要求。

(4) 应严格规范"建筑市场",对工程设计、工程施工实施严格管理,所有新建工程的设计、施工和需要加固工程的加固设计、施工都必须严格按国家现行规范执行。

(5) 应组织有资质的专业队伍,根据重新确定的抗震设防标准和建筑的抗震设防类别,对灾区建筑作"安全性鉴定",对受损建筑作出评价。评价标准可分为"立即拆除、拆除重建、按抗震要求加固、一般加固、外表维修、不需维修"等几类。灾后重建应按鉴定结论,有计划、有步骤地进行。

(6) 中小学、医院和重要的生命线建筑物应采用抗震性能最好的钢结构,这些建筑的加固体系也应采用钢结构。这样,就可以建成"震不倒"的建筑。

(本文为:同济大学建筑钢结构教育部工程研究中心建议,2008年6月12日)

我国钢结构住宅发展前景及其关键问题

沈祖炎

1 前言

自20世纪初以来,特别是"二战"后,由于钢材料和结构理论的成熟,以及住宅建筑的巨大且迫切的建设需求,西方发达国家的钢结构住宅产业开始进入了快速发展阶段。到20世纪70年代,在欧洲、美国、日本等发达国家已经在钢结构住宅领域基本形成了成熟的结构体系、工业化政策和技术标准。目前,在这些国家,随着木材价格的不断上涨,以及人们对于住宅安全性(抗震、防火)和耐久性的综合考虑,越来越多的房屋开发商对经营钢结构住宅青睐有加,钢结构住宅的使用占住宅建筑总数的20%。以上,一些国家甚至高达40%~50%[1]。

在我国,随着人们生活水平的不断提高以及钢产量的逐年快速增长,在钢结构住宅发展方面已经有了明显的需求。近年来,国内在钢结构住宅方面的研发及推广已经初步展开,但与传统住宅结构体系的发展相比,差距仍很明显。为此,本文针对我国钢结构住宅发展历史、现状和发展前景进行分析,在此基础上针对目前发展中存在若干关键问题进行思考,并提出相关意见和建议。

2 我国钢结构住宅发展的历史和现状

2.1 钢结构住宅的发展历史

我国钢结构住宅始于20世纪80年代中期,从发展过程来看可以分为两个时期。20世纪80—90年代,钢结构在建筑行业主要用于高层和超高层建筑。在此期间,全国大约建了40多栋高层钢结构建筑,建筑面积在320万 m² 左右。但应用在钢结构住宅方面的很少。这个阶段主要是从国外引进或建造一些低层住宅,属于探索性的开发、研究阶段(图1)。较早引进多层钢结构住宅的是1987年建成的北京展览馆宾馆(图2)。80年代中期,外商来到我国投资,开始利用轻钢结构兴建厂房。在这个时期,国内也逐渐开始进行钢结构住宅的试建。1994年11月建于上海浦东北蔡的8层钢结构住宅,采用冷弯成型矩形钢管混凝土和U形冷弯薄壁组合梁组成框架,由于过分追求造价低廉,在稻草板的使用上存在问题,影响了它的推广(图3)。但是初步作为尝试,还是给人们留下了很多启示[2]。在建设部的推动下,各地纷纷投入力量探索发展途径,并开始试验建造钢结构住宅。1999年在新疆和上海分别建造了8层和5层钢结构住宅,并试用错列桁架体系的结构形式,使小开间取得了大开间的效果,引起了各界的重视(图4)。最引人注目的是长沙远大公司在1999年建成的被称为集成化建筑的8层公寓。采用H型钢框架、压型钢板组合结构,配合整体厨卫、中央空调一体机组等先进设备,全部工期为结构3个月,装修2个月,充分体现了预制、集成、装配的特色,但其造价也是相当可观的。

图1 引进的别墅样板房

图2 北京展览馆宾馆

图3　北蔡8层钢结构住宅　　图4　错列桁架结构

经过上个世纪末,一些单位和组织进行了相当数量的试验开发、实践探索,政府主管部门、住宅产业办又采取了一系列促进政策及措施,人们观念有所转变,开始对钢结构住宅的优越性有所认识。从2000年开始我国已经进入钢结构住宅的试点阶段[3]。这个时期钢结构住宅的特征是:

(1) 试点工程项目繁多,量大面广,遍布各地。北京、上海、天津、新疆、湖南、安徽、山东等地,开始并建成一批钢结构住宅示范试点工程。

(2) 种类比较齐全,有低层、有多层、也有高层。

(3) 在使用钢材方面,有一般常用的钢材、也有耐火耐候钢。

(4) 结构体系选择也进行了各种尝试,有框架、有框支,也有钢管混凝土,其中有圆钢管,也有矩形钢管、方钢管。

(5) 与结构体系配套的围护结构有了较快的发展,有砌块外加处理的,也有板材,板材的种类和样式较多;楼板样式也较多。

(6) 建设部在全国积极倡导钢结构住宅的应用和发展,给予政策上的优惠。很多科研单位和钢结构公司在钢结构住宅研究方面也进行了有益的探索。

表1是近年来我国在钢结构住宅方面建成的部分示范工程[3]。

表1　　近年来我国钢结构住宅示范工程[3]

结构分类	工程项目	结构体系	总建筑面积/m²	层数
低层	马钢H型钢轻钢别墅	钢框架	210	2
	唐山裕华道轻钢别墅	钢框架	1.5万	3～5
	北新建材集团试验房屋	薄板钢骨	575	3
	杭州金都富春山居	轻钢龙骨	21.7万	2～3
	莱钢碧海金沙嘉苑	钢框架	31.3万	3
多层	北京亦庄青年公寓	钢框架-核心筒	12万	6
	济南艾菲尔花园(1)	钢框架	1.3万	5
	莱钢樱花园4号楼	钢支撑框架	1 200	6
小高层	福州师范大学学生公寓	钢框架	1.1万	7
	长沙远大集成住宅	钢框架	0.4万	8
	北京晨光家园B区	钢支撑框架	1.1万	9
	清华大学大石桥学生公寓	钢支撑框架	7 200	8
	新疆库尔勒市住宅楼	钢支撑框架	5 850	8
	莱钢南生活区4号楼	钢框架-混凝土剪力墙	4 720	7
高层	天津丽苑小区	钢管混凝土柱框架核心筒	1.9万	11
	莱钢樱花园1号楼	钢框架-混凝土剪力墙	1.2万	12
	莱钢济南伟东新都	钢框架-混凝土剪力墙	3.7万	12
	马钢光明新村住宅	钢框架-核心筒	1.0万	18
	济南艾菲尔花园(2)	钢支撑框架	2.7万	11
	北京金宸公寓3、4号楼	钢框架-核心筒	5.5万	12
	上海中福城97#工程	钢支撑框架	1.56万	17
	上海世福汇酒店式公寓	钢框架-核心筒	4.1万	31
	陕西丽彩天玺	钢框架-核心筒	3.8万	32
	南宁湖滨大厦	钢框架-核心筒	3.1万	25
	武汉世纪家园	钢框架-核心筒	22.9万	24
	杭州萧山区泰和花园	钢框架-混凝土剪力墙	6 218	18

2.2 钢结构住宅的发展现状

目前,国内钢结构住宅结构体系一般多选用轻钢龙骨式墙体体系(低层)钢框架体系(低多层)、钢支撑框架体系(多层、小高层)、错列桁架体系(多层、小高层)、钢框架-混凝土剪力墙体系(小高层、高层)及钢框架-核心筒体系(高层)。针对这些结构体系的研究目前应该能够满足工程实践的技术需求,钢结构住宅产业已进入一个全新的发展阶段,有关规范和标准正在制定或已经出台,国内钢材产量充足,有了一批钢结构住宅的试点和示范的建设经验和科技成果,不少国内企业在借鉴国外经验和技术的基础上,已着手开发能够适合中国国情的钢结构住宅,并进行了一定的工程实践和示范,钢结构住宅的发展已具备了较好的物质和技术基础。

但是,作为需求量最大的建筑产品之一,目前我国仅有几百万平方米的钢结构住宅,与发达国家相距甚远。要发展钢结构住宅,还存在着很多问题有待解决,特别是距离住宅的商品化、产业化要求还有很大的差距。钢结构住宅的推广还需要做大量的工作,完善不同类型结构设计规范和施工技术标准,研制新型的轻质保温墙体材料以及与住宅部品的配套问题,同时还要广泛宣传开发钢结构住宅的益处,让更多的开发商、设计师和用户认识了解钢结构住宅的优点。

可以预见,我国在今后一个相当长的时期内,推广建筑钢结构住宅将成为国家发展建筑钢结构产业的重要方面之一。

3 我国钢结构住宅发展前景

3.1 钢结构住宅的优越性

3.1.1 钢结构住宅建造的高度工业化

钢结构住宅的各个组成部件,包括结构部件梁、柱、桁架、墙面板、楼面板、屋面板、连接件等,以及其他生活辅助设施等,都是由工厂进行工业化制作,现场一般只需简单的拼装即可。因此,整个住宅建筑的制作、施工等可以实现完全的工业化,施工速度很快,且能够保障建造的质量。

3.1.2 钢结构住宅结构的优异抗震性能

由于钢结构住宅的建筑材料—钢材具有很高的强度和很好的塑性,它的材质均匀使设计易于符合实际受力情况,加上连接构造的耗能、维护材料的蒙皮效应、耗能组件的使用,使结构体系能够抵御强烈地震作用并表现优异。这在四川5·12汶川大地震中已得到证实。在8度、9度高烈度地震的地区建造住宅,甚至包括学校、医院及其他重要建筑时采用钢结构应是首先必须考虑的问题。

3.1.3 钢结构住宅的运输便捷性

钢结构住宅的各个构件通过工厂预制后再运到施工现场拼装,通过精心组织后建筑垃圾极少,对现场环境的影响可以降到最低。同时,钢结构的轻质高强特点可以大大节约建筑材料进入施工现场的运输成本,提高建筑材料的供货效率。

3.1.4 钢结构住宅的可拆卸性和重复利用性

采用合理设计的钢结构住宅体系,其可拆卸特性可以保证钢结构住宅的重复利用性及大多数材料的可回收性能。

3.2 我国钢结构住宅发展的必要性

3.2.1 发展钢结构住宅符合我国钢铁产业政策

1996年,我国钢材年产量超过1亿吨,并跃居世界第一。近10年来,钢材年产量仍保持较高的增长势头,2000—2007年的8年间平均年增长率在20%以上,并仍有可能保持较快增长。2005年中国钢产量已超过3亿吨,2006年达到4.2亿吨,2007年将达到4.8亿吨[4]。同发达国家相比,我国钢产量的快速增长与建筑用钢的现状存在严重反差。其中一个主要原因就是国内建筑业中钢结构还仅集中使用于高层、超高层建筑、大空间公共建筑与工业建筑中,在一般民用建筑例如普通办公楼、学校建筑、医院建筑、居住性建筑等还远未普及。因此,发展住宅钢结构产业将是提高建筑结构用钢的重要方面。

国务院(1999)第72号文提出要发展钢结构住宅,扩大钢结构住宅的市场占有率[5]。2002年,建设部发布《钢结构产业化技术原则》,评审通过了三批共36项钢结构住宅科研项目[6]。2005年7月20

日,经国务院常务会议审议批准公布的《钢铁产业发展政策》,明确了我国钢铁工业的产业政策目标、产业发展规划、产业布局调整、产业技术政策、企业组织结构调整、投资管理、原材料政策、钢材节约使用及对行业协会、咨询、设计、施工单位等的政策和要求。在确保安全的情况下,降低钢材使用系数;鼓励研究、开发和使用高性能、低成本、低消耗的新型材料;鼓励钢铁企业生产高强度钢材和耐腐蚀钢材,提高钢材强度和使用寿命,降低钢材使用量。这也给建筑钢结构行业的技术进步和产业发展提出了更明确的要求[3]。

《国家建筑钢结构产业"十五"计划和2015年发展规划纲要(草案)》也明确指出,在"十五"期间,我国建筑钢结构行业将这一环保型、易于工业化和再次利用的结构体系作为重点,在全国范围大力推广,并明确以多层钢结构房屋为突破口,推动轻型钢结构住宅的发展[7]。2005年10月,国家"十一五"规划把节约资源作为基本国策,提出发展循环经济,保护生态环境,节约资源,实现可持续发展,淘汰落后的工艺技术,发展节能型建筑[8]。

可以看出,发展钢结构住宅产业符合我国既定的钢铁产业政策。

3.2.2 发展钢结构住宅是建设资源节约型和环境友好型社会的需要

当前,国家正着力提倡建设资源节约型、环境友好型社会。由于我国建筑行业近年来一直是能源、材料、水和其他资源的使用"大户",以钢材为基本承重骨架的建筑钢结构体系,在目前普遍使用的几种材料中,相对而言最有利于节能、节材、节水以及节地,其推广应用完全符合国家着力提倡建立节约型社会的国策。特别是在广大农村地区,发展钢结构住宅将对环境保护和资源节约(包括黏土砖、水泥、沙石、木材的使用及建筑垃圾的产生等)带来积极和深远的社会影响。

3.2.3 发展钢结构住宅是我国住宅建设特点的需要

我国多数地区都处在地震活动带,而钢结构住宅在抗震方面的优越性已是不争的事实。当前而言,由于我国森林覆盖率的限制,木结构住宅在国内的发展还不成熟。而普通农村及城市周边郊区住宅建设中对抗震设防的考虑还基本上是盲区。2008年5月12日在我国四川汶川发生8.0级特大地震所造成的破坏也反映了该问题的突出性。因此,在地震高烈度地区发展钢结构住宅将是避免悲剧再次发生的有效措施。

3.3 我国钢结构住宅发展的前景展望

目前,国家大力提倡社会主义新农村建设,并着力推广"小城镇"建设,我国住宅产业的发展将进入一个新的阶段,这也将为我国钢结构住宅的发展提供新的契机。钢结构住宅在环保、资源节约及工业化、安全性能优异等方面的特点完全能够使之在我国住宅产业发展中取得重要的一席之地。可以预见,我国住宅钢结构产业的发展将进入一个快速、健康发展的新轨道。

4 同济大学在发展钢结构住宅方面的尝试

4.1 同济在低层钢结构住宅(3层以下)方面的研究

由我和李元齐教授负责,同济大学建筑钢结构教育部工程研究中心多年来一直与博思格建筑系统(上海)公司合作,针对采用屈服强度550 MPa高强超薄壁冷弯型钢的龙骨式复合墙板体系的轻型钢结构住宅(图5)的设计基本理论和成套技术进行了系统研究,主要工作包括:①不同截面各类基本构件(轴压、偏压、受弯)的承载力试验、设计方法研究;②基本构件设计可靠度分析;③连接(自攻螺钉单剪连接、典型梁梁连接、典型梁柱连接、抗拔件连接)的承载力试验及分析方法;④龙骨式复合墙体体系的压弯承载力试验及分析方法;⑤屋架结构承载力试验和设计方法;⑥整体模型振动台试验及抗震性能分析等。相关试验照片如图6所示。该研究填补了国内在屈服强度550 MPa高强钢材冷弯薄壁型钢结构轴压、偏压、受弯构件的计算公式及可靠度分析方面的空白,为这类结构的连接承载力设计及构造要求、屋架合理的承载力计算模式、龙骨式复合墙体体系压弯承载力分析方法等提供了试验及分析依据,证实了在采用合理的构造下这类高强钢材冷弯薄壁型钢住宅结构可以抵抗相应等级的地震作用(试验到 9 度罕遇),可以用于有抗震要求的区域。该项目已于 2005 年 8 月和 2007 年 6 月先后两次通过《冷弯薄壁型钢结构技术规范》国家标准管理组的科研成果鉴定,并给予了高度评价,已被正在编制的相关技术规范所采纳。

与此同时,博思格公司针对中国市场先后已完成这类建筑在设计和制造模数化、建筑声学、防雨降噪、节能、防火、耐久性等其他方面的研究。由我本人主编的针这类建筑的技术标准—建设部行业标准《低层冷弯薄壁型钢房屋建筑技术规程》的讨论稿也将在近期完成。

4.2 同济在低多层钢结构住宅方面的研究

由陈以一教授负责、与宝业集团和上海大通等企业合作的建设部科技项目"轻型钢框架低多层住宅建筑关键技术研究和应用课题"针对轻型钢框架低多层住宅建筑设计和应用的成套技术问

(a) 外形

(b) 龙骨构造

图 5 高强超薄冷弯钢低层龙骨式住宅建筑

(a) 基本构件

(b) 基本连接

(c) 龙骨式复合板墙

(d) 屋架系统

(e) 足尺振动台模型

图 6 低层龙骨式住宅体系相关研究

题进行了研究,包括这类建筑的设计和制造模数化、声学测试、隔热测试、抗火分析与对策研究、采用大宽厚比、柔薄 H 形截面钢构件的节点和 ALC 墙板静力特性、结构抗震性能研究等,并在工程试点(图 7,共 5 层,框架结构用钢量 38 kg/m²;总造价:1 081.13 元/m²)的基础上,提出了《轻型钢框架低多层住宅技术指南》(讨论稿)。该研究成果可为轻型钢框架低多层住宅的应用提供系统的技术支持。

图 7 轻型钢框架低多层住宅

4.3 同济在多高层钢结构住宅方面的研究

由建筑钢结构教育部工程研究中心余安东教授负责的多高层钢结构住宅体系成套技术研究课题结合国内外住宅钢结构体系和研究的特点,提出了以 6 层和 14 层(图 8)为代表的多高层钢结构住宅体系。

该钢结构体系采用焊接方钢柱、偏心支撑、开孔耗能钢梁、ALC 或薄钢保温夹心板或保温石膏板,以及下承式轻型钢筋混凝土连续楼板。在钢结构体系标准化、工业化的前提下,实现建筑设计多元化。同时,针对建筑细部构造,在节能、隔声方面根据不同的标准提出了不同的解决方案,为工程应用提供了技术参考。按节能标准,作了 4 个级别的节能设计方案。进行了能量计算,隔声计算,墙表面温度计算,对节能和舒适性有定量化的指标。在基本上统一的结构体系架构中,实现各种户型比,立面多元化,个性化,保证使用功能舒适化。在抗震与节能等方面均有深入的研究,对结构体系进行了优化设计,结构力求标准化工业化,建筑力求舒适化多样化,体系融抗震,防火,节能,隔声,功能诸要素为一体。2004 年时的造价只比传统住宅方案提高 10%~15%。主体用钢量 40~50 kg/m²。

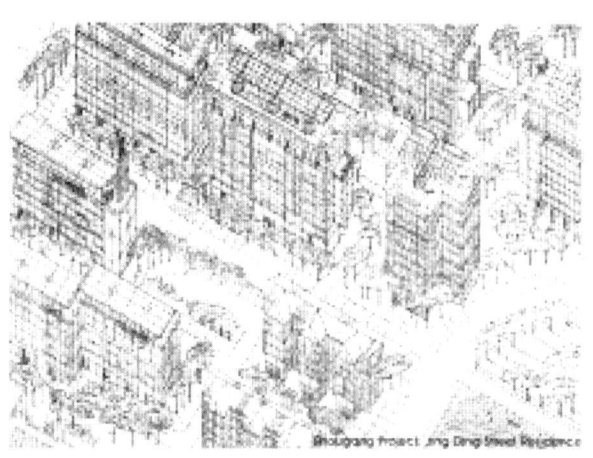

(a) 解决方案

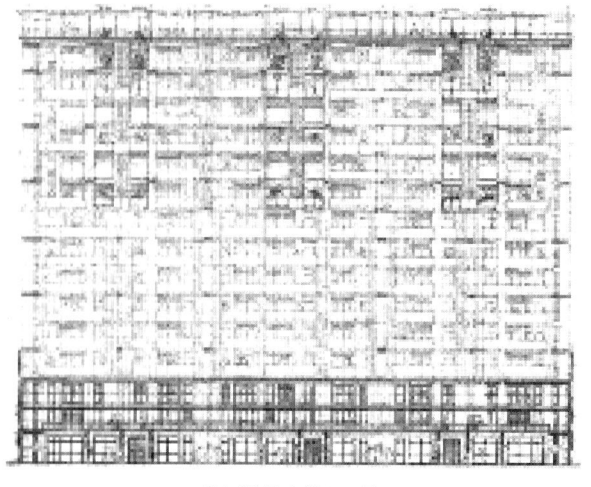

(b) 样板建筑(14 层)

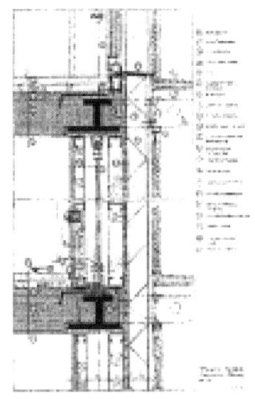

(c) 节能隔声构造

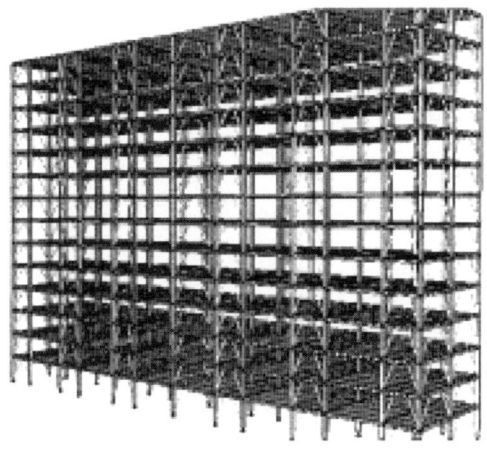

(d) 结构体系

(e) 建筑效果

图 8 多高层钢结构住宅体系

5 我国钢结构住宅发展中的关键问题

5.1 钢结构住宅必须适应不同地域、不同层次居住者的要求

在我国,由于地域的广阔性,钢结构住宅推广应用所面向的消费主体直接针对不同地域、不同层次的广大人民群众。因而,在钢结构住宅体系开发中必须考虑不同地域、不同文化、不同生活习惯以及自然环境(如温度、地震、风、湿度等)的需要。这就对钢结构住宅开发的多样性提出了更高的要求,这也是钢结构住宅与各类传统住宅建筑体系竞争时面临的首要问题。

5.2 针对钢结构住宅的各种性能指标的提升

钢结构住宅体的消费者为不同层次、不同生活习惯、不同年龄的广大人民群众,因此,住宅建筑所要求的各种性能指标的必须能够在钢结构住宅体系中得到提升,并体现出其优越性,才能使之更具有竞争力。这些性能主要包括:①建筑节能性能;②建筑隔声(降噪)性能;③建筑防潮性能;④建筑防漏性能;⑤建筑防火性能;⑥建筑抗风性能;⑦建筑抗震性能;⑧建筑耐久性能(防腐等),等等。钢结构住宅在节能、节水、节地、环保、资源重复利用等方面的优势是符合当前国家发展长远规划的。同时,我国大部分地区的抗震设防要求也为钢结构住宅的推广提供了先机。但是,只有真正实现以上各种性能相对传统住宅建筑体系的提升,才能为钢结构住宅的发展提供必要的综合技术保障。

5.3 钢结构住宅的高度工业化问题

发展钢结构住宅潜在的另一巨大优越性就是其生产的高度工业化。为此,必须实现钢结构住宅各类构件、配件、零件等以及建筑结构设计的标准化和模数化。这一点目前在国内还有很多工作可做,而这也正是降低钢结构住宅总体造价的一个关键环节。

5.4 钢结构住宅的造价问题

钢结构住宅目前在国内应用有限,一个主要原因就是其造价问题。尽管国内许多企业已开始和研究单位合作,都有志于针对国内市场开发具有各自特色的住宅钢结构体系,但一般钢结构体系的工程总造价要高出同类体系的 10%～20%。左右,这对一般消费者而言就可能完全掩盖了钢结构住宅在工期短、工业化程度高、节能、节水、节地、环保等方面的社会优势。

对于钢结构住宅在我国推广过程中存在的造价问题,结合国外经验从长远来看,加工、制作及安装方面的造价完全可以通过制作的标准化、模数化加以解决;而墙板、屋面板、楼面板三大板材的造价问题则可以通过其相关产业的大规模化得到降低。同时,由于钢结构住宅高度工业化导致的施工工期大幅缩短也会进一步降低造价问题的不利影响。

5.5 钢结构住宅发展的其他问题

除上述主要问题外,我国钢结构住宅发展的影响因素还包括:(1)相关技术标准的不完善。由于工业化钢结构住宅在国内起步较晚,相关技术标准与发达国家相比还很不完善,甚至在一些方面还是空白。目前这方面的工作在国内已经展开。(2)社会对钢结构住宅的认同感。一般住宅消费者对钢结构住宅的消费观念可能仅停留在对钢铁的直观认识上,不能充分意识到钢结构住宅抗震性能好,节能环保等符合国情的优势。必须通过必要的科普教育和社会宣传来提高全社会对钢结构住宅优缺点的科学和客观的了解。以上这些问题都会在近期内一定程度上影响钢结构住宅产业的快速发展。

6 发展我国钢结构住宅的若干建议

6.1 目前需着力解决的问题

正是由于钢结构住宅的推广应用所面向的消费主体直接面对不同地域、不同层次的广大人民群众,因而其能否被接受所面临的影响因素较多。除主要的价格因素外,建筑造型、使用的舒适性能(保温、隔热、隔声、防腐、防潮等)、耐火性能、节能性能、结构的安全性能(在抗震区时的抗震性能)等各个环节都至关重要。这就要求钢结构住宅的研发必须面向这些要求,做针对性的"产品化"开发,着力解决以下几个方面的问题:

(1) 适合不同地域、不同文化和自然环境(如温度、地震、风、湿度等)的合理建筑造型的开发。

(2) 进行符合工业化生产模数的合理住宅钢结构体系的开发和相关技术问题研究。

(3) 开发三大板材,即墙板、屋面板、楼面板的研发,对应不同的建筑物理(保温、隔热、隔声等)、建筑节能和结构(安全性、耐久性)上的技术要求水平。

(4) 钢结构住宅设计和制作相关技术标准的研究和制定。

(5) 以综合技术经济指标为主导,考虑不同舒适性能、耐火性能、节能性能、结构安全性能等等级的系统优化集成研究,以期提供具有市场竞争能力的住宅体系产品。

从以上也可以看出,钢结构住宅的研发是一个以综合技术经济指标为最终目的、多领域的系统优化集成过程,在一定程度上具有"产品"研发的特性。在这个过程中,结构上的技术突破并不能像其他钢结构体系(大跨度、高层超高层等)的发展一样占据主导地位。

6.2 我们的建议

当前,要发展我国钢结构住宅产业,必须从以下几个方面着手开展相关工作:

6.2.1 成立专门的研制开发平台

平台由具有中立特性的金属结构行业协会(地方、全国)依托同济大学的建筑钢结构教育部工程研究中心牵头。

平台面向钢结构和金属结构行业,为行业中的企业服务。企业可以提出项目进入平台,得到全面技术服务,依靠平台完善已在开发的住宅钢结构的各种性能、研发住宅钢结构的新体系、提高住宅钢结构的各项指标,等等。

平台应争取政府的政策支持。

6.2.2 争取政府立项支持

企业通过平台研制开发的项目应争取政府立项支持。研发经费可以由国家和企业共同投入,以企业为主。研究成果的知识产权归企业所有。在企业同意后,平台负责向全行业推广。

6.2.3 平台负责组织结构合理的研发组

研发组由提出项目的企业委派人员任组长,平台委派研究人员任技术负责人。平台负责组织与项目要求相关学科的专家组成研发组。

6.2.4 注重研究成果的成套性

对立项的钢结构住宅体系研发项目,可针对上述需着力解决的问题开展工作。必须保证不同钢结构住宅体系开发的多样性及技术上的成套性,并通过试点、示范工程加以推广。为此,成立的研发平台可以为各类钢结构住宅体系的设计优化、技术完善及提升、技术标准化制定(成果鉴定)提供全面支撑。

参 考 文 献

[1] 邹晶. 我国钢结构住宅体系适用性分析[D]. 上海:同济大学土木工程学院,2008.

[2] 北京市建筑节能墙改办"北京钢结构住宅发展前景"课题组. 北京钢结构住宅发展前景[R]. 钢结构住宅,2004.

[3] 国家"十五"科技攻关课题"住宅建筑体系与工程质量保障关键技术"子项"轻钢结构住宅建筑体系关键技术研究"研究报告[R]. 上海:同济大学,2007.

[4] 中钢协—2007年中国粗钢产量将达4.8亿吨[EB/OL]. [2007-11-2]. 新浪财经, http://finance.sina.com.cn/money/future/20071102/15594133186.shtml.

[5] 詹正富. 推广钢结构住宅产业化,培育新型绿色建筑体系,第二届国际智能、绿色建筑与建筑节能大会论文集[C]. http://www.sigbac.com/igbc/news/ReadNews.asp? NewID=450.

[6] 李世俊. 中国钢铁工业协会、中国钢结构用钢情况[C]. 中国钢结构协会专家委员会第四次工作会议,江苏,2005-10-25.

[7] 隋明义. 中国钢结构产业步入黄金发展期[J]. 中国建设报,2005-02-26.

[8] 童悦仲. 中国未来的阳光产业——轻型钢结构住宅的建设[J]. 小城镇建设,2003,3:78-79.

(宝钢研讨会,2008年9月25日)

促进我国建筑钢结构产业发展的几点思考

沈祖炎　李元齐

(同济大学土木工程学院建筑工程系，上海 200092)

摘　要　在回顾我国建筑钢结构发展历史的基础上，总结了我国目前建筑钢结构产业的发展现状，分析了我国发展建筑钢结构产业的必要性和迫切性，并对目前的发展机遇及存在问题进行了讨论。最后给出了当前促进我国建筑钢结构产业发展的几点思考。

关键词　建筑钢结构；建筑钢结构产业；建筑钢结构产业链；科学发展观

Discussion on Promoting the Development of Steel Building Structure Industry of China

Shen Zuyan, Li Yuanqi

(Department of Building Engineering, College of Civil Engineering, Tongji University, Shanghai 200092, China)

Abstract: In this paper, with a brief review on the development history of steel building structures of China, the current development status of the steel building structure industry was summarized, the necessary and urgent requirement to promote the development of steel building structure industry in China was established, and the opportunity and existing problems with this important issue were discussed. Finally, some consideration and suggestion on promoting the development of steel building structure industry in China was presented.

Key words: steel building structures; steel building structure industry; industry chain of steel building structures; scientific viewpoint of development

建筑钢结构产业是指和建筑结构中的承重钢构件(柱、梁、支撑等)或钢受力体系以及与其集成的产品体系等相关的产业，主要包括建筑钢结构构件制作、加工和安装，也包括与结构构件配套的维护系统的相关产品。

我国建筑钢结构产业经过二十年的发展，已经形成了一个巨大的产业，其中仅主体钢结构制造业的产值就达 500 亿～600 亿元[1]。目前，建筑钢结构产业的发展已步入黄金期，已经形成了以钢材生产、钢结构设计、构件加工及制作、构件安装以及相关联产业的一个产业链，涉及不同技术层面的从业人员。

这个产业链主要包括：(1)以钢铁公司为代表的建筑用钢生产产业，负责建筑钢结构用钢的研发以及建筑钢结构用钢板材和型材的生产(热轧等)和初级加工(冷弯、焊接等)等；(2)以科研院所为代表，负责建筑钢结构体系研发、基础理论研究、设计标准制定、技术咨询和服务等的技术支撑产业；(3)以设计单位为代表的建筑钢结构方案及施工图设计产业；(4)以钢构公司为代表的建筑钢结构基本构件制作、加工产业，也包括现代商品化的针对某类建筑钢结构体系中整体或部分体系(如屋面体系、墙体体系，等等)产品进行研发、制作、销售、服务等的产业；(5)以建筑钢结构施工企业为代表的建筑钢结构现场安装、施工产业,其中部分业务可能也由大型钢构公司承担。

同时,建筑钢结构产业的发展也带动了相关配套产业的发展。如非钢材料的维护结构、墙体及屋面的保温隔热材料、防腐材料、焊接材料、脚手架、大量的零件机械加工、各种用于钢构件制作的机械化或智能型加工设备,等等。

近二十年来,我国建筑钢结构产业发展迅猛,市场急剧扩张,市场竞争也非常激烈。但与发达国家相比仍存在不小的差距。本文在回顾我国建筑钢结构发展历史的基础上,总结了我国目前建筑钢结构产业的发展现状,并对目前的发展机遇及存在问题进行了讨论,最后给出了促进建筑钢结构产业发展的几点对策。

1 我国建筑钢结构的发展历史回顾

我国建筑钢结构走过的道路是曲折的[2]。1949年新中国成立以后,随着经济建设的发展,建筑钢结构得到一定程度的发展。但由于受到钢产量的限制,建筑钢结构仅在重型厂房、大跨度公共建筑以及塔桅结构中采用。几个大型钢铁联合企业如鞍山、武汉、包头等钢厂的炼钢、轧钢、连铸车间等都采用了钢结构。在公共建筑中以平板型网架用得较多,1975年建成的上海体育馆采用的三向平板型网架,跨度已达110 m。悬索结构也有应用,1962年建成的北京工人体育馆采用的圆形双层辐射式悬索结构,直径为94 m;1967年建成的浙江体育馆采用的双曲抛物面正交索网的悬索结构,呈椭圆平面,80 m×60 m。在塔桅结构方面,广州、上海等地都建造了高度超过200 m的多边形空间桁架钢电视塔,1977年北京建成的环境气象塔为高达325 m的五层纤绳三角形杆身的钢桅杆结构。

1978年以后,我国实行改革开放政策,经济建设有了突飞猛进的发展,我国建筑钢结构也有了前所未有的发展,应用领域有了较大的扩展。高层和超高层房屋、多层房屋、单层轻型房屋、体育场馆、大跨度会展中心、机场候机楼、大型客机检修库、自动化高架仓库等都有采用钢结构的。目前已建和在建的高层和超高层建筑钢结构已有30余幢,其中地上88层、地下3层、高365 m的上海金茂大厦的建成,标志着我国超高层钢结构已进入世界前列。在大跨度建筑和单层工业厂房中,1994年建成的天津新体育馆采用圆形平面球面双层网壳,直径为108 m;1996年建成的嘉兴电厂干煤棚采用矩形平面三心圆柱面双层网壳,跨度为103.5 m;1997年建成的上海体育馆马鞍型环形大悬挑空间钢结构屋盖,最大悬挑长度为78 m;2000年建成的上海浦东国际机场航站楼张弦梁屋盖钢结构,张弦梁屋架最大跨度为80 m。这些建筑都是当时同类建筑中跨度最大的。这些建筑的建成,说明我国的大跨度空间钢结构已接近国际先进水平。

二十世纪以来,随着科学技术的飞速发展及人们对物质和文化生活要求的不断提高,对各类建筑提出了更新、更高的要求。建筑钢结构由于钢材的优异性能,制作安装的高度工业化以及结构体形的新颖和灵巧,已越来越广泛地得到应用。新的结构形式、新的设计计算理论以及新的制作安装工艺层出不穷,特别是计算机技术和工程力学理论的飞速发展,更为建筑钢结构的发展提供了前提和保证。

2 发展建筑钢结构产业的必要性和迫切性

归纳起来,当前我国建筑钢结构产业发展的必要性和迫切性主要表现在以下几个方面:

2.1 钢产量供大于求

1996年,我国钢材年产量超过1亿吨,并跃居世界第一。近十年来,钢材年产量仍保持较高的增长势头,2000—2007年的四年间平均年增长率在20%以上。2005年中国钢产量已超过3亿吨,2006年达到4.227亿吨,2007年达到4.8亿吨[3],2008年将达到5亿吨以上。但另一方面,我国钢材的人均产量并不高。发达国家如美国,人均产量在400 kg以上,日本则更高。由此可见,钢材总产量的提升仍然有较大的上升空间。

但是,不考虑全部钢产品品种及质量因素,我国钢材在社会需求方面总体表现已经是供大于求。2005年是我国钢材市场由供不应求转向供求平衡、供大于求的重要年份,钢材价格大幅震荡,先升后跌,总体价位比年初大幅回落[4]。2006年时预计全国生铁产量仍可达 3.5 亿吨,粗钢产能可达 3.6 亿吨,而钢材消费规模将会上一个新的台阶,突破 4 亿吨,达到 4.3 亿吨。但根据当时钢材每年进口总量及增比例计算,总量仍将是供大于求[5]。根据钢铁协会的统计,2007年时预计生铁产量达到 46 826.7 万吨,粗钢产量达到 48 608.2 万吨、钢材产量达到 53 315.4 万吨;2008 年时生铁产量达到 52 606.7 万吨,粗钢产量达到 54 568.2 万吨,钢材产量达到 60 465.4 万吨。考虑到钢材消费量的增长率与固定资产投资增速以及 GDP 增长率的相关性较强,对上述两个指标与钢材消费量增长率的相关性分别进行了分析和预测,并把两种情景预测的结果进行了简单平均得出:2007 年钢材消费量为 49 532.76 万吨,同比增长 11.4%;2008 年的钢材消费量为 55 221.16 万吨,同比增长 11.5%。可以看到,2007—2008 年我国钢材供给量仍面临过剩。2007 年过剩 3 782.64 万吨钢材;2008 年过剩 5 244.24 万吨钢材[6],仍呈现供大于求的局面。

2.2 建筑钢结构符合倡建节约型社会的要求

在钢材消费中,建筑钢结构的用钢量占有一定的比例。相对于传统的钢筋混凝土结构和砖混结构,建筑钢结构具有较好的社会和经济效益,其发展前景非常广阔。建筑钢结构在建筑结构领域的诸多优点主要表现在:

(1) 钢材的可回收利用性。钢材具有可回收再利用的特点,是一种绿色建筑材料,符合当前国家对建筑业提出的可持续化发展的要求。

(2) 钢材的轻质高强性。与目前广泛使用的混凝土材料相比,钢材容重与屈服点之比最小,因而就同类的建筑结构形式相比,钢结构自重轻、构件截面小、能够承受更大的荷载,可以跨越更大的跨度,便于运输和安装。譬如,在同等荷载条件下,钢屋架重量只有同等混凝土屋架的 1/3～1/4,若采用冷弯薄壁型钢屋架则只有 1/10 左右。

(3) 钢材优异的材料性能。钢材质地均匀、各向同性、弹性模量大、有很好的塑性及韧性、为理想的弹性—塑性体。因此,钢结构不会因为偶然的超载或局部超载而突然断裂破坏;能够适应振动荷载,抗震性能优越;计算模型很好地反映钢材的力学性能,因而分析准确可靠。

(4) 密封性好。钢材组织非常密实,通过焊接连接,完全适用于对气密性或水密性要求高的特种建筑物。

(5) 工业化程度高。钢结构由各种型材和钢板组成,宜在专业化的钢结构工厂生产。其制作加工方便、精度高、能大批量生产,工地安装迅速快捷,可大大缩短施工周期,降低造价、提高经济效益。

(6) 易拆卸。采用螺栓连接的已建成钢结构易于拆卸、加固和改建。

(7) 正常自然条件下的耐久性能好。在正常的防腐维护下,建筑钢结构不会因为日常温度的变化、日晒、雨淋及一般大气介质的作用而老化,具有很好的材料耐久性。

当然,钢材作为建筑材料也具有一些缺点,比较突出的是价格较高、耐火及耐腐蚀性较差。但通过现代抗火设计及防腐处理,完全能够达到使用要求。并且,随着新型耐候钢的使用,这些缺点将逐步得到弱化。

当前,国家正着力提倡建设资源节约型社会。由于我国建筑行业近年来一直是能源、材料、水和其他资源的使用"大户",以可循环利用、相对节材、节能、环保、安全的钢材为基本承重骨架的建筑钢结构体系,在目前普遍使用的几种材料中,相对而言最有利于节能、节材、节水以及节地,其推广应用完全符合国家着力提倡建立节约型社会的倡议。

2.3 建筑钢结构用钢占总钢产量比例的提升空间很大

我国目前钢材总体供大于需,其中一个主要原因就是建筑业用钢量过分偏低。同发达国家相比,我国钢产量的快速增长与建筑用钢的现状存在严重反差。2004 年我国钢结构加工总量为 1 200 万吨左右,如考虑材料消耗 8%,则耗用钢材 1 300 万吨,占钢材总产量比例约 4%。国内经济较发达的上海地区钢结构加工量约为350万吨以上,约占全国钢结构加工量的1/3;钢结构产量为150万～180万吨,约占全国钢结构产量的1/7,但也仅占本地区钢材总产量比例约5.0%。而发达国家建筑钢结构用钢材要占钢材产量的10%以上,美国、日本等国家更达到30%左右。按这个比例计算,我国建筑钢结构用钢量严重偏低,且绝对量相差非常之大。因此,中国钢结构发展具有较大的空间和潜力,仍是一个值得政府和广大从业人员广泛关注的朝阳产业。据预测2010年和2020年钢结构用量将分别达到1 800万吨(占钢材总产量比例约6%)和2 700万吨。建筑钢结构产业要达到这个预期的钢材消费水平,将会面临非常迫切的发展瓶颈的突破[7,8]。

3 建筑钢结构发展的契机和难度

3.1 发展契机

3.1.1 国家技术政策的支持

改革开放前,由于受到钢产量的限制,"节约用钢"是当时的基本国策。自改革开放以来,随着我国钢材产量的快速增加,我国建筑钢结构的发展经历了一个迅速发展的过程。1985年颁布的《国家建筑技术政策纲要》已经明确表明,可以适当采用钢结构。

当前,中国不仅是钢铁大国,也是钢结构用量最大的国家。1997年由建设部颁发的《中国建筑技术政策》(1996—2010年)明确提出了合理使用钢材,发展钢结构的要求。1998年,建设部《关于建筑业进行推广应用10项新技术的通知》中第5条又明确提出了推广使用钢结构的建议。国务院(1999)第72号文指出,发展钢结构住宅,扩大钢结构住宅的市场占有率[9]。1999年,《国家建筑钢结构产业"十五"计划和2010年发展规划纲要(草案)》也明确指出,在"十五"期间,我国建筑钢结构行业将这一环保型、易于工业化和再次利用的结构体系作为重点,在全国范围大力推广,并明确以多层钢结构房屋为突破口,推动轻型钢结构住宅的发展[10]。2002年,建设部发布《钢结构产业化技术原则》,评审通过了三批共三十六项钢结构住宅科研项目[11]。2003年《建设事业技术政策纲要》提出,2010年建筑钢结构用钢量要达到钢产量的6%,即1 500万吨以上。2005年7月20日公布了国务院常务会议审议批准的《钢铁产业发展政策》,明确了我国钢铁工业的产业政策目标、产业发展规划、产业布局调整、产业技术政策、企业组织结构调整、投资管理、原材料政策、钢材节约使用及对行业协会、咨询、设计、施工单位等的政策和要求。在确保安全的情况下,降低钢材使用系数;鼓励研究、开发和使用高性能、低成本、低消耗的新型材料;鼓励钢铁企业生产高强度钢材和耐腐蚀钢材,提高钢材强度和使用寿命,降低钢材使用量。这也给建筑钢结构行业的技术进步和产业发展提出了更明确的要求[3]。2005年10月,国家"十一五"规划把节约资源作为基本国策,提出发展循环经济,保护生态环境,节约资源,实现可持续发展,淘汰落后的工艺技术,发展节能型建筑[12]。从以上可以看出,合理、健康地发展建筑钢结构产业,是近十年来并一直仍将是国家的基本战略政策[13,14]。

因此,我国在今后一个相当长的时期内,发展建筑钢结构产业将成为国家的宏观政策。为此,面对机遇,如何加大建筑业中各类钢结构建筑的使用比例,大力推进建筑钢结构产业的快速发展,提高建筑用钢在国家总钢材产量中的份额,将是摆在我们面前的重要课题。

3.1.2 市场经济的逐步成熟

二十世纪九十年代前期,我国开始倡导建立社会主义市场经济。以民营、合资及外资为主的钢结构制作、加工及安装公司及建筑系统产品公司如雨后春笋般在国内涌现出来。一些优秀的企业不断壮大,成为行业的领头羊,并集中在上海及江浙地区,如浙江杭萧钢构股份有限公司、浙江东南网架股份有限公司、长江精工钢结构(集团)股份有限公司、浙江大地钢结构有限公司(原杭州大地网架制造有限公司)等,上海地区的博思格钢铁(上海)有限公司、上海美建(ABC)钢结构有限公司、中船江南重工股份有限公司、上海冠达尔钢结构有限公司、上海宝冶建设有限公司、川崎重工业株式会社等,以及江苏沪宁钢机股份有限公司等。市场经济的发展和成熟为这些企业创造了公平竞争的发展机遇,同时进一步带动了建筑钢结构产业的发展壮大。

不同性质的企业各自发展的方向也不同。民营企业发展快,向规模大和数量多两极发展。大型的民营和国营钢结构企业主要偏重于大型/重型/高层建筑钢结构构件的制造,它们的型钢加工能力很强。外企也在扩张,在 PEMB(专业人士、经理、管理层及商人)方面依然具备相对优势,它们以金属系统建筑为主要产品,强调产品集成能力。

在建筑钢结构生产、制作、加工等卖方市场快速成熟的同时,人们对建筑钢结构的消费观念也不断进步和成熟,具体表现为对建筑钢结构性价比优势的了解,并在一些新的应用领域开始主动接受选择钢结构的建筑形式。这也为现代建筑钢结构的发展提供了契机。

可以预见,随着市场经济的发展和进一步成熟,将为钢结构的发展创造条件,我国建筑钢结构将进入到一个飞速发展的时代。

3.2 存在的难度

3.2.1 投资方的观念问题

推广建筑钢结构首先将不可避免地遇到首期投资较大的问题。根据目前国内的建筑物全寿命过程中利益的分配体系,一般业主基本不会像国外发达国家一样,关心整个建筑物在使用寿命内的总投资,更不会主动考虑建筑对未来环境的影响、寿命终结后是否可以回收利用等建筑结构可持续发展的问题。对同样规模的建筑,他们首先关注的是拟建建筑物前期的投资额度,甚至连钢结构体系可能带来的使用面积的增大、工期的缩短等优点及其间接效益也视而不见。而最终的代价将是国家土地、资源的浪费及自然、环境的破坏。

3.2.2 设计理论及技术问题

在建筑钢结构设计方面,在本行业科研技术人员近五十多年,特别是近十年的不断努力下,现有规范体系基本涵盖了建筑钢结构的基本结构用钢材、基本结构体系及基本应用领域。但是,同发达国家相比,国内建筑钢结构行业仍是一个朝阳产业,新材料、新技术、新结构体系、新应用领域不断出现。要加快建筑钢结构产业的发展,对已有建筑钢结构设计规范的更新、完善或补充,以及对新型结构体系及新的应用领域的建筑钢结构设计规范的编制工作显得非常迫切[15]。为此,系统性、前瞻性的理论研究及工程技术成果的积累仍是建筑钢结构行业快速发展的瓶颈所在。

在专业技术支撑层面,应该说,目前国内在建筑钢结构领域的研究环境越来越好,科技人员的研究热情空前高涨,但由于一直受市场应用范围的限制,使一些建筑钢结构体系只有有限的工程实践经验,部分技术甚至为外国公司所垄断。如在发达国家应用较多的大跨度开合结构体系、张拉整体结构体系等,国内近十年来一直是研究的热门问题,但工程实践基本有限,甚至是空白。这些问题同时也造成了相应结构体系设计标准或规范的空白或不健全,工程技术成果转化效率极低。

另一方面,建筑钢结构产业目前在技术成果的集成和转化方面也存在严重不足。主要表现在:结构效率高的结构体系、新型高效的截面形式、经济合理的结构构件和连接节点、加工和安装技术等在现行规范中没法及时反映,且时间上很可能滞后五年甚至十年。这直接导致建筑钢结构体系在设计、施工、维护等方面系统化的成本优化不充分,影响建筑钢结构产业的扩大。

3.2.3 设计队伍问题

目前,与混凝土结构领域相比,国内在建筑钢结构领域的建筑及结构设计人员队伍整体相对较弱,严重影响了各类建筑钢结构体系的实际推广和应用。主要有以下几点原因:

(1) 建筑钢结构的迅速推广应用,使得过去一直以混凝土结构设计为主的绝大多数设计人员在建筑钢结构领域的设计能力和经验表现得"不适应"。

(2) 与传统刚性很大的混凝土结构设计相比,一般建筑钢结构构件截面由宽厚比较大的板件构成,截面也相对较小,甚至是本身没有弯曲刚度的索、膜构件,使设计中出现了较明显的非线性问题、稳定问题,甚至是一般结构设计中不会存在、理论上也十分困难的"逆问题",如柔性结构普遍存在的找形问题等。另外,建筑钢结构相对较轻较柔,地震及风载下结构整体变形或振动的控制问题将更为突出。这些问题的解决需要设计人员具有目前尚不具备的相对较扎实的钢结构及力学理论基础。

(3)建筑钢结构体系的千变万化让大多数设计人员很难实现知识的同步更新。现代钢结构从传统的重钢厂房到轻钢、薄钢厂房；从多层的框架到各种高层、超高层建筑钢结构体系；从传统的网架、网壳等刚性大跨空间结构体系到各式各样的可跨越更大跨度的现代半刚性、柔性或杂交空间结构体系，等等。不同体系可能带来不同、甚至全新的设计概念、理论知识及设计方法等的要求。

(4)设计人员本身传统观念的"障碍"。具体表现为对钢结构耐火、防腐、刚性水平等的怀疑，对建筑钢结构整体性价比的误解，等等。

(5)建筑钢结构发展的区域性。目前，建筑钢结构的推广应用仍集中在发达地区及大型城市，这也导致结构设计人员整体水平的偏低，并将产生恶性循环。

建筑钢结构的应用范围和数量将很大程度上取决于结构设计人员在结构设计方案阶段的决策，以及他们对业主建议的信服度。从这个角度讲，要发展建筑钢结构产业，必须尽快、系统地提高设计人员在建筑钢结构领域的知识及设计水平。

3.2.4 对采用钢结构合理性及必要性的认识问题

目前，整个社会对建筑结构中采用钢结构的合理性和必要性仍存在很大的误解。包括普通百姓、业主、政府官员、甚至部分设计人员都对钢结构耐火性能、抗腐蚀性能等涉及建筑安全性的关键问题存在疑虑，钢材的相对高价以及对施工队伍的专业化要求等也让他们直观上难以接受。由于对建筑钢结构的优势及整体性价比缺乏足够的了解，很容易导致他们认为一般建筑物首选的结构形式为混凝土结构体系，仅在混凝土结构体系无法实现时才会选择钢结构体系，更加无法认识到一些建筑可能应该或完全可以采用钢结构，从而获得一个整体或长期的经济效益。

3.2.5 建筑钢结构行业产业链的问题

由于市场经济尚不完善，建筑钢结构产业的发展过于迅猛，长期以来自发形成的我国建筑钢结构产业链配置存在较严重的问题。具体表现在上游结构用钢材产品不能完全满足现有市场的需求，前瞻性的自主研发意识和能力有限，与国际市存在较大差距，部分产品仍依赖进口；由于发展迅猛，建筑钢结构科研成果部分领域存在严重滞后，科技成果的转化不及时、不充分，一些新的结构体系不能，或得不到充分的推广应用；产、学、研结构不充分，导致产品研发、科研、设计及施工企业相互缺乏系列的、有意识的技术战略及技术储备；设计队伍相当薄弱；材料检测、制作、安装、检测、监测队伍技术尚不能满足当前钢结构施工的需求，等等。另外，市场竞争中仍存在低价中标、高价索赔等恶性竞争，导致质量事故的发生。

同时，建筑钢结构的配套产业也滞后于建筑钢结构产业本身的发展速度。这将会掩盖建筑钢结构在节能、节材、环保、经济等方面的优越性，并导致建筑钢结构建造成本不必要的提高，进而可能进一步掩盖了建筑钢结构本身的性价比优势。

4 发展建筑钢结构产业的对策

4.1 树立科学发展观

发展建筑钢结构产业首先必须树立科学的发展观，即主要要依靠科学技术的进步和生产效率的提高，保证建筑钢结构产业发展的健康性，避免无序的发展及恶性的价格竞争。要通过国家科技战略、科研单位、设计及施工企业相互合作，通过前瞻性,自主创新、集成创新和管理创新，来实现行业整体科技进步，提高生产及工作效率，从而提高企业的竞争力，形成有规模、有实力、管理高效的现代化先进产业，在健康发展、完善国内市场的同时，着眼提高国际竞争力。

4.2 通过政策引导和配套，促进市场经济的完善和成熟

在钢结构应用范围方面，相比发达国家，国内建筑业中钢结构仅集中使用在高层、超高层建筑、大空间公共建筑与工业建筑中，在一般民用建筑例如普通办公楼、学校建筑、医院建筑等、居住性建筑如宿舍、住房等还远未普遍采用这一结构体系。这同样极大地影响了建筑钢结构的进一步推广和应用。目前我国仅有几百万平方米的钢结构住宅，发达国家

的钢结构住宅却达到住宅总数的40%~50%。若我国每年6亿平方米的城镇住宅建设中有10%采用钢结构，建筑钢结构产业的发展将有极大的空间[11, 15-17]。

因此，随着国家改革开放的深入，特别是加入WTO后，有必要检讨目前建筑钢结构产业链在具体技术政策及发展环境方面存在的实际问题，提出解决措施；还可通过国家或地方政府积极的政策性引导和配套，促进建筑钢结构产业市场的完善和成熟，从而有利于减轻建筑行业对自然、资源、环境方面的破坏。

同时，国家及行业协会等应通过公共宣传和工程示范，改变市场及业主的观念，扩大钢结构的应用范围。让全社会充分意识到钢结构重量轻、强度高、抗震性能好、节能环保符合国情的优势，提高全社会对建筑钢结构的认识水平及使用率。

另外，必须规范市场行为，特别是招投标工作，防止不良的恶性竞争，导致只顾压价中标，而在实施过程中难以保证质量，造成工程隐患乃至事故。

4.3 大力开展新型高效钢材及产品的研发

在建筑钢结构材料层面，由于目前建筑钢结构用钢占总钢材产量的比例不大，高性能结构用钢及高效型钢等新材料、新产品的开发未能引起国内钢铁行业的足够重视；对钢材材质、新型高性能钢品种、新型型材的研发等方面与国外存在较大差距，不能完全满足国内市场的需求，产品国际竞争力有待提高。同时，其他经济高效的钢结构配套产品，如用于施工、围护、配套、防腐、防火等方面的新产品研发的投入也非常有限。这进一步限制了新型建筑钢结构体系的推广应用，同时间接增大了建筑钢结构的造价，降低其市场竞争力。这些因素将有可能造成恶性循环，如产品的欠缺导致市场发展缓慢，过度依赖进口，而这些因素又反过来影响上游结构用钢生产、研发企业对新产品研发的投入及热情。

随着钢材在建筑结构领域应用范围的扩大，建筑钢结构对结构用钢材的性能已经提出了更新的要求，如高强度、高延性、耐候、耐火等。发达国家，特别是日本、欧美等在这方面的研究投入较大[18, 19]，满足不同性能的结构用钢类型繁多。因此，我国也应该发展高强、高性能钢材和高效型钢、高集成化钢产品，进一步扩大钢材性能的优势。

目前，在钢结构行业跨国公司或国外合资参与竞争的情况下，国内相关企业已经开始重视这方面的投入，积极寻求与科研单位的研发合作，抢占市场。

4.4 注重设计理论及技术的发展与普及

任何一个行业的市场发展必将与本行业科技进步与技术储备的程度具有密切的关联度。市场的蓬勃发展无疑将促进行业技术研究与技术转化，加快提高行业整体的科技水平。同时，科技进步与技术储备又必须具有前瞻性。这就需要我们从国情出发，正确把握建筑钢结构产业发展的脉搏，对行业技术研究工作的超前实施给予指导。

应该在建筑钢结构行业开展战略性的科学研究，譬如形成几个由政府牵头，高校与产业链上骨干企业联合的高水平产、学、研结合的研发中心，展开有体系的基础理论研究及成套技术的科研攻关，建立新型建筑钢结构体系分析理论、设计方法。在系统理论研究和技术创新的同时，面向市场，着力展开成果技术转化及产业化。在此基础上，进一步完善相关领域的设计技术标准，为行业的发展提供强大的技术支撑。

注重设计软件的开发，大幅提高设计人员在建筑钢结构专业设计方面的工作效率及便捷性，提高他们在日常工程设计中主动选择各类建筑钢结构体系的积极性。

另一方面，积极开展专业技术人才的培养与技术培训，开发和推广CAD辅助设计软件，建立建筑钢结构行业高度专业化的设计、施工、维护、检测/监测等专业队伍。

4.5 加快建筑钢结构制作安装业整体水平的提升

在建筑钢结构加工制作方面，随着钢结构应用市场的扩大，国内钢结构加工企业从几十家很快发展壮大到上千家，其中有二十多家年产能力在5万吨以上，其装备水平、生产技术、经营管理能力，接近国际水平，生产线的主体设备是国外引进，设计、放样基本上是由各种计算机专门软件完成,能承担国家级工程的钢结构制造,但企业相对集中在上海、江浙地区[20]。一大批年产能力在1万吨以下的中、小型加工企业在市场机制下应运而生,非常活跃,有着自己的优势和特长,能够对市场及时补充,并与大企业合作,承担着许多中小规模工程的加工制作任务,形成钢结构加工行业百舸争流的大好形势。但中、小型钢结构加工企业总体上装备较落后,技术水平还比较低,容易形成行业内的恶性竞争。就全国来看,加工企业分布面广,加工能力和构件质量参差不齐,企业集中度低,尚未形成大型企业集团[21, 22]。与此同时,与钢结构配套的企业如高强螺栓、焊钉等零配件生产厂,防火、防腐涂料厂,钢结构加工设备制造厂,焊接设备厂等也都迅速发展。

目前,国外钢结构厂家在结构设计理念、新产品开发、钢材品种质量、制作安装设备、计算机应用及科学管理等方面具有整体优势。我国钢结构加工、制作及安装企业目前虽是快速发展行业,但产业集中度较低,受外资企业的冲击很大,如何进一步生存发展、做大做强,已经成为企业必须面对的课题。

就建筑钢结构施工企业而言,要形成具有国际竞争能力的大型企业,进行行业兼并和重组、强强联合,并注重科学与规范管理,加强技术改造与技术储备、注重各层次技术工人培训,苦练内功,是势在必行[23]。

4.6 大力改善产业链的优化配置

要重视建筑钢结构产业链健康发展的重要性和迫切性。为此,必须尽快理清目前国内整体建筑钢结构产业发展的现状,正确评价产业链的健康状况,找出目前影响国内整体及上海地区建筑钢结构产业发展的主要瓶颈制约因素,并提出对应策略及具体措施,从而使得产业发展步入良性、可持续、快速发展的轨道。

科研单位应该积极与建筑钢结构产业链中上、下游大型骨干企业合作,建立强强联合的高水平钢结构产业研究开发、合作、技术咨询与服务中心,直接面向产业链上、下游龙头企业的技术关键,畅通研发合作与交流的渠道,提高研发成果的工程化效率。

要建立合理、高效的建筑钢结构产业发展人才培养模式。建筑业的持续、健康发展,离不开各类高素质人才的培养。在建筑钢结构行业企业呈现一体化发展趋势下,要"做大"、"做精",要提高国内、国际的竞争力,对人才素质的要求也越来越高。具备较好的专业知识背景、熟悉管理和经营、了解国内国际市场的专业复合型人才的需求及合理培养模式也是业内多数专家反复提及的重点话题。

同时,相关配套产业也应该同步发展成熟,且价格上应具有市场竞争力,包括符合不同节能和环保要求的墙体、楼面、屋面等建筑产品的研制、开发和系列化,防火、防腐材料产业的发展,高效的制作加工和施工机械等行业的不断进步,等等,从而有可能实现最大限度地降低建筑钢结构的整体造价,提高建筑钢结构的竞争力。

参 考 文 献

[1] 陈支援.中国钢结构产业市场前景无限[R].市场报,2002-06-28.

[2] 沈祖炎,李国强,陈以一,等.钢结构学[M].北京:建筑工业出版社,2005.

[3] 中钢协—2007年中国粗钢产量将达4.8亿吨[R].2007年11月2日15:59新浪财经,http://finance.sina.com.cn/money/future/20071102/15594133186.shtml.

[4] 陈克新(中国物流信息中心),钢材市场呈供大于求格局[R].国际商报,2005年11月23日.

[5] 阿里巴巴冶金资讯,供大于求,当前钢材供需状况再研究[R]. http://info.china.alibaba.com 时间:2006-01-1407:00.

[6] 东方钢铁在线,钢铁业运行趋势谨慎乐观持续供大于求局面[R]. http://hy.stock.cnfol.com/070702/124,1469,3115204,00.shtml,2007.

[7] 陈贤根.中国钢结构产业潜力巨大[R].市场报,2003-11-08.

[8] 李世俊(中国钢铁工业协会).中国钢结构用钢情况[C]//中国钢结构协会专家委员会第四次工作会议.江苏,2005-10-25.

[9] 詹正富.推广钢结构住宅产业化,培育新型绿色建筑体系[C]//第二届国际智能、绿色建筑与建筑节能大会论文集. 来源:http://www.sigbac.com/igbc/news/ReadNews.asp? NewsID=450.

[10] 建设部、国家冶金工业局建筑用钢技术协调组钢结构专家小组,建筑钢结构产业"十五"计划和2010年发展规划纲要[J]. 新型建筑材料,2001(1):47-49.

[11] 王仕统. 发展钢结构住宅势在必行[R]. 来源:http://www.ycwb.com/gb/content/2005-12/30/content_1047272.htm(见习记者任珅).

[12] 上海钢结构产业发展迅速[R]. 来源:中国联合钢铁网,2003-09-18.

[13] 中国西北地区"十一五"将成为钢结构发展新时期[R]. http://www.bjinfobank.com/IrisBin/Text.dll?db=HK&no=2233241&cs=6857873&str=钢结构产业♯,2005-09-24.

[14] 隋明义. 中国钢结构产业步入黄金发展期[R]. 中国建设报,2005-02-26.

[15] 邹晶,李元齐. 钢结构住宅体系在我国的发展现状及存在问题[J]. 钢结构,2007,22(7):10-15.

[16] 童悦仲. 中国未来的阳光产业——轻型钢结构住宅的建设[J]. 小城镇建设,2003,3:78-79.

[17] 轻钢结构在中国发展的现状、前景与对策[R]. 中国冶金报,2004-08-17.

[18] 程志广. 以标准化提升钢结构产业发展水平——美国、加拿大钢结构考察有感[J]. 建筑钢结构进展与市场,2005,3(2):6-8.

[19] 林伟凯. 台湾地区钢结构市场之现状分析与未来展望[J]. 建筑钢结构进展与市场,2005,3(4):43-47.

[20] 包斯文(中国冶金报记者). 浙江钢结构产业发展概况[R]. 中国冶金报,2001-07-14.

[21] 对中国钢结构装备业现状与发展的思考[R]. 中国冶金报,2004-08-17.

[22] 刘都. 钢结构产业的异军突起[J]. 现代商业银行,2005,6:48-49.

[23] 程志广. 钢结构产业化发展出路在一体化—对钢结构产业化发展的思考[J]. 钢结构,2004,19(5):65-66.

(本文发表于:建筑钢结构进展,2009,11(4):15-21)

中国建筑钢结构技术发展现状及展望

沈祖炎 温东辉 李元齐

(同济大学土木工程学院建筑工程系,上海 200092)

摘 要 近年来,我国钢产量持续快速增长,但与建筑用钢的现状存在严重反差。文中从建筑钢结构基本理论、设计技术、施工技术及相关技术标准等方面对其技术发展现状进行了总结,给出了相应的工程实践代表,并对加快发展我国建筑钢结构产业亟须进一步解决的若干技术问题提出了建议和展望。

关键词 建筑钢结构;基本理论;施工技术;技术标准

State-of-the-art: Technical Progress of Steel Building Structures in China

Shen Zuyan, Wen Donghui, Li Yuanqi

(Department of Building Engineering, College of Civil Engineering, Tongji University, Shanghai 200092, China)

Abstract: Although the annual output of steel in China has kept a continuous and rapid increase in recent years, the proportion of steel used in construction industry to the whole annual output is still very low. The state-of-the-arts at several aspects in the field of steel building structures was summarized, including the fundamental analysis theories, design methods, construction techniques and related technical standards, and the corresponding typical projects in domestic practice were illustrated. Some key problems need for further resolution for each topic was proposed, which may be helpful to promote healthy and rapid development of steel building structure industry of China.

Key words: steel building structure; fundamental theory; construction technique; technical specification

1 前 言

近 20 年来,我国建筑钢结构产业发展迅猛,但是建筑钢结构用钢仅占总钢产量的 4% 左右,与国外发达国家 10% 以上的水平相差甚远[1,2]。目前,我国建筑钢结构技术的发展虽能满足建筑钢结构领域的要求,但从长远看,合理、健康地发展建筑钢结构产业将是国家的基本战略政策,建筑钢结构将会迎来发展的黄金时期。本文总结了我国建筑钢结构理论、设计、施工、规范等方面的发展现状,并对其进一步发展提出了展望。

2 建筑结构用钢

2.1 技术发展现状

近年来,我国钢产量持续快速增长。1996 年钢产量跃居世界第一,2007 年钢产量已达 4.9 亿 t,但钢铁产量增长速度开始快于需求增速。

钢材质量及钢材规格基本满足建筑钢结构的要求[3]。热轧钢材的牌号有 Q235，Q345，Q390、Q420[4]；有各种规格的 H 型钢；有高质量的建筑结构用钢板；有厚度为 40～150 mm 的 Z 向钢、有耐候钢、耐火钢等。另一方面，对新型钢材的研究已初步具备推广能力，如对高强、耐候、耐火及高延性热轧钢材的研发；厚度在 1.5 mm 以下牌号为 Q235 和 Q550 的超薄壁冷弯型钢的研究取得了一定成果；对厚度大于 6 mm 的厚壁冷弯型钢的生产也取得了突破，已能生产壁厚 20 mm 或更厚的冷弯型钢等。

2.2 展望

应加速开展对新型高效高性能建筑结构用钢的研发。对于热扎钢材，需开发新型高强度钢、耐候钢、耐火钢、抗震高性能钢及低屈服点钢等。如日本开发的耐火钢不但具有与普通钢相似或更好的抗震性能、可焊性能等，而且在 600℃ 时的屈服强度可保证不低于室温屈服强度的 2/3[5]。可开发不需预热焊接或预热温度较低的厚钢板。如日本开发的一种超低碳素贝氏体的非调质 TS570 MPa 级厚型高强度钢板，在厚度 $t \geqslant 75$ mm 的情况下施焊时完全不用预热[4]。可开展用于吊车梁下翼缘和桥梁大梁底板等的变厚度钢板的研究[6]。对于冷弯钢材，需与国际接轨，开发 Q345 以上的高强冷弯型钢以及厚度在 6～25 mm 厚壁冷弯型钢。

3 建筑钢结构基本理论及设计技术

3.1 高层、超高层钢结构

3.1.1 技术发展现状

在高层、超高层钢结构领域，目前的研究已经取得了一定的技术进展，建立了较完整的高层钢结构分析理论，形成了高层钢结构成套技术，主要包括以下几个方面：

（1）焊接柱残余应力及稳定性研究。目前对高层钢结构中常用的厚板柱残余应力已进行了较完善的研究。部分文献给出了厚板焊接箱形截面和 H 形截面残余应力的实测结果[7-9]。文[10]和[11]给出了采用改进数值积分法进行计算厚板柱考虑残余应力影响的稳定极限承载力的方法。

（2）构件恢复力模型研究。在反复荷载作用下，钢材、梁柱构件、梁柱刚性节点、半刚性节点及节点域恢复力模型的研究已经比较成熟[12]。基于损伤累积的钢材滞回模型、钢构件平面及空间滞回模型、焊缝滞回模型和焊接节点滞回模型的提出[13-17]具有原创性，开辟了滞回模型理论分析的崭新途径。

（3）钢结构框架体系—非线性分析理论研究。钢框架体系进行非线性分析时，在计算模型中有梁单元、柱单元、支撑单元、节点域单元、半刚性连接单元等，结构位移未知数较多，计算工作量庞大。为了减少框架分析时的未知数量，将梁单元、半刚性连接单元和节点域单元组合成扩大梁单元；将柱单元和节点域单元组合成扩大柱单元[12]，并由此提出钢结构框架体系—非线性分析理论[18]。提出的统一非线性理论可用于静力荷载如风荷载，也可用于动力荷载如地震作用。

（4）较完善的钢结构抗震设计方法。为了充分利用钢结构延性好的特点，提出了基于延性的钢结构抗震设计方法的建议[19]。钢结构按体系、节点和构件延性能力的不同，分成 I－IV 个延性类别，根据"小震-延性"的设计原理，合理确定不同的小震水平，进行"小震不坏、大震不倒"的验算。

（5）较系统的钢结构框架体系整体稳定分析理论研究。钢结构框架体系整体稳定分析理论研究是钢结构高等分析和设计方法的理论基础。提出了考虑结构初始缺陷、节点半刚性和节点域变形影响的双非线性分析方法，能够较精确地计算框架结构整体稳定极限承载力[20-22]。

（6）火灾下钢框架整体非线性分析理论。火灾下钢结构的非线性分析除需考虑几何非线性和由应力引起的材料非线性外，还需考虑由温度引起的材料非线性[3]。已提出火灾下钢构件内升温的实用计算公式，建立了结构钢材、连接材料和耐火钢的高温性能参数计算公式、各类钢结构基本构件抗火极限承载力的验算公式以及考虑结构整体作用的钢结构抗火设计方法等[23-26]，较完整地建立了现代钢结构抗火设计理论。

(7) 在地震作用下考虑损伤、损伤累积和裂缝效应分析理论的研究。在基于损伤累积的钢材、构件和节点的滞回模型的基础上，文[27]对具有损伤的空间钢框架结构的抗震反应进行了分析，并得到了振动台模拟地震试验的验证。该文建议的钢框架结构的抗震分析方法具有以下特点：①能够考虑损伤累积和裂纹效应的影响；②能够计算构件截面各点在强地震作用下的损伤情况和构件的等效损伤变量；③能够计算裂缝产生的时间、部位及其开展；④能够对钢框架结构遭受多次地震包括强烈主震后的继续强烈余震时的情况作真实地反应分析。

(8) 结构振动控制技术的研究。高层超高层钢结构振动控制的研究已取得理论和技术上的系列成果，包括基础隔震装置、各种消能阻尼器、调频质量阻尼器、防屈曲支撑等，都已成功地用于实际工程中[28-30]。

(9) 钢-混凝土混合结构设计。对高层建筑钢-混凝土混合结构的抗震性能与抗震设计方法进行了系统研究并取得了具有特色的成果。研究了钢梁与混凝土墙连接节点的抗震性能，对典型缩尺模型进行了振动台试验，提出了弹性及弹塑性抗震设计的成套技术[31-39]，编制了国内首部《高层建筑钢-混凝土混合结构设计规程》和《端板式半刚性连接钢结构技术规程》[40]。

3.1.2 工程实践代表

高层钢结构在我国的发展经历了国外设计、我国参与设计到国内自主设计的过程；从结构体系角度看，反映了纯钢框架、框架-抗侧力、筒体到巨型结构体系的发展过程。结构体系的演变，既代表了设计、施工、安装等技术的进步，也从一个侧面反映了高层钢结构高度和层数不断增加的趋势。

1989年建成的北京长富宫中心(图1)，地上26层，地下3层，高90.9 m，是我国起步最早的高层钢结构建筑，采用纯框架结构。

1987年建成的深圳发展中心大厦(图2)，地上43层，地下1层，高165.30 m，是中国大陆首座超过100 m的建筑，采用钢框架-钢筋混凝土剪力墙结构体系，楼板为压型钢板组合楼板。

图1　北京长富宫中心　　图2　深圳发展中心大厦

1990年建成的北京京广中心(图3)，地上52层，地下3层，高208 m，是中国大陆首座超过200 m的建筑，采用钢框架-预制带缝混凝土剪力墙混合结构体系，非标准层采用钢支撑，楼板为压型钢板组合楼板[41]。

1996年建成的深圳地王大厦(图4)，地上69层，加上设备层等实际为81层，地下3层，高325 m，桅杆顶高383.95 m，是中国大陆首座超过300 m的建筑，采用外围钢框架-钢筋混凝土核心筒结构。

图3　北京京广中心　　图4　深圳地王大厦

1997年大连远洋大厦(图5)的建成，标志着我国高层建筑的建设迈上了新台阶。该大厦地上51层，地下4层，高200.8 m，是我国首幢从设计、钢材、加工制作、安装、施工及监理等方面全部实现国产化的工程，采用钢框架-混凝土核心筒结构体系，楼板为压型钢板组合楼板[42]。

1998年建成的上海金茂大厦(图6)，地上88层，地下3层，结构顶高420.5 m，是中国大陆首座超过400 m的建筑。其建成标志着我国的超高层钢结构已进入世界前列[3]。该结构采用巨型外伸桁架、巨型柱和核心筒组成的混合结构体系。

图 5　大连远洋大厦

图 6　上海金茂大厦

图 7　上海环球金融中心

图 8　上海中心大厦

2008 年建成上海环球金融中心(图 7)，地上 101 层，地下 3 层，总高 492 m，是大陆首座 500 m 级的建筑。结构由三重结构体系组成：即由巨型柱、巨型斜撑以及带状桁架构成的三维巨型框架结构；钢筋混凝土核心筒结构；构成核心筒和巨型结构柱之间相互作用的伸臂钢桁架。在 90 层安装了两台用来抑制建筑物由于强风引起摇晃的风阻尼器，这是中国大陆地区首座使用风阻尼器装置的超高层建筑[43]。

目前国内在建的第一高楼上海中心大厦(图 8)共 127 层，结构高度为 565.6 m，总高度 632 m，2008 年开工建设，预计 2014 年建成，是我国第一幢超过 600 m 的建筑。

3.1.3　展望

自 20 世纪 80 年代大规模建设高层建筑以来，国内对高层钢结构开展了大量研究工作，在设计、制作、安装及施工等方面已积累了不少经验，并拥有独立的设计软件及规范，具备一定的基础和技术创新能力。应努力开展新型高效结构体系的研究，进一步研究与推广应用新技术，包括振动控制技术、抗震、抗风的精细化设计技术以及新型高性能钢材的设计理论。

继续开展考虑后续地震影响的抗震设计理论及多重因素作用下结构损伤累积分析的研究[44]。导致结构损伤的因素除疲劳、风、地震外，还有很多，如火灾、爆炸、腐蚀等，加强多因素作用下结构损伤累积研究十分必要。

3.2　大跨度钢结构

3.2.1　技术发展现状

大跨度钢结构是近 40 年来发展最活跃的结构体系，可以分成刚性和柔性结构体系。我国的大跨度钢网格结构，其规模之大、类型之齐全已为世界所瞩目。

(1) 大跨度钢结构刚性结构体系研究

传统大跨度钢结构刚性结构体系(网架、网壳、管结构等)的分析理论、设计方法、设计软件已较成熟，并大量应用[45,46]。

典型节点体系的开发与研究取得突破，包括网架网壳节点(焊接球节点、螺栓球节点)、平面及空间圆形、方形钢管相贯节点[47]、铸钢节点[48]和其他钢结构异型节点的强度、刚度、滞回模型和抗震性能等，为大跨度钢结构节点设计提供了关键技术。

大跨度钢结构刚性结构体系考虑杆件失稳影响的结构整体稳定双非线性分析方法的研究成果[49]有效地提高了计算精度，解决了整体稳定验算的关键问题。

(2) 大跨度钢结构柔性结构体系研究

现代大跨度钢结构柔性结构体系(张拉结构体系、索膜体系等)的分析理论、设计方法及设计软件逐步成熟，打破了国外的垄断，基本满足设计需求。

柔性结构体系的风工程和风致振动的研究成果为索膜结构的分析提供了一些基础支撑，无应力状态、预应力状态和使用状态非线性分析理论的研究成果为张拉结构和索膜结构的设计、成形和施工控制提供了计算理论。这些成果的应用有力地扩大了柔性结构体系的应用。

3.2.2　工程实践代表

我国大跨空间结构的发展经历了传统的网架、网壳、悬索结构体系到新型组合结构体系如张弦梁、弦支穹顶到张力结构体系的过程,逐步形成了较重体系向轻型体系发展、刚性体系向柔性体系发展、单一形式向组合形式发展的趋势。以下为发展过程中具有代表性的工程。

1975年建成的上海体育馆(图9)是我国早期网架结构的杰出代表,采用三向平板型网架和焊接空心球节点,直径达110 m,是我国圆形平面跨度最大的网架结构。它的成功建造使得这种结构体系在我国大量普及,因而在设计、制作和安装技术等方面处于世界先进行列。1996年建成的首都四机位机库采用了三层网架,长306 m、宽90 m、高40 m,为国内最大的机库网架。

2007年建成的国家大剧院(图10),采用双层空腹网壳,由148榀空腹桁架构成径向主肋,53榀桁架构成纬向环,东西长轴212.24 m、南北短轴143.64 m、高43.35 m。

图9 上海体育馆图

图10 国家大剧院

1986年建成的吉林滑冰馆(图11),为59 m×72 m的矩形平面,采用单曲面双层悬索结构,其建成促进了由承重索和稳定索组成的索桁架体系的发展。

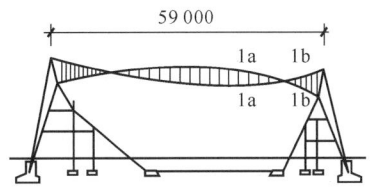

图11 吉林滑冰馆

广东佛山世纪莲体育场屋盖结构(图12),采用40根上径向索,40根下径向索组成的沿圆形平面环形布置的索桁架和柔性内环索构成了索网体系。整个结构与建筑上的莲花的创意贴近,而且结构受力合理[50]。

图12 广东佛山世纪莲体育场

1997年建成的上海浦东国际机场一期航站楼(图13)是国内首次在大跨建筑中采用张弦梁结构体系,其上弦为圆弧形梁,下弦采用高强度拉索,中间设撑杆,水平投影跨度为82.6 m。建成于2008年浦东国际机场二期航站楼(图14),为采用Y形柱支承的多跨连续张弦梁,屋盖钢结构最大跨度为89 m。

图13 浦东国际机场一期航站楼

图 14　浦东国际机场二期航站楼

图 15　哈尔滨国际会展体育中心

图 16　上海八万人体育场

建于 2003 年的哈尔滨国际会展体育中心(图 15),跨度达 128 m,是目前国内最大跨度的张弦桁架结构。

我国膜结构的起步较晚,并且与世界先进水平尚存在着较大的差距。建于 1997 年的上海八万人体育场(图 16),东西宽 288.4 m、南北长 274.4 m,由径向悬挑桁架加环向桁架组成马鞍型钢管空间屋盖结构,是我国首次在大型建筑上采用膜结构顶篷。其建成开创了中国大型公共建筑使用膜结构的先河。随后,我国建造了一批膜结构,用于体育场馆、文化设施等公共建筑。

图 17　济南奥体中心

图 18　上海火车南站

最近建成的济南奥体中心(直径 121.5 m)采用了弦支穹顶结构体系(图 17)。

建成于 2006 年的上海火车南站(图 18),圆形屋盖为预应力索梁结构体系,直径 276 m,是国内外第一座大型圆形火车站建筑[51]。

这些结构体系各有特色,已形成了空间结构百花齐放的发展局面。

3.2.3　展望

应开展新型张力空间结构体系(索穹顶结构、空腹索桁架结构、索杆全张力结构等)的分析理论及设计方法研究、设计软件开发与推广应用,包括形态分析理论与实用方法、成形理论与技术及抗风的精细化设计技术等三方面。

此外,工程适用的稳定承载力分析方法、空间结构抗火分析理论及设计方法、振动控制技术、新型高效空间结构体系、节点的研发及超大跨空间结构在多维地震作用下的动力反应分析等方面亟待完善。

3.3　塔桅钢结构

3.3.1　技术发展现状

自 20 世纪 70 年代始,塔桅钢结构在广播、通讯、输电线路及气象监测等领域得到了迅猛发展,到了

80年代,集中建设了一批大型多功能电视塔,目前在理论研究、技术研究、试验分析、工程实践及规范编制[52-54]等方面均已成熟,具体表现在以下几方面。

建立了塔式结构整体空间桁架非线性静、动力分析方法[55]和桅杆结构多因素非线性有限元法分析方法[56]。采用随机荷载作用下的时程分析方法精确分析结构的风振反应[55]。

对钢结构塔风振和地震控制理论开展了系统研究,提出了一系列结构振动控制的实用设计方法,并应用于实际工程之中。如安装主动控制结构的南京电视塔[57],基于被动控制思想利用塔上的生活及消防水箱作为控制质量的黑龙江电视塔[58],采用黏滞流体阻尼器进行风振控制的合肥电视塔[59],采用调频质量阻尼器和黏弹性阻尼器联合控制的江阴大跨越输电塔线体系[60],采用悬挂水箱及多频调频弹簧阻尼器以及磁流变液智能阻尼器的河南省电视塔[61],等等。

提出了一大批钢结构塔的新结构体系,并解决了设计、施工等一系列关键技术。塔身平面在常见的三、四、六、八边形的基础上,发展了正五边形(河南省电视塔)、正九边形(洛阳电视塔)等新造型;塔身几何外形除抛物面形(大庆电视塔)、双曲抛物面形(河源电视塔)、直线形(石家庄电视塔)外,还有非对称螺旋形(南海明珠电视塔)等新造型。塔楼除采用网壳、悬挂等结构体系外,其外形也多有变化,例如有球形、钻石形、碗形、碟形等造型。

对桅杆结构风致振动响应的空间振动非线性分析方法开展了系统研究,提出了桅杆振动简化计算的实用方法[62]和新的风效应系数。

3.3.2 工程实践代表

建于1994年的上海东方明珠电视塔(图19),总高度468 m,是一个带斜撑的巨型空间框架结构,采用三圆筒式格构塔身,总建筑面积55 000 m²,堪称世界之最,已成为上海的标志性建筑之一。

建于2000年的黑龙江电视塔(图20),总高336 m,为正八边形抛物线形钢管塔,工程成功地解决了"高寒地区多功能钢结构电视塔的温度效应及对策"、"高耸钢塔振动控制工程设计、设备安装及实测"、"多功能钢结构电视塔消防"等多个关键技术问题,其落成成功实现了科学研究成果向实际工程应用的转换,因而在国内多功能钢结构电视塔的建造史上具有重要意义[55]。

建于2000年的石家庄电视塔(图21),塔高280 m,塔的造型取石家庄之"石"字,上部"宝石"代表现代,下部"宝石"代表远古。上下塔楼由九层塔身相连,该塔是建筑设计与当地环境结合的典范。又如始建于2003年启东市广电艺术中心电视塔(图22),总高度159 m,该塔造型独特似龙腾飞,直上云霄,带给人一种蒸蒸日上、日新月异的美好感受。

图19 东方明珠电视塔　　图20 黑龙江电视塔

图21 石家庄电视塔　　图22 启东市广电艺术中心电视塔

在建的广州新电视塔(图23),总高610 m,其中结构高度454 m,发射天线高度156 m,采用钢结构外框筒和钢筋混凝土核心筒组成的筒中筒结构体系,塔身呈两端大中间小的形状,从整体看无明显塔楼,似少女回眸,开创了塔桅钢结构体系的新形式。

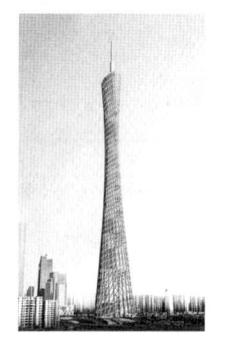

图23 广州新电视塔

3.3.3 展望

应开展新型塔桅钢结构体系的分析理论及设计方法研究、设计软件开发及推广应用。多功能电视塔作为一种特殊建筑，其个性化设计思想要求对新设计的每一座塔都充分发挥想象力和创造力，设计出造型独特又经济合理的结构形式。

开展抗风的精细化设计技术，特别是高耸结构风致振动响应等问题的研究，很多情况下仍然要靠风洞试验等手段作为理论计算的依据。

振动控制技术在我国高耸结构领域的理论研究和工程实践已取得了不少成果，但对于高度过高的电视塔，其在风载和地震作用下结构的动力反应将会更复杂，如何在不增加塔的附加质量的前提下对其实现有效的振动控制需要特别关注。

3.4 重型厂房钢结构

3.4.1 技术发展现状

2006年，对大型火电厂全铰接支撑-框架结构的振动台试验研究取得突破。文献[63]设计制作了大缩比振动台试验整体模型，考虑了细部构造的影响，梁柱间采用螺栓连接模拟实际的节点构造，采用具有等效刚度的钢板模拟组合楼板、I型钢梁模拟钢桁架等措施，首次实现了大型火力发电厂主厂房钢支撑-框架结构振动台模拟地震试验。最近，文献[64]按8度多遇、8度基本、8度罕遇、8.5度罕遇烈度的顺序对同类结构也进行了振动台试验，并与有限元结果进行了对比，结果表明该类结构能够满足"小震不坏"和"大震不倒"的抗震设防要求。

此外，建立了重型厂房钢结构非线性静、动力分析方法。基于残余应力及焊接影响的研究，提出了承载力的计算方法及节点构造的改进[3]。

3.4.2 工程实践代表

重型厂房广泛应用于鞍山、武汉、包头、宝钢等钢厂的炼钢、轧钢、连铸车间钢结构以及冶金、电力、重型机械、船舶制造等行业的厂房钢结构（图24、图25）。这些重型厂房的显著特点是跨度大、高度大、吨位大。例如冶金工业的转炉车间，装配三个容积4 000 m³的转炉时，其跨度可达30 m，多层部分的高度可达80 m，整个厂房占地面积达30 000 m²，吊车的起重量可达450 t。在机械制造行业，有高度60 m，吊车起重量高达1 200 t的重型厂房[65]。

图24 大连造船新厂钢配中心

图25 某厂房图片

3.4.3 展望

重型厂房钢结构因跨度大、柱子高、起重量大，主要承重构件截面较大，采用钢板较厚，若能采用新型高效钢材如高强钢、耐候钢、耐火钢、厚板钢，则可明显改善结构性能，提高经济效益。

对重型厂房，简化结构分析模型目前仍是许多结构工程师设计结构时的首选。如何考虑实际存在的结构空间刚度需要加以研究。若在结构分析时考虑了空间刚度作用，则在构件设计时如何与计算结果互相协调，也需研究[3]。

在设置重级工作制吊车的厂房中，疲劳损伤及相关设计成为重要课题。另外，重型厂房中的地面重载等因素对结构内力的影响需进行系统的测试、试验和分析研究[3]。

3.5 轻型钢结构

3.5.1 技术发展现状

近年来对轻型钢结构开展了系统研究，取得了一系列成果,为轻钢结构的推广应用提供了技术支撑,主要有以下几方面。

对薄柔构件及其构成的框架和节点的抗震性能进行了系统研究[66-70],为在抗震设防区使用薄柔构件轻型钢框架提供了可能。

对轻型门式刚架端板连接中翼缘与端板采用非全熔透焊缝连接的节点性能进行了系统研究[71],提出了轻型门式刚架构件采用端板式连接时梁翼缘与端板可以采用非全熔透焊缝形式的建议。

对轻型门式刚架中,带牛腿的常截面柱的稳定性进行了研究[72],给出了精确的理论公式和简化实用计算公式。

对门式刚架中常用的铰接平板柱脚进行了研究[73],提出了此类柱脚转动刚度的计算公式,给出了柱计算长度的确定方法。

通过系统研究,形成了低多层住宅钢结构成套技术。包括:①适应普通城镇居民需求,提出了几种类型住宅建筑设计方案;②采用具有较大宽厚比的轻型H型钢构件、适合低多层框架结构的框架抗侧体系;③适应钢框架体系的轻质墙体和轻量化楼板体系的研发;④形成了多层薄柔构件钢框架结构抗震设计方法;⑤薄柔H形截面型钢构件用于住宅时的防火性能和构造措施、标准化图集;⑥装配式结构体系的关键施工技术[74]。

通过角焊缝熔深测试、焊缝受拉及受剪、短柱受压、构件受剪及受弯等试验对单面焊接H形截面构件进行了系统研究,并据此对单面焊接的构造作出了具体规定并引入到国家、行业和地方的相应标准中[75]。从而促进了单面焊构件在低层轻型钢结构建筑中的运用和推广,为设计和施工提供了指导性依据。

3.5.2 工程实践代表

门式刚架轻型钢结构在我国的应用大约始于20世纪80年代初期[65]。最早由国外引进用在经济技术开发区中,经过我国科技人员的消化、吸收和自主研究,目前技术已经十分成熟,因其具有自重轻(耗钢量一般为$10\sim30\ kg/m^2$[65])、造价低、工业化程度高、施工方便、综合经济效益好等优点,在我国已是遍地开花(图26),广泛应用于单层工业厂房、仓库、大型超市、展览厅及活动房屋等领域中。此外,多层轻钢(图27)也正在迅速发展中。

图26 某厂房图片

图27 多层轻钢刚架

3.5.3 展望

目前国家正在提倡社会主义新农村建设,应重视开发建筑美观又经济合理的新结构形式,用于住宅钢结构中,尤其是抗震区,可发挥其优异的抗震性能。

应开展多层轻型钢结构体系相关问题研究,如开发高效又经济美观的结构体系;抗震性能研究;围护结构体系的系统化研究;结构板材的节能、保温、隔热、防火、隔声、防潮问题等方面的研究。

3.6 冷弯型钢钢结构

3.6.1 技术发展现状

已建立了厚度$2\sim6\ mm$的强度为Q235,Q345

钢材的系统设计理论,其研究成果已体现在《冷弯薄壁型钢结构技术规范》(GB 50018—2002)中。

对厚度 2 mm 以下、屈服强度 550 MPa 高强冷轧钢材冷弯薄壁型钢结构进行了系统研究,主要工作包括:(1)不同截面各类基本构件(轴压、偏压、受弯)的承载力试验、设计方法研究[76];(2)基本构件设计可靠度分析[77];(3)连接(自攻螺钉单剪连接、典型梁梁连接、典型梁柱连接、抗拔件连接)的承载力试验及分析方法[78];(4)龙骨式复合墙体体系的压弯承载力试验及分析方法[78];(5)屋架结构承载力试验和设计方法;(6)整体模型振动台试验及抗震性能分析;(7)畸变屈曲理论[79-83]及试验[83]研究;(8)组合方管截面轴压试验[84,85];(9)卷边槽钢受弯试验[86];(10)帽形截面搭接式连续檩条、简支檩条及两跨连续檩条受力性能试验[87];(11)型钢骨架墙体轴压性能[88]、抗剪性能(单调及低周反复)[89]试验等方面进行了研究。

对 Q235,Q345 钢材厚度 2 mm 以下冷弯薄壁型钢基本构件承载力设计理论、墙体体系、屋面及楼面体系承载力分析、连接性能等进行了系统研究[90-93]。

基于以上系统研究的基础上,编制了适用于厚度 2 mm 以下的低层冷弯薄壁型钢结构规程——《低层冷弯薄壁型钢房屋建筑技术规程》(报批稿)。

3.6.2 工程实践代表

目前已建成不少轻钢别墅(图28)和少量的多层冷弯型钢试点工程(图29)[94],呈现良好的市场应用需求。

图 28 某别墅结构

图 29 常熟某冷弯轻钢住宅

3.6.3 展望

关于冷弯型钢钢结构领域的发展趋势有:新型冷弯结构体系、连接等的研发;超薄冷弯型钢结构体系抗风的精细化设计技术;超薄冷弯型钢构件畸变失稳及不同失稳模式的相互影响。壁厚大于 6 mm 的冷弯型钢的系统化研究;冷弯型钢体系在钢结构住宅中的广泛推广应用。

4 建筑钢结构施工技术

4.1 技术发展现状

总体而言,建筑钢结构施工技术已达到国际水平,取得不少突破;已能加工、制作和安装各种大型钢结构。但是,先进加工、吊装设备仍靠进口。目前,钢结构加工、制作及安装等施工的专业化设备及队伍基本形成,已具有相当的钢结构加工、制作及安装能力。

在钢结构加工制作技术方面,已实现了施工详图设计电脑化、材料管理程序化、加工工艺和焊接工艺自动化。

在钢结构安装方面,采用各种安装策略(高空散装法、分条或分块安装法、整体吊装法、整体(顶)升法、整体滑移法、分单元累积滑移法、分条分块滑移法、折叠展开法),完成了一大批复杂的大型现代空间结构的安装[95-103]。

在施工组织管理技术方面,发展了总体施工规划技术,异常情况应急处理技术及安全管理等技术。

在复杂钢结构施工分析方面,建立了一系列复杂钢结构施工跟踪分析策略与实用方法。

4.2 展望

应开展复杂张力结构体系的施工跟踪与控制研究。施工每一阶段结构或构件的内力和位移都在不断发生变化,需要对其进行跟踪计算,找到施工过程最危险的阶段进行准确控制,才能确保结构施工的安全[104]。柔性结构体系的结构形态与预应力直接相关,结构构件内力与结构几何形态密切相关,施工成形过程决定结构最终构形和受力状态。因此,应该考虑施工方案的合理性,确保施工过程可实现预先的设计状态。

应开展施工中的关键问题研究:如时变结构的施工控制;构件内力、变形随结构生长累积变化及控制;施工过程中结构的稳定性、安全性保障;温度对结构变形及结构内力的影响。

应开展数值模拟指导下的现代钢结构施工技术的研究,体现在施工方案优化和施工控制两方面。对施工方案优化,包括数值模拟证明施工方案的可行性、说明施工流程的合理性、说明施工资源分配与布局、描述施工作业过程、为施工作业提供安全保障、说明施工方案的经济性能。另一方面,在施工控制中,数值模拟提供施工阶段结构及构件的受力状态、变形状态、运动状态,数值模拟提供施工动态作业进程、描述结构的生长过程、为施工控制提供依据。

机器人技术在钢结构施工中的应用研究。在钢构件制作方面的数控多维切割;自动焊接技术;数控钻孔、切削、刨边等技术。在钢结构安装方面的机器人实现滑移技术和提升技术。

开发拥有自主知识产权且功能齐全的施工详图软件,实现施工详图设计软件的国产化。

5 建筑钢结构相关技术标准

5.1 发展现状

我国钢结构技术标准主要由国家标准、行业标准、地方标准、CECS 标准和企业标准五部分组成。总体来说,基本已满足钢结构材料、设计、加工制作、安装及施工等方面的需求;但是专项规程少,不利于行业推广、发展。

5.1.1 材料、产品标准

材料、产品标准包括材质、型材、板材、管材、焊材、紧固件等内容。其中材质标准主要包括碳素结构钢、低合金结构钢、高耐候结构钢、桥梁用结构钢材质标准等。型材标准主要包括热轧角钢、热轧 H 型钢和剖分 T 型钢、热轧 L 型钢、热轧工字钢、热轧槽钢、热轧圆钢和方钢、扁钢,六角钢和八角钢、焊接 H 型钢、冷弯型钢、冷弯开口型钢等标准。板材标准主要包括优质碳素结构钢冷轧钢带、优质碳素结构钢热轧钢带、碳素结构钢和低合金结构钢热轧钢带、碳素结构钢冷轧钢带、合金结构钢热轧厚钢板、铝及铝合金轧制板材、冷成型用加磷高强度冷轧钢板和钢带等。管材标准主要包括结构用不锈钢无缝钢管、直缝电焊钢管、冷拔无缝异型钢管、建筑结构用冷弯矩形钢管、不锈钢小直径无缝钢管等。焊接材料标准碳钢焊条、低合金钢焊条、不锈钢焊条、铸铁焊条及焊丝等。

5.1.2 设计标准

设计标准方面,既有通用标准,又有专用规程。通用标准主要包括钢结构设计规范、冷弯薄壁型钢结构技术规范、建筑抗震设计规范、铝合金结构设计规范等。专用规程中高层、高耸结构标准主要包括高层民用建筑钢结构技术规程、多、高层建筑钢-混凝土混合结构设计规程、高耸结构设计规范、高层建筑钢结构设计规程、高层民用建筑设计防火规范等。空间钢结构标准主要包括网架结构设计与施工规程、网壳结构技术规程、悬索结构设计规程、索膜结构技术规程、膜结构技术规程等。轻钢结构标准主要包括门式刚架轻型房屋钢结构技术规程、轻型房屋钢结构技术规程、冷弯薄壁型钢低层房屋技术规程等。组合结构标准主要包括矩形钢管混凝土结构设计规程、钢管混凝土结构设计与施工规程、钢骨混凝土结构技术规程、钢-混凝土组合结构设计规程、钢-混凝土组合楼盖结构设计与施工规程、钢管混凝土叠合柱结构技术规程等。钢结构连接标准主要包括焊接设计规范、建筑钢结构焊接技术规程、铸钢节点应用技术规程、钢结构高强度螺栓连接的设计、施工及验收规程等。

5.1.3 施工标准

主要包括钢结构工程施工质量验收规范、钢结构制作安装施工规程、轻型钢结构制作及安装验收规程、网架结构工程质量检验评定标准等。

此外,还包括钢结构住宅标准及设计标准图等。

5.2 展望

加强专项规程的制定,例如引入大跨度结构抗风设计方法及其他新成果对部分规程进行补充;就新材料的应用、新体系的设计、检测与加固等技术的配套等进行新规范的修订。

缩短规范的修订时间间隔。与国际规范3~5年的修订频率相比,我国往往5~10年才修改。由于我国规范强制条文多、灵活度小、修改不及时,难免会在规范中出现一些内容不全面、意思不明确、规定不合理之处,对设计人员的使用造成困难。因此,及时补充新的科研成果及思想对提高规范水平至关重要。

6 结 语

改革开放前,由于受到钢产量的限制,"节约用钢"是当时的基本国策。随着我国钢产量的持续快速增长,国家明确提出了合理使用钢材、发展钢结构的要求。钢材产量充足、品种规格多样化、质量优质化为建筑钢结构的发展提供了物质基础;建筑用钢不足的现状,为产业的发展提供了巨大的市场潜力和空间;国家技术政策的支持,为大力发展节约型钢结构提供了政策保证;市场经济的逐步成熟,引导市场及业主消费观念的改变,为建筑钢结构的发展提供了契机;设计队伍水平的提高及设计软件的成熟,为建筑钢结构的实现提供了可能;结构理论、设计技术、施工技术的提高,相关标准及规程的完备,为建筑钢结构提供了技术支持。这些都给建筑钢结构的发展提供了空前机遇。

参 考 文 献

[1] 沈祖炎,李元齐. 促进我国建筑钢结构产业发展的几点思考[J]. 建筑钢结构进展,2009,11(4):15-21.

[2] 李世俊(中国钢铁工业协会). 钢铁与钢结构产业发展战略思路. 第四届海峡两岸及香港钢结构技术交流会. 上海:2006.

[3] 沈祖炎. 钢结构学[M]. 北京:中国建筑工业出版社,2005.

[4] GB 50017—2003 钢结构设计规范[S]. 北京:中国建筑工业出版社,2003.

[5] 日本钢结构协会,美国高层建筑和城市住宅理事会. 高冗余度钢结构倒塌控制设计指南[M]. 陈以一,赵宪忠,译. 上海:同济大学出版社,2007.

[6] 陈禄如,柴昶. 重大建筑钢结构工程用钢概况[R]. 第四届海峡两岸及香港钢结构技术交流会. 上海:2006.

[7] 顾强,陈绍蕃. 厚板焊接箱形截面柱残余应力的试验研究. 陈绍蕃论文集[M]. 北京:科学出版社,2004.

[8] 徐忠根. 特厚板焊接箱形截面柱的残余应力的测定及其对稳定影响的研究[D]. 上海:同济大学土木工程学院,1990.

[9] 雷昌龙,文武松,党志杰. 厚板焊接压杆的极限承载力研究[J]. 桥梁建设,1998,18(4):55-59.

[10] 沈祖炎,徐忠根. 厚板焊接柱的ϕ曲线研究[J]. 同济大学学报,1993,21(2):145-154.

[11] 郑伟国,沈祖炎. 结构稳定分析的改进数值积分法[J]. 同济大学学报,1990,18(4):395-405.

[12] 李国强,沈祖炎. 钢结构框架体系弹性及弹塑性分析与计算理论[M]. 上海:上海科学技术出版社,1998.

[13] Zuyan Shen and Bao Dong. An Experiment-based Cumulative Damage Mechanics Model of Steel Under Cyclic Loading[J]. Advances in Structural Engineering, 1997, No. 1.

[14] Shen Zuyan, Dong Bao, Cao Wenxian. A Hysteresis Model For Plane Steel Members With Damage Cumulation Effects[J]. Journal of Constructional Steel Research, 1998, 48(2/3).

[15] 沈祖炎,陈荣毅. 反复荷载作用下钢构件裂纹发展机制损伤累积试验研究[A]. 大型复杂结构的关键科学问题及设计理论研究论文集[C]. 上海:同济大学出版社,2000:81-88.

[16] Z Y Shen, Z S Song. FEM analysis of steel members considering damage accumulation effects under cyclic loading[J]. International Journal of Applied Mechanics and Engineering, 2004, 9(1).

[17] Shen Zuyan, Wu Aihui. Damage Cumulation Analysis of Welded Joints under Low Cycle Loadings[A], Proceedings of the International Symposium on Computational Structural Engineering [C]. Shanghai, China, 2009,11-19.

[18] 沈祖炎,李国强. 钢框架受风与地震作用的统一非线性矩阵分析理论[J]. 同济大学学报,1994,22(4):401-408.

[19] 上海市建设和交通委员会 DG/TG 08-32—2008 高层建筑钢结构设计规程[S]. 北京:中国建筑工业出版社,2008.

[20] 丁洁民,沈祖炎. 空间钢框架结构的非线性分析[J]. 土木工程学报,1993,26(6):37-45.

[21] 丁洁民,沈祖炎. 空间钢框架结构的弹塑性稳定[J]. 建筑结构学报,1993,14(6):42-51.

[22] 沈祖炎,丁洁民. 柔性节点钢框架的二阶弹塑性极限承载力研究[J]. 建筑结构学报,1992,13(1):34-42.

[23] 李国强,蒋首超,林桂祥. 钢结构抗火计算与设计[M]. 北京:中国建筑工业出版社,1999.

[24] Li Guoqiang, Wang Peijun, Hou Heta. Post-buckling Behaviours of Axially Restrained Steel Columns in Fire[J]. Steel and Composite Structures, 2009,9(2):89-102.

[25] Li Guoqiang, Guo Shixiong. Analysis of Restrained Steel Beams Subjected to Heating and Cooling Part I: Theory [J]. Steel and Composite Structures, 2008,8(1):1-18.

[26] Li Guoqiang, Guo Shixiong, Zhou Haosheng. Modeling of Membrane Action in Floor Slabs Subjected to Fire[J]. Engineering Structure, 2007, 29(6),880-887.

[27] 沈祖炎,沈苏. 高层钢结构考虑损伤累积及裂纹效应的抗震分析[J]. 同济大学学报,2002,30(4):393-398.

[28] 任军,滕军,叶列平. 地王大厦风振 TMD 主被动切换混合控制研究[J]. 地震工程与工程振动,2003,23(6):187-193.

[29] 王华琪,丁洁民,何志军. 同济大学教学科研综合楼耗能支撑布置分析[J]. 结构工程师,2008,24(5):10-17.

[30] 尹飞,谭平,黄东阳,等. 内置挡板调谐液体阻尼器对高层结构的地震反应控制研究[J]. 建筑科学与工程学报,2009,26(1):75-79.

[31] 李国强,周昊圣,周向明. 高层钢-混凝土混合结构弹塑性地震位移的工程实用计算[J]. 建筑结构学报,2003,24(1):40-45.

[32] 李国强,周向明,丁翔. 高层建筑钢-混凝土混合结构模型模拟地震振动台试验研究[J]. 建筑结构学报,2001,22(2):2-7.

[33] 李国强,曲冰,孙飞飞,等. 高层建筑混合结构钢梁与混凝土墙节点低周反复加载试验研究[J]. 建筑结构学报,2003,24(4):1-7.

[34] 周向明,李国强. 高层钢-砼混合结构弹塑性地震反应分析模型及研究现状[J]. 工程力学增刊,1999,712-717.

[35] 李国强,孙飞飞,陈素文,等. 高层建筑钢-混凝土混合结构抗震性能与抗震设计方法研究[R]. 同济大学,2003.

[36] 胡大柱,李国强,孙飞飞,等. 半刚性连接组合框架地震反应分析[J]. 工程抗震与加固改造,2007,29(1):19-25.

[37] 石文龙. 平端板连接半刚性梁柱组合节点的试验与理论研究[D]. 上海:同济大学博士学位论文,2006.

[38] 李国强,刘清平,王静峰. 水平荷载作用下足尺半刚性连接组合梁框架试验[J]. 土木工程学报,2007,40(12):9-16.

[39] 李国强,王静峰,刘清平. 竖向荷载下足尺半刚性连接组合框架试验研究[J]. 土木工程学报,2006,39(7):44-51,62.

[40] 李国强. 中国工程建设标准化协会规范,端板式半刚性连接钢结构技术规程(送审稿)[S]. 2008.

[41] 陈琮如. "京广中心"高层钢结构工程设计介绍[J]. 钢结构,1998,13(3):47-56.

[42] 崔鸿超,陈水荣,刘永灵,等. 大连远洋大厦钢结构设计[J]. 钢结构,1999,14(44):1-5.

[43] 程超. 上海环球金融中心项目破解九大技术难题[J]. 建筑,2008(20):78.

[44] 沈祖炎,董宝. 结构损伤累积分析的研究现状和存在的问题[J]. 同济大学学报,1997,25(2):135-140.

[45] 董石麟,罗尧治,赵阳. 大跨度空间结构的工程实践与学科发展[J]. 空间结构,2005,11(4):3-10,15.

[46] 沈世钊,支旭东. 球面网壳结构在强震下的失效机理[J]. 土木工程学报,2005,38(1):11-20.

[47] Shen Z Y, Wang W, Chen Y Y. Recent development

and applications of tubular structures in China[A], Tubular Structures XII-Shen, Chen and Zhao(eds), Proceedings of the 12th International Symposium on Tubular Structures[C], Shanghai, China, 2008, 305-312.

[48] Y. Y. Chen, X. Z. Zhao and L. W. Tong. Experimental research and design for regular and irregular cast steel joints in tubular structures[A], Proceedings of the 12th International Symposium on Tubular Structures[C], Shanghai, China, 2008, 521-527.

[49] 苏慈. 大跨度刚性空间钢结构极限承载力研究[D]. 上海:同济大学博士学位论文,2006.

[50] 钱若军,杨联萍,胥传熹. 空间格构结构设计[M]. 南京:东南大学出版社,2007,67-68.

[51] 苏慈,罗永峰,沈祖炎,等. 上海南站钢屋盖Y形主梁极限承载力分析[J]. 建筑结构,2006,36(4):61-63.

[52] GB 50135—2006 高耸结构设计规范[S]. 北京:中国计划出版社,2007.

[53] GY 5001—2004 钢塔桅结构设计规范[S]. 北京:广播电影电视总局,2004.

[54] CECS236:2008 钢结构单管通信塔技术规程[S]. 北京:中国计划出版社,2008.

[55] 王肇民,马人乐,等. 塔式结构[M]. 北京:科学出版社,2004.

[56] 王肇民. 桅杆结构[M]. 北京:科学出版社,2001.

[57] 陆飞,程文瀼,李爱群. 南京电视塔风振主动控制的实施方案研究[J]. 东南大学学报(自然科学版),2002,32(5):799-803.

[58] 何敏娟,马人乐. 336米高黑龙江广播电视塔悬挂水箱振动控制及其实测[J]. 建筑结构学报,2001,22(1):39-42.

[59] 张志强,李爱群,贾洪,等. 粘滞流体阻尼器对电视塔的风振响应控制[J]. 东南大学学报(自然科学版),2007,37(6):1018-1022.

[60] 邓洪洲,朱松晔,陈亦,等. 大跨越输电塔线体系风振控制研究[J]. 建筑结构学报,2003,24(4):60-64,75.

[61] 马人乐,梁峰. 河南省广播电视发射塔结构设计与试验研究[J]. 特种结构,2006,23(3):1-4,18.

[62] 马星,颜明忠,沈之容. 桅杆结构风振系数简化计算[J]. 特种结构,2002,19(3):54-56.

[63] 沈祖炎,黄奎生,陈以一,等. 大型火电厂主厂房钢支撑-框架结构振动台试验模型[J]. 建筑科学与工程学报,2006,23(4):1-5.

[64] 张文元,于海丰,张耀春,等. 大型火电厂钢结构主厂房铰接中心支撑框架体系的振动台试验研究[J]. 建筑结构学报,2009,30(3):11-19.

[65] 陈绍蕃. 钢结构下册——房屋建筑钢结构设计[M]. 北京:中国建筑工业出版社,2003.

[66] 陈以一,周锋,陈城. 宽肢薄腹H形截面钢柱的滞回性能[J]. 世界地震工程,2002,18(4):23-29.

[67] 陈以一,马越,赵静,等. 薄柔高频焊接H钢柱的实验和抗震承载力评价[J]. 同济大学学报,2006,34(11):1421-1426.

[68] 陈以一,吴香香,程欣. 薄柔构件钢框架的承载性能特点研究[J]. 工程力学,2008,25(S2),62-70.

[69] 陈以一,吴香香,田海,等. 空间足尺薄柔构件钢框架滞回性能试验研究[J]. 土木工程学报,2006,39(5):51-56.

[70] 王素芳. 薄柔钢框架刚性端板连接节点的设计方法[D]. 上海:同济大学土木工程学院,2007.

[71] 陈以一,王素芳,王赛宁,等. H形梁翼缘与端板非全熔透焊接的节点性能试验研究[J]. 建筑结构学报,2005,26(3):70-77.

[72] 陈绍蕃. 厂房框架带牛腿柱的计算长度[J]. 建筑结构学报,2007,28(5):54-60.

[73] 陈绍蕃. 平板柱脚的转动刚度和柱的计算长度[J]. 建筑钢结构进展,2009,11(1):1-8,27.

[74] 陈以一,童乐为,庞宝根,等. 轻型钢框架体系低多层住宅建筑关键技术研究与应用[R]. 同济大学,2005.

[75] 郑沁宇. 单面焊组合H型钢承载性能试验研究[D]. 上海:同济大学,2001.

[76] 刘翔. 高强冷弯薄壁型钢压弯构件承载力设计方法试验研究[D]. 上海:同济大学,2007.

[77] 沈祖炎,李元齐,王磊,等. 屈服强度550 MPa高强冷弯薄壁型钢结构轴心受压构件可靠分析[J]. 建筑结构学报,2006,27(3):26-33,41.

[78] 刘伟. 冷弯薄壁型钢龙骨式复合墙体压弯承载力及典型连接试验研究[D]. 上海:同济大学,2008.

[79] 苏明周,陈绍蕃. 卷边槽钢梁受压翼缘畸变屈曲时的屈曲系数[J]. 西安建筑科技大学学报,1997,29(2):119-124.

[80] 陈绍蕃,苏明周. 冷弯型钢檩条的有效截面[J]. 建筑结构学报,2003,24(6):63-66.

[81] 陈绍蕃.卷边槽钢的局部相关屈曲和畸变屈曲[J].建筑结构学报,2002,23(1):27-31.

[82] 姚谏.普通卷边槽钢的弹性畸变屈曲荷载[J].工程力学,2008,25(12):30-34.

[83] 蒋路.卷边槽形冷弯薄壁型钢轴压柱畸变屈曲的试验和理论研究[D].西安:西安建筑科技大学,2007.

[84] 周天华,何保康,周绪红,等.高强冷弯薄壁型钢轴压短柱受力性能试验研究[J].建筑科学与工程学报,2005,22(3):36-44.

[85] 周天华,何保康,周绪红,等.高强冷弯薄壁型钢轴压长柱受力性能试验研究[J].建筑科学与工程学报,2005,22(4):65-71.

[86] 何保康,孙亚楠,苏明周,等.壁厚2mm以下冷弯薄壁型钢受弯构件性能试验研究[J].建筑结构,2009,39(6):61-63,76.

[87] 廖芳芳.550 MPa高强冷弯薄壁型钢受弯构件受力性能试验与理论研究[D].西安:西安建筑科技大学,2007.

[88] 何保康,郭鹏,王彦敏,等.高强冷弯型钢骨架墙体立柱轴压性能试验研究[J].西安建筑科技大学学报(自然科学版),2008,40(4):567-573,579.

[89] 郭鹏.冷弯型钢骨架墙体抗剪性能试验与理论研究[D].西安:西安建筑科技大学,2008.

[90] 宋延勇.冷弯薄壁型钢偏压构件及自攻螺钉连接承载力试验研究[D].上海:同济大学土木工程学院,2008.

[91] 王春刚,张耀春,张壮南.冷弯薄壁斜卷边槽钢受压构件的承载力试验研究[J].建筑结构学报,2006,27(3):1-9.

[92] 张耀春,王海明.冷弯薄壁型钢C形截面构件受弯承载力试验研究[J].建筑结构学报,2009,30(3):53-61.

[93] 周天华,石宇,何保康,等.冷弯型钢组合墙体抗剪承载力试验研究[J].西安建筑科技大学学报(自然科学版),2006,38(1):83-88.

[94] 徐磊.北美多层冷弯薄壁型钢住宅体系的发展及在中国的试点工程[C].第三届宝钢年会.上海,2008年9月27.

[95] 罗永峰.建筑钢结构施工力学原理[M].北京:中国建筑工业出版社,2009.

[96] 丁芸孙,刘罗静,等.网架网壳设计与施工[M].北京:中国建筑工业出版社,2006.

[97] 李耀良.上海大剧院6 075吨钢屋盖整体提升施工技术[J].建筑施工,1996,18(5):4-7,10.

[98] 卞若宁,吴欣之.上海浦东国际机场一、二期航站楼大型钢结构施工方案的创新和发展[J].建筑施工,2007,29(8):600-603.

[99] 范重,刘先明,范学伟,等.国家体育场大跨度钢结构设计与研究[J].建筑结构学报,2007,28(2):1-16.

[100] 殷惠君,王玉岭,周洪涛.大跨度双曲面屋盖滑移施工技术[J].施工技术,2008,28(2):63-65.

[101] 陈建平,赵园涛.首都机场地面交通中心钢屋架的安装滑移技术[J].钢结构,2007,22(92):78-81.

[102] 罗尧治,邱鹏,沈雁彬.滑移法施工在张弦网壳结构工程中的应用[J].施工技术,2005,34(10):18-20.

[103] 王云飞,许勇,程远程,等.大型圆形或环形钢结构屋盖旋转顶推施工与控制技术[J].建筑施工,2005,27(6):14-16,20.

[104] 曲晓宁,罗尧治,郑君华,等.预应力网壳结构累积滑移施工索力控制算法研究[J].工程力学,2009,26(5):178-182.

(本文发表于:建筑结构,2009,39(9):15-25)

如何扩大钢结构应用范围?

沈祖炎

(同济大学土木工程学院建筑工程系,上海 200092)

作为钢结构从业人员,我们都关心钢结构的发展前景。我认为,促进钢结构发展最关键、最根本的问题是扩大钢结构在建筑市场中的占有率。因此,扩大钢结构的应用范围是目前最迫切的事情。只有扩大了钢结构应用范围,我们这个行业才能发展。如果不能扩大,那么这个行业就不再发展、或者说是停止增长了。要达到这个目标,需要从材料、设计、制造、安装各个方面入手。行业协会也应该多考虑这个问题,怎么才能促进钢结构扩大应用范围。

实际上钢结构扩大应用范围有两个成功的范例。第一个是网架,网架结构出来之前,这类结构基本上都是用混凝土做。20 世纪 70 年代末网架出来以后,原来用混凝土做的,都改用网架做了。一开始是用在体育场,如上海的八万人体育馆,后来,很快在其他建筑里也用了,再后来连厂房屋盖都用了,有些楼板也用。这里面有材料的原因,网架杆件使用的钢管和节点使用的钢球等都容易生产。另外,从设计的角度看,网架结构设计规程、软件很快都跟上了,这样生产和设计单位很快就会用也能用了。在制作方面,网架制作也有很多有利因素,因为它定型化的东西很多、工厂化特点很明显,加工设备也很简易,这样大小工厂都能生产,而且质量也能得到一定控制、安装也比较简便。螺栓球节点出来以后,比焊接球节点更便于安装,螺栓球节点对促进网架的应用起了很大作用。一个东西要推广,应该在各个方面都有有利条件,这样综合起来,才有利于抢占市场。

第二个例子是门式刚架,这种体系是在 20 世纪 80 年代末出来的。出来后,也是马上就推广开了。几乎把混凝土的单层厂房全部挤掉。特别是在沿海地区,只要说是厂房、甚至仓库,马上都会想到门式刚架,没人再会做混凝土结构了。为什么呢? 因为门式刚架有它的特点,从产品的角度看,它有自己的规范、软件,是体系化的结构,它的制作也是很标准、定型化的,一条生产线基本上就解决问题了。工厂化的程度非常高、安装比较简便、而且也比较轻、结构经济。特别是"经济"这个特点,非常明显,它比混凝土的造价便宜,而且不是便宜一点,因此它把混凝土的市场都挤掉了。

这两个例子,说明钢结构是有能力和混凝土竞争的,是有能力把混凝土的市场份额争取过来的。而且,这种竞争是符合整个世界、符合我们国家的发展潮流的,因为从节能、减低碳排放的角度,钢结构肯定比混凝土结构要有利得多。

那么怎么才能促进钢结构的应用范围呢? 我觉得可以从几个方面来入手。

在高层和超高层建筑方面,现在钢结构在超高层建筑中有一定优势,高度 200 m 以上的建筑用钢结构的已有一定比例。但再低一些的建筑主要都用混凝土了。我认为,要扩大钢结构的应用范围,应该要促进钢结构在高度 100~200 m 范围内建筑中的应用。那么怎么才能做到这一点呢,有以下几个问题值得我们探讨:

首先是降低钢结构在防火、防腐蚀方面的费用。钢结构防火和防腐蚀的成本在造价中占了相当比例,增加了钢结构与混凝土结构竞争时价格上的不利因素。而且防腐蚀有年限的问题,建筑使用一段时间后,要重新再做防腐蚀处理,会给用户带来很大的麻烦。解决这个问题,应该研发比较经济的、具有较好耐火和耐腐蚀的钢材,比如耐火钢、耐候钢,使钢结构可以少做或不做防火、防腐蚀处理,这样对降低造价很有帮助。

其次是改进现有的抗震设计方法。现有的抗震设计方法对钢结构是很不利的。因为现有抗震设计规范没有充分利用钢结构延性好的优点,如果按规范做,钢结构的地震作用会比混凝土结构大,钢结构用钢量通常会增加10%～20%。实际上考虑钢结构的延性后,不应该出现这种情况。另外,抗震设计时,高层和超高层建筑往往是位移控制的,如何合理确定位移限值也是降低用钢量和造价的重要方面。这些都是抗震设计方法中的问题。

第三是提高设计院的设计水平和设计理念。现在有些结构工程师对钢结构设计并不是太熟悉,特别是在钢结构结构体系选择、节点构造处理和构件优化问题上。结构体系选择的优劣是影响结构性能和结构造价的关键,但现在很少做这方面的方案比较。钢结构的节点在整个结构中非常重要,节点的用钢量也在结构用钢量中占很大比例。节点构造处理得好,会改善结构性能,也能降低结构造价。对于构件优化这个问题,设计院几乎都不做这个工作,设计师也不考虑这个问题。可能因为构件优化对设计单位没有直接利益关系,因为设计费用通常是和工程量、造价挂钩的,设计单位对构件优化都不主动。通常倒是施工单位会向业主提出对构件进行优化,把节省的费用中的一部分作为回报。

第四是应该倡导通过对新技术、新工艺的应用降低结构造价。这个问题在我国比较复杂,现有的体制不适应新技术、新工艺的应用。因为新工艺、新产品使用时,需要进行验证、鉴定、评审等繁琐的手续,而使用的单位又会承担风险。这一点就不像国外,通常是设计单位负责制,只要设计认可并接受,就可以用在工程中。

最后,我们应该加强钢结构在节能减排优点方面的宣传,并且开发新型的围护体系。与混凝土结构相比,钢结构在这方面的优势非常明显,更适应国家实现低碳经济和可持续发展的战略要求。但要我们从多方面、深层次进行宣传,使社会和用户都能意识到这一点。

除了高层和超高层建筑,我们还应该关注低、多层的住宅、医院和办公楼建筑。这一类建筑的量是非常巨大的。特别是住宅,如果钢结构能占有其中一部分,都会是一个很可观的量。但目前,在这类建筑中,钢结构的占有率非常少,我们还有很多工作要做。

首先,对于钢结构住宅,尽管建设部从20世纪90年代就开始提倡,而且有很多单位都积极地进行了一些工作,但是到现在,也主要是一些钢铁厂,为了使用自己生产的钢材,而在自己建设的住宅中使用钢结构。这些都不能算钢结构住宅得到了认可。只有业主、房产公司造房子时,主动提出来用钢结构造,才能算钢结构住宅在市场取得了成功。钢结构住宅要发展,一定要走体系化的道路,要开发成套的钢结构住宅产品,使钢结构住宅的构件实现标准化、模数化。

其次,要开发新型的围护材料,使这些围护材料既适用于钢结构,又符合我国居住者的使用习惯,而且还具有良好的保温隔热、隔声、防潮、防渗性能,从而能提高建筑的使用舒适度。

第三,要研究这类钢结构建筑的防火、防腐蚀问题。一方面是造价问题,另一方面因为对于住宅用户,不太可能要求他在若干年以后,把墙体都拆开,重新进行钢结构防腐处理。

第四,应该编制专门的设计规范、应用软件。应该参考网架和门式刚架的成功范例,编制钢结构住宅的设计规范。这本规范不应该只是结构的,还应该包括建筑、设备、制作和安装。同样,应该编制钢结构住宅软件,软件既可以完成建筑设计、也可以进行结构设计,还能完成产品选择、绘制加工和装配图纸,甚至进行造价分析和计算机辅助制造(CAM)。

最后,应该研究降低这类建筑的造价问题。目前急需解决的是如何正确分析性价比的问题,通过性价比这一指标的不断改进,可以不断提高市场竞争力。还应着重将这类建筑发展到体系化、标准化、工厂化程度,这对降低造价也会有帮助。

以上是我对在高层建筑以及低多层建筑中扩大钢结构应用范围的一点想法和建议。作为行业协会,应该把这件事作为主要的工作内容之一。是不是可以发挥协会在行业领域的协调作用,组织产学研合作,将此项内容作为一个研究课题,发动全行业的力量,用3~6年的时间,探讨出一条解决的道路,真正促进钢结构产业的长久发展。

(本文发表于:钢结构进展与市场,2009,4:44-45 同济大学陆烨整理)

促进我国建筑钢结构产业发展的技术政策研究

沈祖炎

(同济大学土木工程学院建筑工程系，上海 200092)

摘　要　简要总结了我国建筑钢结构产业链的发展现状，并与国外发达国家的产业发展情况进行了比较，探讨了我国钢结构产业发展目前存在的瓶颈制约问题。在此基础上，就促进我国建筑钢结构产业发展的技术政策提出若干建议。

关键词　建筑钢结构产业；产业链；产业发展；技术政策

1 引言

建筑钢结构产业是指和建筑结构中的承重钢构件(柱、梁、支撑等)或钢受力体系以及与其集成的产品体系等相关的产业，主要包括建筑钢结构构件制作、加工和安装，也包括与结构体系配套的围护系统的相关产品。

我国建筑钢结构产业经过 20 年的发展，已经形成一个巨大的产业，其中仅主体钢结构制造业的产值就超过 600 亿。目前，建筑钢结构产业的发展已步入黄金期，已经形成了以钢材生产、钢结构设计、构件加工及制作、构件安装以及相关联产业的一个产业链，涉及不同技术层面的从业人员。这个产业链主要包括：

(1) 以钢铁公司为代表的建筑用钢生产产业、承担建筑钢结构用钢的研发，以及建筑钢结构用钢板材和型材的生产(热轧等)和初级加工(冷弯、焊接等)等。

(2) 以科研院所为代表、承担建筑钢结构体系研发、基础理论研究、设计标准制定、技术咨询和服务等的技术支撑产业。

(3) 以设计单位为代表的建筑钢结构方案及施工图设计产业。

(4) 以钢结构公司为代表的建筑钢结构基本构件制作、加工产业，也包括现代商品化的针对某类建筑钢结构体系中整体或部分体系(如屋面体系、墙体体系，等等)产品进行研发、制作、销售、服务等的产业。

(5) 以建筑钢结构施工企业为代表的建筑钢结构现场安装、施工产业，其中部分业务可能也由大型钢构公司承担。

同时，建筑钢结构产业的发展也带动了相关配套产业的发展。如非钢材料的围护结构、墙体及屋面的保温隔热材料、防腐材料、防火材料、焊接材料、紧固件、脚手架、大量的零件机械加工、各种用于钢构件制作的机械化或智能型加工设备，等等。

近 20 年来，我国建筑钢结构产业发展迅猛，市场急剧扩张，市场竞争也非常激烈。但与发达国家相比仍存在不小的差距[1]。主要表现在[2-9]：粗钢产量持续快速增长且总量很大(2011 年达 6.83 亿吨)，但建筑钢结构用钢量占总钢产量比例不高，高性能钢材的生产与发达国家相比还有差距；设计标准基本覆盖了建筑钢结构领域，但在高性能钢应用技术、若干新型结构体系方面还尚待完善、甚至存在空白，多数从业人员对建筑钢结构应用的适用性和合理性还存在误解；钢结构加工业已形成百舸争流的大好局面，已具有相当的钢结构加工、制作及安装能力，但钢结构产业链还未完善，与钢结构产业相关的配套产业滞后于钢结构产业本身的发展，与钢结构体系相适应的建筑体系开发及三大板材产业还刚刚起步；钢结构咨询服务业还需大力发展。

2 若干国家和地区建筑钢结构产业方面的对比

建筑钢结构产业的发展是随钢铁工业而发展的。随着钢铁工业的发展,钢结构的应用也随之兴起,钢结构加工业也应运而生。一些发达国家经过上百年的发展,现在已经形成了完整的建筑钢结构产业链,以产业链推动钢结构水平的提高。图 1 概括地显示国外钢结构产业链的大体情况。

2.1 钢铁工业

1996 年,我国粗钢产量突破 1 亿吨,从 1996 年至 2008 年,我国粗钢产量持续上升,连续 12 年居世界首位。2005 年,我国粗钢产量占全球总量的 31%,是日本、美国、俄罗斯、韩国、巴西五国当年的产钢量之和,成为全球名副其实的钢铁大国。

相比与我国逐年增长的钢铁产量,世界上其他主要国家近十年的粗钢产量始终保持稳定,如美国、日本的粗钢产量近十年始终维持在 1 亿吨上下,德国、俄罗斯在 0.5 亿吨上下(图 2)。

虽然我国的钢铁产量持续增长,但人均产量并不高。如 2007 年我国人均钢材产量仅 373 kg,人均消费量 331.7 kg,同世界发达国家平均 600 kg 的水平有相当差距,距离美国、日本在 1973 年钢材生产消费的顶峰值差距更远(图 3),可见我国钢材产量仍有较大上升空间。

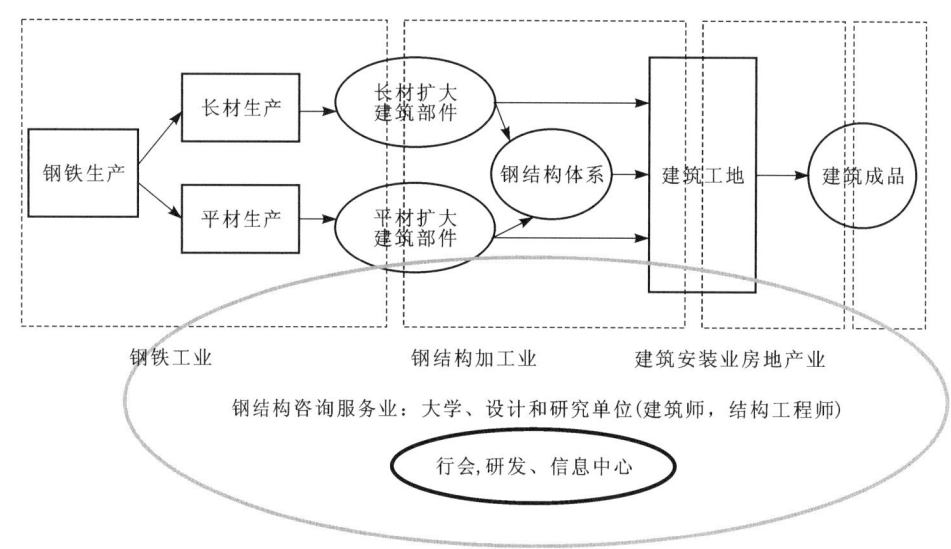

图 1 国外钢结构产业链

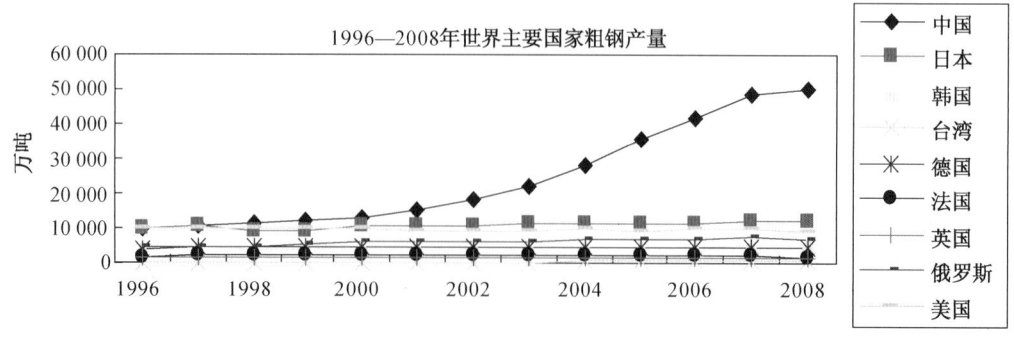

图 2 1996—2008 年世界主要国家粗钢产量

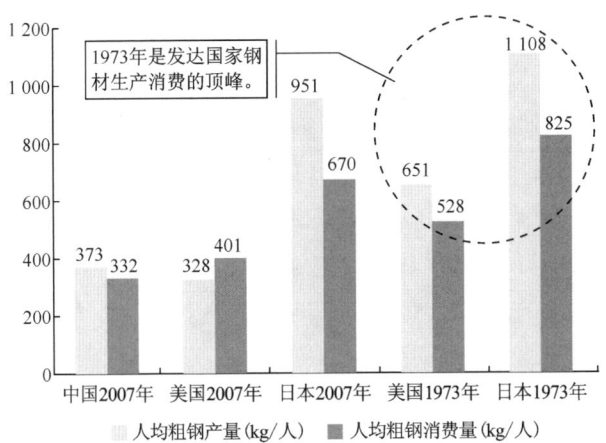

图3 2007年中国、美国、日本人均粗钢产量

2.2 钢结构加工业

国外的钢结构制作加工业重视钢结构体系建筑的研发。在美国，Worthington工业公司开发了DBS体系(Dietrich Building System)。该体系是多层轻钢结构住宅体系，已经在全美建造了许多4~6层住宅、老年公寓和多层旅馆(图4)，其抗震、防火性能均通过了美国权威的UL实验室检测认证。BlueScope Steel(博思格钢铁集团)在北美的子公司Butler Manufacturing Company则开发了包括结构体系、屋盖体系、墙体体系和仓储及小型建筑体系四大板块的钢结构体系。

在欧洲，GoldBeck以专注于体系建筑而著称，该公司坚持工厂化、模数化、标准化。开发的钢结构建筑体系包括：多层办公与商业建筑体系；大跨单层工业及商业、物流建筑体系；停车库建筑体系；体育和休闲建筑体系；太阳能节能建筑体系。

国外的钢结构制作加工业提供从设计到施工的全套服务。他们从项目的招投标阶段就开始介入，推荐钢结构体系，直到最后施工完成。在欧洲，全球第一的钢铁企业ArcelorMittal号称可提供系列品种最广泛的钢种、新型钢铁产品、钢铁解决方案和尖端技术，可以独立完成钢结构建筑的全套制作加工。正是凭借着实力，ArcelorMittal得到了计划在纽约原世贸中心WTC原址兴建的自由大厦Freedom Tower的钢材和钢结构体系的工程投标。中国台湾的中钢结构也提供包括设计，工程技术支持，制作加工，安装等的一系列的服务，主要工程包括台北101金融大楼等。

图4 正在建造中的DBS体系建筑

我国的钢结构制作加工企业也在朝体系化和一体化方向发展。如长江精工钢结构(集团)股份有限公司确立了以商务写字楼、宾馆、高层住宅等为主的高层钢结构建筑体系，以机场、会展中心、体育场馆等公共建筑为主的空间大跨钢结构建筑体系，以各类工业建筑、仓储、超市、多层钢结构建筑等为主的轻钢结构建筑体系以及超轻钢集成住宅体系和与之配套的相关建筑体系，提供包括建筑设计、研发、销售、制造、施工和咨询的一体化服务。但我国的钢结构加工业中年产10万吨的很少，产业集中度低，与发达国家比仍有差距。

2.3 钢结构咨询服务业

钢结构咨询服务业是钢结构产业的"软实力"。钢结构行业咨询服务机构在推动钢结构的发展和应用方面起着无可替代的作用。它们的主要工作包括：参与编制钢结构的各种规范、规程；推动和组织产学研结合，组织和参与钢结构攻关研究项目；出版各种钢结构的期刊、信息、书籍；组织学术活动，主办讨论班、培训班；进行有关钢结构的咨询服务等。

美国有多种协会组织致力于建筑钢结构的推广和钢结构产业的发展。这些协会包括美国土木工程协会(ASCE),美国钢结构协会(AISC),美国钢铁研究学会(AISI),美国金属建筑制造商协会(MBMA)等。这些协会编制钢结构标准,出版各种图书、会议录、委员会报告、实践手册、标准和专论,组织业内技术与信息交流,为钢结构在建筑和其他领域的应用服务,其中 ASCE 是全球最大的土木工程出版机构。这些协会有力的推动钢结构的推广和发展。

欧洲具有很多具有市场经济特色的钢结构行业咨询服务组织,如总部在比利时的国际钢铁协会(International Iron & Steel Institute)、建立于 1860 年的德国钢铁业行会(Verein Deutcher Eisen Hüttenleute)、英国钢结构协会(BCSA)、瑞士钢结构中心(SZS)等。这些协会中最成功和最典型的是 ArcelorMittal 的钢结构咨询服务机构。该机构的咨询服务分三级运行:①参加独立的行会咨询服务组织;②独立的 ArcelorMittal 咨询服务中心,该中心隶属于钢铁企业的销售部门,与高校有长期合作关系,研究与推广与钢结构密切相关的课题,攻关项目的成果直接用于工程;③在全世界 12 个国家设点,积极参与工程项目。

在日本,钢结构咨询服务体系很完整,基本上分二类。一类是社会中介组织,承担政府委托的工作,但由民间来办理,如日本社团法人铁骨建设业协会和日本建筑研究中心;另一类是群众性社会团体,为社团谋利益,为会员群众服务,依法成立,机构健全,很有活力,是政府的得力帮手,如日本钢结构协会、日本土木工程学会、建筑业协会和日本土木工业协会等。

台湾地区专业的钢结构咨询单位不多,但是大部分咨询单位的经营范围都很广泛,而且设有钢结构咨询部门。永峻工程顾问公司是台湾地区从事建筑结构设计专业顾问公司中表现最优异的公司之一。该公司近 30 年来参与完成的设计案件涵盖了各种不同结构系统、形态的建筑物,尤其是超高层办公大楼,如台北 101 大楼。中兴工程顾问股份有限公司积极拓展海外业务,工程业务覆盖东南亚,南美等地区。

我国钢结构咨询服务业中典型的有中国钢结构协会、中国建筑金属结构协会、中国钢铁工业协会和中国土木工程学会等。这些协会各具特色,致力于推动我国钢结构产业的发展。如中国钢结构协会了解科研、设计、制造、施工、应用中存在的问题,进行分析评价,组织和参与制订(修)钢结构行业技术、经济、管理等标准、规范。中国钢铁工业协会代表中国钢铁行业和组织国内有关企事业单位开展与国际同业组织、境外企业的交流与合作,保持与国际有关钢铁同业组织的联系,互通信息,进行协商对话。中国土木工程学会开展国内外学术交流,编辑出版科技书刊,开展继续教育和技术培训工作,开展民间国际科技合作与交流,接受委托开展技术服务,在国家科技政策和经济建设中发挥咨询作用。[10-11]

2.4 国内外建筑钢结构产业对比引出的启示

自改革开放以来,我国建筑钢结构产业,无论是钢铁工业、钢结构加工业还是钢结构咨询服务业都有了长足的发展,但与国际发达国家相比还存在明显差距,主要表现在以下几方面:

(1) 在钢材产品方面,高性能钢材包括高强度钢、高抗震性能钢、高焊接性能钢以及特厚钢板和超薄钢板等的生产,我国与发达国家仍有巨大差距,存在量少、质差等问题,仍不得不需要进口。

(2) 在钢结构加工业方面,钢结构体系建筑的开发是钢结构加工业得以迅速发展的前提,它能使钢结构加工业完成从设计、制作、安装施工到营销等全套服务,能使钢结构建筑成为商品,成批生产,充分体现现代工业化生产的优点,降低成本、提高产量、改善舒适性和提高耐久性。欧、美、日等发达国家都已经结合自身的国情开发了多种钢结构体系建筑并取得突破。我国还刚刚起步,亟须奋起直追。

(3) 钢结构咨询服务业方面,由于它是钢结构产业的"软实力",国外均十分重视,欧、美、日等均建立了钢结构行业咨询服务机构,如与钢结构有关的多种协会和学会在推动钢结构产业发展和钢结构应用方面起到了无可替代的作用。我国虽也有了钢结构行业咨询服务机构,但离真正起到推动钢结构产业发展的作用,还相去甚远,要解决的首先是观念问题和体制问题,而不是技术问题。

3 我国发展建筑钢结构产业的迫切性和必要性

发展建筑钢结构产业得到国家技术政策的支持。自 1985 年以来,我国已不下 10 次颁布发展建筑钢结构产业的有关文件,而且越来越明确[1, 12]。例如 1999 年国务院第 72 号文提出发展钢结构住宅,扩大钢结构住宅的市场占有率。2003 年建设部《建设事业技术政策纲要》提出 2010 年建筑钢结构用钢量要达到钢产量的 6%。2005 年 7 月 20 日公布了国务院常务会议审议批准的《钢铁产业发展政策》,2009 年 1 月 14 日国务院总理温家宝主持召开国务院常务会议,审议并原则通过钢铁产业调整振兴规划。因此,我国在今后一个相当长的时期内,发展建筑钢结构产业将成为国家的宏观政策。

市场经济的发展将进一步推动建筑钢结构产业的发展。钢结构市场的不断发展成熟和人们对建筑钢结构优点的了解,将为建筑钢结构的进一步发展创造有利条件。可以预见,随着市场经济的发展和进一步成熟,我国建筑钢结构产业将进入到一个飞速发展的时代。

我国钢产量供大于求,为建筑钢结构提供了较大的发展空间。2011 年我国钢产量达到了 6.83 亿吨,而建筑钢结构用钢量占钢总产量的比例,我国还不到 5%,远低于发达国家的 10%~30%。因此,中国钢结构发展具有较大的空间和潜力,仍是一个值得政府和广大从业人员广泛关注的朝阳产业。

符合创建节约型社会的国策,凸显了发展建筑钢结构产业的必要性。建筑钢结构具有"轻"、"快"、"好"、"省"的特点[13],除了具有轻质高强性、优异的材料性能、制作安装工业化程度高、宜拆卸和较好的耐久性等优势外,还有有利于节约资源、减少碳排放、可循环利用、有效实现"四节一环保"的绿色要求的优越性。

同时,发展建筑钢结构产业对国家钢材战略储备具有重要意义。钢材是重要战略资源,发展建筑钢结构产业可以将钢材大规模的消耗储存于房屋之中,即"藏钢于屋",保障我国的钢铁安全。

4 我国发展建筑钢结构产业的瓶颈制约因素

(1) 钢结构产业链问题。我国建筑钢结构产业链配置存在较严重的问题。具体表现在:上游结构用钢材产品不能完全满足现有市场的需求,自主研发意识和能力有限,部分产品仍依赖进口;科研成果部分领域存在严重滞后,转化不及时;产学研结合不充分,企业相对缺乏技术战略及技术储备;设计队伍薄弱;材料检测、制作、安装、监测队伍技术不能满足施工的需求等。

(2) 对钢结构的认识问题。整个社会对建筑结构中采用钢结构的合理性和必要性仍存在很大的误解,导致钢结构方案往往只是用在其他结构方案不能解决的项目上,而市场上忽略钢结构"轻"、"快"、"好"、"省"的特点而建造的"笨"、"重"体系出现又进一步误导了对钢结构的科学认识。同时,投资方忽视钢结构体系的优点及其间接效益,而这些具有长远和社会意义的优点也不能给业主带来更多直接的利益,这直接导致了目前钢结构建筑在造价方面的劣势难以平衡。

(3) 设计理论与队伍问题。钢结构设计理论相对复杂,目前在技术成果的集成和转化方面也存在严重不足,现有的设计技术和方法没有充分利用钢结构的延性优势,导致钢结构的"轻质"、"高强"、"塑性好"等的优势不能带来明显的经济优势。部分领域涌现出了与可持续发展理念、国家基本建设原则、钢结构优点背道而驰的"笨"、"重"工程,也凸显钢结构领域的建筑及结构设计人员队伍整体素质亟待提高。

(4) 其他潜在制约因素。譬如,建筑钢结构产业中专业技术工人缺乏,专业技术工人人工成本快速增长,钢结构企业的利润偏低;钢结构企业在前期研发中存在投资过大;工程建设招投标模式、工程承包模式和现行的市场价格机制等不利于钢结构产业新技术应用和技术创新的实践;缺乏有效激励钢结构产业发展和工程应用的有效技术政策,等等。

5 我国发展建筑钢结构产业的技术政策建议

(1) 遵循科学发展观,国家和地方政府应该大力引导在建筑和土木工程中采用钢结构。着重宣传钢结构具有强度高、塑性好、质地均匀、抗震性能佳等优异结构性能;具有工厂制作、进度快、质量易保证、符合工业化生产等优异的制作性能;具有安装便捷、现场整洁、缩短工期等优异的施工性能;具有基础费用省、建筑使用面积大、节约用水的等优异的经济性能;以及具有在建筑全寿命周期内、节约资源、保护环境、减少污染、可循环利用等优异的绿色建筑性能。达到改变市场及业主的观念,为推广钢结构应用消除思想障碍,建立正确观念,利国利民。

(2) 推行强有力的技术政策和市场政策,国家和地方政府应推出行之有效的激励措施,提升业主采用钢结构的积极性。例如:采用钢结构住宅可以适当提高容积率;采用钢结构建筑可以适当降低税收率;采用钢结构体系的建筑开发商可以得到贷款优惠,等等。

(3) 建立起科学的市场运行机制,推行"集设计、施工和商务于一体的总承包机制"。目前,钢结构建筑产业市场运行机制存在明显漏洞,完全可能存在以下弊病:设计单位为保证安全盲目加大用钢量(省了也与设计人员无关)、施工单位希望用钢量越多越好(按用钢量收费)、政府部门或国资企业为树立"政绩工程"需要不惜大量投资。

(4) 应认真研究和建立合理的工程招投标机制,重视重大钢结构工程对行业技术的榜样性、示范性和引导性。对不合理的结构体系、对不合理的能耗建筑、对不合理的投资规范都应该实行"一票否决"。否则它对行业将起破坏性的示范作用。应该坚决杜绝那种因某一专业特殊要求而严重损害其他专业合理性的方案得以通过的招标机制。要坚决反对那种对先天性有严重缺陷的方案做劳民伤财的补救后,再自欺欺人地列出了创造多少世界第一的现象。

(5) 国家和地方政府应加大在钢结构领域研发投入,走产学研合作道路,形成科学的理论攻关、技术研发和成果转化机制。要加强在高性能结构用钢研发和应用技术研究、基于钢结构体系延性水平的抗震设计方法应用、高效新型钢结构体系、工业化钢结构建筑技术等方面的研发投入[15,16],要形成行业共性技术研发的公共平台和体系。应从制度上激发钢铁企业在高性能结构用钢研发和应用技术攻关投入的热情,促进企业产品向下游延伸,从而保障新钢种的推广应用,提高产品附加值。同时,针对制约建筑钢结构产业发展的关键技术问题,应该形成科学有效的研发机制、民主的技术研讨和技术更新机制。

(6) 全国和地方有关行业协会(如勘察设计协会、金属结构协会等)、注册师考试中心等应联合高等院校对土木工程技术人员进行钢结构工程设计、制作和施工方面的继续教育,全面培训和提高对钢结构基本原理、设计理论和制作施工技术等方面的水平,能将钢结构产业打造成具有"轻"、"快"、"好"、"省"优异性能和符合创建节约型社会的国策,有效实现"四节一环保"绿色建筑要求的新型产业。

(7) 改革行业协会的运作机制,充分发挥行业协会在行业发展市场和技术方向方面的引导作用。行业协会应该发挥其在行业发展方向、技术研究、标准制定、产业链优化方面的指导作用和引领作用,为行业开拓钢结构应用领域,组织共性技术攻关,帮助钢结构企业在市场经济中不断发展调整,充分发挥其在政府与企业间的桥梁、纽带作用。

(8) 在高等院校土木工程专业的教学中应提高有关钢结构课程方面的比重,至少与混凝土结构并重,为今后的土木工程专业技术人员打下扎实的基础。

参 考 文 献

[1] 沈祖炎,李元齐. 促进我国建筑钢结构产业发展的几点思考[J]. 建筑钢结构进展,2009,11(4):15-21.

[2] 沈祖炎,温东辉,李元齐. 建筑钢结构技术发展现状及展望[J]. 建筑结构,2009,39(9):15-24.

[3] 陈禄如. 我国钢结构加工企业现状与发展,2009年2月15日.

[4] 上海市金属结构行业协会. 钢结构行业报告[R]. 2009,2010年11月.

[5] 中国钢结构行业之现状. 世界金属导报[N]. 2007-01-16(20).

[6] 沈祖炎,王烨华,李元齐.论结构创新[J].同济大学学报(自然科学版),2010,38(1):1-11.

[7] 黄胜永.我国焊材生产现状及发展趋势[J].轧钢,2007,24(3):40-42.

[8] 甘子琼,戚天游,肖华荣.钢结构防火涂料现状及其发展[J].涂料工业,2004,34(3):42-46.

[9] 钱伯章.涂料市场和技术发展现状与趋势(Ⅰ)[J].涂料技术与文摘,2007,28(9),13-18.

[10] 中华人民共和国建设部.中国建筑技术政策[M].北京:中国城市出版社,1998.

[11] 宋賾.以服务推动钢结构事业发展-中国钢结构协会第五次全国代表大会综述[J].中国建设报,2007-11-07(08).

[12] 陈禄如.钢结构协会工作大有可为——庆祝中国钢结构协会成立二十周年[C].2004钢结构学术年会论文集,2004,10:5-6.

[13] 沈祖炎.必须还钢结构轻、快、好、省的本来面目.影响中国-第二届中国钢结构产业高峰论坛[C].深圳,2010年12月.

[14] 沈祖炎,李元齐.从几个重大工程中标方案引发的思考//建筑钢结构教育部工程研究中心成立暨学术报告会[R].2006年6月.

[15] 王明贵,张莉若.住宅产业现代化与钢结构住宅[J].钢结构,2001,16(6):22-23.

[16] 弓晓芸,严虹.国外工业化钢结构住宅应用探讨[J].工业建筑,2001,31(8):17-19.

(本文发表于:影响中国——第三届中国钢结构产业高峰论坛,2012,建筑时报 2013.1.14,003 版转载)

钢结构学科的发展现状及前沿发展方向研究

沈祖炎　李元齐

(同济大学土木工程学院建筑工程系,上海 200092)

1 国家需求

1.1 建筑钢结构产业的发展机遇

1.1.1 发展建筑钢结构产业是钢铁业发展国策的需求

当前,中国不仅是钢铁大国,也是钢结构用量最大的国家。近10年来,钢材年产量一直保持较高的增长势头,2000—2007年的四年间平均年增长率在20%以上。2005年中国钢产量已超过3亿t,2006年达到4.227亿t,2007年达到4.8亿t,2008年达到5亿t以上。但同发达国家相比,我国钢产量的快速增长与建筑用钢的现状存在严重反差。目前,我国钢结构用钢占钢材总产量比例约4%,而发达国家建筑钢结构用钢材要占钢材产量的10%以上,美国、日本等国家更达到30%左右。

1997年,由建设部颁发的《中国建筑技术政策》(1996—2010年)明确提出了合理使用钢材,发展钢结构的要求。1998年,建设部《关于建筑业进行推广应用10项新技术的通知》中第5条又明确提出了推广使用钢结构的建议。国务院(1999)第72号文指出,发展钢结构住宅,扩大钢结构住宅的市场占有率。1999年,《国家建筑钢结构产业十五计划和学2010年发展规划纲要(草案)》也明确指出,在"十五"期间,我国建筑钢结构行业将这一环保型、易于工业化和再次利用的结构体系作为重点,在全国范围大力推广,并明确以多层钢结构房屋为突破口,推动轻型钢结构住宅的发展。2002年,建设部发布《钢结构产业化技术原则》,评审通过了三批共36项钢结构住宅科研项目。2003年《建设事业技术政策纲方向要》提出,2010年建筑钢结构用钢量要达到钢产量的6%,即1 500万t以上。2005年7月20日最新公布的国务院常务会议审议批准的《钢铁产业发展政策》,明确了我国钢铁工业的产业政策目标、产业发展规划、产业布局调整、产业技术政策、企业组织结构调整、投资管理、原材料政策、钢材节约使用及对行业协会、咨询、设计、施工单位等的政策和要求。在确保安全的情况下,降低钢材使用系数;鼓励研究、开发和使用高性能、低成本、低消耗的新型材料;鼓励钢铁企业生产高强度钢材和耐腐蚀钢材,提高钢材强度和使用寿命,降低钢材使用量。这也给建筑钢结构行业的技术进步和产业发展提出了更明确的要求。2005年10月,国家"十一五"规划把节约资源作为基本国策,提出发展循环经济,保护生态环境,节约资源,实现可持续发展,淘汰落后的工艺技术,发展节能型建筑。从以上可以看出,合理、健康地发展建筑钢结构产业,是近10年来并一直仍将是国家的基本战略政策。

因此,在今后一个相当长的时期内,发展建筑钢结构产业将成为国家的宏观政策。为此,面对机遇,如何加大建筑业中各类钢结构建筑的使用比例,大力推进建筑钢结构产业的快速发展,提高建筑用钢在国家总钢材产量中的份额,将是摆在我们面前的重要课题。

1.1.2 发展建筑钢结构产业是建设节约型社会的需求

相对于传统的钢筋混凝土结构和砖混结构,建筑钢结构具有较好的社会和经济效益,其发展前景非常广阔。建筑钢结构在建筑结构领域的诸多优点主要表现在:

(1) 钢材的可回收利用性。钢材具有可回收再利用的特点,是一种绿色建筑材料,符合当前国家对建筑业提出的可持续化发展的要求。

(2) 钢材的轻质高强性。与目前广泛使用的混凝土材料相比,钢材重度与屈服点之比小,因而就同类的建筑结构形式相比,钢结构自重轻,构件截面小,能够承受更大的荷载,可以跨越更大的跨度,便于运输和安装。例如,在同等荷载条件下,钢屋架重量只有同等混凝土屋架的 $1/4 \sim 1/3$;若采用冷弯薄壁型钢屋架,则只有 $1/10$ 左右。

(3) 钢材优异的材料性能。钢材质地均匀、各向同性、弹性模量大、有很好的塑性及韧性,为理想的弹性——塑性体。因此,钢结构不会因为偶然的超载或局部超载而突然断裂破坏;能够适应振动荷载,抗震性能优越;计算模型很好地反映钢材的力学性能,因而分析准确可靠。

(4) 密封性好。钢材组织非常密实,通过焊接连接,完全适用于对气密性或水密性要求高的特种建筑物。

(5) 工业化程度高。钢结构由各种型材和钢板组成,宜在专业化的钢结构工厂生产。其制作加工方便、精度高,能大批量生产,工地安装迅速快捷,可大大缩短施工周期,降低造价,提高经济效益。

(6) 易拆卸。采用螺栓连接的已建成钢结构易于拆卸、加固和改建。

(7) 正常自然条件下的耐久性能好。在正常的防腐维护下,建筑钢结构不会因为日常温度的变化、日晒、雨淋及一般大气介质的作用而老化,具有很好的材料耐久性。

(8) 有利于节省资源、减少碳排放。以可循环利用、相对节材、节能、环保、安全的钢材为基本承重骨架的建筑钢结构体系,在目前普遍使用的几种材料中,相对而言最有利于节能、节材、节水以及节地。同时,采用最易于工业化建造的钢结构体系,可以有效节约资源和材料,提高材料在实现建筑节能和结构性能方面的效率,减少现场施工对场地和环境条件的需求,减少建筑垃圾、建筑施工对环境的不良影响,有效实现"四节一环保"的绿色要求,实现低能耗、低碳排放的建造过程,使得我国建筑业的整体发展实现预定的节能减排目标。

当然,钢材作为建筑材料也具有一些缺点,比较突出的是价格较高、耐火及耐腐蚀性较差。但通过现代抗火设计及防腐处理,完全能够达到使用要求。并且,随着新型耐候钢的使用,这些缺点将逐步得到弱化。

当前,国家正着力提倡建设资源节约型社会。建筑业是国民经济的支柱产业,就业容量大,产业关联度高,全社会 50% 以上固定资产投资要通过建筑业才能形成新的生产能力或使用价值,建筑业增加值约占国内生产总值的 7%。但另一方面,中国的建筑能耗占到国家全部能耗的 32%,已经成为国家最大的单项能耗行业。因此,建筑业的技术进步和节地节能水平,在很大程度上影响并决定着我国经济增长方式的转变和未来国民经济整体发展的速度与质量。因此,推广应用钢结构,完全符合国家着力提倡建立节约型社会的倡议,与降低碳排放的目标也是一致的。

1.1.3 发展建筑钢结构产业是大规模城市化建设的需求

20 世纪以来,随着科学技术的飞速发展及人们对物质和文化生活要求的不断提高,对各类建筑提出了更新、更高的要求。建筑钢结构由于钢材的优异性能、制作安装的高度工业化以及结构体形的新颖和灵巧,已越来越广泛地得到应用。新的结构形式、新的设计计算理论以及新的制作安装工艺层出不穷,特别是计算机技术和工程力学理论的飞速发展,更为建筑钢结构的发展提供了前提和保证。

当前,我国正处在土木工程建设的高潮期,城市化进程不断加快,城市建设方兴未艾。2008 年我国城镇化率达到 45.68%,2011 年已超过 50%。国家 2010—2015 年"十二五"规划以及长期战略发展中,国家将推动加快中小城镇化进程,将使得基础设施和住房需求量增大。同时,第二产业优化升级,工业建筑需求旺盛。西部大开发、中部崛起、东北老工业基地振兴等将形成更大的发展规模。一大批大型公共建筑、重大基础设施建设、重大机电工程建设等重大工程的建设无疑将为钢结构发展提供前所未有的机遇,也对钢结构学科的发展带来了迫切的需求。

1.2 钢结构学科的发展挑战

1.2.1 大型复杂结构的设计、施工与装备一体化技术支撑的需求

近年来,随着我国经济的持续高速发展,一大批重大工程建设相继展开。在重大建筑工程方面,国内相继建造了一大批大型重大公共建筑,一些举世瞩目的地标性工程结构,包括超高层建筑(如上海中心,高632 m)、体育场馆(如国家体育场等)、大型剧院(如国家大剧院等)、大型电视塔(如广州电视塔等)等已经建成,并显现了整个建筑领域蓬勃发展的局面。对于这些重大工程结构,由于建筑体量超常、结构高度或跨度超大、建造条件尤其复杂,且建设周期紧迫,因而在建设过程中面临设计(包括建筑设计和结构设计)、施工和装备、维护上的诸多巨大挑战。

目前,在大型复杂重大工程设计中,普遍存在着设计、施工与装备相脱离的现象,表现为建筑设计过程与结构方案的合理性论证相脱离、结构设计过程中没有充分考虑相应施工方案的合理性、效率和实际可能存在的施工误差对工程结构力学性能的影响;施工技术和施工过程没有与设计意图充分结合,没有充分考虑施工各阶段的实际状态对最终结构性能的影响,也没有充分考虑实际可能使用的施工装备条件及其对施工质量的影响;在施工装备制作和选用中没有从施工结构体的性能及施工方案的技术要求出发,而多为脱离设计要求和施工技术要求被动地选用。这些必将严重影响建筑材料性能的充分发挥及结构性能的最优化表现,甚至危及结构设计意图的体现及施工过程和使用维护阶段的安全性,同时,还将不可避免地造成建筑材料的巨大浪费和建设工期的拖延。

因此,设计和建造过程的大型化、复杂化、精细化,对这类大型复杂钢结构的设计、施工与装备一体化技术支撑提出了迫切的需求。各种荷载下精细化设计理论、施工过程跟踪技术和虚拟施工技术等,将为大型复杂钢结构工程建设提供必要的安全保障。

1.2.2 工业化发展中的成套集成技术的需求

随着人类工业化进程的不断加快,建设领域的工业化发展也日益加快,建设领域由传统的劳动密集型手工操作向工业化、自动化方向快速发展。现代化建设项目规模的不断扩大、复杂程度的日趋提高、人力成本的相对不断升高,加上社会公众对建造安全、工程品质的进一步关注,在工程建设过程中实现工业化建造变得尤为重要。因此,提高建筑业工业化水平,是提高建造效率的必然趋势,是提高我国建筑业建造质量的重要手段和迫切需要,也是国内建筑业实现"四节一环保"、低碳发展的有效途径。

钢结构是最适合采用预制装配式建造技术的。但目前,我国各类钢结构工业化建造水平还不尽如人意。目前国内工业化建造发展最好的是预制门式刚架轻钢厂房建筑体系,这首先得益于国内一段时期内经济快速发展中对施工工期短的门式刚架轻钢厂房建筑的巨大需求,另一个重要原因是门式刚架轻钢厂房体系集成化的成套技术为其快速的工业化建造过程提供了支撑。目前,这类体系在我国特别是经济发达地区已经完全取代了传统的钢筋混凝土厂房,不但施工周期短,且具有明显优越的综合经济技术指标。对其他类型的钢结构,要显著提高其建造工业化水平,就必须研究开发相应成套的集成技术体系。发达国家的预制装配式建筑应用普遍,种类多样,从设计、建筑、结构到施工都具有完整和成熟的体系。而国内除了工业建筑,对该领域的研究和应用还处在起步阶段,还存在很多问题。主要包括:

(1) 没有一套完整的、自主开发且符合中国国情的预制装配式钢结构建筑体系,多是常规的轻钢龙骨结构、钢框架结构或混合结构,少有专门针对预制装配式建造方法进行研发的建筑体系。

(2) 缺少与预制装配式建筑配套的建筑部品,如墙体、楼板、屋面板。目前市场上还没有一种既经济适用,又具有良好保温隔热性能,而且绿色环保、安装方便的外墙板。

(3) 针对建筑模数化、标准化展开的研究和投入还很不够。建筑模数化和标准化是实现预制装配建造方法的基础。目前国内大部分建筑设计的随意性很大,平面和立面参数没有形成模数化的系列,因此,各部分构件的构成、选用,以及连接构造都不适应批量生产、快速装配的建造方式。在这方面,国外的预制装配建筑都是在一定的标准化原则下进行一体化开发、设计和生产的。例如日本"积水房屋"公

司的产品,从钢构架到楼板、外墙板、门窗、屋面构件、内隔墙,甚至阳台栏板、扶手栏杆等都符合一定的模数制度,经工厂专门生产后在现场组装。瑞典工业化建筑中,通用部品占80%以上,保证了生产和建造的质量,使其产品在市场上能发挥规模优势。

(4) 缺乏针对典型预制装配式建筑与工程结构施工的专门性施工装备,严重影响了预制装配式建筑与工程结构的工业化水平和施工效率。

(5) 社会各职能机构、企业、院所的社会协作程度不高,各行业、各单位基本上都是各自为政,缺少一个协调和公共研发机构与研发平台统一协调相关建筑产品的研发和生产、集成。

因此,研究开发钢结构建筑工业化发展中的成套集成技术,已经成为我国扩大建筑钢结构应用范围、降低单方建筑造价、提高其市场竞争力的迫切需求。特别是建筑钢结构住宅产业的发展方面,工业化成套集成技术的发展更为迫切。

1.2.2 既有钢结构检测、评定、加固等维护技术的需求

在大力发展建筑钢结构的同时,中国也有一批以北京、上海为代表的发达城市,其钢结构应用和发展水平较高,已经接近中等发达国家的水平,各类钢结构建筑的管理和维护要求迫切。许多已建钢结构建筑渐渐进入维修保养的高峰期,改造与修缮工程将在不远的未来取代新建工程成为城市建设的主要组成部分。同时,要发展钢结构,也必须解决钢结构建筑的老龄化带来的挑战。目前,我国在这方面还存在较大空白。因此,研究开发针对在建和既有钢结构的检/监测、评定和加固等维护技术,是为各类钢结构快速发展和安全使用保驾护航的必然方向和迫切要求。

2 发展现状

2.1 钢结构技术发展现状

2.1.1 国内

我国建筑钢结构产业经过20年的发展已经形成一个巨大的产业,其中仅主体钢结构制造业的产值就达500亿～600亿元。目前,建筑钢结构产业的发展已步入黄金期,已经形成了以钢材生产、钢结构设计、构件加工及制作、构件安装,以及相关联产业的一个产业链,涉及不同技术层面的从业人员。这个产业链主要包括:

① 以钢铁公司为代表的建筑用钢生产产业,负责建筑钢结构用钢的研发,以及建筑钢结构用钢板材和型材的生产(热轧等)和初级加工(冷弯、焊接等)等;

② 以科研院所为代表,负责建筑钢结构体系研发、基础理论研究、设计标准制定、技术咨询和服务等的技术支撑产业;

③ 以设计单位为代表的建筑钢结构方案及施工图设计产业;

④ 以钢构公司为代表的建筑钢结构基本构件制作、加工产业,也包括现代商品化的针对某类建筑钢结构体系中整体或部分体系(如屋面体系、墙体体系,等等)产品进行研发、制作、销售、服务等的产业;

⑤ 以建筑钢结构施工企业为代表的建筑钢结构现场安装、施工产业,其中部分业务可能也由大型钢构公司承担。

同时,建筑钢结构产业的发展也带动了相关配套产业的发展。如非钢材料的维护结构、墙体及屋面的保温隔热材料、防腐材料、焊接材料、脚手架、大量的零件机械加工、各种用于钢构件制作的机械化或智能型加工设备,等等。

(1) 建筑结构用钢

近年来,我国钢产量持续快速增长。1996年我国钢产量跃居世界第一,2007年已达4.9亿t,但钢铁产量增长速度开始快于需求增速。

钢材质量及钢材规格基本满足建筑钢结构的要求。热轧钢材的牌号有Q235、Q345、Q390、Q420;有各种规格的H型钢;有高质量的建筑结构用钢板;有厚度为40～150 mm的Z向钢,有耐候钢、耐火钢等。另一方面,对新型钢材的研究已初步具备推广能力,如对高强、耐候、耐火及高延性热轧钢材的研发;厚度在1.5 mm以下牌号为Q235和Q550的超薄壁冷弯型钢的研究取得了一定成果;对厚度大于6 mm的厚壁冷弯型钢的生产也取得了突破,已能生产壁厚20 mm或更厚的冷弯型钢等。

(2) 建筑钢结构基本理论及设计技术

在高层、超高层钢结构领域，目前的研究已经取得了一定的技术进展，建立了较完整的高层钢结构分析理论，形成了高层钢结构成套技术，主要包括以下几个方面：①焊接柱残余应力及稳定性研究；②构件恢复力模型研究；③钢结构框架体系——非线性分析理论研究；④较完善的钢结构抗震设计方法；⑤火灾下钢框架整体非线性分析理论；⑥在地震作用下考虑损伤、损伤累积和裂缝效应分析理论的研究；⑦结构振动控制技术的研究；⑧钢——混凝土混合结构设计。从工程实践来看，高层钢结构在我国的发展经历了国外设计、我国参与设计到国内自主设计的过程；从结构体系角度看，反映了纯钢框架、框架——抗侧力、筒体到巨型结构体系的发展过程。结构体系的演变，既代表了设计、施工、安装等技术的进步，也从一个侧面反映了高层钢结构高度和层数不断增加的趋势。

大跨度钢结构是近40年来发展最活跃的结构体系，可以分成刚性结构体系和柔性结构体系。我国的大跨度钢网格结构，其规模之大、类型之齐全已为世界所瞩目。我国大跨空间结构的发展经历了传统的网架、网壳、悬索结构体系到新型组合结构体系如张弦梁、弦支穹顶到张力结构体系的过程，逐步形成了较重体系向轻型体系发展、刚性体系向柔性体系发展、单一形式向组合形式发展的趋势。这些结构体系各有特色，已形成了空间结构百花齐放的发展局面。

自20世纪70年代始，塔桅钢结构在广播、通信、输电线路及气象监测等领域得到了迅猛发展；到了80年代，集中建设了一批大型多功能电视塔；目前在理论研究、技术研究、试验分析、工程实践及规范编制等方面均已成熟。

在重型钢结构厂房方面，国内的研究工作相对较早，已经建立了重型厂房钢结构非线性静、动力分析方法。基于残余应力及焊接影响的研究，提出了承载力的计算方法及节点构造的改进，并对大型火电厂全铰接支撑——框架结构的振动台试验研究取得突破，结果表明该类结构能够满足"小震不坏"和"大震不倒"的抗震设防要求。

近年来对轻型钢结构开展了系统研究，取得了一系列成果，为轻钢结构的推广应用提供了技术支撑，主要有以下几方面：①对薄柔构件及其构成的框架和节点的抗震性能进行了系统研究，为在抗震设防区使用薄柔构件轻型钢框架提供了可能；②对轻型门式刚架端板连接中翼缘与端板采用非全熔透焊缝连接的节点性能进行了系统研究，提出了轻型门式刚架构件采用端板式连接时梁翼缘与端板可以采用非全熔透焊缝形式的建议；③对轻型门式刚架中，带牛腿的常截面柱的稳定性进行了研究，给出了精确的理论公式和简化实用计算公式；④对门式刚架中常用的铰接平板柱脚进行了研究，提出了此类柱脚转动刚度的计算公式，给出了柱计算长度的确定方法；⑤通过系统研究，形成了低多层住宅钢结构成套技术。

在冷弯型钢结构方面，已建立了厚度 2～6 mm 的 Q235、Q345 钢材的系统设计理论，其研究成果已体现在《冷弯薄壁型钢结构技术规范》(GB 50018—2002)中。目前，国内对 Q235、Q345、LQ550 钢材厚度 2 mm 以下冷弯薄壁型钢基本构件承载力设计理论、墙体体系、屋面及楼面体系承载力分析、连接性能等进行了系统研究，基于以上系统研究，编制了适用于厚度 2 mm 以下的低层冷弯薄壁型钢结构规程——《低层冷弯薄壁型钢房屋建筑技术规程》(报批稿)，也为《冷弯薄壁型钢结构技术规范》的修编提供了技术支撑。

(3) 建筑钢结构技术标准

我国钢结构技术标准主要由国家标准、行业标准、地方标准、CECS 标准和企业标准五部分组成。总体来说，基本已满足钢结构材料、设计、加工制作、安装及施工等方面的需求；但是专项规程少，不利于行业技术推广、发展。

材料、产品标准方面，包括材质、型材、板材、管材、焊材、紧固件等内容。其中材质标准主要包括碳素结构钢、低合金结构钢、高耐候结构钢、桥梁用结构钢材质标准等；型材标准主要包括热轧角钢、热轧 H 型钢和部分 T 型钢、热轧 L 型钢、热轧工字钢、热轧槽钢、热轧圆钢和方钢、六角钢和八角钢、焊接 H 型钢、冷弯型钢、冷弯开口型钢等标准；板材标准主要包括优质碳素结构钢冷轧钢带、优质碳素结构钢热轧钢带、碳素结构钢和低合金结构钢热轧钢带、碳素结构钢冷轧钢带、合金结构钢热轧厚钢板、铝及铝合金轧制板材、冷成型用加磷高强度冷轧钢板和钢带等标准；管材标准主要包括结构用不锈钢无缝钢管、直缝电焊钢管、冷拔无缝异型钢管、建筑结构用冷弯矩形钢管、不锈钢小直径无缝钢管等标准；焊接材料标准包括碳钢焊条、低合金钢焊条、不锈钢焊条、铸铁焊条土及焊丝等标准。

设计标准方面，既有通用标准，又有专用规程，基本覆盖了建筑钢结构展领域。通用标准主要包括钢结构设计规范、冷弯薄壁型钢结构技术规范、建筑抗震设计规范、铝合金结构设计规范等，专用规程中高层、高耸结构标准主要包括高层民用建筑钢结构技术规程，多、高层建筑钢——混凝土混合结构设计规程，高耸结构设计规范，高层建筑钢结构设计规程，高层民用建筑设计防火规范等；空间钢结构标准主要包括网架结构设计与施工规程、网壳结构技术规程、悬索结构设计规程、索膜结构设计规程、膜结构技术规程等；轻钢结构标准主要包括门式刚架轻型房屋钢结构技术规程、轻型房屋钢结构技术规程、冷弯薄壁型钢低层房屋技术规程等；组合结构标准主要包括矩形钢管混凝土结构设计规程、钢管混凝土结构设计与施工规程、钢骨混凝土结构技术规程、钢——混凝土组合结构设计规程、钢——混凝土组合楼盖结构设计与施工规程、钢管混凝土叠合柱结构技术规程等；钢结构连接标准主要包括焊接设计规范、建筑钢结构焊接技术规程、铸钢节点应用技术规程，以及钢结构高强度螺栓连接的设计、施工及验收规程等。

施工标准方面，主要包括钢结构工程施工质量验收规范、钢结构制作安装施工规程、轻型钢结构制作及安装验收规程、网架结构工程质量检验评定标准等。此外，还包括钢结构住宅标准及设计标准图等。

(4) 建筑钢结构制作和加工技术

截至2007年，国内共有钢结构(专项)一级施工企业143家，加上钢结构增项一级资质的427家，具备钢结构一级资质的企业累计570家。在上海市金属结构行业协会的会员单位中，钢结构制作安装企业(包括部分外省市)共380家，年产量360万t，而上海地区注册的钢结构施工企业达500余家。这些企业在承接国内任务的同时，有些已经开始布局海外。早在2003年阿尔及利亚首都发生地震后，浙江精工钢结构有限公司就承接了阿尔及利亚机场的钢结构施工工程，成为我国第一家出境施工的钢结构企业。从2006年起，宝冶也在海外频频中标。

国内大型钢结构企业对科技已十分重视，如东南网架等钢结构企业与浙江大学、清华大学等著名高校合作，还有如宝冶建设与同济大学合作，成立同济机器人公司，将先进的液压技术用于钢结构施工。对先进的、有代表性的攻关项目，国内钢结构企业也正在逐步突破，如国家财政部专门拨款资助宝冶建设全面开发大跨度空间网格钢结构。宝冶建设公司运用其有关技术建成的南京奥林匹克体育中心钢结构工程，其跨度达360 m，获上海市金刚奖和中国钢结构金奖，并给宝冶建设在国内大型会展、大型体育场馆建设带来了可观的市场份额，为宝冶建设钢结构可持续发展奠定了坚实的基础。

2006年无疑是钢构企业的科技创新年，伴随着鸟巢的成功卸载及许多奥运工程的快速推进，钢结构企业再一次展示了我国钢结构的加工制作水平，以大工程树立大品牌，沪宁钢机、上海宝冶、精工、杭萧、潮峰钢构的品牌形象得以迅速提升。

(5) 建筑钢结构施工技术

总体而言，我国建筑钢结构施工技术已达到国际水平，取得不少突破；已能加工、制作和安装各种大型钢结构。但是，先进加工、吊装设备仍靠进口。目前，钢结构加工、制作及安装等施工的专业化设备及队伍基本形成，已具有相当的钢结构加工、制作及安装能力。在钢结构加工制作技术方面，已实现了施工详图设计电脑化、材料管理程序化、加工工艺和焊接工艺自动化；在钢结构安装方面，采用各种安装策略[高空散装法、分条或分块安装法、整体吊装法、整体(顶)升法、整体滑移法、分单元累积滑移法、分条分块滑移法、折叠展开法]，完成了一大批复杂的大型现代空间结构的安装；在施工组织管理技术方面，发展了总体施工规划技术、异常情况应急处理技术及安全管理等技术；在复杂钢结构施工分析方面，建立了一系列复杂钢结构施工跟踪分析策略与实用方法。

2.1.2 国外

欧洲、美国、日本等发达国家建筑钢结构产业的发展是随钢铁工业而发展的。随着钢铁工业的发展，钢结构的应用也随之兴起，钢结构加工业也应运而生。经过多年的发展，现在已经形成了完整的建筑钢结构产业链，包括钢铁工业、钢结构加工业、建筑安装业、房地产开发业、钢结构咨询服务业以及其他附属产业的整个产业链已经形成健康有序的创新发展体系。在相关技术发展及其推动力方面，表现出以下几个特点：

(1) 钢材品种较为齐全，注重各类高性能钢材的高效应用。在钢结构中采用高强钢构件，可以节省用钢量，符合节能和可持续发展的战略。我国目前最常用的结构钢等级为 Q235 和 Q345，尽管我国《钢结构设计规范》列入了 Q390 和 Q420，但实际应用很少，仅在鸟巢、央视大楼等个别重大工程中采用；而国外已开始越来越多应用 Q460、Q490 及 Q550，同时已经开始研究 Q600 以上结构钢的应用。低屈服点高延性结构钢抗震耗能构件除成本低外，还具有承载力高、适应性强、不影响结构布置等优点。目前低屈服点钢其屈服强度基本可以划分为 100 MPa、160 MPa 和 225 MPa。早在 1989 年有文献报道，新日铁研制出屈服强度低于 100 MPa 的极低屈服点钢，到 1998 年已经用屈服强度分别为 100 MPa 和 225 MPa 的钢板做成三种类型的抗震阻尼器应用于高层建筑结构的抗震设计。截至目前，川崎制铁、JFE 和日本住友都已开发出系列低屈服点钢及相应的耗能构件。同时，注重对新型耐火钢、耐候钢的开发和应用。

(2) 钢铁工业作为钢结构技术的发源地，已经跨入传统的钢结构加工业的技术范畴。譬如，欧洲钢铁工业通过进行长材和平材扩大建筑部件的加工，横跨钢铁生产，长、平材深加工和长、平材扩大建筑部件(如楼盖、屋盖、围护墙体等)深加工三个领域，以提高产品的技术附加值，增加用钢需求，扩大钢铁产品的市场。

(3) 工业化程度高，针对体系形成自主知识产权的成套集成技术。这一点在量大面广的钢结构住宅产业、工业建筑产业尤为突出。20 世纪 70 年代，欧洲、美国、日本等发达国家已经在钢结构住宅领域基本形成了成熟的结构体系、工业化政策和技术标准。装配式工业化钢结构住宅在欧洲主要有以下类型：①冷弯型钢龙骨体系——板柱系统；②模块建筑(Modular Construction)；③模块和板的混合体系；④模块、板和钢框架的混合体系。在美洲，冷弯型钢龙骨体系广泛用于两三层的别墅式住宅。在美国新建的普通低层民用住宅中，轻型钢结构体系所占比例已从 20 世纪 90 年代初的 5% 发展到现在的 20% 左右。在多高层建筑中使用的装配式工业化钢结构住宅建筑体系有以下几种：①交错桁架钢框架体系；②梁板钢框架体系(The Girder-Slab Structural Steel Framing System)；③桁架次梁钢框架体系(Beam & Open Web Joist Structural Steel Framing System)；④MU-ROX体系。加拿大 CANAM 集团所属 MU-ROX 公司开发了一种适用于多层建筑的钢框架体系。1973 年，日本建立了工业化住宅准入制度，标志着作为体系建筑的预制住宅起步。2001 年，日本年新建竣工的预制装配化住宅约 3 000 万 m²。专业厂家有几十个，积水、大和、三泽房屋株式会社是有代表性的厂家。日本积水、东芝这样的公司在钢骨架模块建筑中拥有很高的技术。在多层和高层的钢结构住宅方面，日本竹中工务店、新日铁等公司在日本"芦屋浜高层住宅规划方案"中，提出了一种"基于工业化施工法，可以提供优质且价格合理的高层住宅及相应住宅环境的方案"。该方案以模数化设计的思路，提出预制装配式钢结构住宅产业化生产和施工组织方式。

(4) 在钢结构产业链中起着关键作用而至今未被我国钢结构有关行业注意的就是钢结构咨询服务业。而其核心，则是钢结构建筑的"行会"及其研发、信息中心。只有它们才能把钢结构这个概念贯穿始终。它们才是推进钢结构发展最主动、最自觉的力量。"行会"在欧洲工业化前是手工业的组织形式，但在工业化后，仍以新的形式存在。"行会"及其研发、信息中心以免费服务为主，它们的经费主要来自有关行业，如钢铁业、钢结构加工业、建筑业等。它们不是政府机关，而是市场经济的特有产物。这是值得我们注意和借鉴的。

2.2 钢结构学科发展现状

2.2.1 中国钢结构学科分布及研究方向情况

总体而言，中国钢结构学科分布及研究方向与目前中国钢结构产业的发展现状和技术需求相适应。近20年来,由于国内钢结构的需求高速增长,目前国内在钢结构方向的研究非常活跃。一大批高层、超高层建筑的拔地而起,带动了各类高层钢结构、高层钢——混凝土组合结构体系和相关设计、施工等技术的快速发展;城市机场、大型体育设施、剧院、展馆的建设,特别是2008年奥运会、2010年上海世博会等的举办,为大跨度空间结构的技术发展和工程实践提供了前所未有的机遇;国内经济的快速发展对施工工期短的门式刚架轻钢厂房建筑的巨大需求,所形成的门式刚架轻钢厂房体系集成化的成套技术为其快速的工业化建造过程提供了支撑;随着我国住宅产业化的发展,住宅建筑的工业化改革势在必行,一些单位和组织进行了相当数量的试验开发、实践探索,政府主管部门、住宅产业办又采取了一系列促进政策及措施,人们观念有所转变,开始对钢结构住宅的优越性有所认识,也进一步促进了钢结构住宅相关技术的研究和开发。

目前国内的钢结构学科分布较广,并呈不断上升趋势。表1是国内高校在钢结构方面的研究方向统计情况。总体而言,我国东部和南方地区钢结构发展较快,如北京、上海、广州等;北部和西部钢结构学科传统高校也不断发展,但西南、西北地区相对较弱。

在研究方向上,大跨度空间结构领域非常活跃,轻型钢结构及多层、高层和超高层钢结构领域发展很快,住宅钢结构领域得到重视,同时对钢结构检测与评定、健康监测、先进试验技术等方面开始关注。

表1 国内高校在钢结构方面的研究方向统计情况(不完全统计)

高校	研究方向	研究内容	地点
同济大学	钢结构	现代钢结构非线性理论;结构损伤累积效应分析;钢管混凝土结构;结构稳定与抗震;大型复杂结构关键科学问题	上海
	钢与轻型结构	钢结构抗震;轻型钢结构体系;钢结构连接性能和构造;大型结构试验技术和非线性分析;钢结构疲劳与断裂;温室钢结构	
	高耸钢结构	钢结构设计技术;高耸结构;现代木结构	
	钢结构理论与施工技术	空间钢结构的新体系及其分析理论;钢结构的施工方法和施工力学理论;钢结构的检测与鉴定	
	空间结构	大跨度钢结构;结构有限元分析;结构CAD	
	多高层钢结构及钢结构抗火	多高层钢结构设计理论;钢结构抗火设计理论;工程结构动力检测与控制理论	
	新型结构技术	结构稳定设计理论及非线性数值分析;预张力钢结构设计理论;索和膜结构设计理论;点式玻璃结构分析和设计理论;钢结构CAD	
清华大学	多高层钢结构新型抗侧力体系及抗震性能研究	钢板剪力墙、防屈曲钢板剪力墙、无黏结加劲钢板剪力墙、波形钢板剪力墙、防屈曲耗能支撑及其与钢框架结构相互作用;多高层钢结构和高耸结构中通高区平面与曲面框架结构群柱面外失稳机理与设计方法研究	北京
	轻型钢结构稳定性设计理论研究及应用	拱板结构、变截面门式刚架结构、波形腹板工形截面构件及门式刚架结构、翼缘弯折的工形截面构件及门式刚架结构、低层房屋冷弯薄壁型钢结构	
	大跨度钢结构及空间结构	大型钢结构施工安全性能研究;轻型大跨度钢结构设计与计算方法;大跨度钢结构抗风与抗震性能研究;大空间钢结构火灾安全性能研究;新型结构构件、节点及连接、杂交结构、预应力钢结构及张拉结构的性能及设计理论研究	
	复杂幕墙支承结构体系	刚柔结合的支承体系、柔性支承体系等性能及设计理论;玻璃幕墙结构受力性能、设计方法和工程应用研究;玻璃幕墙结构的损伤评定和加固改造;玻璃幕墙索网结构的受力性能、设计理论和工程应用	
	新型结构体系	树枝形结构性能研究及设计	
	钢结构连接及钢材性能	钢结构连接节点;高性能钢材钢结构;高强度钢材钢结构;高强度螺栓连接性能和设计方法	

续表

高校	研究方向	研究内容	地点
哈尔滨工业大学	大跨空间结构	大跨空间结构抗风抗震、大跨柔性屋盖的风振反应及抗风设计，薄膜结构风振分析的数值风洞方法，大跨空间结构抗爆，巨型望远镜结构技术，新型空间结构体系自由曲面结构，结构形态创构理论，索膜结构体系及其解析理论，网壳结构非线性稳定，大跨柔性屋盖风振动力响应和网壳结构动力稳定性及其在强震下的失效机理	哈尔滨
	钢-混凝土组合结构	钢-混凝土组合结构、钢管混凝土结构、钢管混凝土拱桥、新型组合构件、大型组合结构体系与施工关键技术；新型钢-混凝土组合结构体系	
	薄壳结构	薄壳结构	
浙江大学	空间结构	结构非线性和稳定性；大跨度结构风振分析，抗风和抗震研究；结构优化，空间结构设计方法论；空间张力结构体系，索膜结构及其节点，支撑研究，张拉预应力设计，空间结构抗风设计，地震响应分析，网壳等网格结构设计；新型预张力索杆体系，预应力空间网格结构，索杆张力结构的理论分析及试验研究，新型张力空间结构体系；大型空间结构施工过程分析与监测系统研究，大型空间结构施工技术研究及其全过程模拟系统	浙江
	结构风工程	结构风荷载、风环境的数值与风洞试验研究；低层房屋风灾害的预测、预警；风振响应，风与结构相互作用分析	
	多高层钢结构及非线性	钢结构稳定基本理论，多层和高层钢结构弹塑性动力学和抗震设计理论，钢结构的延性研究和抗震设计方法，钢结构节点应力弹塑性分析和性能研究，钢结构的板件失稳，钢结构非线性分析技术，钢结构建筑体系开发，钢结构配套的楼板、外墙、内墙开发研究；钢结构及结构稳定，冷弯薄壁型钢的畸变屈曲性能与设计方法，预应力门式刚架的工作性能与设计方法	
	组合结构及健康监测	钢骨混凝土组合柱，组合结构的弹塑性极限分析，结构在线健康监测和损伤识别，钢管混凝土组合柱截面优化及试验研究，钢管混凝土组合结构耐火性能研究；复杂环境下大跨度空间结构故障预警技术，大型结构无线传感技术开发；FRP加固混凝土结构和钢结构，包括黏结性能、抗弯加固性能和抗剪加固性能	
东南大学	空间结构	空间预应力钢结构建造技术研究，大跨空间结构（钢结构）的抗震抗风、可靠性、形态分析与优化，大跨空间结构和玻璃结构新体系，超高层和大跨空间结构抗风、抗震；空间预应力钢结构建造技术研究	南京
	钢-混凝土组合结构	钢-混凝土组合混合结构体系及其减振抗震控制，预应力钢屋架—钢梁	
	多层钢结构及抗灾	多高层结构抗震，钢结构抗火及钢结构程序开发	
大连理工大学	钢结构	大跨度空间结构拱形压型钢板杂交体系屋盖研究；钢结构设计基本理论与数值分析；钢结构工程安全性、耐久性评估及使用寿命预测	大连
天津大学	高层钢结构、空间结构及预应力钢结构	钢结构与空间结构设计理论，大跨结构抗震，高层钢结构抗火和抗风；大跨空间网架网壳结构	天津
	组合结构	钢管混凝土柱（异形柱），钢结构住宅	
湖南大学	钢结构	钢结构高等分析与设计，高层及高耸钢结构设计计算理论，空间钢管结构性能研究，网格结构计算分析	长沙
重庆大学	钢结构	高层建筑结构地震工程，高层和大跨结构风工程，高压输电塔、高耸及大跨结构风工程研究	重庆
河海大学	钢结构	钢结构数值分析，钢结构优化，钢结构静、动力稳定性分析，钢框架结构的二阶分析，钢结构的安全评估和加固分析，抗震钢结构的延性分析，大型水工金属结构的模型试验及数值分析	南京
北京工业大学	钢结构理论分析与试验研究	预应力钢结构分析理论；钢框架抗震计算理论与试验研究；钢框架结构与地基基础的动力相互作用	北京
北京科技大学	钢结构	结构工程设计理论与计算方法，结构工程优化设计与应用，大跨空间结构的分析与研究	
西南交通大学	钢-混凝土组合结构	钢骨混凝土	成都
	风工程	大跨空间结构抗风，风洞试验	

续表

高校	研究方向	研究内容	地点
华中科技大学	钢结构	钢结构及组合结构基本理论及应用;结构优化设计研究,结构可靠度分析研究;轻钢结构基本理论及应用	武汉
中国矿业大学	钢结构	采矿区钢与混凝土组合结构	徐州
上海交通大学	钢结构	钢结构稳定,抗火性能,疲劳,非线性分析;结构风工程和流固耦合作用;空间展开结构分析理论与展开动力分析理论研究;大跨空间钢结构分析理论研究与设计;膜结构分析理论,结构特性研究;大跨空间结构非线性稳定特性研究及其设计应用	上海
西安建筑科技大学	钢结构	钢结构性能与设计原理,结构稳定与抗震,轻型钢结构,冷弯薄壁型钢结构,钢与混凝土组合结构,钢结构高级分析理论,服役钢桥的稳定与疲劳研究,普通钢结构抗震理论研究,新型结构体系和结构计算理论,大跨和高层及新型结构,薄腹截面构件的稳定承载力及其设计方法,冷弯薄壁型钢的性能及应用	西安
长安大学	钢结构	钢结构及构件的稳定承载力,钢结构及组合结构的稳定承载力,轻钢结构,钢结构及构件残余应力	
武汉理工大学	钢结构	拱形波纹钢屋盖,冷弯薄壁型钢,住宅钢结构,高强度螺栓连接,结构检测	武汉
华南理工大学	钢结构	大跨空间结构抗风,高层结构减震抗震,钢结构抗火,索膜结构;大跨度空间结构和桥梁结构研究,结构风工程和结构风振分析,结构损伤识别与大跨度结构施工控制与健康监测,空间索膜结构的找形、荷载和裁剪分析;钢-混凝土组合结构	广州
青岛理工大学	钢结构	钢结构、轻钢结构设计理论及应用	青岛
广州大学	钢结构	高耸及大跨结构的优化设计研究,稳定性研究,高耸及大跨结构基础隔震及减震研究;巨型钢结构	广州
沈阳建筑大学	钢骨结构	钢管混凝土结构	沈阳
武汉大学	钢结构	大跨度及多高层钢结构性能与设计方法研究,钢-混凝土组合结构性能及设计方法研究,钢结构稳定理论及其应用研究,工程结构检测评估及加固方案研究	武汉
广西大学	钢结构	钢结构的抗震及脆断性能研究,组合结构	广西
长沙理工大学	钢结构	钢结构基本理论与设计,钢-混凝土组合结构基本理论与设计	湖南
合肥工业大学	钢结构	钢结构及大跨结构科研、设计与分析;大型复杂结构的分析与验算房屋及桥梁结构实际工程检测与分析	合肥
贵州大学	钢结构	预应力钢网格结构体系的研究与应用,混合型网壳结构的研究与应用	贵阳
兰州大学	钢结构	轻钢房屋建筑,钢管混凝土结构,冷弯薄壁型钢结构,多高层钢框架,交错桁架性能研究,结构风工程	兰州
太原理工大学	钢结构	新型钢结构和空间结构的体系研究,新型钢结构和空间结构的节点性能研究;构件稳定承载力研究;空间结构动力稳定性研究;木结构;结构鉴定加固	太原
烟台大学	钢结构	钢管节点结构的稳定、疲劳和断裂破坏;钢管混凝土结构梁—柱节点力学性能和计算方法的研究	烟台
江苏科技大学	钢结构	消能减振和预应力钢结构;钢结构碰撞损伤;钢结构仿真	无锡

注:未包括香港、澳门和台湾地区的高校。

2.2.2 国外钢结构学科分布及研究方向情况

对国外土木工程前30名大学钢结构领域的研究方向的调研表明,欧美大部分高校都将土木工程与环境工程置于一个学院,研究建筑结构的人数本身不多,专攻钢结构方向者更寥寥无几,涉及钢结构的研究领域很多是钢桥、钢结构检测方面。日本一些大学有研究钢结构相关的研究室,但单纯从事钢结构方面研究的也不多。这可能与这些发达国家建设领域发展较为成熟,工程实践较少有关。

从所搜集到的有限信息可以看到,关于钢结构领域的研究按结构层次主要可划分为:①钢材及其他金属材料的性能研究(含残余应力研究等);②普通钢构件的性能研究;③冷弯/薄壁型钢截面及构件的性能研究;④钢—混组合结构构件的性能研究;⑤节点连接、半刚性连接、节点域性能研究;⑥整体钢结构(包含钢框架、钢网壳、轻钢结构、空间结构、新型结构,组合结构、高层结构等)。研究的结构性能主要包含:①基本静力性能;②屈曲和稳定;③疲劳;④破坏模式及安全可靠度;⑤高温下的结构性能及抗火研究;⑥结构动力性能;⑦地震工程及风工程。结构设计及计算方法方面包含:①非线性分析;②基于计算机的结构设计;③有限元方法应用;④计算流体力学。此外,还有关于结构创新、建筑节能、建筑结构产业化及结构优化方面的研究。

关于各个方向的研究分布,在所收集的资料当中,发现材料层面主要包含塑性性能及残余应力的研究;钢构件的研究中除普通钢结构构件外,轻型冷弯结构及薄壁结构占较大的比重,同时还包含了较多不锈钢、少量铝合金构件的研究;各类钢管混凝土以及型钢混凝土构件、钢-混组合结构的研究及应用较多;钢结构普通节点连接(connection)、半刚性连接、节点域(joint)的研究比较热门;对整体结构的研究中,钢框架的研究占据主要部分,网壳结构研究也比较多,同时也包含了一些新型结构(如可展结构及智能结构)的研究,但对高层结构的专门研究比较少;结构性能研究方面,相比于结构抗震和结构抗风,所调查高校对结构抗火的研究比较热门;而对结构振动的研究则包含了人行走导致振动以及振动舒适度问题的研究。

3 发展战略

3.1 钢结构产业发展需求预测

未来20余年,我国钢结构产业发展的进程将进一步加快。这主要表现在:

(1) 钢结构在资源节省、减少碳排放、易于工业化方面的优势将进一步为社会所认识,未来钢结构发展的社会需求很大。

(2) 我国建筑用钢量占总用钢量的30%,美国、日本则达到50%~55%;我国建筑用钢量中钢结构用钢量占10%,而美国则达到40%~50%。我国钢产量2008年已达5亿t以上,并不断增长。因此,我国未来钢结构发展的刚性需求也很大。

(3) 从国外的发展经历和经验来看,中国钢结构产业在发展的规模、应用的范围等方面仍然偏小,特别是在量大面广的钢结构住宅和低多层公共建筑领域,空白加大,我国发展钢结构的空间很大。

(4) 我国今后20年仍将处在土木工程建设的高潮期,城市化进程将不断加快。国家中长期战略发展,将推动加快中小城镇化进程,将使得基础设施和住房需求量增大。西部大开发、中部崛起、东北老工业基地振兴等将形成更大的发展规模。因此,我国未来钢结构应用的刚性需求也很大。

因此,未来20年我国钢结构产业仍是朝阳产业,钢结构学科的发展将面临巨大的需求,仍将持续为我国钢结构学科发展提供巨大的机遇。

3.2 钢结构学科的发展方向、研究重点及关键技术分析

综合考虑目前国内在钢结构领域的发展需求,参考国际发达国家钢结构学科的发展现状和趋势,未来20年我国钢结构学科的发展方向、研究重点及关键技术可能包括:

3.2.1 高性能钢材的研发和应用技术

应加速开展对新型高效高性能建筑结构用钢的研发。对于热轧钢材,需开发新型高强度钢、耐候钢、耐火钢、抗震高性能钢及低屈服点钢等。如日本开发的耐火钢,不但具有与普通钢相似或更好的抗震性能、可焊性能等,而且在600℃时的屈服强度可保证不低于室温屈服强度的2/3。可开发不需预热焊接或预热温度较低的厚钢板。如日本开发的一种超低碳素贝氏体的非调质TS570 MPa级厚型高强度钢板,在厚度$t \geq 75$ mm的情况下施焊时完全不用预热。可开展用于吊车梁下翼缘和桥梁大梁底板等的变厚度钢板的研究。对于冷弯钢材,需与国际接轨,开发Q345以上的高强冷弯型钢以及厚度在6~25 mm的厚壁冷弯型钢。

3.2.2 大型复杂钢结构精细化设计理论和设计技术

在高层钢结构方面,应努力开展新型高效结构体系的研究,进一步研究与推广应用新技术,包括振动控制技术、抗震和抗风的精细化设计技术以及新型高性能钢材的设计理论,继续开展考虑后续地震影响的抗震设计理论及多重因素作用下结构损伤累积分析的研究。

在大跨度空间结构方面,应开展新型张力空间

结构体系(索穹顶结构、空腹索桁架结构、索杆全张力结构等)的分析理论及设计方法研究、设计软件开发与推广应用。此外,工程适用的稳定承载力分析方法、空间结构抗火分析理论及设计方法、振动控制技术、新型高效空间结构体系、节点的研发及超大跨空间结构在多维地震作用下的动力反应分析等方面亟待完善。

在高耸钢结构方面,应开展新型塔桅钢结构体系的分析理论及设计方法研究、设计软件开发及推广应用。同时,特别需要开展抗风的精细化设计技术、振动控制技术等方面的研究。

重型厂房钢结构若能采用新型高效钢材如高强钢、耐候钢、耐火钢、厚板钢,则可明显改善结构性能,提高经济效益。如何考虑实际存在的结构空间刚度需要加以研究。若在结构分析时考虑了空间刚度作用,则在构件设计时如何与计算结果互相协调,也需研究。在设置重级工作制吊车的厂房中,疲劳损伤及相关设计成为重要课题。

在轻型钢结构方面,多层轻型钢结构体系特别是针对住宅钢结构体系的研究将是重点,如开发高效又经济美观的结构体系;此外,还包括抗震性能研究,围护结构体系的系统化研究,结构板材的节能、保温、隔热、防火、隔声、防潮问题等方面的研究。

关于冷弯型钢钢结构领域的发展趋势有:新型冷弯结构体系、连接等的研发;超薄冷弯型钢结构体系抗风的精细化设计技术;超薄冷弯型钢构件畸变失稳及不同失稳模式的相互影响;壁厚大于6 mm的冷弯型钢的系统化研究;冷弯型钢体系在钢结构住宅中的广泛推广应用。

3.2.3 大型复杂钢结构先进施工技术

注重设计(包括建筑和结构设计)、施工和装备一体化的分析理念,开展复杂张力结构体系的施工跟踪与控制研究、施工中的关键问题研究(如时变结构的施工控制;构件内力、变形随结构生长累积变化及控制;施工过程中结构的稳定性、安全性保障;温度对结构变形及结构内力的影响),以及数值模拟指导下的现代钢结构施工技术的研究、机器人技术在钢结构施工中的应用研究等。为此,必须开发拥有自主知识产权且功能齐全的施工详图软件,实现施工详图设计软件的国产化。

3.2.4 钢结构先进维护技术

随着钢结构在各个领域的应用越来越广泛,钢结构的安全维护技术必将越来越受到重视,其工程实践需求也非常迫切。因此,应开展钢结构检测/监测、安全评定、加固改造技术的研究,形成钢结构安全维护的技术支撑体系。

3.2.5 钢结构技术标准

在技术标准编制方面,应加强专项规程的制定,例如引入大跨度结构抗风设计方法及其他新成果对部分规程进行补充;就新材料的应用、新体系的设计、检测与加固等技术的配套等进行新规范的修订。

同时,必须缩短规范的修订时间间隔。与国际规范3~5年的修订频率相比,我国规范往往5~10年才修改。由于我国规范强制条文多、灵活度小、修改不及时,难免会在规范中出现一些内容不全面、意思不明确、规定不合理之处,对设计人员的使用造成困难。因此,及时补充新的科研成果及思想对提高规范水平至关重要。

3.2.6 住宅钢结构技术

为适应住宅产业化和城镇化的要求,必须开展钢结构住宅技术研发和集成研究工作。在这方面,有志于钢结构住宅产业的企业大有可为,甚至可以起到研发的主导作用。参考国外的发展模式,提高钢结构建筑的工业化建造水平,形成企业自主知识产权的钢结构体系和相关住宅建筑集成技术是未来钢结构发展的一个方向,也是相关企业创立真正自主技术品牌、提高企业在国内外的综合竞争力的关键所在。

3.2.7 钢结构应用领域拓展及相关技术

在交通工程(道路、铁路、隧道、桥梁、港口、飞机场等)、能源工程(火电站和核电站、油气运输管道等)、海洋工程(海洋采油平台、海洋风力发电设施等)多个领域,钢结构将大有用武之地,相关技术的研究将是钢结构发展的重要新兴方向。

3.3 钢结构学科的布局规划需求

随着钢结构应用范围的不断扩大和建筑钢结构产业的不断成熟,我国钢结构学科的布局规划可能存在以下需求:

(1) 不同地域之间的平衡。随着钢结构在全国范围的推广和应用,钢结构研究在我国地域之间的不平衡应该得到改善。

(2) 各个研究方向之间的平衡。目前,大多是科研院所在钢结构学科方面的研究还停留在一些传统方向上,结合地域特点、发展需求的特色不多。因此,可以鼓励建立一些具有地域应用特色的钢结构研究方向。

(3) 不同机构研究条件之间的平衡。由于社会经济、地域钢结构发展水平的不同,目前国内钢结构学科研究人才存在区域流失情况,一些钢结构学科的传统优势高校人才流失严重。如何创造更好的研究和生活条件,保障西北、西南地区钢结构学科的传统优势高校在钢结构学科上的稳定和健康发展也是全国钢结构学科布局规划需要考虑的问题。

4 建议

4.1 国家技术政策层面

4.1.1 加强政策引导、着力解决钢结构的绿色和减排优势与建筑造价相对高的短期矛盾

推广建筑钢结构首先将不可避免地遇到首期投资较大的问题。根据目前国内的建筑物全寿命过程中利益的分配体系,一般业主基本不会像国外发达国家一样,关心整个建筑物在使用寿命内的总投资,更不会主动考虑建筑对未来环境的影响、寿命终结后是否可以回收利用等建筑结构可持续发展的问题。对同样规模的建筑,他们首先关注的是拟建建筑物前期的投资额度,甚至连钢结构体系可能带来的使用面积的增大、工期的缩短等优点及其间接效益也视而不见。而最终的代价将是国家土地、资源的浪费及自然、环境的破坏。因此,随着国家改革开放的深入,特别是加入 WTO 后,有必要检讨目前建筑钢结构产业链在具体技术政策及发展环境方面存在的实际问题,提出解决措施;应该积极通过国家或地方政府积极的政策性引导和配套,促进建筑钢结构产业市场的完善和成熟,从而有利于减轻建筑行业对自然、资源、环境方面的破坏。

4.1.2 加强社会宣传、建立钢结构使用的科学观念

目前,整个社会对建筑结构中采用钢结构的合理性和必要性仍存在很大的误解。包括普通百姓、业主、政府官员,甚至部分设计人员都对钢结构耐火性能、抗腐蚀性能等涉及建筑安全性的关键问题存在疑虑,钢材的相对高价以及对施工队伍的专业化要求等也让他们直观上难以接受。由于对建筑钢结构的优势及整体性价比缺乏足够的了解,很容易导致他们认为一般建筑物首选的结构形式为混凝土结构体系,仅在混凝土结构体系无法实现时才会选择钢结构体系,更加无法认识到一些建筑可能应该或完全可以采用钢结构,从而获得一个整体或长期的经济效益。因此,国家及行业协会等应通过公共宣传和工程示范,改变市场及业主的观念,扩大钢结构的应用范围,让全社会充分意识到钢结构重量轻、强度高,抗震性能好,节能环保、降低碳排放等符合国情的优势,提高全社会对建筑钢结构的认识水平及使用率。另外,必须规范市场行为,特别是招投标,防止不良的恶性竞争,导致只顾压价中标,而在实施过程中难以保证质量,造成工程隐患乃至事故。

4.1.3 强化各级协会在行业技术方向和技术发展方面的引导作用

在钢结构产业链中起着关键作用而至今未被我国钢结构有关行业注意的就是钢结构咨询服务业。而其核心,则是钢结构建筑的"行会"及其研发、信息中心。只有它们才能把钢结构这个概念贯穿始终。它们才是推进钢结构发展的最主动,最自觉的力量。"行会"在是发达国家工业化前手工业的组织形式,但在工业化后,仍以新的形式存在。"行会"及其研发、信息中心以免费服务为主,它们的经费主要来自有关行业,如钢铁业、钢结构加工业、建筑业等。它们不是政府机关,而是市场经济的特有产物。这是值得我们注意和借鉴的。像美国的钢结构咨询服务业拥有美国土木工程师学会、美国钢结构设计协会、美国金属建筑制造商协会等知名协会,这些协会为美国钢结构行业发展提供了实实在在的指导、支持和服务。

4.2 学科技术方面

4.2.1 大力开展新型高效钢材及产品的研发，为钢结构学科发展提供基础

在建筑钢结构材料层面，由于目前建筑钢结构用钢占总钢材产量的比例不大，高性能结构用钢及高效型钢等新材料、新产品的开发未能引起国内钢铁行业的足够重视；对钢材材质、新型高性能钢品种、新型型材的研发等方面与国外存在较大差距，不能完全满足国内市场的需求，产品国际竞争力有待提高。同时，其他经济高效的钢结构配套产品，如用于施工、围护、配套、防腐、防火等方面的新产品研发的投入也非常有限。这进一步限制了新型建筑钢结构体系的推广应用，同时间接增大了建筑钢结构的造价，降低其市场竞争力。这些因素将有可能造成恶性循环，如产品的欠缺导致市场发展缓慢，过度依赖进口，而这些因素又反过来影响上游结构用钢生产、研发企业对新产品研发的投入及热情。随着钢材在建筑结构领域应用范围的扩大，建筑钢结构对结构用钢材的性能已经提出了更新的要求，如高强度、高延展性、耐候、耐火等。发达国家，特别是日本、欧美等在这方面的研究投入较大，满足不同性能的结构用钢类型繁多。因此，我国也应该发展高强、高性能钢材和高效型钢、高集成化钢产品，并积极开展高性能钢材在结构领域的相关应用技术研究，进一步扩大钢材性能的优势。

4.2.2 注重钢结构行业战略性科学研究，推动行业技术的发展与普及

应该在建筑钢结构行业开展战略性的科学研究，譬如形成几个由政府牵头，高水平高校与产业链上骨干企业联合的高水平产、学、研结合的研发中心，开展有体系的基础理论研究及成套技术的科研攻关，建立新型建筑钢结构体系分析理论、设计方法，以及施工和安全监控技术。在系统理论研究和技术创新的同时，面向市场，着力开展成果技术转化及产业化。在此基础上，进一步完善相关领域的设计、施工技术标准，为行业的发展提供强大的技术支撑。

注重设计软件的开发，大幅提高设计人员在建筑钢结构专业设计方面的工作效率及便捷性，提高他们在日常工程设计中主动选择各类建筑钢结构体系的积极性；注重施工实时分析、模拟和监控软件的开发，为施工优化和施工安全提供技术支撑和保障。

积极开展专业技术人才的培养与技术培训，开发和推广CAD辅助设计软件，建立建筑钢结构行业高度专业化的设计、施工、维护、检测/监测等专业队伍。

4.2.3 注重钢结构相关技术标准的基础理论研究，提高行业整体技术水平

整体而言，我国钢结构的发展长期以来滞后于国际上的发展水平，在国内也滞后于其他传统材料结构的发展，而这也是20年来我国钢结构技术和钢结构产业蓬勃发展的原因之一。因此，在相关钢结构技术标准编制方面，我们参考国外的技术标准较多，基于国内特色的基础研究有限，有些甚至参考国内其他材料结构类似标准，针对钢结构本身特色的基础研究并不充分。譬如在钢结构抗震设计方法上，现有的方法并不能充分反映钢结构在抗震方面的优异性能；在构件可靠度分析方面，许多针对具体结构体系的设计方法并没有完全基于国内材料生产、构件加工制作、施工技术水平等带来的变异性进行考虑，而直接引用国外相关标准的技术条文，由此必将带来结构实际设计可靠度的不同。

因此，在目前我国钢结构技术发展和工程实践已经达到相当水平的情况下，注重钢结构相关技术标准的基础理论研究，是加强相关技术标准的中国特色和针对性，提高我国钢结构行业整体技术水平的重要课题和迫切任务。

4.3 学科人才培养方面

要建立合理、高效的建筑钢结构产业发展人才培养模式。建筑业的持续、健康发展，离不开各类高素质人才的培养。在建筑钢结构行业企业呈现一体化发展的趋势下，要"做大"、"做精"，要提高国内、国际的竞争力，对人才素质的要求也越来越高。具备较好的专业知识背景、熟悉管理和经营、了解国内国际市场的专业复合型人才的需求及合理培养模式也是业内多数专家反复提及的重点话题。

为此，不仅在大学阶段要注重不同层次钢结构学科创新型人才的培养，还要注重建立他们走上工

作岗位后的后续教育和培训的长效机制；要注重钢结构领域国内外先进技术的及时交流和培训；要注重人才的国际化水平的提升和复合型素质的培养；要为不同层次钢结构人才的成长和发展提供相应的支撑条件和良好环境。

参 考 文 献

[1] 中华人民共和国国务院.国家中长期科学和技术发展规划纲要(2006—2020年)[R].2006.

[2] 万钢.我国将实施五大措施推进节能减排科技创新[A]//2009中国国际节能减排与新能源科技博览会高层论坛[C].北京:2009.

[3] 上海市人民政府.上海中长期科学和技术发展规划纲要(2006—2020年)[R].2006.1.

[4] 上海建设交通委员会.上海建设交通"十二五"科技发展规划纲要(讨论稿)[R].2009.12.

[5] 沈祖炎,李元齐.促进我国建筑钢结构产业发展的几点思考[J].建筑钢结构进展,2009,11(4):15-21.

[6] 沈祖炎,温东辉,李元齐.建筑钢结构技术发展现状及展望[J].建筑结构,2009,39(9):15-24,14.

[7] 邹晶,刘德文,李元齐.多层钢结构住宅造价及综合经济性能分析[J].四川建筑科学研究,2010,36(1):49-53.

[8] 邹晶,李元齐.钢结构住宅体系环境性能分析[J].钢结构,2009,24(1):29-33.

[9] 邹晶,李元齐.钢结构住宅体系在我国的发展现状及存在问题[J].钢结构,2007,22(7):10-15.

[10] 中钢协.2007年中国粗钢产量将达4.8亿t[R].2007年11月2日15:59新浪财经,http://finance.sina.com.cn/moneY/future/20071102/15594133186.shtml.

[11] 詹正富.推广钢结构住宅产业化,培育新型绿色建筑体系[A]//第二届国际智能、绿色建筑与建筑节能大会论文集[C].http://www.Sigbac.com/igbc/news/ReadNews.asp?NewsID=450.

[12] 建设部.国家冶金工业局建筑用钢技术协调组钢结构专家小组.建筑钢结构产业"十五"计划和2010年发展规划纲要[J].新型建筑材料,2001(1):47-49.

[13] 王仕统.发展钢结构住宅势在必行[R].http://www.Ycwb.com/gb/contenV2005-12/30/content-1047272.htm(见习记者任珊)

[14] 上海钢结构产业发展迅速[R].中国联合钢铁网,2003-9-18.

[15] 中国西北地区"十一五"将成为钢结构发展新时期[R].http:///www.Bjinfobank.com/IrisBin/Text.dll?db=HK&no=2233241&cs=6857873&str=钢结构产业#,2005-09-24.

[16] 隋明义.中国钢结构产业步入黄金发展期[R].中国建设报,2005-02-26.

[17] 陈支援.中国钢结构产业市场前景无限[R].市场报,2002-06-28.

[18] 李世俊(中国钢铁工业协会).中国钢结构用钢情况[A].中国钢结构协会专家委员会第四次工作会议[C].江苏,2005-10-25.

[19] 童悦仲.中国未来的阳光产业——轻型钢结构住宅的建设[J].小城镇建设,2003,3:78-79.

[20] 程志广.以标准化提升钢结构产业发展水平——美国、加拿大钢结构考察有感[J].建筑钢结构进展与市场,2005,3(2):6.

[21] 林伟凯.台湾地区钢结构市场之现状分析与未来展望[J].建筑钢结构进展与市场,2005,3(4):43-47.

[22] 程志广.钢结构产业化发展出路在一体化——对钢结构产业化发展的思考[J].钢结构,2004,19(5):65-66.

(本文原载于:中国工程院土木、水利与建筑工程学部.土木工程学科发展现状及前沿发展方向研究[M].北京:人民交通出版社,2012:31-56)

建筑工业化建造产业发展的技术政策思考

李元齐　沈祖炎

(同济大学土木工程学院建筑工程系，上海 200092)

摘　要　本文分析了当前我国发展工业化建造模式的重要性和必要性，回顾和比较了目前国内外建筑工业化建造的发展现状，讨论了目前国内在发展工业化建造存在的问题。在此基础上，就建筑工业化建造产业发展需要的技术政策提出了相关建议。

关键词　建筑业；工业化建造；产业链；技术政策

1　引言

工业化建造是指采用工业化的预制装配式技术，选用合理的可装配式建筑(结构)体系，其主要构件和部品的制备都在工厂按工业化产品模式预制完成，再将其运输到现场，经机械化安装后形成满足预定功能要求的各类建筑产品。工业化建造模式与传统的现场建造方式不同，其建造环节、产业链构成、甚至工程建设和市场运行模式也存在明显的差别。简而言之，工业化建造就是"像造汽车一样造房子"。此时，面对房屋使用者的承建商实际上是房屋的集成商和营销商。其工作和现在建筑的设计院、施工单位或总承包商不同，它是采用公开的定型装配式工业化建筑体系或自己研发装配式工业化建筑体系，根据用户的需求和建筑使用功能要求、基于模数化、标准化的组合设计，选用适应的标准化、商品化的各类预制构件和建筑部品，通过商品物流等模式运到现场，采用专业设备进行机械化的现场装配，并采用标准化的工艺处理好连接部位，最后形成预定功能的建筑产品，同时，集成商和营销商需要基于信息化的管理手段，为其提供的建筑产品提供像"汽车4S店"一样的运行维护和技术支撑。因此，在产业链上，材料供应商、部品制备商、房屋的集成商和营销商成为主角，而物流商、部品营销商、零配件商、授权的房屋营销商、维护商等都是其中的重要参与者。另外，还包含以科研院所为代表、承担可装配工业化建筑体系研发、标准化系列化各类部品研发、基础理论研究、设计标准制定、技术咨询和服务等的技术支撑产业。同时，工业化建造建筑产业的发展也会带动相关配套产业的发展[1]。如保温隔热材料、防腐材料、防火材料、焊接材料、部品机械加工、机械化或智能型加工设备，等等。

2　建筑工业化建造的意义

发展装配式工业化建造技术是建筑业提高工业化水平、提高建造效率的必然趋势。与传统的以现场施工为主的建造方式相比，装配式工业化建造技术表现在建筑构配件生产工厂化、现场施工机械化、组织管理信息化，体现了工业化社会的建造方式和技术手段，是一种现代的高技术含量的建造方法，具有建造速度快、建设周期短的特点。根据欧洲的统计，传统建造方法每平方米建筑面积需2.25个工日，而预制装配式施工仅用1个工日，可节约人工25%～30%，降低造价约10%～15%，缩短工期30%～50%。建造工业化是一个国家建筑业技术和管理水平的综合体现，而装配式工业化建造技术可以降低现场手工操作的劳动量。因此，装配式工业化建造水平从一定程度上体现了一个国家建筑工业化水平的高低。

发展装配式工业化建造技术是提高建筑业建造质量的重要手段。目前，国内建筑业发展迅速，但现有工程建设质量严重参差不齐，存在较大的安全和使用上的隐患，受人为因素影响较大的传统现场施工建造方式是造成这一问题的主要原因。采用装配式工业化建造技术，将绝大部分构件、部品、甚至节点和连接件在工厂工业化预制，现场采用流程化、工法化的连接、安装技术，可以不受建造季节气候影响，大幅提高部品的制作质量，稳定结构的整体建造技术水平，保障结构的整体建造质量。

发展装配式工业化建造技术是建筑业实现"四节一环保"、低碳发展的有效途径。众所周知，建筑业是国民经济的支柱产业，其就业容量大、产业关联度高，全社会50%以上固定资产投资都要通过建筑业才能形成新的生产能力或使用价值，建筑业增加值约占国内生产总值的7%。但另一方面，中国的建筑能耗占到国家全部能耗的32%，已经成为国家最大的单项能耗行业。采用装配式工业化建造技术的建筑，可以节约资源和材料，减少现场施工对场地的需求，减少建筑垃圾、减少建筑施工对环境的不良影响。要实现国家和各地方政府目前既定的建筑节能减排目标，达到更高的节能减排水平、实现全寿命过程的低碳排放综合技术指标，发展装配式工业化建造建筑产业是一个有效途径。

3　建筑工业化建造的技术内涵

建筑工业化建造的技术内涵可以用图1来表示。主要包括：

（1）适合我国国情及工业化建造方式的装配式建筑体系开发。合理的装配式工业化建筑体系是发展建筑装配式工业化建造产业的前提，其中，模数化、模块化、标准化是保障其工业化建造效率的核心，合理的预制装配式结构体系和高效便捷的围护体系开发是其关键。

（2）标准化、系列化、商品化部品技术。装配式工业化建造建筑体系设计的关键技术体现在如何保障预制部品结构性能的高效，以及标准节点连接构造对保障结构整体性的能力和施工便捷性。因此，特别需要针对各类装配式工业化建筑体系的可集成化部品成套技术提供支撑。

（3）部品工业化制备和体系装配施工工艺及装备技术。部品工业化制备和体系装配施工工艺是保障装配式工业化建造建筑与工程结构质量和整体性能的关键步骤，也是目前制约我国装配式工业化建造建筑发展的瓶颈问题之一。同时，在装配式工业化建造建筑施工中，大量规格化预制部品的吊装、就位需要专用的安装机械装备，因此，专用安装装备开发与应用技术是提高现场安装工业化程度、提高装配效率的关键。

（4）标准化、模数化设计技术。采用模数化、标准化设计技术一方面可以使建筑中各类预制构件的规格系列化、标准化，这是实现预制部品工业化批量生产的基础；另一方面可以使建筑构件、部品、各类配件的尺寸保持协调，这是实现装配式施工的必要条件。先进的模数化、标准化技术不仅能使建筑满足工业化建造的标准和统一要求，也能满足市场的多样性需求，有利于提高建造效率，取得明显的经济效果。

（5）工业化建造全过程信息化管理技术。采用装配式工业化建造技术的建筑与传统建筑在各类构件（部品）制备、结构设计、装配施工、运营管理和后期拆去等全寿命不同阶段具有完全不同的特点，信息化管理在协调项目参与各方的技术和管理信息的需求、保障建筑使用和后期维护安全上显得尤为重要。

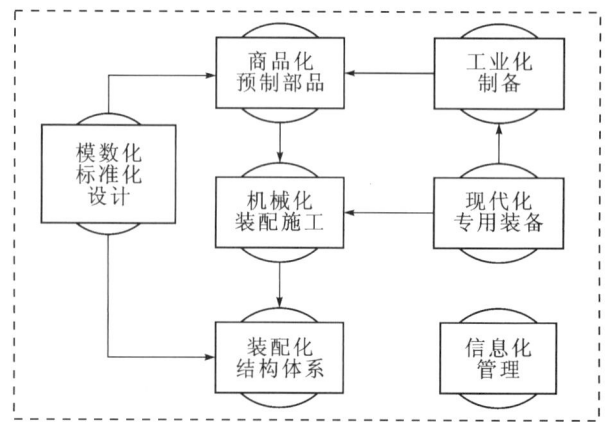

图1　建筑工业化建造的技术内涵

4 工业化建造钢结构建筑产业国内外发展现状

4.1 国外发展情况

国外的预制装配式建筑是从工业化住宅产品的研发开始的,已有近70年的历史。工业化建筑体系在部品制造和系统集成方面,严格遵守模数协调准则,按标准化思想进行设计和制造。以住宅为例,瑞典80%的住宅采用以通用部件为基础的住宅通用体系。法国20世纪80年代编制了《构件逻辑系统》,90年代又编制了住宅通用软件G5软件系统,采用这套软件系统,可以把任何一个建筑设计"转变"成为用工业化建筑部件进行设计而又不改变原设计的特点,尤其是建筑艺术方面的特点。丹麦是世界上第一个将模数法制化的国家,以发展"产品目录设计"为中心推动通用体系发展。荷兰在SAR理论实践中,住宅虽形态各异,体现个性化,但一直采取标准化的支撑体来形成住宅结构骨架,结构体的标准化设计在开放住宅的发展中一直受到重视。美国住宅用构件和部品的标准化、系列化及其专业化、商品化、社会化程度很高,几乎达到100%,美国住宅工业化的特点是采用标准化、系列化的构件部品在现场进行机械化施工。同时,自20世纪60年代以来,在世界经济发达国家普遍推行住宅产品认证模式。北美、欧洲的大部分国家,亚洲的部分国家都建立了建筑产品(部品)的认证模式,如加拿大建筑材料中心(CCMC)主要为新型建材、产品、体系和各类服务提供国家级的评估服务,已经得到联邦政府机构和十个省、地区的认可;美国ICBO评估服务中心(ICBO ES)于1931年开始针对建材、产品、体系及服务进行评估,NES于1975年由BOCA、ICBO、SBCCIDG三个标准规范组织建立,采用这三个组织的20多名技术专家进行评估。澳大利亚建筑体系认定中心(ABSAC)是致力于评价建筑产品和体系合理性的独立私营公司。日本优良住宅部品认定中心1978年建立了优良住宅部品认证模式,主要依据《优良部品认定规程》对住宅部品进行认定。

在装配式工业化建造建筑体系方面,发达国家结合各自的资源特点和历史条件,在预制装配式混凝土建筑体系、预制装配式木结构建筑体系、预制装配式钢结构建筑体系等方面都有各具特色的发展,但都有一个共同的前提,就是能发展到现在的企业都是具有自己自主知识产权的装配式工业化建造体系。如意大利BASIS预制装配式建筑体系、加拿大CANAM集团所属MUROX公司MUROX体系、美国的各种轻钢龙骨体系、日本积水、大和、丰田、旭化成等企业开发的体系,等等。也有社会共有的一些公开体系,如瑞典建筑体系OpenHouse AB、日本、美国早期的two-by-four的open system,等等。这些各具特色的体系就像一代代的汽车、电子产品一样,可能在开发初期存在这样或那样的问题,但经过不但改进,日趋成熟。这种模式也为企业相应体系不断改进使用性能、提高性价比、推陈出新提供了前提。

另外,在部品制备和装配式施工工艺和装备方面,由于各体系的部品规格化、工艺标准化,使得现代化的专用装备技术发展迅速。同时,由美国国家建筑科学协会(National Constitute of Building sciences)已经制定的国家BIM标准(National BIM standard)及国际协同工作联盟制定的IFC标准为这类建筑体系全过程信息化管理也提供了技术基础。

在装配式工业化建造建筑体系市场发展机制方面,日本的经验具有很好的启示[2]。日本的住房问题始于第二次世界大战后极度的住房短缺。20世纪50年代,房产公司和民间私人企业试验性地大规模生产木结构房屋,但没有达到合理的价格。最终多年后一些企业靠独自研发运行设计系统的预制工业住房在市场上幸存下来。1963年,由预制工业化住宅制造厂家成立了"工业化住宅建筑协会",随后制定了优良工厂认证制度与工业化住宅性能认证制度,优良住宅部品认证模式等,为工业化住宅发展提供了有力保障。可见,要发展装配式工业化建造建筑产业,必须建议适合于这种建造模式和市场模式的合理技术政策和机制。

4.2 国内发展情况

中国国家标准《住宅部品术语》(GB/T 22633—2008)[3]如此定义部品:按照一定的边界条件和配套

技术,有两个或两个以上的住宅单一产品或复合产品在现场组装而成,构成住宅某一部位中的一个功能单元,能满足该部位一项或几项功能要求的产品。包括屋顶、墙体、楼板、门窗、隔墙、卫生间、厨房、阳台、楼梯、橱柜等部品类别。按照住宅建筑的各个部位和功能要求,以及工厂化生产加工制造的可能性,住宅建筑可以分解成下七个部品体系:结构部品体系、外围护部品体系、内部部品体系、厨卫部品体系、设备部品体系、智能化部品系统、小区配套部品系统。该定义可以推广至其他工业化建筑。早在建国初期,我国就把部品的模数协调工作放在重要的位置。自1963年起至今,我国已经建立有一系列的有关模数的标准,包括《建筑模数协调统一标准》、《住宅建筑模数协调标准》、《住宅楼梯模数协调标准》等,但在实践应用方面与国外先进水平相比有较大的差距。目前,我国在建筑部品工业化方面取得一定的发展,包括初步形成建筑结构、围护结构、内装装修、厨卫系统、保温隔热、居住环境、新能源等10大部品标准化技术体系,成立住宅部品的康居认证中心,开展了相关示范工程建设,初步建立了部分部品和相关技术的产业化基地,等等。

在装配式工业化建造建筑体系方面,目前国内工业化建造发展最好的是预制门式刚架轻钢厂房建筑体系。这首先得益于国内一段时期内经济快速发展中对施工工期短的门式刚架轻钢厂房建筑的巨大需求,另一个重要原因是门式刚架轻钢厂房体系集成化的成套技术为其快速的工业化建造提供了支撑。目前,这类体系在我国、特别是经济发达地区已经完全取代了传统的钢筋混凝土厂房,不但施工周期短,且具有明显优越的综合经济技术指标。近年来,各类预制装配式混凝土建筑体系(框架体系、剪力墙体系)、预制装配式木结构建筑体系、预制装配式钢结构建筑(低多层的轻钢龙骨体系、多层轻钢框架体系、高层框架-剪力墙/支撑体系等)都受到企业和高校研发关注,并开展了一些工程实践和示范。但总体上体系的成熟度、工业化程度还不高,不能完全反映工业化建造中的模数化、标准化设计理念,还有很长的研发道路要走。

在部品工业化制备工艺及装备方面,目前一些大型混凝土部品制备商和钢构部件制备商已经开始注重投资建设现代的部品制备生产线,并具有很高的现代化水平。但就装配化施工工艺和装备而言,由于缺乏具备自主知识产权的装配式工业化建造建筑体系,部品规格化水平尚处在初级阶段,装配化施工工艺和装备的发展相当滞后。与此同时,全寿命过程信息化管理技术发展也相应处在初级水平,但已经受到相关科研单位和少数骨干企业的关注。

4.3 国内外对比引出的启示

近年来,我国装配式工业化建造建筑产业、特别是工业化住宅产业发展受到了广泛关注、也开展了一系列的技术研发和工程示范。但与国际发达国家相比还存在明显差距,主要表现在以下几方面:

(1) 目前我国的工业化建筑部品仍处在自发的发展阶段,距离高水平建筑部品及产业化的要求相差较远。建筑部品,尤其是住宅部品标准化工作尽管已取得很大成绩,但市场适应性、通用性和配套性尚不充分,更缺乏工业化建筑典型部品信息化模型和全寿命过程信息化管理方面的相关研究和应用。

(2) 装配式工业化建造建筑体系缺乏,研发工作不尽人意。目前国内尽管在预制装配式混凝土建筑体系、预制装配式木结构建筑、预制装配式钢结构建筑等方面都在开展体系研发和技术攻关,但尚处在技术模仿的初级阶段,企业尚没有自己具备自主知识产权,可以一代一代对之技术改进的装配式工业化建造建筑体系。行业内也没有形成供企业初期发展需要的公开体系。企业在研发过程中,往往注重的仅仅是"装配化"建造,而不是基于模数化、标准化的"工业化"建造。

(3) 社会对装配式工业化建造建筑的认识尚存在问题。譬如,在传统的钢筋混凝土装配式工业化建造建筑方面,尽管装配式体系的建造优点显著,但由于以往低水平、低质量的装配式工业化建造建筑在历次大地震中的糟糕表现(如唐山大地震、汶川大地震),使得社会甚至专业人员对装配式工业化建造建筑与工程结构的抗震表现产生了误解,已经使得该类体系的技术发展和工程实践几乎完全停滞。而事实上,即使在高地震烈度的发达国家和地区,如美国、日本、中国台湾地区等,现代的钢筋混凝土装配式工业化建造建筑仍然得到广泛应用,并在大震下表现优异。在最适合采用预制装配式建造技术的钢结构建筑和工程结构方面,国内建筑业中钢结构还仅集中使用于高层、超高层建筑、大空间公共建筑与工业建筑中,在一般民用建筑例如普通办公楼、学校建筑、医院建筑等、居住性建筑如宿舍、住房等还远未普及。

(4) 装配式工业化建造建筑产业发展机制不尽合理。装配式工业化建造建筑体系研发需要巨大投入,导致企业望而生畏。一些企业在付出极大热情和经济投入后,不得不铩羽而归。少数企业摸索到合理的自身发展模式才发展到现在。因此,要发展装配式工业化建造建筑产业,不光是几家企业的事情,必须形成社会合力,才能加速发展。

(5) 工程建设监管及其运行模式与装配式工业化建造建筑的工程应用推广不适应。现行工程建设审批、监管、责任分配等监管及其运行模式不适合工业化建造发展的最终要求。汽车业是高度工业化发展的产业,"像造汽车一样造房子",就必须"像买汽车一样买房子",也必须"像用汽车一样用房子"。

5 我国发展工业化建造钢结构建筑产业的技术政策思考

5.1 通过扶持性技术政策,解决装配式工业化建造建筑推广前期造价相对较高的问题

在国内,装配式工业化建造建筑产业发展尚处在发展初期,由于传统现场施工建造模式在人力成本方面的优势和装配式工业化建造处在相对较低的工业化水平阶段,采用装配式工业化建造的建筑一般较现场施工为主建造的建筑单位造价会高出15%~20%,而发展装配式工业化建造建筑的优势,如建造效率高、品质保障、节能环保等在现行的市场机制上不能在市场竞争中得到体现。这必然会给有志于装配式工业化建造建筑产业的企业带来困难。因此,国家和地方政府要发展装配式工业化建造建筑产业,必须在技术和经济政策上给予充分的支撑。在某种意义上,这也是政府为提升老百姓住房品质和安全、保障民生、建立资源节约型社会和和谐社会"提前买单"。

目前,也有一些城市开始了这方面的尝试。如2012年6月27日,上海市发布《市政府办公厅转发市建设交通委等关于推进住宅产业化若干意见》(沪府办发〔2011〕33号)[4],提出力争2011年开工建设装配整体式住宅试点项目面积达60万平方米,2012年达100万平方米,2013年达150万平方米,单体住宅结构的预制装配率15%以上;力争2015年整体式住宅当年装配面积占全市住宅开工总量的20%左右同时,单体住宅结构的预制装配率达30%以上"。等等,并制定了土地、规划、金融、财政和税收等方面的配套鼓励政策体系。

5.2 加大政府前期投入,建立技术开发与技术创新高效机制

在发展初期,国家和有条件的地方政府应该加大公共研发投入,在行业协会的统一组织和指导下,着力研发公开的装配式工业化建造建筑体系及成套技术,形成相应的技术标准体系,并以此为前提,健全部品制备、流通、施工工艺和装备、集成技术与集成商培育、人才培养和公共研发平台建设等产业链发展环节,形成高效的技术研发合作与创新模式,为企业进入装配式工业化建造建筑产业保障建造基本安全的同时,降低门槛,减小初期投入。在此基础上,鼓励有实力和条件的企业走自主创新之路,开展具备自主知识产权的装配式工业化建造建筑体系研发,进一步寻求高效的产学研合作研发模式,形成自主品牌。

5.3 建立适合装配式工业化建造建筑产业发展的市场监管及运行机制

应该改变传统的用于以现场施工为主建造方式的工程建设市场监管及其运行机制。包括:

(1) 尽快建立工业化建造建筑部品认证和市场管理制度,为部品研发、部品品质保障、商品化流通提供保障。

(2) 着手讨论、制定装配式工业化建造建筑集成商/生产商的市场准入认证制度。由集成/生产商提供给业主的装配式工业化建造建筑的品质保证可以完全由集成商/生产商自己负责、保险公司保障,

政府像对汽车制造商一样,只需要对装配式工业化建造建筑集成商/生产商的能力和资质进行认定即可。也只有这样,才能激发企业参与装配式工业化建造建筑产业发展、开展自主创新的热情。

(3) 对真正意义上的装配化建筑产品的推广应用,可以尝试按"工业化产品"一样的市场监管、销售、售后服务模式推广,政府负责保障让真正有能力的的企业准入和"产品"质量监管,销售、质量和售后由房屋集成商/销售商负责、商业保险机制跟进。在前期市场推广方面,可以参考"家电下乡"的政策模式给予优惠。

5.4 以保障房建设为契机,推进装配式工业化建造建筑产业发展

保障性住房包括廉租住房、经济适用住房、政策性租赁住房等,由政府主导建设。在我国,保障性住房建设具有如下特点:①小高层(10～14层)为主;②小户型,如廉租房以 35 m²/45 m²/55 m² 为主、经济适用住房以 60＋80 m² 为主;③建设量非常大,十二五期间要求全国 3 600 万套;④建造速度要求高、品质必须得到保障,是具有政府指令性的民生工程;⑤设计和建造需具有前瞻性,必须考虑 50 年期间的可能组合变化,以延长使用寿命。为此,采用装配式工业化建造模式非常适合于保障性住房户型标准、建造速度快、品质保障要求高、户型及平面布置可灵活变化的特点。因此,以装配式工业化建造技术建造目前量大、迫切的保障房建设为契机,推进装配式工业化建造建筑产业发展,具有可行性和科学性。

参 考 文 献

[1] 沈祖炎,李元齐.促进我国建筑钢结构产业发展的几点思考[J].建筑钢结构进展,2009,11(4):15-21.

[2] 東郷武.日本低层工业化住宅的历史与现状.第一届"建筑钢结构产业发展国际论坛".2011 年 6 月 24 日,上海.

[3] 中国国家标准.GB/T 22633—2008　住宅部品术语[S].北京:中国标准出版社,2008.

(本文发表于:影响中国——第三届中国钢结构产业高峰论坛,2012 年 12 月 22 日.中国建设报,2013 年 1 月 14—2 月 4 三期转载)

我国钢结构设计理论与技术标准发展历程与展望

沈祖炎

(同济大学土木工程学院建筑工程系,上海 200092)

1 前言

近20多年来,我国钢产量持续快速增长。1996年钢产量已跃居世界第一,2007年钢产量已达4.9亿吨,2013年中国粗钢产量7.79亿吨,占全球产量15.52亿吨的50.2%[1]。同时,国家经济建设发展的突飞猛进、市场经济的发展和不断成熟更为钢结构的发展创造了条件。自1997年建设部颁发《中国建筑技术政策》(1996—2010年)明确提出合理使用钢材、发展钢结构的要求以来,我国钢结构发展日新月异,取得了令世人瞩目的成就。组建于1984年6月的中国钢结构协会,正是我国钢结构设计理论、技术和产业快速发展历程的见证者和推动者。目前,我国钢结构技术的发展能够满足钢结构领域的建设要求,总体上和国际发展水平相当,部分领域走在世界前列[2]。但另一方面,我国当前建筑钢结构用钢占总钢产量的比例只有4%左右,且建筑钢结构在整个建筑行业所占比例还不到5%。同时,在钢结构体系创新、高性能钢材应用及单体建筑用钢指标等方面明显不足[3]。因此,从长远看,合理、健康地发展钢结构产业将是国家的基本战略政策,钢结构将会迎来发展的黄金时期。

2 我国钢结构领域技术标准的发展

2.1 发展现状

技术标准是一个国家行业理论发展和技术水平的集中体现。我国钢结构领域的技术标准的发展是与国家、地方、行业、企业的经济和建设的发展紧密联系的,也与市场经济的发展紧密相关。经过60年的发展,我国的技术标准体系已基本构建完成,由国家标准、行业标准、地方标准、标准化协会标准和企业标准组成。有关钢结构领域的技术标准,不包括地方标准和企业标准,总计已有200余本。内容包括钢材标准、铸钢件标准、热轧及冷弯型钢标准、连接材料标准、连接件标准、材料试验标准、防腐涂料、防火涂料、制图标准、可靠度设计统一标准、荷载规范、各种结构设计或技术规范、抗震设计规范、焊接规范、施工规范、各种工程的施工质量验收规范、各种检测技术规范以及幕墙材料和幕墙工程技术规范,等等。

从工程应用的角度,目前钢结构领域的技术标准已基本满足钢结构材料、设计、加工制作和安装方面的需求,只是专项技术标准偏少,不利于行业标准推广和钢结构发展。

2.2 发展的动力

在钢结构领域的技术标准中,《钢结构设计规范》(简称"普钢规范")和《冷弯薄壁钢结构技术规范》(简称"冷弯规范")被视为两本母规。这两本规范的发展影响和引领了钢结构其他相关技术标准的发展。下面将对这两本规范的发展[4-6]做一简要回顾。

我国在20世纪50年代以前没有有关钢结构设计的技术标准。1949年新中国成立以后,百废待兴、由于大规模建设工程的需要,建筑工程部依照前苏联1946年的钢结构设计规范,于1954年颁布了《钢结构设计规范试行草案》(规结-4—54)[7],适用对象为实腹梁和柱、桁架以及铰接和可动支座。后因苏联于1955年颁布了新的钢结构设计规范,我国国家基本建设委员会决定采用该规范代替规结-4—54,使该草案终未正式使用。

20世纪60年代,由于建设项目的不断增加,我国决定制定适用于工业厂房的钢结构设计规范,并于1964年完成讨论稿(五稿),但后来遭受"文化大革命"的冲击,终未能获准颁布。

20世纪60年代初,我国扩大了对外援助的规模。出于援外工程的需要,采用了大量的冷弯薄壁型钢结构,由同济大学和北京金属结构设计室进行了系统的试验和研究,并在此基础上于1969年编制了《弯曲薄壁型钢结构技术规程》草案[8],适用于由冷弯型钢构件构成的檩条、屋架和刚架等。这是我国第一本冷弯薄壁型钢结构的设计规范。

20世纪70年代,随着我国钢结构建筑的不断增加,国家基本建设委员会下决心编制和完善自己的国家技术标准体系。在钢结构设计规范方面,集中了一批大学教授、研究院研究员和建设部门的高级工程师,脱产进行规范课题研究和规范编制工作,并先后批准和颁布了《钢结构设计规范(试行)》TJ 17—74[9]以及《薄壁型钢结构技术规范》TJ 18—75[10]。《钢结构设计规范(试行)》TJ 17—74是我国第一本普钢结构设计规范。

在这两本规范1975年颁布以后的10年中,规范管理组又组织全国几十个单位对规范中的百余个专题开展了研究,同时压型钢板、单层和二层框架结构、钢管结构和钢与混凝土组合梁等在工程中的使用也日益增加。为了适应科技的发展和工程建设的需要,于1981年又对这两本规范开始组织修订,并分别于1987年和1988年批准颁布了新版《冷弯薄壁型钢结构技术规范》GBJ 18—87[11]和《钢结构设计规范》GBJ 17—88[12],适当扩大了适用范围。

20世纪90年代以后,随着我国改革开放政策的全面实施,钢产量于1996年跃居世界第一,钢结构的应用已逐步推广,在轻型厂房和仓库、大跨度体育、文化、会展建筑、高层超高层宾馆、办公楼中已广泛采用钢结构。鉴于此,许多专业规范如《网架结构设计与施工规程》JGJ7—91、《网壳结构技术规程》JGJ61—2003、《高层民用建筑钢结构技术规程》JGJ99—98、《门式钢架轻型房屋钢结构技术规程》CECS102:98等相继编制和颁布[2]。两本母规也相继修订,《钢结构设计规范》GB 50017—2003[13]和《冷弯薄壁型钢结构技术规程》GB 50018—2002[14]分别于2003年和2002年颁布实施。这次规范颁布后的主要发展体现在规范适用范围的拓宽,将87版《钢结构设计规范》从主要适用于单层厂房钢结构拓宽到高层钢结构、大跨度钢结构等,将88版《冷弯薄壁型钢结构技术规范》的适用范围在多跨门式刚架、墙梁和楼面等方面作了扩充。

21世纪以来,随着我国经济建设的迅速发展,钢结构因其优异的性能逐渐被人们了解,在全国各地的各类建筑包括学校、医院、办公楼以及住宅等的应用日益广泛,以及冷弯型钢截面具有用料经济,加工简便等优点,也经常在各类结构中应用,因此需要制订钢结构在抗震设防地区的设计标准以及冷弯厚壁型钢结构的设计标准。现在正在进行的对两本母规的修订,正是出于这一需要。

从我国钢结构领域设计规范历次修订的概况,可以看出我国设计规范的发展是与我国钢结构工程的发展密切相关,可以认为我国钢结构工程的发展是我国钢结构设计规范发展的动力。

3 我国钢结构设计理论的发展

3.1 引言

钢结构领域设计规范的发展,除了受我国钢结构工程发展的推动外,还受到我国钢结构设计理论发展的推动。我国钢结构设计理论的发展与我国钢结构材料、钢结构体系、钢结构二阶弹塑性分析理论、防震减灾技术以及钢结构设计方法等的发展分不开的,现分别阐述如下。

3.2 基于钢结构材料进展的发展

钢材强度不断提高,抗拉、抗压屈服强度名义值从20世纪50年代的215 N/mm^{2}提高到21世纪20年代的460 N/mm^2。由于强度的提高及残余应力和几何缺陷的影响减小,将给构件的各类稳定系数、板件的宽厚比限值以及疲劳计算造成误差。

钢板厚度不断增加,从20世纪50年代的20 mm

增加到 100 mm。需要考虑焊接残余应力的增加,抗拉抗压屈服强度的降低以及钢板在厚度方向塑性性能的降低等的影响。

铸钢节点的广泛应用,需要研究和制订铸钢节点受力后的承载力极限状态。

膜材、结构玻璃材料和钢索的应用,无论从结构体系、结构分析理论、结构构造、结构的制作和安装都出现了新的问题,需要进行全面系统的研究。

3.3 基于钢结构体系进展的发展

钢结构新的结构体系的出现需要研究新结构体系的传力路线、分析理论、构件和节点的设计方法以及整体结构的抗震性能等。

3.4 基于二阶弹塑性分析理论进展的发展

自 20 世纪 80 年代计算机被广泛应用后,二阶弹塑性分析理论得到迅速的发展,采用了数值分析方法,并将构件、节点内的残余应力、构件制作安装的几何初始缺陷、节点的非完全刚性、构件汇交于节点时的初始偏心、材料的真实弹塑性本构关系等可以得到清晰而正确的描述,使计算结果的准确性和速度大大提高,给钢结构的设计理论从构件、节点到整体结构带来了划时代的发展。

(1) 各类构件的整体稳定承载力计算,包括轴心受压、受弯和压弯构件的弯曲失稳、扭转失稳、弯扭失稳和畸变失稳等,从近似的、经验的计算走向系统的、理论的计算[15-19]。

(2) 各类板件的局部屈曲和屈曲后承载力计算,包括两边支承、一边支承一边自由和一边支承一边部分支承板件和板组在面内均匀受压和不均匀受压等,从基于试验的计算逐步走向基于较为理论的计算,并能用一个统一的公式计算各类板件的屈曲后承载力和板组对屈曲后承载力的影响[20]。

(3) 构件的各类稳定相关失稳的计算,包括轴心受压、受弯构件、压弯构件的整体、局部和畸变屈曲相关失稳等,通过采用数值计算等方法的全面和系统的研究,从无法全面计算走向了能用一个统一的公式进行计算。

(4) 各类节点承载力极限状态的计算,包括桁架节点、框架梁柱节点、钢管相贯节点、铸钢节点以及各种复杂受力状态的节点等,从基于试验的计算走向了基于有限元分析和试验验证相结合的计算[21-22],使节点的设计既科学又具有足够的可靠性,大大减少了钢结构的用钢量,提高了钢结构的可靠性。

(5) 钢结构整体承载力的计算,包括大跨度结构的整体稳定,超静定钢结构的塑性设计和调幅设计、抗连续倒塌设计等,从无法进行,进入到采用考虑结构和构件初始缺陷的双非线性分析直接分析设计法,能够准确地得到结果,有望将钢结构设计从构件层次提升到整个结构层次。

(6) 钢结构构件、节点和整体结构抗震性能,包括各类受力构件的恢复力模型、梁—柱节点和节点域的恢复力模型以及结构整体的弹塑性抗震性能等都能比较准确的描述,使钢结构基于性能目标的抗震设计方法得以顺利实施[23]。

(7) 钢结构构件和整体的抗火性能,包括各类受力构件在高温时的承载能力和结构整体在火灾环境下的温度场及内力分析等,都能通过双非线性有限元计算得到,为基于性能目标的抗火设计提供可靠依据[24]。

(8) 钢结构各种张拉结构的应用与推广,包括张弦梁、斜拉网架、索桁架、悬索、弦支穹顶、索穹顶、索结构、膜结构和索膜结构等均在二阶弹性分析理论的支撑下得到飞速的发展。

3.5 基于防震减灾技术进展的发展

我国抗震设防区地域辽阔,钢结构又是一种抗震性能十分良好的结构形式,可以预期今后钢结构在抗震设防地区的应用将会迅速增加。为了进一步减轻地震灾害的损失,采用隔震与消能技术也越益普遍。这对钢结构的抗震设计提出了新的问题,促进了系统和全面的研究。

3.6 基于设计方法进展的发展

自 20 世纪 50 年代以来,钢结构采用的设计方法经历了几次重大的变革和进展。50 年代采用容许应力设计法,这是一种基于经验的设计法。1957—1974 年间采用苏联的三系数的极限状态设计法,这是一种基于半概率半经验的极限状态设计方法。

1974—1987年采用基于极限状态、多系数分析的考虑调整系数的容许应力设计法。1988年以后，采用以概率论为基础的极限状态设计方法，并以分项系数设计表达式进行计算。

设计方法的巨大改变使钢结构设计的安全性以完全基于经验转变为基于概率论并以失效概率为度量的标准。这一转换不但使结构设计更加合理和安全，更重要的是使设计者对确保结构安全性有了新的理念，有了质的飞越。

3.7 基于设计手段进展的发展

最后还必须提一下设计手段进展的影响。我国一直到20世纪70年代末，设计工具一直是计算尺和图板、丁字尺。设计效率较低，质量也不易控制。20世纪80年代起，开始使用计算机软件设计和CAD软件绘图，并不断有所进展，使设计效率大幅提高，设计质量也易于保证。最近，设计单位均在准备或正在设计中采用BIM技术和3D打印技术，这将为结构设计的发展带来新的动力。

4 规范审批部门、编制组、编制人员的责任

我国国家颁布的各种设计规范都是由国家审批的，设计单位都要遵照执行。超出规范规定的，都要一案一议，进行充分的论证。因此设计规范的覆盖范围必须适应我国建设工程发展的需要，否则设计规范将阻碍我国工程建设的发展。同时，设计规范的技术内容必须反映国内外成熟的先进技术，使按规范设计的结构能够做到经济、安全、节材节能，否则设计规范将浪费国家大量的资金和资源，不能很好贯彻"四节一环保"建设资源节约型、环境友好型社会的国策。

设计规范要能做到上述二点，关键在于规范审批部门、编制组和编制人员。以下几点建议，供参考。

4.1 关于编制组

（1）编制组应是一个具有延续性的永久工作机构。

（2）编制组成员应该进行遴选，首先要对编制规范感兴趣，其次应对规范内容熟悉，且有一定研究，第三应有时间参加研究和编写。

（3）编制组应由规范审批部门指定挂靠单位，挂靠单位应设立规范管理办公室，规范管理办公室兼作编制组的办事机构。

（4）编制组设组长一人，由编制人员投票选出。

（5）编制组在组长带领下对规范编制质量负责。

4.2 关于编制方式

（1）编制组应制定有关规范发展所需研究的课题计划。

（2）研究计划中的课题应首先由编制人员担任，也可由编制组以外的人员担任。

（3）规范有关内容的修改应由提议人向编制组提出，并提交修改建议和详细的研究报告。提议人不限于编制组成员。

（4）编制组每年定期召开二次会议，会期1～2天，讨论内容主要是各研究课题的进展汇报以及各条修改建议。

（5）修改建议的最终稿需交编制组投票表决，同意票达到全体编制组人员的4/5及以上，才获通过。

4.3 关于编制人

（1）编制组成员任期每届5年，可以连选连任。

（2）编制人应该保证有足够的时间用于规范的修订工作，参加编制组的会议。

（3）编制人应该明了他的工作是编制国家规范，必须超越自己的研究成果，广泛收集国内外研究和实践成果，通过深入比较和融合提出最适合中国的修改建议。

参 考 文 献

[1] 沈祖炎,等.上海及长三角地区建筑钢结构产业发展协同创新机制研究[R].上海:同济大学,2014.

[2] 沈祖炎,温东辉,李元齐.中国建筑钢结构技术发展现状与展望[J].建筑结构,2009,39(9):15-24.

[3] 沈祖炎,李元齐.促进我国建筑钢结构产业发展的几点思考[J].建筑钢结构进展,2009,11(4):15-21.

[4] 沈祖炎.中国《钢结构设计规范》的发展历程[J].建筑

结构学报,2010,31(6):1-6.
[5] 陈雪庭,徐厚军.《冷弯薄壁型钢结构技术规范》在我国颁布实施40周年的回顾与展望[J].钢结构,2009,24(7):59-61.
[6] 沈祖炎.《冷弯薄壁型钢结构技术规范》的发展[J].钢结构,2009,24(7):55-58.
[7] 建筑工程部.规结-4—54 钢结构设计规范试行草案[S].北京:建筑工程出版社,1955.
[8] 国家建委.《弯曲薄壁型钢结构技术规范(草案)》[S].1969.
[9] 冶金工业部. TJ 17—74 钢结构设计规范(试行)[S].北京:中国建筑工业出版社,1975.
[10] 冶金工业部. TJ 18—75 薄壁型钢结构技术规范[S].北京:中国建筑工业出版社,1975.
[11] 冶金工业部. GBJ 18—87 冷弯薄壁型钢结构技术规范[S].北京:中国计划工业出版社,1987.
[12] 冶金工业部. GBJ 17—88 钢结构设计规范[S].北京:中国计划工业出版社,1989.
[13] 中华人民共和国建设部. GB 50017—2003 钢结构设计规范[S].北京:中国计划工业出版社,2003.
[14] 中华人民共和国建设部. GB 50018—2002 冷弯薄壁型钢结构技术规范[S].北京:中国计划工业出版社,2002.
[15] 卢献荣,夏志斌.验算钢梁整体稳定的简化方法[J].钢结构研究论文报告选集(第二册).全国钢结构标准技术委员会编,1982.
[16] 夏志斌,潘有昌,张显杰.焊接工字钢梁的非弹性侧扭屈曲[J].浙江大学学报,1985(增刊).
[17] 李开禧,肖允徽,等.逆算单元长度法计算单轴失稳时钢压杆的临界力[J].重庆建筑工程学院学报,1982(4).
[18] 李开禧,肖允徽,等.钢压杆的柱子曲线[J].重庆建筑工程学院学报,1985(1).
[19] 沈祖炎.压弯构件在弯矩作用平面的稳定性计算[J].钢结构,1991(2).
[20] Li Yuanqi, Shen Zuyan, Wang Lei, et al. Analysis and Design Reliability of Axially Compressed Members with High-strength Cold-formed Thin-walled Steel[J]. Thin-walled Structures, 2007, 45: 473-492.
[21] 中国工程建设标准化协会. CECS280:2010 钢管结构技术规程[S].北京:中国计划出版社,2010.
[22] 中国工程建设标准化协会. CECS235:2008 铸钢节点应用技术规程[S].北京:中国计划出版社,2008.
[23] 沈祖炎,孙飞飞.关于钢结构抗震设计方法的讨论及建议[J].建筑结构,2009,39(11):115-122.
[24] 上海市建设和管理委员会. DG/TJ08-008—2000 建筑钢结构防火技术规程[S].上海:2000.

(本文发表于:中国钢结构协会成立30周年纪念大会,2014年10月26日,南京)

上海及长三角地区建筑钢结构产业发展协同创新机制研究

沈祖炎　李国强　李元齐　等

前　言

根据国家产业政策发展要求,"十二五"期间,我国建筑钢结构发展的指导方针是:深入贯彻科学发展观,以建筑节能减排为重点,大力推行绿色、低碳的建设理念,通过技术引领、优化设计,逐步实现年建筑钢结构用材占到全国钢材总产量的10%左右,钢结构住宅建设占到房屋总建筑面积15%左右。为实现此目标,"十二五"期间,要在建筑钢结构行业内开展科研攻关和技术创新活动,配合国家相关部门,出台一些产业扶持政策,投入必要的资金,对大型钢构企业在开发应用方面给予必要的支持,改变当前钢结构领域发展不平衡、布局不合理的现状[1]。

上海及长三角地区在建筑用钢材研发和生产、建筑钢结构技术研发、技术标准编制和工程应用、相关规模化制作加工和安装企业、科研院校和人才培养等相关方面均处在全国领先地位。

本课题通过对上海及长三角地区建筑钢结构产业相关企业及行业机构大范围的网上调研和问卷调研,充分了解了本地区建筑钢结构产业发展创新的基本现状,明确了行业及现有创新模式和机制中存在的问题,并就产业发展技术创新模式的建立和管理决策提出参考建议。

1 上海及长三角地区建筑钢结构产业发展现状

1.1 上游产业

钢铁工业的发展是钢结构行业发展的重要前提。建筑钢结构产业的上游产业主要包括建筑钢结构用钢的生产、研发以及钢材的贸易和物流。

1.1.1 产业规模

(1) 总量大、增长速度较快

从1996年粗钢产量首次突破1亿吨大关,至2013年达到7.79亿吨,我国的粗钢总产量已连续18年稳居全球第一,占世界粗钢产量的48.5%[2]。表1列举了近四年我国的粗钢产量及同比增速,从表中数据可以看出,近年来我国的粗钢产量仍保持着较快的增长速度[3-5]。

表1　中国粗钢产量

时间	粗钢年产量/亿吨	同比增长
2010	6.26	9.8%
2011	6.83	7.3%
2012	7.17	3.1%
2013	7.79	7.5%

上海及长三角地区一直是我国重要的钢铁生产基地。在2013年全国有19家企业粗钢产量超过1千万吨,比2012年增加2家,共生产粗钢41 933.79万吨,占全国钢产量77 904万吨的53.8%。其中,位于上海及长三角地区的企业有2家,分别是宝钢集团有限公司和江苏沙钢集团。两家公司2013年分别产钢4 390.82万吨和3 508.05万吨,共7 898.87万吨,占19家企业产量的18.8%。19家过千万吨的企业中,国有及国有控股14家,民营企业5家,分别是江苏沙钢、北京建龙重工、山东日照钢铁、河北新安、河北纵横钢铁。5家民营企业钢产量共计8 718.35万吨,占全国钢产量的11.2%[6]。

(2) 产能过剩严重

2013年底,我国的钢铁产能约为10亿吨,而粗钢产量约7.79亿吨,产能利用率只有77%。2013年出台的国务院《关于化解产能严重过剩矛盾的指导意见》[7],把化解产能过剩矛盾作为产业结构调整的重点,采用有效遏制新增产能的增加和现有产能的释放,以缓解钢材市场供大于求的矛盾。但化解过剩产能和调整结构需要相应的过程和时间。国家统计局的数据显示,以 2006—2012 年为例,8 年累计减少的粗钢产能为 7 600 万吨,但这期间,国内累计新增的粗钢产能达到 4.4 亿吨。根据中钢协的调研,目前在建产能规模依然很高,今后三年分别新增 1.1 亿吨的炼铁产能和 1.3 亿吨的炼钢产能,产能越减越多[8-9]。国务院总理李克强在 3 月 5 日做政府工作报告时提到"对产能严重过剩行业,加强环保、能耗、技术等标准,清理各种优惠政策,消化一批存量,严控新上增量。今年要淘汰钢铁 2 700 万吨,确保'十二五'淘汰任务提前一年完成,真正做到压下来、不反弹。"[10]

近年来,上海及长三角地区对钢铁产能进行了较大的调整。2012 年,宝钢集团与上海市政府签署协议,将在未来 5 年内,陆续调整和压缩上海地区的部分产能,上海地区将减少铁产能约 580 万吨、钢产能约 660 万吨,约占宝钢本部钢铁产能的 30%[11]。江苏省政府于 2013 年 12 月 29 日正式发布《关于化解产能过剩矛盾的实施意见》[12],明确了该省 2014—2018 年压减钢铁 700 万吨的化解目标任务。

1.1.2 产业结构

(1) 产业布局点多、面广,集中度有待进一步提高

点多、面广、集中度低是中国钢铁产业布局的特点,也是我国钢铁工业大而不强的主要制约因素。工信部公布的 2013 年钢铁工业经济运行情况表明,2013 年粗钢产量前十名的钢铁企业集团产量占全国总量的比重为 39.4%,同比下降 6.5 个百分点;前 30 家占 55.1%,下降 5.9 个百分点;前 50 家占 65.3%,下降 4.6 个百分点。产业集中度不升反降,加剧了市场竞争。[13]

另外,钢铁工业各地区企业平均规模水平差异很大。河北等地区尽管总量居前,但由于生产企业数量过多,平均规模相对较小。从企业平均生铁、钢及钢材复合平均生产规模水平来看,(复合平均生产规模=(生铁产量+粗钢产量+钢材产量)/(生铁企业数+粗钢企业数+钢材企业数)),上海名列第一,其次是河北和甘肃。这说明上海钢铁工业发展具有较好的质量和水平,而产量第一的河北与上海相比,差距为 1.7 倍。

对此,工信部《关于加快推进重点行业企业兼并重组的指导意见》[14]提出"到 2015 年,前 10 家钢铁企业集团产业集中度达到 60% 左右,形成 3~5 家具有核心竞争力和较强国际影响力的企业集团,6~7 家具有较强区域市场竞争力的企业集团。重点支持大型钢铁企业集团开展跨地区、跨所有制兼并重组。积极支持区域优势钢铁企业兼并重组。大幅减少企业数量,提高钢铁产业集中度。支持重组后的钢铁企业开展技术改造、淘汰落后产能、优化区域布局,提高市场竞争力。鼓励钢铁企业参与国外钢铁企业的兼并重组。鼓励钢铁企业延伸产业链。重点支持钢铁企业参与国内现有矿山资源、焦化企业的整合,鼓励钢铁企业重组符合环保要求的国内废钢加工配送企业。"

表 2 列出了上海及长三角地区最有代表性的两家企业近两年的钢产量和企业的国内外行业排名[15]。

表 2 上海及长三角地区重点钢铁企业

企业名称	时间	粗钢产量/万吨	全国 15 强排名	全球 500 强排名
宝钢集团有限公司	2011	4 334.09	3	211
	2012	4 269.63	3	197
	2013	4 390.82	2	222
江苏沙钢集团(民营)	2011	3 192.32	5	366
	2012	3 230.9	5	346
	2013	3 508.05	4	318

相比全国范围,上海及长三角地区产业集中度相对较高。优势企业集团跨地区重组加快,如宝钢集团重组新疆八一钢铁、广东钢铁和宁波钢铁。钢铁企业的兼并重组提高了产业集中度,但与欧美发达国家水平还有较大差距,需要进一步提高产业集中度。

(2) 行业结构调整初见成效、掀起管理创新和机制体制改革的新浪潮

近几年,在困难形势下,一批钢铁企业眼睛向内苦练内功,完善公司治理结构、推动管理模式创新。

宝钢集团董事会试点工作得到国资委的充分肯定；鞍钢集团公司开展建设规范董事会工作；武钢集团董事会成立。同时，一些钢铁企业将市场机制引入企业的经营管理中，使管理水平明显提升，钢铁企业之间走访学习先进经验热情高涨。河北钢铁集团唐钢大力实施直面市场的生产组织模式变革，提升成本控制能力和产品创效能力，全力推进国际化战略。山东钢铁集团济钢改革创新，使企业管理进一步贴近市场，决策效率和市场反应能力不断提高。华菱集团实现扭亏为盈；南钢在钢产量减少的情况下，实现利润大幅上升；兴澄特钢品种结构经过"转优"、"优转特"、"特转精"三次调整，目前高档、高利润品种的比例已经占产量的三分之一。

上海及长三角地区近年来特别注重产业结构的调整升级。上海市经信委印发的《上海市钢铁产业"十二五"发展规划》中明确指出：上海精品钢基地要充分发挥基础原材料工业的作用，围绕国家战略性新兴产业，尤其是上海发展新能源汽车、民用航空制造业、先进重大装备制造业、海洋工程装备等高新技术产业的需求，推进钢铁高新材料产业化，提高国内独有领先产品的比例，产品总体向"高强韧、耐腐蚀、易焊接、长寿命"方向发展，重点发展八类核心战略产品；聚焦国家战略性新兴产业和上海先进制造业提升需求，对接下游重点行业需求，推进重点领域核心技术研发，加强绿色技术研发及应用，促进技术链延伸和深化，推进工程技术、金属深加工、资源开发、生产性服务业等相关产业技术的产业化[16]。

1.1.3 产品技术水平

(1) 钢材出口增速快于进口、但低附加值产品比重高

2013年，我国出口钢材6 234万吨，同比增长11.9%；进口钢材1 408万吨，增长3.1%；进口钢坯55万吨，增长53%。坯材合计折合净出口粗钢5 073万吨，同比增长14.4%，占粗钢总产量的6.5%。

但从进出口价格看，钢材进出口价差仍很明显。出口钢材均价854美元/吨，同比下降7.6%。其中棒线材605.4美元/吨，降13%，板材807.1美元/吨，降2.6%，管材1 191.3美元/吨，降2.8%；进口钢材均价1 211.1美元/吨，同比下降7.1%，其中棒线材1 509.9美元/吨，降11%，板材1 008.8美元/吨，降8.5%，其中，进口电工钢板(带)降16%。管材4 009.3美元/吨，降1.5%。从进出口的国别看，从日本、韩国和欧盟(27国)进口钢材分别为601.7万吨、424.6万吨和114.2万吨，合计占进口总量的81%；向东盟、韩国、中东、南美、非洲和欧盟(27国)出口钢材分别为1 742.5万吨、972.4万吨、718.6万吨、497.2万吨、456.1万吨和361.3万吨，合计占出口总量的76.2%[13]。

另外，与发达国家相比，我国钢铁行业特殊钢材产品所占比例较低。目前发达国家钢铁工业总量中特钢产品所占15%~25%，例如日本所占25%，而我国仅为8%~10%。另一项代表高附加值、高技术的板管材有所发展，但比例也只有39%左右，低于世界平均水平。

因此，应该实施钢铁产品出口升级战略，提高我国在全球钢铁产品价值链中的地位和竞争力[17]。

上海及长三角地区以宝钢股份特殊钢分公司为代表的钢铁企业在特殊钢材的研发与生产领域处于全国领先地位。

(2) 技术进步取得重大进展，自主创新能力逐步提高

我国钢铁工业技术进步加快，自主创新取得重大突破。宝钢、武钢自主研发的高磁感取向硅钢已能替代进口用于50万伏以上等级超高压大型变压器，并成功应用于我国三峡电站。宝钢、鞍钢、本钢等企业的汽车板质量与国际先进企业水平不断缩小。一大批机械行业用高端特殊钢产量和质量不断提高，钢铁工业高端产品生产能力不断增强。大型钢铁企业的设计、制造和系统集成技术达到了一个新的高度。首钢京唐曹妃甸钢铁基地建成投产，成为我国首个发展循环经济的临海大型钢铁联合企业。鞍钢鲅鱼圈钢铁基地顺利投产，主要技术经济指标全面达到或超过设计水平。宝钢梅钢通过自主创新集成，建成了我国第一条具有自主知识产权的冷连轧生产线。

(3) 成品钢材的品种越来越齐全、品种质量持续改善

为了适应市场的需要，成品钢材的品种越来越齐全，热轧H型钢、彩色钢板、冷弯型钢的生产能力大大提高，为钢结构发展创造了重要的条件。耐火、

耐候钢、超薄热轧 H 型钢等一批新型钢已开始在工程中应用,为钢结构发展创造了条件。钢结构用的型钢、钢管、高频焊接 H 型钢、冷弯型钢及镀层钢板等都有明显增长。

2013年,钢铁行业冶金产品达到国外先进实物质量水平认定并获得"金杯奖"产品已达 500 多个,生产量占钢材总产量的比重达到 40% 左右。研发一批新产品,一些依赖进口的特殊品种钢材成功实现国产化。宝钢生产的第三代汽车高强钢实现全球首发,600℃ 超超临界火电机组用各种钢管实现国产化;武钢、宝钢已能生产全部高牌号取向硅钢并形成了自己的核心专利技术;鞍钢直径 5 mm 高碳钢拉丝线材轧制成功,打破了国外企业对极限规格线材生产的垄断局面;首钢已生产出 X80 级超厚度管线钢卷板;马钢生产的 350 公里高速铁路车轮用钢即将进入试用阶段[13]。

1.1.4 现有科研条件及实力

(1) 科研条件

冶金行业最大最权威的综合性研发机构中国钢铁研究总院已成为行业内国际一流研发中心。钢铁研究总院材料科学研究领域覆盖了功能材料、结构材料、高温合金、粉末冶金、焊接材料、非晶微晶合金等。并拥有"先进钢铁流程及材料国家重点实验室"和"连铸技术国家工程研究中心"、"国家非晶微晶合金工程技术研究中心"、"先进钢铁材料技术国家工程研究中心"、"国家钢铁材料测试中心"、"国家钢铁产品质量监督检验中心"等 5 个国家级工程技术研究中心,京外设有舟山海洋腐蚀研究所[18]。

部分大中型国有、民营企业均设有研发中心或技术中心以及院士工作站等技术研发部门。如,以江苏沙钢集团有限公司为依托单位的江苏省(沙钢)钢铁研究院是江苏省重点研发机构。宝钢集团的上海钢铁工艺技术研究所是一个兼有科研与新产品试制技工贸一体化科研院所,近年来,不断加大科技投入和成果产业化力度,依靠科技含量较高的新品参加传统产业的市场竞争,目前已全部依靠自收自支实现科研开发和扩大新品再生产,走上自主开发、参与竞争、滚动发展的道路[19]。

(2) 科研实力

作为我国冶金新材料的研发基地,钢铁研究总院承担了我国 85% 以上关键冶金新材料的研制任务,为"两弹一星"、"长征系列运载火箭"和"神舟"飞船等诸多国家重点工程研制生产了大量的关键材料,为我国的国民经济建设和国防建设做出了重大贡献。近二十年来,钢铁研究总院所属研究机构及国家级研究中心在材料科学、冶金工艺与工程、分析测试等领域共取得了 4 000 余项科研成果,包括国家级奖励 58 项、省部级科技进步奖 230 项、授权专利 240 项(50% 以上为发明专利)。多年来,承担了 50% 以上冶金行业发展的关键、共性和重大前沿技术的开发任务。

宝钢上海钢铁工艺技术研究所是上海市 90 家转制科研院所中第一家获准成立市级企业技术中心。2003 年 6 月获上海市科委授予的"高新技术企业"称号,2003 年 8 月工艺所"高强度高抗震高耐火耐候超大规格方矩形管及连接件研究"课题列入国家 863 计划。逐步形成了"高效经济型材冷弯型钢"和"新型建筑用钢相关技术产品"两大类既有科研特色和较高的技术含量,又保持着稳定的国内市场占有率,在国内居于领先地位的主导产品。制定和主编了多项国家标准和规范,并代表中国参加了 ISO 相关标准的制定,共拥有科研成果 200 余项,中国专利 30 项,各级科技进步奖、发明奖、新产品奖 117 项,国家级新产品 10 项。工艺所现有职工 400 人,专业技术人员占 26.3%[20]。江苏沙钢钢铁研究院特聘请国际著名冶金专家江见俊彦教授负责研究院的整体筹建及初期运营工作,并成立了由 4 名中国工程院院士、7 名教授或教授级高工组成的技术委员会以及管理委员会。现有员工 150 余人,其中外籍人士 5 人,海归 5 人,博士 20 余人,硕士 60 余人。

1.1.5 现有创新合作机制

当前,企业创新研究主要采用的合作机制为企业与高校合作和企业与行业研究机构的合作。

(1) 企业直接承接国家科研项目

宝钢与国家自然科学基金委员会联合成立了面向全国的"钢铁联合研究基金"。多年来投入大量资金开展了众多项目。这些项目开展了大量钢铁冶金相关基础理论研究,并广泛调动了国内高等院校和钢铁冶金类科研院所的研究力量。通过该基金培养了180余名博士、300多名硕士。一批科研人员依托基金项目申请并获国家发明专利授权达47项,发表学术论文840余篇,参加国内外学术交流会议160余人次,出版了8部学术专著。

(2) 校企合作

苏州大学与江苏沙钢集团合作共建了苏州大学沙钢钢铁学院、江苏(沙钢)钢铁研究院苏大分院。学校充分发挥科技、知识、人才优势,积极配合沙钢的资金、技术、生产优势,大力推动产学研合作,不断加快科技创新步伐。

(3) 企业与行业机构合作

宝钢股份与中国钢研科技集团公司钢铁研究总院在纳米晶带材、连铸技术与装备、先进轧制技术与装备、高温合金及制品、结构材料等领域开展科研合作。

1.2 中下游产业

建筑钢结构产业的中下游产业主要包括建筑钢结构的制造加工与施工安装以及钢结构的设计(包括图纸设计和二次深化设计)、钢结构工程的总承包、钢结构检测、鉴定、加固、钢结构拆除、钢结构相关设备、钢结构配套设施等。

1.2.1 产业规模

(1) 钢结构总产量逐年增大、占钢产量的比重仍然过小

如表3所示,近几年,我国建筑钢结构用钢的产量一直在以10%左右的速度增长,但是建筑钢结构用钢仅占粗钢产量的4%左右,占建筑用钢的10%[3-5]。

表3 2008—2012年全国钢产量、建筑用钢量、建筑钢结构用钢量比较

项 目	2008年	2009年	2010年	2011年	2012年
钢产量/万吨	48 360	57 500	62 500	68 300	71 700
建筑用钢量/万吨	23 213	23 000	25 000	32 000	33 000
建筑钢结构用钢量/万吨	2 000	2 300	2 500	2 869	3 300

华东地区是一直是全国钢结构发展较快的区域,如表4所示,近几年华东地区钢结构产值占全国比重呈逐年下降趋势,但仍在30%以上,是西北六省(自治区)钢结构产值的2.9倍,华东地区仍然是钢结构发展的重点地区[5]。

表4 2009—2012年华东地区钢结构业务分布占全国比重

年份	2009	2010	2012
所占比重	40%	34%	30.5%

(2) 大型骨干企业集中,业务覆盖面广

目前钢结构企业多数集中在东部经济发达地区,2013年全国钢结构企业四十强中,上海及长三角地区占有16席,且前10强中占有7席,近年,一些中心城市的场馆建设、市政工程、标志性建筑等,吸引了越来越多的钢结构企业,成为钢结构市场的主体。但年产5万吨以上的钢结构企业仅40家左右,大部分中小企业规模偏小,竞争能力不强[21]。

调研数据显示,2010年,上海及周边地区的大中型企业,业务区域覆盖5个省(市)以上的占90%,其中覆盖10个以上的占44%[4]。

据不完全统计,2010年全国钢结构企业三十强主钢构产量约为518.41万吨,占全国钢结构产量的19.9%,其中上海及长三角地区企业14家,产量196.01万吨,占前三十强的37.8%,上海及长三角地区在钢结构制造加工领域处于全国主导地位。

在这些钢结构企业中,按照其市场化程度大致可以划分为两类:一类是以"精工钢构"、"杭萧钢构"、"东南网架"、"沪宁钢机"为代表的民营企业,完全面向市场独立经营;一类是以"宝钢钢构"有限公司为代表的国有大中型钢构企业,主要是为系统内工程建设提供配套,并未完全市场化。

1.2.2 企业的产业结构

(1) 国有钢结构企业公司

代表企业:宝钢钢构有限公司、上海宝冶建设有限公司、中船江南重工股份有限公司等,一般为大中型钢构企业或大型企业之系统的一部分。重钢为主,以各种厂房、建筑结构项目居多,市场范围覆盖面较广,内部工程比重较大。经营模式为设计、制造、安装、专业工程总包一体化,且部分企业兼具原材料生产、加工的能力。

(2) 外资钢结构企业

代表企业:美建建筑系统(中国)有限公司、巴特勒钢构、博斯格钢构系统等。综合来看,具有知名

度高、资金雄厚、技术先进、品牌较响、质量优异、收费较贵等特点。这类企业在钢结构技术等方面积累较多,具备综合优势,且拥有企业独特业务、设计软件支撑系统等,市场范围覆盖中国全国。经营模式一般为设计、加工、施工建设一体化,其中重钢方面以设计与工程总包为主,轻钢业务注重二次设计和新材料新技术的运用和实践。市场定位主要针对大面积厂房项目、多高层项目、大型展馆等特种建筑。

(3) 大型民营钢结构企业

代表企业:浙江杭萧钢构、浙江精工钢结构有限公司、东南网架等。该类企业资金较充足、品牌较响、设计制作施工力量较强,质量较好,市场范围遍及全国,一般在各地分区域设立分公司,大都具有特定的钢结构体系优势。经营模式为设计、加工、施工一体化。市场定位主要针对各种厂房项目、多高层项目、展馆等特种建筑。

(4) 以民营为主的中小型公司

这样的钢结构公司或机构在上海及长三角地区较多。这类企业虽然整体实力显得较弱,但生产运营成本较低,并且运作灵活使它充满一定生命力;体系不见得完全,技术一般、质量一般,但基于价格优势使获得中小业务的可能性很不错;市场范围多集中在所属特定区域,并主要依靠与周边区域建立的一定业务关系而介入市场;这样的机构的经营模式和市场定位大概有以下三种类型:

经营模式之一:提供材料与加工为主。市场定位:构件加工。

经营模式之二是设计、加工、施工一体化,市场定位:厂房、多层项目。

经营模式之三:工程总包与设计。市场定位:各种厂房、多层项目等。

总体来看,上海及长三角地区大中型企业产业集中度相对较高,大部分企业均为设计、加工、施工一体化的经营模式;中小型企业量大面广,产业结构比较单一,主要为设计、加工或施工等某一具体环节的专业化经营模式。

1.2.3 企业技术水平

(1) 产品技术水平

当前,我国的钢结构综合技术水平已处于国际先进水平,但我国的钢结构产业在信息化、自动化、标准化、科研创新方面同发达国家相比还有不小的差距。

问卷调研显示,国内大部分大中型企业的产品种类丰富,且技术水平均达到国际主流水平,部分企业出口量占公司总产量的三分之一以上;小型企业产品种类相对单一,技术水平也均处于国内先进的行列。

上海及长三角地区的产品技术水平在全国处于领先地位。国有企业如宝钢钢构有限公司,是国内首批评定的钢结构制造特级企业,持有美国钢结构协会(AISC)认证证书、加拿大焊接局(CSA)认证证书,是美国焊接协会(AWS)的会员单位。公司成功地建造了国内外包括上海东方明珠、上海金茂大厦、上海杨浦大桥、上海外高桥电厂、上海环球金融中心大厦、秦山核电站、中央电视台新台址主楼、南京绿地紫峰大厦、美国洛杉矶升降桥、英国温布利大球场、日本相马电厂、新加坡会展中心等一大批著名重大建设工程,产品遍布全球。形成了以高层建筑、桥梁、塔桅、核电、火电、空间结构、重型厂房、设备钢结构等为主的八大产品系列。众多大型民营企业也均处在国内先进水平以上。如浙江精工钢构有限公司,下属拥有"钢结构工程壹施工资质"企业5家,公司具备"钢结构设计甲级资质"、国家外经贸部"对外施工、设计、咨询、监理经营权",是国家高新技术企业,并已确立了高层钢结构建筑体系、空间大跨钢结构建筑体系以及轻钢结构建筑体系三大钢结构建筑专业体系。

表5和表6分别列举了上海及长三角地区钢结构企业制造资质和施工资质的情况以及在全国范围内所占的比重[22]。

表5 上海及长三角地区钢结构制造业企业资质

资质等级	上海	浙江	江苏	全国	比重
特级	7	11	5	71	32.4%
一级	4	12	12	160	17.5%
二级	1	0	3	29	13.8%
三级	0	0	1	4	25%

表6 上海及长三角地区钢结构施工一级资质企业

是否为主项	上海	浙江	江苏	全国	比重
主项	16	26	26	278	24.5%
非主项	16	14	21	521	9.8%

注:表中主项指钢结构工程专业承包一级资质为企业的主要资质,非主项指钢结构工程专业承包一级资质为企业的增项资质。

(2) 生产设备水平

目前，上海及长三角地区钢结构行业的生产加工设备处在国际先进水平的行列。国有大型企业，均有引进国外先进设备，部分民营大型企业也拥有较先进的国外生产设备，民营小型企业则主要为国产设备。相对来说，国产设备在加工精度及自动化、信息化等方面与国际先进水平还有一定的差距，完全自主的先进技术相对较少，国有设备生产商也主要以引进国外先进技术为主，但国产设备拥有较大的价格优势，在中小型企业中市场占有率较高。

1.2.4 现有科研条件和科研实力

(1) 科研条件

上海及长三角地区大部分大中型国有、民营企业均设有研发中心或技术中心以及院士工作站等技术研发部门，中小型企业一般不设置研发机构。研发机构多以企业自设的技术中心为主，除个别大型企业的研发中心外，经过国家或者省市级部门认证的相对较少。

如，浙江东南网架股份有限公司拥有国家级企业技术中心、国家级博士后科研工作站、工艺研究所和焊接技术实验中心；江苏省建筑科学研究院有限公司建设有高性能土木工程材料国家重点实验室；长江精工下设的技术中心被评为浙江省省级优秀技术中心；南通建筑工程总承包有限公司设有院士工作站及江苏省认定的技术中心；浙江中南建设集团钢结构有限公司与上海同济大学合作成立的同济中南建筑钢结构高新技术研究中心为杭州市企业技术中心等。

另外，上海及长三角地区教育资源丰富，众多高校拥有省部级的研究中心。

如，同济大学有教育部建筑钢结构工程研究中心(部级)和国家土建结构预制装配化工程技术中心(国家级)；浙江大学有依托于浙江大学建筑工程学院的浙江省空间结构重点实验室(省级)以及浙江大学空间结构研究中心；苏州科技学院有江苏省结构工程重点实验室等。

(2) 科研实力

上海及周边地区的企业，特别是大中型骨干企业，比较重视技术成果的开发，努力从技术上发挥竞争优势。表7列举了近几年年上海及周边地区钢结构企业取得的专利、工法、科技成果奖项数量和增加比例，科技成果的数量在全国处于领先地位[3-5]。

表7 2008—2012年上海及周边地区专利成果数量

年份	2008	2009	2010	2011	2012
项目/个	79	168	183	524	597
增加比例		112%	9%	186%	14%

从表7数据可以看到，为了提高市场核心竞争力，越来越多的企业开始重视科技开发，加大科研投入，技术水平稳步提升。但是调研仍显示，除宝钢等大型国有企业研发人员在100人以上外，大部分企业研发人员均少于10人。研发人员学历本科及以下为主，研究生以上学历占极少数。企业普遍反映技术人才严重匮乏，技术能力不足。

大部分企业每年投入研发的费用低于营业收入的1%，个别大型企业投入研发的费用为年营业收入的3%~5%。近年来，研发投入有逐年增大的趋势。

企业新建一项创新项目所需要的时间，从提出到开始实施为20天到一年左右，差异较大，需要经过的审核程序繁简不一，普遍效率较低。

大部分企业通过创新研发取得了一定的技术成果。取得成果中，实用新型专利较多，发明型专利相对较少。研发成果转化为实际效益的周期一般为半年左右。研发成果商业化的成功率在50%左右。阻碍科研成果转化为商业效益的最主要因素是实际研发成果未达到预期设想。部分企业一度因为研发投入长期难以得到回报而放弃研发工作。

(3) 相关扶持政策

企业主要通过行业协会、参加各类会议、政府网站等渠道获取国家、省、市鼓励技术创新的相关扶持政策，对政策的了解程度一般。相关鼓励政策主要有高新技术企业所得税减半、技术开发费可加计扣除减免税、专利申请资助政策等。大型国有企业中央一级扶鼓励政策落实较好，大中型民营企业省、市一级政策落实一般，部分企业政策落实状况较差。

1.2.5 现有创新合作机制

目前，企业在创新研究方面主要选择与高校及科研院所合作，合作的模式主要为：

(1) 校企合作共同实施科研项目

企业在实践中遇到问题时,选择与高校或科研院所合作共同实施科研项目。具体有两种形式:①委托研究,企业委托科研院所、高校等学术机构对新产品、新技术、新工艺、新材料等进行研究开发,企业提供资金、承担风险以期获得所需;②联合攻关,针对一个科研课题,企业与高校、科研院所等各方派出人员共同寻求技术解决办法。

如,浙江东南网架股份有限公司与浙江大学、西安建筑科技大学、浙江工业大学、浙江省建筑设计研究院等多家高等院校、科研单位建立了技术合作关系,不断增强自主创新能力,使公司新产品、新技术层出不穷,拥有自主知识产权的产品达100多种,获授权或受理的专利20多项。杭萧钢构与浙江大学、同济大学、福州大学等多所院校和研究所建立了密切的合作关系,为高校和科研院所提供经费,参编、主编了30多项国家、地方行业标准及规程规范。这种合作极大地促进了钢结构行业的发展[23]。

(2) 校企合作共建科研基地

企业与科研机构、高校分别投入一定比例的资金、人力或设备共同建立联合研发机构、联合实验室和工程技术中心等科研基地。发挥科研院所和高校的实验手段及研发能力,利用企业工程技术开发能力及资金优势,带动企业研发队伍建设。

如,长江精工与同济大学合作建立了"同济精工钢结构技术研究中心",主要承担钢结构前沿研究课题及钢结构技术研发任务。该中心合作的经验是,同济发挥高校的优势,对精工攻克施工难题,提高钢结构设计、制作和施工能力做出了帮助;精工则对同济予以充分的财力支持,同时还组织钢结构专业研究生到精工集团及其生产基地、施工现场学习和培训,学到了课堂上难以学到的实践知识。这种合作模式真正实现了高校和企业的双赢[24]。

2 上海及长三角地区建筑钢结构产业创新发展的问题及需求

通过调研显示,上海及长三角地区钢结构企业在创新发展中存在的问题主要有以下几点。

2.1 研发人员严重匮乏

在调研中,不管是国有企业还是民营企业,一致认为阻碍企业自主创新最主要的因素是缺乏专业的技术研发人员。企业间"挖角"现象十分普遍,部分企业花费大量人力物力财力培训出来的专业技术人才,因得不到保护而流失,严重挫伤了企业培训员工的积极性[4]。同时,宝钢钢构等大型国有企业还表示当前企业产品开发和生产中最迫切需要解决的是"企业技术研发人员不足和技术能力不足"的问题,并且把"缺乏科技人才"排在当前企业面临的困难之首。

2.2 技术、市场信息难获取

部分企业认为企业在市场竞争中难以获取准确的市场信息和先进的技术信息,在很大程度上影响了企业自主创新发展的方向定位。同时由于对市场预期的偏差等导致科研效率较低,研发成果转化为商业效益的效率很难超过50%。

2.3 研发投入不够、筹资困难

尽管所有企业一致认为创新对企业有保持市场竞争力、增加企业利润等众多实际效益,且大部分企业表示迫切需要开展创新活动。但往往因为研发投入长期得不到回报、研发经验不足、效率低下等导致企业不愿意在研发方面过多地投入经费,甚至有企业一度想放弃研发工作。尤其是中小企业,由于银行贷款难、工程款拖欠严重、预付款少等原因导致资金周转困难,企业生存艰难,更难提及发展。

2.4 政府支持不够、知识产权保护不力

企业普遍认为政府对企业开展创新研发活动的支持力度相对较弱,导致企业开展创新活动的积极性普遍受挫。例如,宝钢钢构等大型国有企业得到国家经济方面优惠政策虽然较多,但依旧反映政府对知识产权的保护不力;民营企业则普遍反映其在创新研发活动中得到政府的优惠政策和支持等相对较少。

2.5 低价恶性竞争、工程款拖欠严重

调研中多家企业反映,目前钢结构市场竞争趋势表现为业主希望低价中标,投标单位互相压价,低价恶性竞争的现象普遍存在。轻钢市场的竞争尤为激烈,一些品牌好的企业也不得已参与低价竞争。有些轻钢企业,营业额没有降低,但利润缩水,甚至亏损经营。大企业管理成本和劳动力成本高,在一般钢结构工程中缺乏竞争优势。钢结构市场工程款拖欠现象相当普遍,有的往往一拖就是好几年,企业仅剩的一点利润,也在工程款的拖欠中消失。

现在,建设行政主管部门对施工企业监管得比较多,对业主行为监管相对较少。有些项目的业主,工程款没有到位,就匆匆上马,严重影响工程款的正常支付。工程款拖欠成为企业生产经营和发展的一大瓶颈[5]。

2.6 招投标不正当现象普遍

招投标制度作为一种成熟而高级的交易方式在工程承包发包、政府采购等领域已广泛实施,是一种富有竞争性的采购方式,是市场经济的重要调节手段,它不但为业主选择好的供货商和承包人,而且能够优化资源配口,形成优胜劣汰的市场机制,其本质特征是"公开、公平、公正"和"充分竞争"。但调研表明,现行招投标制度下建设工程中不正当招投标的现象屡有发生,招投标活动中的"五方主体"——招标人、投标人、招标代理机构、评审专家、监督部门均存在不同程度的问题。主要表现在:

(1) 招标人的委托行为不规范,搞虚假招标,明招暗定。

(2) 投标人之间互相串通,围标、串标,故意低价中标后强迫业主追加预算。

(3) 招标代理机构人员素质不高,代理行为不规范,违规操纵招标结果。

(4) 评审专家库多头设置,库容量小,专家委员会的功能无法实现,评审专家丧失原则,定向评标。

(5) 监管部门"多头监管"现象普遍,政令不一且监督力量薄弱。

3 发达国家在钢结构产业创新发展中的先进经验

为了吸取发达国家在本行业的产业发展经验,课题组对欧洲及北美主要发达国家在建筑钢结构产业发展协同创新机制及典型钢结构企业创新历程进行了调研,包括钢结构产业的主要协作机构、钢铁建筑重点关注的领域、钢结构产业链及钢结构规范标准的制定和更新等。

3.1 对德国钢结构产业调研得到的几点启示

3.1.1 钢结构行业各个环节加强产学研用的结合

欧洲自古以来就有行会的传统,在市场机制发达的前提下,现代同行业联合起来,把整个钢结构上下游各种单位的人才加以整合加强产学研用结合,使之制度化,发挥优势。联合攻关,深入研究,关注规范标准,促进创新。

3.1.2 认清行业联合的潜能,避免低水平重复和恶性竞争

德国和欧洲钢结构从业者的共识是他们的竞争对手是混凝土结构。而钢结构行业内部联合的利好大于内部竞争。经过多年的市场竞争,现有的企业基本上各得其所。各自有自己的特长领域。避免低水平重复建设,在某一暂时看好的狭小领域内恶性竞争。钢铁建筑企业和相对中立的大学,研究机构合作,有利于共享研究成果。

3.1.3 通过联合形成产业链

德国乃至全欧洲建筑市场其实都小于中国。德国钢结构在建筑业中所占份额,也只有10%强。钢结构企业也以中小型为主。单一企业独自形成产业链有困难。但通过联合,钢结构企业向上游与钢铁生产企业密切合作,横向发挥大学科研优势,整合各大学研究力量,下游与建筑公司,房地产公司联合,通过研究课题,协会,论坛互通声息,促进良性互动。

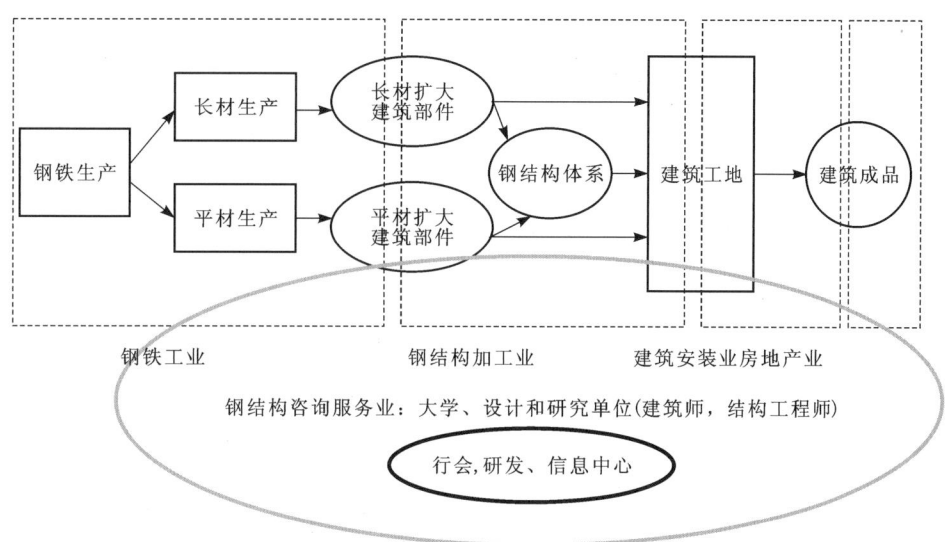

图 1　德国钢结构产业链

3.1.4　重视理论研究,鼓励创新,大胆实践

观察欧洲和德国的钢结构,总有新发展,避免停滞不前。一方面要适应市场标新立异的需要,又坚持在科学技术上合理经济,不单纯追求形式。以高品质新材料和高水平新结构去适应复杂的新挑战。而避免以一味增加用钢量去满足形式主义需求。

3.2　美国、加拿大钢结构行业发展迅速的主要原因

3.2.1　上游产业发展成熟

钢铁工业在美国发展较早,给建筑用钢提供了丰富的物资基础。20 世纪初,美国粗钢产量已占全球粗钢产量的 1/3。20 世纪 40—50 年代初,美国粗钢产量占全球粗钢产量的比重在高峰时曾超过 50%;1953 年,美国粗钢年产量突破 1 亿吨大关。此后 20 年中,美国钢铁工业仍保持着较高的生产规模。1973 年,美国粗钢产量达到 1.368 亿吨,创造了其到目前为止的历史峰值。但从 1973 后开始,因受生产成本上升较快、设备改造滞后、日本和欧洲等地钢铁工业竞争力提高等因素的影响,美国钢铁工业的生产规模出现停滞、下降趋势。须指出的是,虽然近 10 年中,美国国内的粗钢产量规模排在中国、日本之后,年度粗钢产量规模伴随着美国经济周期的调整亦有较大幅度波动。但美国作为目前世界上最大规模的钢材进口国和钢材净进口国,其年度钢材消费量在近 20 年中一直稳居世界前两位。1994 年起,美国年度粗钢表观消费量基本都在 1.1 亿吨以上,2006 年粗钢表观消费量超过了 1.4 亿吨。

3.2.2　国民对钢结构的认识清楚

钢结构本身的优越性使美国人有一个共识"安装容易、施工周期短、抗震性能好、投资回收快、环境污染小,与钢筋混凝土相比具有高、大、轻的独特优势"。这极大地方便了钢结构在美国和加拿大的应用推广。

3.2.3　政府政策导向明确

美国政府历来对环保的严格要求和资源的充分利用客观上促使业主、建筑师和结构工程师选择了钢结构,从而进一步促进了钢结构产业在美国的蓬勃发展。

3.2.4　产业链完整

成熟、配套的技术和产品推动了钢结构行业的发展。包括各种设计软件、规范标准、各种高性能钢材、焊材、连接材料、防火材料、防腐材料及各种设备机具等。

钢结构加工厂的专业化、现代化是发展方向。美国、加拿大的钢结构加工厂管理科学精简、分工细化、专业性强、自动化程度高、人员素质要求高、生产效率高。调研中没有看到小而全、大而全的工厂。

3.2.5　协会、学会积极推动

协会、学会推动钢结构行业的发展和技术进步,

协会、学会通过长期大量工作扩大钢结构市场,在更大的领域中采用钢结构;推广采用电子文件交接,从而可降低成本约10%,缩短工期约20%;钢结构设计与施工标准规范的修订、出版刊物;培训、教育、技术交流、展览;企业资质认证(全球性);为政府提供咨询和服务。可以肯定,协会、学会的工作可有效推动钢结构行业的发展和技术进步。美国及加拿大钢结构协会在本国企业和政府中具有较高信誉,因此协会的生存和发展也有保证。

4 上海及长三角地区建筑钢结构产业协同创新机制建议

通过对上海及长三角地区钢结构相关企业的深入调研,针对当前企业运作中存在的问题和建筑钢结构行业发展日益增长的创新需求,结合发达国家在同时期积累的先进经验,基于当前我国国情提出了适用于本地区建筑钢结构产业发展的协同创新机制建议。

建立建筑钢结构产业发展的协同创新机制,旨在于以高水平大学和大型企业的研发机构为主要核心,在政府和行业协会等非营利性机构的组织协调下,整合人才、信息、资金等有限的宝贵资源,集中精力开展推动行业发展的重大科技创新活动,通过最大化的信息公开和资源共享实现各方的优势互补,加速行业内先进技术的推广应用和建筑钢结构产业化的发展。具体包括以下建议,可以为上海及周边地区钢结构产业发展技术创新模式的建立和管理决策提供参考。

4.1 大力发展行业协会、完善行业协会职能

目前我国建筑钢结构行业各级的行业协会并不少,如中国建筑金属结构协会、中国钢结构协会、上海市金属结构行业协会等。行业协会下设分支机构的分类也较细致,如中国建筑金属结构协会下设有建筑钢结构委员会、钢木门窗委员会、给水排水设备分会等众多行业分支机构。但是调研表明,当前我国建筑钢结构行业内企业之间仍缺乏必要的联系,鲜有同行间的信息公开交流和资源共享,上下游产业之间信息不对称、资源不能互补等问题也较突出。主要原因在于行业内企业之间以及产业相关行业之间缺少能起到联系纽带作用的组织机构将产业链内的相关利益群体串联起来,导致信息不准确、行业创新发展方向不明确、资源配置不合理,从而极大地阻碍了产业的健康发展。

因此,未来中国的钢结构协会应该进一步发挥在行业发展方向、技术研究、标准制定、产业链优化方面的指导作用和引领作用[25]。贯彻党和国家的方针政策,密切关注市场、技术、经济发展与钢结构行业的发展动态,及时组织和引导行业健康、持续、稳定发展。不断研究钢结构行业现状和问题,开拓钢结构应用领域,扩大钢结构市场,帮助钢结构企业在市场经济中不断发展调整。参与组织编制钢材及其配套产品的标准,组织编制与参与设计、制作、安装及相关的技术规范、规程,积极开展科技攻关和试验研究工作[26]。推动采用新工艺、新技术,促进钢结构产业节能降耗。做好钢结构行业的引导者,充分发挥其在政府与企业间的桥梁、纽带作用。

4.2 加强行业内部联系,减少不必要的低水平重复和恶性竞争

通过调研了解到德国和欧洲钢结构从业者的共识是他们的竞争对手是混凝土结构,钢结构行业内部联合的利好大于内部竞争。但是目前国内同行企业之间普遍缺乏共识,导致企业之间,尤其是众多中小企业之间存在较多的低水平重复及恶性竞争,不利于整个行业的发展。钢结构在建筑行业的优势越来越明显,甚至已经改变了以往人们对于钢结构劣势的理解[27]。

因此,在完善行业协会职能的基础上,应积极发挥其组织协调作用,将行业内相关企业横向联合起来,汇集闲置资源、梳理有效信息,针对行业发展中共同存在的技术问题开展创新研发活动,通过产业结构调整使企业摆脱恶性竞争,走精品路线,从而实现行业的良性发展。

4.3 联合企业与高校,共建人才培养机制

目前,产业创新最突出的问题是缺乏有能力的

实用型专业人才。高校每年大量的毕业生就业困难，企业却始终缺乏可用的人才。业内不少专家认为，目前钢结构企业没有形成独立的职业岗位系列，培训的课程没有钢结构专业的特色内容。培训能提高专业技能，在日本受训回来的人，觉得日本企业的管理确实比我们严格得多，比我们科学得多。无论是管理、技术还是标准，我们要向发达国家学习，用最先进的标准、最科学的管理实现我们钢结构企业的产品升级[28]。

因此，应该联合高校与企业，根据企业应用需求，以企业为实践平台，充分利用高校的教育资源，建立企业与高校共同培养实用型人才的新机制，培养出更多适应当前产业发展需求的创造型实用人才，充实行业创新发展的核心队伍。

4.4 以高校和研发机构为核心，加强产学研合作，推动行业协同创新

高校和大型企业的研发机构是推动行业创新发展的核心动力。行业协会应该积极推动高校与建筑钢结构产业链中的大型骨干企业合作，建立强强联合的高水平钢结构产业研究开发、合作、技术咨询与服务中心，直接面向产业链上、下游龙头企业的技术关键，畅通研发合作与交流的渠道，提高研发成果的工程化效率。只有以这些高水平的技术研发力量为核心，利用联合行业内相关企业所汇集的资金、信息等资源，齐心协力攻克阻碍行业发展的壁垒问题，推出可供行业内企业共享的创新知识平台，才能真正解决行业发展中的低水平竞争等恶性问题，为企业的良性发展提供健康的环境，实现全行业的协同创新发展。

因此，要充分利用现有的高校、企业、研发机构的研发平台，形成服务行业的开发平台，在充分发挥各平台功能、提高利用效率的同时，整合行业资源，提高行业研发平台的实际整体水平。今年科技部新批准依托同济大学建设的"国家土建结构与之装配化工程技术研究中心"将尝试这方面的产学研合作模式。

4.5 加强上下游产业间联合、完善产业链

钢铁工业的发展是钢结构行业发展的重要前提。依据国外先进经验，当钢产量突破亿吨或钢产量趋于平稳时，建筑钢结构产业将进入高速发展期。我国当前的钢产量已为建筑钢结构产业的发展提供了坚实的基础，但是我国建筑钢结构用钢占总钢产量的比重还不足5%，如何拓展下游产业是关键。

因此，在联合行业内企业协同创新的基础上，行业协会之间应通过联系整合上下游产业，使市场进一步的细分和扩大，如大力发展钢结构的工厂化、规模化、标准化、精确化、流水化制作，坚定不移地走以钢结构住宅体系为依托的现代化住宅产业化发展模式。同时，大力推动多、高层钢结构住宅体系的广泛应用与发展。让下游产业带动上游产业，实现整个产业链的蓬勃发展。

当前，科技部正在推动行业的科技创新战略联盟建设，如以宝钢股份有限公司牵头成立的"装配式钢结构民用建筑产业技术创新战略联盟"等多个大型企业牵头的产学研合作平台，可以在产业链上下游各企业中发挥重要作用。

4.6 找准方向，以工业化建造为契机，大力发展工业钢结构建筑

近10年来，中国人工价格始终保持高涨的势头，上涨幅度远高于材料和机械价格。同时，随着建筑业劳动力年龄结构趋于老化，年青劳动力人口比例下降，年老劳动力人口比例上升，中国劳动力成本上涨、劳动力资源短缺的问题日益严峻。然而，建筑业的发展规模却仍在持续扩大，尤其是居民对住房的需求始终高涨[29]，导致建筑业人力资源缺乏，每年都出现"用工荒"。另外，建筑工地是最主要的污染源之一，央视2013年5月间"聚焦我国建筑垃圾之殇"专题报道披露的数据称，我国建筑垃圾已占城市垃圾总量的1/3以上，在我国既有400多亿平方米的建筑中，至少产生了20亿吨建筑废渣，据推算，到2020年我国还将至少新增10亿吨建筑废渣[30]。

工业化的建造体系采用现代化机械设备和大规模的工业生产方式，与传统建造方式相比有着劳动生产率高、资源与能源消耗低、质量好和施工安全等众多优势，可缓解中国建筑业劳动力成本问题，是中国现阶段社会发展的必然选择。近期，住房和城乡建设

部发布了行业标准《装配式混凝土结构技术规程》，2014年10月1日实施，"它为装配式混凝土结构建筑提供了工程设计、验收的技术支撑。"[31]另外，还在积极主编《工业化建筑评价标准》。尽管新型建筑工业化现阶段已经取得了一定成果，也已成为行业认同的发展趋势，但我国的新型建筑工业化目前仍然处于初级阶段，还有很多的问题需要研究解决。

2012年11月30日，由东南大学牵头，联合国内一批高校、科研机构和业内领军企业共同组建的"新型建筑工业化协同创新中心"在南京揭牌成立。2013年9月28日，同济大学"国家土建结构预制装配化工程技术研究中心"启动建设。依托这些国家基地和平台，联手企业，致力于标准化结构预制构件、机械化装配、信息化管理等核心和支撑技术的研发及其工程应用，促进相关技术推广应用的"技术转移中心"，大力发展工业钢结构建筑，实现建筑的绿色工业化。

参 考 文 献

[1] 我国建筑钢结构行业发展"十二五"规划[J]. 中国建筑金属结构,2011,06:17-20.

[2] 国家统计局. 2013年国民经济发展稳中向好[EB/OL]. http://www.stats.gov.cn/tjsj/zxfb/201401/t20140120_502082.html,2014-01-20.

[3] 曹平等. 钢结构行业报告[R]. 上海:上海市金属结构行业协会,2009.

[4] 曹平等. 钢结构行业报告[R]. 上海:上海市金属结构行业协会,2010.

[5] 曹平等. 钢结构行业报告[R]. 上海:上海市金属结构行业协会,2012.

[6] 张彩虹. 2013年国内钢企粗钢产量排名及各项产量数据[EB/OL]. http://www.docin.com/p-765336879.html,2014-01-27.

[7] 李克强. 2014年政府工作报告[EB/OL]. http://cpc.people.com.cn/n/2014/0305/c64094-24536194-4.html,2014-03-05.

[8] 白江涛. 中国钢铁产能过剩问题与对策[J]. 云南社会科学,2013,03:81-84.

[9] 陈浩,施韬. 我国钢铁行业产能过剩分析[J]. 金融发展评论,2010,04:78-83.

[10] 国务院关于化解产能严重过剩矛盾的指导意见[EB/OL]. 2013-10-15. http://politics.people.com.cn/n/2013/1015/c1001-23210728.html.

[11] 刘莲英. 宝钢部分产能转移可谓一举三得[EB/OL]. 2012-07-10. http://www.shbiz.com.cn/Item/180438.aspx.

[12] 江苏省人民政府. 省政府关于化解产能过剩矛盾的实施意见[EB/OL]. 2013-12-16. http://www.jiangsu.gov.cn/jsgov/tj/bgt/201401/t20140106_415139.html.

[13] 中华人民共和国工业和信息化部原材料工业司. 2013年钢铁工业经济运行情况[EB/OL]. 2014-02-21. http://www.miit.gov.cn/n11293472/n11293832/n11294132/n12858402/n12858492/15891265.html.

[14] 中华人民共和国工业和信息化部产业司. 关于加快推进重点行业企业兼并重组的指导意见[EB/OL]. 2013-01-22. http://www.miit.gov.cn/n11293472/n11293832/n11293907/n11368223/15130615.html.

[15] 中国钢铁协会信息统计部. 中国7家钢企入围2013年世界企业500强[EB/OL]. 2013-07-10. http://info.bm.hc360.com/2013/07/100921541321.shtml.

[16] 上海市经济和信息化委员会. 2012-07-12. 上海市钢铁产业"十二五"发展规划[EB/OL]. http://news.machine.com.cn/show-76215/.

[17] 张庆伟. 用科技创新促进钢铁产业结构调整[J]. 中国科技产业,2012,10:30-31.

[18] 钢铁研究总院. 总院简介[EB/OL]. http://www.gtyjzy.com/gywm.php?id=56.

[19] 江苏省(沙钢)钢铁研究院. 沙钢研究院简介[EB/OL]. http://cn.iris-sg.com/default.php?mod=article&do=detail&tid=8477.

[20] 上海钢铁工艺技术研究所. 企业简介[EB/OL]. http://www.siist.com/aboutus.htm.

[21] 2013年中国前40家钢结构公司排名[EB/OL]. http://www.gjglz.com/Article_27022_1/,2013-08-04.

[22] 资质管理. 中国钢结构协会[EB/OL]. http://www.cncscs.org/zzps.asp.

[23] 浙江东南网架集团有限公司. 公司概况[EB/OL]. http://www.dongnanwangjia.com/comcontent_detail/&FrontComContent_list01-1357278665545ContId=2&comContentId=2.html.

[24] 校企联姻,科工双赢——访同济大学土木工程学院副

院长张其林博士. 建筑论坛[EB/OL]. http://www.abbs.com.cn/read.php?cate=5&recid=19046.

[25] 宋赜. 以服务推动钢结构事业发展——中国钢结构协会第五次全国代表大会综述[J]. 中国建设报,2007-11-07(08).

[26] 陈禄如. 钢结构协会工作大有可为——庆祝中国钢结构协会成立二十周年[C]. 2004钢结构学术年会论文集,2004,10:5-6.

[27] 杨辉. 建筑产业中钢结构的行业优势[J]. 科学咨询(科技·管理),2013,08:79-80.

[28] 抓住机遇 迎接挑战——姚兵会长在中国建筑金属结构协会第九届理事会第一次会议上的讲话[J]. 中国建筑金属结构,2009,01:8-23.

[29] 吴水根,郭睿,刘匀. 建筑工业化与劳动力成本的关联分析[J]. 建筑施工,2013,02:172-175.

[30] 人民政协网. 建筑工业化,再也不能只喊口号[EB/OL]. 2013-11-05. http://cppcc.people.com.cn/n/2013/1105/c34948-23429870.html.

[31] 首部国家级装配式结构规程出台[EB/OL]. 2014-03-11. http://news.dichan.sina.com.cn/2014/03/11/1050122.html.

(本文发表于:上海及长三角地区建筑钢结构产业发展协同创新机制研究,2014)

优秀建筑与结构

沈祖炎　王烨华　李元齐

(同济大学土木工程学院建筑工程系，上海 200092；土木工程防灾国家重点实验室，上海 200092)

摘　要　依据国家现行标准阐释了优秀建筑的内涵，并说明了结构所起的重要作用；对一些有代表性的建筑从建筑造型与功能、结构体系与建造、工程经济与造价、环境协调与保护等方面进行了分析，归纳了优秀建筑的共同特征和有争议建筑的不足之处，并说明了优秀建筑往往具有结构创新，而具有结构创新的建筑不一定是优秀建筑；提出了我国新时期工程建设中优秀建筑的评判标准；最后探讨了如何产生优秀建筑的问题。

关键词　优秀建筑；建筑设计；结构体系；施工建造；评价准则

Excellent Architecture and Structure

SHEN Zu-yan, WANG Ye-hua, LI Yuan-qi

(Department of Building Engineering, Tongji University, Shanghai 20092, China)
(State Key Laboratory of Disaster Reduction in Civil Engineering, Tongji University, Shanghai 20092, China)

Abstract: The connotation of excellent architecture was given according to the current national standard. And that structure plays important role in creating architecture was pointed out. Some representative architectures at home and abroad were discussed from architectural shape and function, structural system and construction, engineering cost and environmental protection et al. Then the common character of excellent architectures and the deficiency of some controversial architectures was summarized, which shows that excellent architectures always have the feature of structure innovation, but the architectures with structure innovation may not be excellent ones. Furthermore, the standards of excellent architecture in the current engineering construction were proposed and expounded from three aspects. At last how to produce excellent design was approached.

Key words: excellent architecture; architectural design; structural system; construction; evaluation standard

随着我国国民经济的快速发展，我国工程建设的速度和规模已经位居世界前列。在这一建设高潮中，国内兴建了一大批大型工程，这些通过国际招标的方式征集设计方案，并通过国家或地方业主委员会以及国际专家评定的方式确定兴建的大型工程中，不乏优秀之作，但也涌现出一批一味强调建筑造型和视觉效果，结构设计极其复杂，施工安装难度极大，建设费用极其高昂的工程项目，却屡获各种大奖。这不仅引人思考，当前，应该用什么样的标准去评价一个大型工程的设计方案？什么样的建筑才能称之为优秀建筑？怎样才能得到真正的优秀建筑？本文就这些方面做一探讨，以期为工程建设提供参考。

1　优秀建筑的内涵和结构的作用

优秀建筑是指一项建筑工程的设计是优秀的，因此应该涵盖建筑工程的整体。

国家现行标准《民用建筑设计通则》(GB 50352—2005)[1]第1.0.1条规定,民用建筑应符合适用、经济、安全、卫生和环保等基本要求。第1.0.3条还规定,民用建筑设计除应执行国家有关工程建设的法律、法规外,尚应符合下列要求:(1)应按可持续发展的原则正确处理人、建筑和环境的相互关系;(2)必须保护生态环境、防止污染和破坏环境;(3)应以人为本,满足人们物质与精神的需求;(4)应贯彻节约用地、节约能源、节约用水和节约原材料的基本国策;(5)应符合当地城市规划的要求,并与周围环境相协调;(6)建筑和环境应综合采取防火、抗震、防洪、抗风雪和雷击等防灾安全措施;(7)方便残疾人、老年人等人群使用,应在室内外环境中提供无障碍设施;(8)在国家或地方公布的多级历史文化名城、历史文化保护区、文物保护单位和风景名胜区的多项建设,应按国家或地方制定的保护规划和有关条例进行。

国家标准的这些规定明确提出了一项建筑工程的设计除在建筑上有创意外,还应在使用功能上是合适的,与周围环境是协调的、更不能污染和破坏环境,在多种使用荷载作用下是安全的,施工安装是合理的,原材料和其他资源的使用是节约的,建筑造价是经济的。

因此,一项建筑工程的设计是否优秀应予综合评定,包括综合规划、建筑、结构、施工、设备、造价等多个方面。其中规划、建筑和结构设计是关键环节,往往决定了其他方面的优劣。而结构又与建筑的关系最为密切,结构是现代建筑特别是大跨度建筑和高层建筑设计与建造过程中最核心的技术体现,不仅影响着建筑的使用功能和空间形式,而且决定着建筑的安全性,影响着建筑的经济性。结构是建筑的骨骼,结构本身受力学规律的支配,结构材料是否高效,结构体系是否合理,结构施工是否先进,对于评价一项建筑工程是否优秀,起着至关重要的作用。以下具体通过案例分析说明结构的重要作用。

2 国内外若干建筑案例分析

本文从建筑造型、使用功能、结构体系、施工建造、工程造价和环境协调等方面对一些公认的优秀建筑和一些有争议的建筑进行分析,从中归纳出一些共同特征。

2.1 优秀建筑案例分析

2.1.1 高层建筑

(1) 芝加哥汉考克中心

1968年建成,100层,高344 m(图1)。设计师创造了由下而上逐渐收缩的对角支撑桁架型锥形筒体结构体系。在建筑上满足了不同的建筑功能需求,在结构上抗侧力能力显著提高。用钢指标仅145 kg/m²。

该建筑是用结构美表现建筑美的典范,所提出的筒体设计概念,无论对钢结构还是钢筋混凝土结构都产生了深远的影响,使高层结构体系发展到一个新的水平。

图1 汉考克中心　　图2 西尔斯大厦

(2) 芝加哥西尔斯大厦

1974年建成,110层,高443 m,公认为当时世界第一高楼(图2)。设计者将9个单独筒体组合在一起,各个筒体在不同高度处截断,形成新的结构体系——束筒结构,其抗侧刚度、抗剪切和抗扭转能力都大大提高。用钢指标161 kg/m²。

该建筑从建筑外观上充分表现了它的结构,并满足了空间和美学两方面不同的需要,在结构上使筒体结构体系又发展到一个新的层次。它同样是建筑造型与结构创新相结合的典范。

(3) 香港中国银行大楼

1988年建成,72层,高369 m(图3)。设计师独创性地设计了一个向上渐收的棱柱形巨型空间结构。由于结构自重传递到建筑角隅处的四个巨型柱上而成为抗倾覆力矩的最佳结构形式。用钢指标约140 kg/m²,比传统高层建筑节约40%。

该建筑的创意扎根于中国古典哲学理念:竹子生根节节高。其外观充分体现了建筑与结构的统一,是在香港具有强大风力的自然环境中寻求到的最有效的结构处理办法。

图3　香港中国银行大楼

图4　金茂大厦

(4) 上海金茂大厦

1998年建成,88层,高420.5 m(图4)。建筑上体现了中国古塔的神韵,结构上采用了创新的混合结构体系,有效地减小了结构侧移,并增强结构抗倾覆能力。用钢指标约66 kg/m²。

该建筑体现了中国传统建筑风格、创新结构体系和现代技术的结合,是中国超高层建筑发展中的一座里程碑。这种巨型柱—核心筒—伸臂桁架的结构体系已经成为目前超高层建筑中广泛应用的结构体系。

2.1.2　大跨度建筑

(1) 雷里体育馆

1953年建成,近似圆形平面(91.5 m×91.5 m),为鞍形正交索网结构(图5)。索网支承在抛物线拱上,拱的周边以钢柱支承,形成节奏感很强的建筑造型。该结构受力明确,充分发挥了索拱的材料强度。用钢指标不到30 kg/m²。

图5　雷里体育馆

该建筑被认为是世界上第一座优秀的现代大跨度索网屋盖结构,这一别具特色的新型结构对传统建筑结构的设计理念产生了深远的影响,随后,悬索结构如雨后春笋般地出现在欧洲、美洲、苏联、日本和中国等国家。

(2) 蒙特利尔世博会德国馆

1967年建成,覆盖面积8 000 m²(图6)。由于采用预应力索网结构体系,并覆以膜材,屋顶仅重150 t,是普通屋面的1/3～1/5,用钢指标18.8 kg/m²。

图6　蒙特利尔世博会德国馆

该建筑被公认为最早的、真正意义上的现代索和膜结构体系,它在建筑、结构和景观上实现了良好的融合,无论是对建筑还是结构都极具创新价值,体现了以最低限度的材料传递最大限度外力的设计理念。

(3) 上海体育馆

1975年建成,直径110 m,是全国第一个大跨度网架结构(图7)。结构杆件主要承受轴力,受力合理,用钢指标仅 49 kg/m²。

图7 上海体育馆

该建筑是早期网架结构的杰出代表,它使这种具有空间工作性能好、抗震性能好、用钢指标省、施工技术成熟方便等优势的结构体系在我国得到了迅猛发展,使我国网架结构的覆盖面积达到世界第一。

(4) 亚特兰大奥运会主场馆(佐治亚穹顶)

1996 年建成,椭圆形平面(240 m×192 m),是一个双曲抛物型索穹顶(图8),整个结构只有 156 个节点,杆件多数受拉使材料强度得到最充分的发挥,结构受力合理,效率极高,用钢指标不到 30 kg/m²。

图8 佐治亚穹顶

索穹顶结构的发展是轻型空间结构的一大突破。它的一个突出优势就是随着跨度的增加,用钢指标的增加并不明显,因而在大跨度建筑中极具应用前景。

从上述内容可以看出它们的优秀之处在于:

①实现了环境布局和治理、建筑空间和形式、结构体系和材料、构筑方法和效益之间的协调一致,实现了建筑与结构的高度融合;②结构体系的创新促使了一种新体系的大面积推广和应用;③结构体系的高效使得用钢指标大幅度减小,取得了良好的经济效益。

2.2 国内有争议的建筑案例分析

2.2.1 国家游泳中心(水立方)

2007 年建成,长宽高为 177 m×177 m×31 m(图9)屋面和墙体结构均采用基于 Weaire-Phelan 多面体理论生成的空间刚架结构,内外统一采用 ETFE 充气枕覆盖。用钢指标约 120 kg/m²。

图9 水立方

该建筑构思使得整个结构的 20 000 杆件和 10 000 个节点球无一相同,施工图纸达 30 000 多张,仅绘制耗时大概一年时间[1],并大大增加了制作成本;而"充气枕"则需经常充气,能耗会比一般游泳馆更大,这将给建筑物本身和社会带来沉重的负担。

2.2.2 北京奥运会国家主体育场(鸟巢)

2008 年建成,椭圆形平面(330.3 m×296.4 m)(图10)。采用交叉平面桁架结构体系,用钢指标高达 712 kg/m²。

该建筑一味强调建筑造型,极端忽略结构受力合理性,致使交汇于菱形内柱腹杆的数量多达 13 根,被迫采用非常复杂的空间扭曲构件,受力最大的部位不得不采用昂贵的 Q460、厚度达 110 mm 的厚钢板,整个工程设计、制作和安装的复杂性前所未有。结构的不合理导致了惊世骇俗的用钢指标,并使结构自重占到总荷载的 70% 以上,也为其安全性埋下隐患。

图 10　鸟巢

2.2.3　国家大剧院

2007 年建成,内有歌剧院、音乐厅和戏剧场三幢建筑,外罩一个椭圆形半球壳体(图 11),壳体四周环绕巨大水池,建筑立意是"使壳体犹如椭圆形珍珠半浮于水面"。用钢指标 263 kg/m²。

图 11　国家大剧院

该建筑严重忽视使用功能的合理性以及与周围环境的协调性。用于追求建筑效果的大屋盖,没有任何使用功能,是典型的形式主义产物,并进一步迫使主体建筑向地下延伸 24~34 m,必然造成能源的过度消耗和投资的大量浪费。

2.2.4　中央电视台新台址主楼(CCTV 主楼)

2009 年建成,两座均 6°内倾的塔楼(52 层、高 234 m 和 44 层、高 194 m)由 14 层、高 56 m 的悬臂钢结构连接(图 12)。建筑方案为高空大悬挑的倾覆性不平衡体型,结构设计则要扶其不倒,采用钢—混凝土组合结构体系,使用大量高强钢材,用钢指标 296 kg/m²。

图 12　CCTV 主楼

该建筑追求奇特造型,完全违背工程结构技术合理性,成为严重不规则的超限高层建筑,使结构上被动地进行"创新"去弥补其先天不足,造成了资金和能源的巨大浪费。

从上述内容可以看出这些建筑的争议之处在于:

(1) 片面地强调建筑造型,而没有在文化、环境、技术、造价中取得一个平衡,其结构受力复杂之程度、施工困难之程度、资源消耗之程度、建设费用高昂之程度,都达到了令人称奇的地步。

(2) 出现了大量的"创新",但付出的代价是巨大的,且不具有普遍的应用价值。

这四大建筑的影响力非常强,各地争相建造这种只求视觉冲击力,无视成本和代价的怪异钢结构建筑。以下列举一些近几年建成的、与上述四大建筑有同质特点的建筑。

2.2.5　广州大剧院

2010 年建成,由歌剧院、多功能剧院和连接平台组成,总建筑面积约 7 万 m²,造型为圆润双砾(图 13),为空间不规则折面组合而成的异型型体。采用了空间折板式三向斜交单层网格结构体系,其力学性能和经济性都不优越。用钢指标约 291 kg/m²。

图 13　广州大剧院

该建筑没有一个面对称,没有一个节点相同,杆件任意交错,节点极其复杂,全部采用铸钢节点,单个节点最大重量达到 39 t。每一个节点从制造到安装都要空中三维定位,每一个杆件都要分段铸造再现场拼接,施工难度比起鸟巢"有过之而无不及"。

2.2.6　合肥文化馆新馆

2011年竣工至今,仍未交付使用。由于屡次出现渗漏等工程质量,馆内潮湿,导致建筑功能改变,馆名亦从"合肥国际创新展示馆"变为"合肥美术馆"再变为"合肥文化馆新馆"。该建筑由 346 根长短不一的钢管形成乱向分布的交叉杆棚罩,被称为"合肥版鸟巢"(图 14),建筑面积约 1.4 万 m^2。

图 14　合肥文化馆新馆

该建筑的杆件无一相同,分布复杂,最多处有 11 根杆件交汇于一点,几百个节点也无一相同。设计、制作和施工难度极大,堪比 CCTV 主楼。

2.2.7　大连国际会议中心

2013 年建成,(图 15)。建筑面积约 14 万 m^2,建筑设计追求解构主义,导致结构方案极其复杂而无规律,形成多支撑筒体大悬挑大跨度复杂结构体系,用钢指标约 250 kg/m^2。

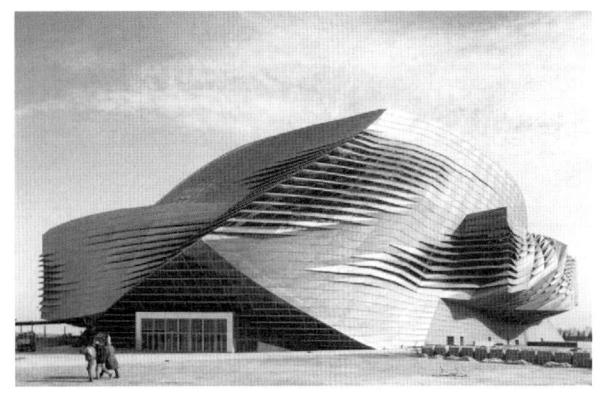

图 15　大连国际会议中心

该建筑形式各异的节点达 8.5 万个,构件多为大而重的弯扭杆件和扭曲杆件,钢结构焊缝加起来共有 36 万余米,建筑表皮用了 10 万块无一相同的飞机用铝板。整个工程设计、制作和施工难度超过"鸟巢"和"水立方",是世界上最为复杂的建筑项目之一。

目前这些新建的大型工程都和四大建筑比,以造型更加新奇为目标,以结构设计和施工建造的复杂程度超越它们为成绩,以被动地解决人为制造的技术难题为创新。大量的工程实例中很难找到建筑的艺术造型与结构的技术创新实现完美融合、充满艺术激情又不乏科学理性的高水准建筑作品。这种追求奇特建筑造型,忽视工程技术合理性和经济性,忽视理性精神的建设之风亟须引起重视。

3　优秀建筑的标准应该是什么

由于不同国家的历史、文化背景不同,社会和经济发展水平不同,因此一个工程设计是否优秀的标准也会不同。当前,我国正处于经济高速发展阶段,建筑工程量之大举世瞩目,并将持续较长一段时间,为了能够产生较多的优秀建筑,减少失败,应该对优秀建筑的标准有一个统一的认识,总括而言可以有以下几条:

第一,建筑设计方面,应在建筑形式、功能和技术上具有突出的示范效果,并适合中国国情、能够体现时代气息、民族精神与地方特色;第二,结构设计方面,应在结构设计和构造上体现科技和工程的新发展,具有先进示范性,实现建筑与结构、形式与内容的合理统一;第三,综合效果方面,应显著体现使用上的合适性、经济上的合理性和与节能、环保、可持续发展等基本国策的符合性。以下就这几条作一阐述。

3.1 建筑功能与形式应该兼蓄并重

满足功能要求是建筑设计的基本内容,而形式则要适合功能。但是当今技术的发展似乎可以解决一切问题,致使形式主义又在全球许多领域泛滥,正如当代建筑理论学家亚历山大·楚尼斯指出:"近年来在国际设计领域广为流传的两种倾向,即崇尚杂乱无章的非形式主义和推崇权力至上的形式主义,形成了强烈的对比。在本质上,它们认为任何建筑都是孤立存在的,并且仅仅局限于形式范畴,出于获取愉悦、表达象征,或者广告宣传的目的。大量的先进技术手段,被用于满足人们对形式的热烈追求,这已成为时代的一大特征,其中的技术手段从来没有像今天这样地先进和发达,也从来没有像今天这样屈从于对形式主义的幻想、好奇和迷恋"[2]。这一评论切中了一些设计为了追求建筑造型,不顾建筑功能、不惜损害经济性、实用性和违背结构本身合理性的时弊。

在我国,典型的例子就是前面提到的国家大剧院。法国建筑师保罗·安德鲁在确定建筑造型立意时,完全不顾与周围建筑的不协调,破坏中华民族的传统建筑文化环境。完全不顾球壳使用功能上的多余,致使室外空间变成为室内空间,每月耗电量高达400万元,造成能源的巨大浪费;对于这样的建筑,不但谈不上优秀建筑,而且应该归于否定之列。

3.2 建筑造型与结构体系应该协调统一

建筑往往被看作是技术与艺术的结合。美国著名建筑设计大师赖特也说:建筑,是用结构来表达思想的科学性的艺术[3]。历史上优秀的建筑都是建筑与结构完美结合的典范,在现代的优秀建筑中也无一不是如此。而且许多优秀建筑中新的结构体系、新的结构材料、新的施工技术和新的构造方法一旦提出就会显示出强烈的先进示范性,并被广泛应用。因此,作为一个优秀建筑,应达到建筑造型与结构的协调统一。但是,我国不少城市热衷于兴建所谓的标志性建筑,忽视经济性与实用性,违背结构合理性。前面提到的北京奥运会主体育场和中央电视台新主楼就是典型的例子。

对于北京奥运会主体育场这样一个体量庞大的超大跨度建筑,能否实现结构合理性对于建筑造型设计至关重要。但瑞士建筑师赫尔佐格和德梅隆在进行建筑造型设计时却用极不合理的结构体系来支撑建筑造型,创造了世界最高用钢指标的记录,并出现了屋顶结构自重达到活荷载的10倍以上的极不正常的现象。另外,为了形成建筑师刻意营造的杂乱无规律的外表图像,次结构的构件和节点都将扭曲,使得制作和安装的难度增大,工延长期,造价也上升到了一般大型钢结构建筑的一倍以上。对于这样一个根本违背造型设计基本原则、钢材消耗和投资浪费达到令人无法容忍的建筑,根本谈不上优秀建筑,应该予以坚决否决。

对于中央电视台新台址主楼这样一个建于8度抗震设防区、高度为234 m的超高层建筑,能否确保结构抗震合理性对于建筑造型设计至关重要。但荷兰建筑师雷姆·库哈斯在进行建筑造型设计时却完全不顾,所设计的整体前倾且在高空悬臂外伸75 m的建筑造型已无法得到抗震合理的结构体系,致使用钢指标比北京的同类结构高出60%。由于建筑造型的错误设计,给结构体系造成了先天性的缺陷,并给主楼的抗震设计留下了无法弥补的隐患。对于这样的建筑,也根本谈不上优秀建筑,应该坚决予以否定。

3.3 建筑设计与节约能源、可持续发展等国策应该符合一致

创建节约型国家是我国的基本国策,设计在追求创意新、形式美的同时,必须贯彻节约用地、节约能源等基本国策。

由澳大利亚PTW建筑师事务所设计的国家游泳中心,就是因为单纯追求创意新颖致使整个结构成了简单问题复杂化的花钱结构,同时大量采用的ETFE充气枕还存在材料是否符合耐久性要求和经常充气会造成维护费用过高等风险问题。

现在有一种倾向,认为考虑经济会妨碍创新设计,甚至无法进行。这是一种非常片面的看法。结构大师林同炎指出:"一个确有创造性的设计人员可以在造价约束下做出优秀的设计来,特别是在今天,有必要认识到精美与经济是能够成为同义概念的"[4]。一些国内外优秀建筑的外传世之作也充分证明了这一点。同时社会对于生态和环境的关注,需要建筑更加注重可持续发展。

4 怎样才能得到真正的优秀建筑

我国国家投资的重大工程项目一般都进行国际招标,但遗憾的是本土设计师很少能够中标,而国外设计师中标的方案也并非都是优秀之作。这些现象说明优秀建筑的产生有着多方面的影响因素,包括社会和经济的发展、建筑市场的运营、设计人员的素质、方案中标机制等诸多方面。本文就这些方面谈谈如何才能得到真正的优秀建筑。

4.1 提高本土设计人员的素质

优秀建筑的产生,首先需要各专业设计人员具备良好的业务素质、职业道德和强烈的社会责任感。

我国建筑业的设计人员在当前激烈竞争的市场环境中,忙于赶工期,没有更多的时间进行深入的思考和应用先进的科技成果,致使很多设计在建筑造型上流于盲目地模仿,在结构体系上安全地使用相对熟悉的体系。另外,分化式的教育使得各专业设计人员除了精通本专业外,其他专业知识较少。这些情况造成了我国目前本土设计师的作品缺乏原创性和竞争力。因此,设计人员应全面提高自己的业务素质和综合能力。

4.2 需要建筑师和结构工程师共同创造

众多优秀建筑的产生大致有两种类型:一种是由于结构创新而创造崭新的建筑形式,另一种是在建筑造型的引领下与结构进行有机而合理的结合。无论哪一种,都需要建筑师和结构工程师的全力合作与共同创造,使结构与建筑形式和功能以及周围环境实现良好的结合,并对提高工程质量和施工速度有显著效果,最终取得良好的社会效益和经济效益。

4.3 提高全社会的"建筑文化素养"

中国现在大多数建筑项目源于经济开发,因此,开发商和主管领导而非专业设计人员成了建筑领域的主导力量。其中一些业主对于建筑文化缺乏正确的理念,一些业主盲目崇洋,对外国设计师言听计从,对国内设计师压级压价,这样也使许多本土设计师失去了创造机会。在这种情况下,产生优秀的建筑何从谈起?因此,需要提高整个社会的"建筑文化素养",创造一个建筑文化层次较高的社会环境。

4.4 完善"方案中标"评价机制

一些大型工程的中标方案备受争议、违背建设基本原则的方案仍然中标等情况的出现,迫使人们思考"方案中标"的评价机制是否存在问题。

对于建设项目方案的评审,特别是国家投资的重大项目,应在相关领导部门的合理组织下,由涵盖建造过程的建筑、结构、施工、造价、能耗等主要专业领域里的专家组成评审组,分专业进行评价。最后的评定应综合这些指标选取最优方案,而不能简单地以建筑造型取胜。相反,在某一专业方面严重不合理的,应该"一票否决"。

4.5 营造"创新"环境

完成一个设计方案,国外一般要花一两年的时间,而国内往往要在几个月的时间内赶出来。在这样仓促的时间内,建筑师和结构工程师是否还有时间进行创新?这也使得一些有着强烈职业道德和社会责任感的设计师为不能实现自己的创意而深表遗憾。在当前建筑市场的运作下,如何才能给中国本土设计人员营造"创新环境",提高他们的创新能力,也是一个很值得思考的问题。

5 结 语

本文是几个结构工程科技人员对优秀建筑与结构的认识,受到专业限制,所提观点难免失之偏颇,诚恳各界读者给予指正为感。

参 考 文 献

[1] GB 50352—2005 民用建筑设计通则[S].北京:中国建筑工业出版社,2005.

[2] 亚历山大·楚尼斯.广义建筑学:一种现实主义的建筑道路.北京宪章·序[M].北京:1999.

[3] 项秉仁.赖特(国外著名建筑师丛书)[M].北京:中国建筑工业出版社,1992.

[4] (美)林同炎,S. D. 斯多台斯多利.结构概念和体系[M].2版.高立人,方鄂华,钱稼茹,译.北京:中国建筑工业出版社,1999.

(本文发表于:建筑学,2015,174(2):73-79)

建筑工业化建造的本质和内涵

沈祖炎 李元齐

(同济大学土木工程学院建筑工程系,上海 200092)

摘 要 建筑工业化已经成为建筑业实现传统产业升级的重要战略方向,已经引起了行业重视和各级政府的关注甚至支持,但在建筑工业化的本质和内涵方面尚无共识。本文在简单回顾三次工业革命的特点及其对制造业工业化的推动历程的基础上,对我国实现新型建筑工业化的技术定位、本质和内涵进行了探讨,剖析了当前国内建筑工业化推进过程中一些落后的观念与可能会误导的口号,提出将新型建筑工业化建造的本质定位为实现"九段九化"的观点,并强调了BIM技术对推进建筑工业化的重要性。最后,结合当前国内建筑工业化推进现状和问题,对如何推进新型建筑工业化提出来若干建议。

关键词 新型建筑工业化;本质和内涵;"九段九化"

Essence and Connotation for Construction Industrialization in China

Shen Zuyan, Li Yuanqi

(Department of Structural Engineering, Tongji University, shanghai 200092, China)

Abstract: Construction industrialization, as an important strategic direction to the upgrading of traditional construction industry, has invoked very active response from related enterprises, as well as strong attention, even clear supporting policies from center and local governments of China. However, up to now, there is no common understanding to the essence and connotation for construction industrialization. In this paper, based on brief review on the characteristics of three industrial revolutions and their corresponding effects on the revolution of manufacturing industry, the technic aims, essence and connotation for realization of new construction industrialization in China were discussed, some poor, even misunderstanding ideas existed were revealed, an idea of "nine stages nine aims" to reflect the essence and connotation of new construction industrialization in China was proposed, and the importance of the BIM technique to realization of construction industrialization was emphasized. Finally, some suggestion to promote the new construction industrialization in China were given according to the current situation and existing problems.

Key words: new construction industrialization; essence and connotation; "nine stages nine aims"

1 前言

工业化是人类社会发展的必然过程,建筑工业化则是社会工业化发展的必然组成部分。我国的建筑业正处于传统产业向现代工业化转型升级的阶段。推行建筑工业化符合建筑业发展的需要,符合国家发展战略的需要。2002年11月,党的十六大提出"走新型工业化道路"。2012年2月,习近平同志在中央经济工作会议上提出"走一条中国式新型工业化道路"。因此,要使建筑工业化能在全国更广、更快和更好地实现,必须对建筑工业化的本质和内涵有正确的共识。

建筑工业化建造虽然在建造的方式和建造的对象上与工业制造业有所不同，但其本质和内涵是相通的。制造业实现现代工业化的过程和目标应该成为建筑业实现现代工业化建造的参考和借鉴。

2　工业革命与制造业的工业化

2.1　三次工业革命对制造业的推动

制造业的工业化直接得益于工业革命的成果。第一次工业革命自18世纪60年代从英国开始，蒸汽机的发明及应用将人类带入"蒸汽时代"，其特征是机器代替手工劳动，使生产力大大提高。第二次工业革命始于19世纪70年代，从英国开始，电力的广泛应用、新交通工具和新通信工具的出现，将人类带入"电气化时代"。其特征是自动化流水生产线代替单台机器的生产，形成大规模成批生产。第三次工业革命始于20世纪50年代，从美国开始，电子计算机和信息控制技术的广泛应用，将人类带入"信息化时代"，正在向高度数字化自动控制下的生产发展，走向大产量定制生产，最终出现可自律操作的智能生产系统是其特征。这也就是近年来德国提出"工业4.0"的目标：基于信息物理系统实现新的制造方式。这样的生产系统能够实现为每个客户、每个产品采用不同的设计、零部件、生产计划、制造工艺和物流配送等；能够杜绝整个生产工程中的浪费环节；能够在生产之前或生产过程中根据需要随时变更最初的设计方案等。当这样的生产系统实现时，可以认为是第四次工业革命的开始。

对比建筑业，可以看出实际上建筑工业化建造的发展过程也同样经历了以下三个阶段：第一次工业革命阶段的机械建造代替人工建造，如预制装配式建筑；第二次工业革命阶段的自动化流水线代替单台机械的建造，如体系建筑和模块建筑的出现和流水线建造等；现已处于第三次工业革命阶段并正向数字化自动控制下的建造发展，如越来越多的建筑业工厂已在BIM技术的控制下采用机器人或数控机床进行建筑部品的批量生产和组装（建筑建造和安装的工厂部分）。但是对比我国的建筑业，情况则要落后得多。钢筋混凝土建筑仍以现浇结构为主，在少量机械的辅助下由人工建造，处于第一次工业革命阶段的早期。钢结构建筑情况稍好，均采用预制装配式建筑，一些部品已有自动流水线建造，处于第二次工业革命阶段的早期。

2.2　第三次工业革命对制造业的其他主要影响

第三次工业革命自20世纪70年代以后进入一个新阶段，以原子能、电子计算机、空间技术和生物工程的发明和应用为主要标志，是一场涉及诸多领域的信息控制技术革命。因此，对制造业的影响也是广泛和深刻的。由于数字化信息控制技术在制造业中的不断扩大和深入应用，使制造业的生产方式和技术发展发生了质的变化。在生产方式方面，出现了刚性生产系统向柔性制造系统转变的探索，以期能实现为每个客户和市场的需要通过数字化控制的方式方便地改变制造系统；出现了大规模成批生产的模式向大产量定制生产模式转变的探索，以期实现最大限度地满足客户和市场的需求；出现了工业化生产转向社会化生产体制的探索，通过物联网和互联网技术，组成最有效的产业链联盟，达到提高质量、增加效率、减少污染、节约资源和降低成本等目的。在技术发展方面，出现了采用新材料的3D打印制造技术，出现了采用信息控制的加工制造机器人和智能机器人等等。

3　新型建筑工业化建造

3.1　技术水平定位

建筑业一直是我国国民经济中资源和能源消耗最大的行业。建筑业高能耗、低效率的粗放型发展模式已成为人均资源十分匮乏的人口大国不能承受之重。21世纪以来，我国提出了要走一条中国式新型工业化道路。对于建筑业，就应走一条中国式新型建筑工业化建造的道路。

新型建筑工业化建造的技术水平应定位在第三

次工业革命形成的信息化时代,并应有与制造业相适应的水平。由于我国建筑工业化建造的技术水平相当落后,如处于建筑业建造主体的钢筋混凝土建筑的建造仍处在人工建造为主的阶段,因此我国建筑工业化建造的发展必须走跨越式发展的道路,不能按部就班地走传统发展的老路。

3.2 一些落后的观念与可能会误导的口号

我国近年来已由上而下地出台各种政策,推动建筑特别是住宅建筑工业化。由于对新型建筑工业化建造的本质和内涵缺乏充分、统一的认识,因此出现了一些落后的观念和可能会误导的口号,不利于建筑工业化建造的实现。

3.2.1 落后观念之一:工业化建造就是预制装配化

持有这种观点就相当于把对新型建筑工业化建造水平的认识停留在第一次工业革命时期,可能比最新的建筑工业化水平落后140年。这种落后观念,导致目前出现为了获得各种政策的认可和优惠而对建筑建造强行预制装配化的不良后果。具体表现为:为了"工业化"建造而将已按现浇钢筋混凝土设计的建筑拆分为一个个构件,由工厂预制,再运到现场安装。这种做法只能是技术研发初期的一种尝试行为,若市场上大力推广的话只会导致构件生产非标准化、费工费料费时的劳民伤财现象,完全脱离推行建筑工业化的初衷。

3.2.2 落后观念二:现在的钢结构建筑已是工业化建造

持有这种观点就相当于把对新型建筑工业化建造水平的认识停留在第二次工业革命时期,可能比最新的建筑工业化建造水平落后不少于80年。钢结构建筑的构件虽然都由工厂加工制造,但也只有部分结构构件和围护构件用工业化流水线制造,也没有具备建筑工业化所必须的建筑部品和体系标准化设计的特征。因此,目前我国钢结构建筑的工业化建造水平最多也只处于第二次工业革命的中后期水平。这种落后观点已造成视建筑工业化与钢结构建筑不相关的不良局面,甚至体现在很多地方政府下发的红头文件中,直接影响了钢结构建筑工业化建造的发展。

3.2.3 可能会误导的口号之一:工业化建造就是像搭积木一样建房子

这是一个片面强调安装方式革新的口号。在工业化建造中一个建筑能够做到安装便捷固然是需要的,但还应注意其他许多作为建筑(产品)重要或更重要的方面,如适用、美观、安全、经济、技术先进以及节能、节地、节材、节水、环境保护等。如果为了追求这一口号而放松甚至忽视这些方面,显然不符合建筑业推进建筑工业化建造的本质要求,起了误导作用。

3.2.4 可能会误导的口号之二:工业化建造就是像造汽车一样建房子

汽车制造是制造业中采用工业化制造的典型案例。其特征是对定型产品采用自动化流水生产线形成大规模成批生产,达到提高质量、增加效率、减少污染、节约资源和降低成本等目的。显然房屋建筑不是定型产品,至少不可能做到像一款汽车产品一样可以完全复制性的大批量生产。每栋建筑的外观和内装等都可能在形式上各不相同,是无法真正做到像造汽车一样建造的。强调这一点,就是要强调建筑工业化必须兼顾建筑本身多样性和建造技术标准化的统一。

3.3 新型建筑工业化建造的本质

新型建筑工业化建造在技术发展和生产方式方面的目标应是:采用数字化信息技术控制下的智能建造系统,使大规模成批建造方式向大产量定制建造方式转变,并实行菜单式订购。

实行新型建筑工业化建造应有以下几个方面的效果:高效率,通过工厂化、规模化,大幅度提高生产效率;高质量,通过自动化流水线生产,严格控制质量,最大限度地减少工作人员精神因素的影响;高科技,通过在生产过程中采用新材料、新技术、新工艺,减少资源和能源消耗、减少二氧化碳排放、减少环境污染以及提高产品耐久性;高效益,通过科技创新、规模化生产,降低成本、提高性价比和综合经济效益。

基于我国建筑业的现状,要实现新型建筑工业化建造的目标和效果,任务是非常艰巨的。建造技术和生产方式上的改革会牵涉到整个建造过程的多个阶段和方方面面，是一项不折不扣的系统工程。这个系统工程可以分解为 9 个阶段。新型建筑工业化建造是否实现的标志，可由 9 个阶段能否实现下述的"九个化"来衡量。

(1) 建筑设计个性化：可以这样认为，标准化是工业化建造的基础，个性化是工业化建造成败的关键。因为建筑不仅是一个工程，而且是一种文化的表达，个性化应是建筑必须具有的要素。建筑设计应该在表现个性化的前提下，研究制定能满足工业化建造所必须的标准化规定。

(2) 结构设计体系化：应该研究能够符合工业化建造要求的结构体系，并能形成菜单式订购的体系建筑。除已形成的轻钢门式钢架体系建筑、螺栓球节点网架结构体系建筑等外，更应研究和引进新的体系，如轻钢低层及多层钢框架结构体系建筑、多高层钢支撑框架结构体系建筑、多层及小高层空间框架模块组合体系建筑等等。

(3) 各部尺寸模数化：模数化是实施标准化的前提。各类部品与部品以及部品与建筑之间的模数协调、配套和通用，是实现部品系列化、商品化生产供应的条件，是机械化装配施工的保证，是建筑物得以实现工业化设计和建造的关键。因此，模数的合理确定极为重要，需要建筑、结构、设备、制作、安装等工种的协同研究。

(4) 结构构件标准化：结构构件标准化的优劣对于实现大规模的工厂化生产有重要关系。因此应对不同的结构体系，基于已有工程实践的分析比较，提出标准化、系列化的结构构件系列，包括截面形式、用钢等，实现用最少种类的标准"积木"搭建尽可能形式多样的建筑。

(5) 加工制作自动化：加工制作系统是是否实现新型建筑工业化建造的最直观的衡量标志。为了实现新型建筑工业化建造在生产方式和技术发展上与传统的大批量生产有质的变化，需要对不同的体系建筑研制数字化信息控制的高度自动化（无人或少人）的生产系统，并逐步发展为可自律操作的智能生产系统。

(6) 配套部品商品化：配套建筑部品是工业化建造的基本组成单元，直接关系建筑工业化建造的品质。为了获得质量性能佳、成本低、适用性强和安全环保的建筑部品，应实现建筑部品商品化，利用互联网、物联网提高流通和应用效率，减少库存和损耗。各类部品研发时，应以模数化技术解决部品的通用性问题，以标准化实现部品的工业化生产，以系列化应对建筑个性化的要求，以集成化满足现场安装的需要。

(7) 现场安装装配化：现场安装是关系到建造进度和质量、建筑物整体性、适用性、安全性和耐久性等好坏的关键工序，应针对成熟部品和工业化建筑体系研制装配专用设备，实现装配工艺优质、高效。

(8) 建造运维信息化：应采用信息技术建立全过程信息化管理平台，包括建筑、结构、水、电、暖、建筑部品、部品间的连接等的设计、建造、安装、装饰、运行、维修等建筑全生命期的信息体系，实现建造全过程信息的交流和共享，提高效率。

(9) 拆除废件资源化：在设计、建造和部品制备等环节中都应考虑整个建筑拆除后废件资源化利用的可能性，甚至建筑整体的可拆除、可更换性。提高建筑部品利用效率、减少资源浪费本来就是推行建筑工业化的宗旨之一，也是我国建筑业可持续发展的必由之路。

可以看出，当建筑物在全生命期间的九个阶段都能满足"九化"的要求，就标志了新型建筑工业化建造的实现。因此新型建筑工业化建造的本质就是实现"九段九化"。

3.4 新型建筑工业化建造的一体化管理信息平台

新型建筑工业化建造应在数字化信息控制的高度自动化（无人或少人）系统并逐步发展为可自律操作的智能系统中进行和完成。在整个过程中，会经历九个阶段还需遵守九个化的要求。一个工程视其规模大小的不同，可以有数十个甚至数百个单位参与。因此，所有的信息必须前后一致，完全统一，才能在高度自动化的生产和管理系统中使用。这个系统必须而且只能由一个公共信息管理平台控制，这个平台可以成为"建筑一体化管理"信息平台，英文名为"Building Integration Management"，简称"BIM"。这个平台供建筑物全生命周期使用，供参与该建筑物设计、建造、使用、维护和拆除的所有单位共同使用。

BIM这个简称刚出现时为建筑信息模型,英文名称为"Building Information Model"。使用一段时间后发现其用途不仅是一个模型,而且有建模和管理等功能,其名称先后有了另一种叫法,建筑信息建模(Building Information Modeling)和建筑信息管理(Building Information Management)。本文从建筑工业化建造的角度发现BIM还有更有用的功能,称为建筑一体化管理更为确切。

BIM本身也可以是建筑业管理方式升级换代的一种独立的重要方式,但如果再与建筑工业化建造结合起来,它的功能将会有质的变化和重大的提升,甚至可以引起建筑业工业化的第四次革命,这是本文在专题讨论建筑工业化时也将BIM技术也连带提出的原因。

4 当前推进建筑工业化存在的问题

党的十六大提出"走新型工业化道路"至今已有十余年。在这十余年中,中央和地方也为推进建筑工业化颁布了不少政策,建筑业的施工企业也纷纷行动起来,可是至今建筑工业化的进展却不如人意,施工企业的积极性呈衰退趋势。原因在于,推进建筑工业化的策略没有抓住新型建筑工业化的本质,致使施工企业的经济效益出现了负面效应。问题主要表现在以下三个方面。

(1) 对新型建筑工业化的实现蓝图不明确,使领导部门缺乏统一和有效的指导,企业部门缺乏明确的目标和有力的措施。

(2) 对新型建筑工业化的实现需要全行业协同攻关无认识,形成领导部门的激励政策偏向制作和施工企业,设计部门则很少主动参与。

(3) 对发展新型建筑工业化所推行的措施与其自身的发展规律不相符,如没有按全行业系统工程的要求组织协同攻关。没有立足行业发展的规律,以类似工业产品研发目标的方式组织不同专业人员协同攻关。这种不按自身发展规律,采用行政命令或依靠一股热情予以推行的做法,必然会事倍功半,甚至劳民伤财。

5 推进建筑工业化的若干建议

针对以上问题,提出以下几点建议:

(1) 发改委会同住建部领导并组织建筑业的有关行业协会负起推进新型建筑工业化发展的责任,组建新型建筑工业化发展联合委员会,按照新型建筑工业化发展的自身规律,引领有关行业协会全体成员走正确的发展道路。

(2) 有关行业协会遴选合适人员,组建新型建筑工业化技术委员会(以下简称技术委员会)负责技术指导工作。

(3) 在上级部门领导下,新型建筑工业化发展联合委员会应与技术委员会一起制定新型建筑工业化中长期发展目标。

(4) 技术委员会的主要任务是:

① 根据新型建筑工业化的中长期发展目标,组织并完成顶层设计,制订中长期发展规划和近期实施计划;

② 落实实施计划并进行指导和监督;

③ 选择若干合适单位,对实施计划的不同内容进行技术协同攻关和试点。

(本文发表于:建筑钢结构进展,2015,17(5):1-4)

媒体之声

乐 育 英 才

1 幸遇名师承父业

我从小生长于上海。家父是一名土木工程师。19世纪20年代,上海滩有名的建筑都由外国工程师设计,家父年仅28岁时却成功地承担了当时上海外滩最高建筑——字林大楼(现外滩友邦大厦)的结构设计,从此在上海土木工程界小有名气。

由于从小对父亲职业的好奇和对大工程的敬畏,加上自己非常喜欢物理和数学,似乎自己认真地画画算算与所崇拜的父亲的职业很接近,因此报考大学时的唯一志愿,就是上海交通大学土木工程系。我有幸成了当年上海交大土木工程系录取的最高分学生。实现了继承家父事业——建筑工程师的梦想。

院系调整后,1955年,我毕业于同济大学。

1962年,我又有机会攻读研究生,当时是四年制的,没有学位制度,接近于现在的博士研究生。更有幸的是我在同济求学时遇上了两位泰斗级恩师,一位是王达时老师,一位是李国豪老师。王达时先生主要负责制订培养计划,研究生课程是王先生建议的,李国豪先生有一个研究室,我当时在那里做研究写论文。李先生对于研究方向规划得很细,当时有很多研究生和一些青年教师一起在那里做研究。

两位恩师的言传身教至今仍历历在目。王达时先生授课很有魅力,听他的课是一种享受,令我们陶醉。他的最大魅力是上钢结构课从不带讲义,只用一支粉笔,从头讲到尾,板书准确,逻辑性很强,连例题中的演算、表格中数字的小数点都一个不错。而李国豪教授的桥梁设计课则有很强的逻辑性,强调重点,条理分明,讲深讲透,不留疑点。

我曾大胆地向王老师请教:为什么你的记性那么好?王老师说出的秘诀居然是"下苦功"。为讲好早上的课,他总是清晨4点就起床备课。我后来自己当教师,清晨4点怎么也醒不过来,只能前一天晚上一吃完晚饭就开始备课,直到半夜。这兴许是王老师风格的"改进型"吧!

李国豪先生的研究室有几个研究方向,我们可以找自己感兴趣的题目去做,李先生自己也做研究。我们每周有一个上午大家轮流介绍自己的研究计划并报告进展情况,在报告过程中大家一起讨论,提出一些想法。李先生尽管已是中科院学部委员(院士),但没有一点大科学家的架子,他做的题目我们年轻人也可以提意见。通过相互讨论的方式慢慢就把大家的研究方向定下来了。

攻读研究生期间,两位恩师在总体研究方向上帮我们把握得很牢,指导研究思路、技术路线,指明前程,激发我们的研究兴趣。两位恩师育人的最大特点是鼓励我们独立思考,独立进行科学研究,不希望我们"老师怎么说你就怎么做",要我们自己拿出想法与导师一起讨论。这种把我们推向科研前沿的"独立能力"的锻造,对我们培养科研兴趣,学会科研方法,培养科研能力,激发创新活力均打下了很好的基础。

那时我尽管年轻,但从心底里深深感受到恩师在悉心地培养我们,在科研前沿引领我们。我们与

大哥八十大寿时与弟妹合影(左一为沈祖炎院士)

在浦东国际机场预应力钢屋架荷载试验现场

在厦门老君岩前与夫人合影

恩师的接触非常频繁、非常密切,师生感情非常融洽,没有学生看到导师就害怕或疏远的感觉。我们对导师的尊敬,完全是发自内心的由衷尊重。那年月,我们研究室的师生融洽相处的学风道德和人文情怀,多么令人难忘,这对我们日后的科研创新和教书育人都有深深的影响。

2　中外比较育英才

在我所做的钢结构领域学问,有很长一段时间是"英雄无用武之地"的。因为我国在很长一段时间是大造防"美国原子弹"的建筑,混凝土结构占据了绝对主导的地位,加上那时候钢材十分紧缺,必然成为钢结构的"郁闷年代"。

研究生毕业又遇上"文革",十年动乱令中国的钢结构研究与世界完全脱节。"文革"结束终于能看到国外学术刊物时,我惊讶地发现自己已完全看不懂了。原来这十年间正是国际钢结构设计快速发展的时期,计算机的发展让钢结构的计算方法又发生了彻底变革。我只能再埋头苦学,一面刻苦补习英语,让自己能更准确地阅读国外学术刊物,另一方面则要尽快掌握如何使用先进的编程与计算。

"机遇偏爱有准备的头脑"。1980年,作为访问学者,我获得了前往以钢结构稳定和高层钢结构研究闻名于世的美国里海大学符立兹研究所从事两年研究的机会。当时国家规定出国访问学者的最高年龄须在45岁以内,我很幸运地搭上了"末班车"。

在美国的两年访学,亲眼目睹了美国培养研究生的思想与方式,其中不乏"研究生是导师的廉价劳动力"的例子。据我细察确有这种情况,导师与研究生之间是雇佣关系,导师出了钱,研究生来做,学费、生活费都给了研究生,研究生就给老师做事,人情淡薄,缺乏人文关怀,也根本没有国内那种为国家培养高层次人才的观念。他们从不提人才培养的话题,只是导师有项目有钱,就要请研究生来做,完全是市场交换的手法与理念。有的美国导师觉得学生很好使,总想多留他们几年,在自己身边一直有廉价劳动力可驱使,研究生念了七、八年还毕不了业。难怪有些研究生对美国导师恨极了,师生关系变得非常紧张。

经历了中外研究生培养的对比,我感触很深。回国后我也做了研究生导师,就不得不令我思考:该采用哪种思想和方式去带研究生。我觉得国内的研究生培养思想和方式确有自己的特色,首先是目标明确——为国家对高层次人才的需要而培养,所以导师带研究生不是为了让研究生来打工,帮导师完成某项科研任务或者帮导师完成什么事情,而始终应该明白,导师的责任是为国家培养高层次人才,这是国家托付给每一位导师的任务,应该把培养的事情、关怀人的事情摆在主要位置。

与美国工程院院士(中)、日本教授(左)在国际会议上

做学术报告

为此,我带研究生着眼于人才培养,根据学生的具体情况,制订相适应的培养计划,这符合"因材施教"的古训。我当然坚决反对把研究生当成劳动力的市场行为。我们周围确有一些导师接了很多项目,让研究生帮他完成,这些项目与研究生培养关系不大,这样的导师市场意识确实很强,唯独缺乏了对研究生的培养意识,所以学生也觉得几年的研究生生涯只是帮导师打工而已。

从重在思考怎样指导研究生的科研和实践能力出发,我对硕士研究生的学分要求也就特别高,一般导师只要求三十几个学分,我则要求我的学生念五十几个学分。我认为学生年轻,只要身体允许,理应刻苦钻研,我会给我的研究生把课程安排得比较满。只要是课题研究需要学的基础知识我都要让他学,这样才谈得上"真才实学"。我并不要求研究生非做我的课题不可。在进行论文开题时,我总是先让学生自己拟定一个研究方向,学生按照研究方向查资料、看文献,然后师生一起商量看看拟定的题目是否合适。一般研究生都要反复两三次,最后才定下一个主题。这个过程既能让学生初步掌握做研究的一些基本方法、理念,又能通过题目的筛选,找出符合学生兴趣、特长的研究方向,为其今后的科研生涯奠定良好的基础。毕竟一个好的开题报告,实际上已经把论文的50%完成了。

我总是希望学生能具备较强的独立科研能力,同时也强调做学问要有一丝不苟的精神。我常给学生讲:师父领进门,修行靠自己。我负责地把学生带进学术殿堂的大门,进门之后,更多的是靠学生自己的悟性,寻求独立的发展。我的这种思想和做法完全是秉承了我的恩师——李先生和王先生当年培养我们的观念和作风:重在根据学生的兴趣,培养他们独立研究的能力。我很少主动告诉他们下一步去做什么,让他们自己去摸索,他们的摸索方向有偏差时,我会适时地给予指点,让他们去读哪些文献,然后再去独立探索。

至今我已经培养了100多位研究生,他们离开校园后跟我的关系仍很和谐。他们认为做我的研究生确实很苦,我的要求很高,学习的课程也排得比较紧,可是到了工作单位之后,觉得这种苦是值得的,工作开展很自如,毕竟基础较扎实。他们的论文与工作不一定完全对口,但是所学的课程是有用的,论文中的具体知识不一定能派上用场,但是论文中一些科研思考的方法,一些处理问题的能力,却能在工作中得心应手地予以应用。

我认为,带研究生若产生雇佣关系,研究生独立自主创新的能力就被压制住了,我们做导师的有责任去悉心爱护自己的学生。我还觉得,教师为人师表以身作则很重要。教师的一举一动学生都看在眼里,做得好,学生会把老师当作一个榜样;做得不好,他们觉得老师也不过如此,可能对自己要求也放松了。

教书是一门艺术,教学的内容与方法可以有很多种组合方式,讲坛其实是一个展示教师心灵和精神境界的舞台。作为一名教师,只有全身心地投入教学,才会感到其中的乐趣。其实,一个人不管做什么事情,倘若没有乐趣,是不可能达到很高的境界的。这种乐趣,在教师生涯里也比比皆是。

从教50多年,看着自己的学生从进入大学到走进社会成为国家的栋梁之材,无疑是非常快乐的事情。我一再鼓励学生冲破教学"框框"的束缚,走自己的路,希望他们发展得比老师更强。在钢结构领域,我教出来的学生留校从教开始独当一面时,凡他们的科研选题与我的课题发生冲突,我总会主动避让,让学生站出来挑大梁。此外,我也尽可能地推荐他们出席全国和国际会议,让年轻才俊崭露头角,让他们在专业领域尽快地开辟出自己的一片天地。

而今我依然奔忙在钢结构领域,作讲座、写教材、主持重大课题、指导青年教师……依然忙得不亦乐乎。对我来说,教学、科研早就与生活融为一体,而育人的无穷乐趣更是在我的血液里欢快地奔腾着。

(上海画报.2010年1月号:31-33　特邀编辑:方鸿辉)

挺起钢结构中国脊梁

——中国工程院院士著名钢结构专家沈祖炎教授

沈祖炎,同济大学教授、博导,钢结构专家,中国工程院院士。1935年6月5日出生于浙江省杭州市。1955年本科毕业于同济大学,1966年同济大学结构理论专业研究生毕业。曾任同济大学副校长、研究生院院长、国家土木工程防灾重点实验室主任、国际桥梁与结构协会钢木结构委员会委员等职,现为上海金属结构行业协会名誉会长、上海建交委科学技术委员会顾问、中国工程建设标准化协会轻钢结构委员会副主任委员、中国钢结构协会结构稳定与疲劳协会副理事长、英国土木工程师学会和英国结构工程师学会资深会员(Fellow)等。

1 卓越的学术贡献

沈祖炎教授自五十年代起从事钢结构方面研究,在高层钢结构、大跨度空间钢结构和轻型钢结构的非线性设计理论、抗震和稳定分析等方面有系统研究成果和重大贡献。沈祖炎教授作为高级访问学者赴美国Lehigh大学访问两年,于1982年初学成回国后敏锐地发觉到,我国改革开放后将迅速迎来经济和文化建设的蓬勃发展,超高层钢结构建筑和大跨度公共钢结构建筑的需求必将大幅上升。而我国当时,无论在分析理论、设计规范和工程实践都几乎处于空白。针对这一情况,沈祖炎教授及早开始了对高层钢结构、大跨度空间钢结构和轻型钢结构的研究。先后承担了国家自然科学基金会、原国家科委(科技部)、原国家教委(教育部)、上海市科委、上海市建委等的40余项科研课题,出版著作21部;发表论文390篇,其中国际刊物及国际会议94篇,SCI,EI及ISTP三大检索论文共103篇。在高层钢结构、大跨度钢结构和轻型钢结构方面的研究成果多次在国际会议上做特邀报告,使国际同行进一步了解了我国的研究成果。

1.1 高层建筑钢结构方面

他在我国最早开展高层钢结构方面的研究,对高层钢结构的抗震、抗火、稳定等进行了系统和全面的研究:建立了能考虑损伤、损伤累积和裂缝效应的钢材本构关系、构件和节点的恢复力模型及单元刚度矩阵;建立了静力及动力非线性分析的统一计算方法,能够考虑损伤、损伤累积和裂缝效应、构件剪切变形、连接半刚性和节点域剪切变形等因素的影响,在理论上有重要突破。

这些研究成果能对高层钢结构的承载力、弹塑性稳定、弹塑性抗震和抗火等进行符合实际的分析;能计算出结构和构件的损伤程度、裂缝的出现和发展、带损伤结构在后续地震作用下的反应以及损伤和裂缝的进一步发展。

沈教授在高层建筑钢结构方面共获国家科技进步奖二等奖1项、省部级自然科学奖一等奖1项、科技进步一等奖3项,二等奖3项。

1.2 大跨度钢结构方面

他也是我国最早系统研究大跨网壳弹塑性稳定、张拉整体结构全过程分析以及圆钢管结构相贯节点分析方法的研究者之一。对大跨钢结构的稳定、抗震、抗风等进行了系统和深入的研究：导出了能考虑截面塑性发展的空间梁柱单元大位移切线刚度矩阵；改进了弧长法并提出有效的网壳结构弹塑性稳定分析方法,能正确跟踪分枝失稳后的路径；提出了地震作用下动力失稳的判别准则和分析方法；采用悬链线单元对索穹顶等张拉整体结构的设计实现了无应力状态、预应力状态、荷载状态和施工过程跟踪的高效统一分析方法；对圆钢管结构中各类相关节点进行了大量试验和理论分析,提出了设计公式。

沈院士指导研究生科研工作

了计算结构和构件稳定极限承载力的新数值积分法；采用曲壳单元导出了大位移、大转角的弹塑性刚度方程,解决了杆件局部与整体相关稳定的分析；对轻型钢结构构件的滞回性能、端板连接节点的承载力等进行了大量试验研究。

研究成果为《钢结构设计规范》、《冷弯薄壁型钢结构技术规范》等标准的编制提供了重要理论依据和实用公式。

沈教授在此方面获国家科技进步三等奖1项、省部级科技进步一等奖1项、二等奖2项。

2 工程实践

上海是我国发展最早的城市,二十世纪九十年代开始启动了一大批重大工程建设项目,其中不少是钢结构建筑。沈祖炎教授协助设计单位先后负责了20余项重大工程项目的结构分析、抗震性能和节点计算的理论和试验研究,为上海环球金融中心、上海东方明珠电视塔、上海体育场、浦东国际机场航站楼、上海大剧院、浦东干部学院钢结构屋盖、浦东国际机场二期、上海东方艺术中心、上海南火车站、北京大飞轮、中央电视台新楼、国家大剧院、广州新体育馆、南京奥体中心、嘉兴发电厂干煤棚等重大工程建设的设计提供了关键技术支撑。

近10年来,由于超高层建筑的发展,许多超高层建筑都突破了设计规范的有关规定,被称为超限高层建筑。为了确保超限高层建筑在地震作用下的安全,国家及地方分别成立超限高层建筑工程抗震设

沈院士作为主席在第四届钢结构进展国际会议上发言

研究成果能较准确地分析大跨网壳结构、张拉整体结构和圆管相关节点,保证设计安全可靠和经济。研究成果广泛应用于全国、特别是上海地区的重大工程建设中,为这类结构的推广做出了贡献。

沈教授在此领域获国家科技进步奖三等奖1项,省部级科技进步一等奖2项,二等奖5项。

1.3 轻型钢结构及钢构件方面

对轻型钢结构和钢构件的稳定极限承载力、局部稳定及与整体的相关稳定进行了深入研究：提出

防审查专家委员会，并授权该委员会行使政府审批手续。沈祖炎教授被建设部和上海市分别聘任为全国和上海市超限高层建筑工程抗震设防审查专家委员会专家。沈祖炎教授已先后审查275项，其中超过40层的有上海环球金融中心(101层)、中央电视台新主楼(51层)、长峰商城(59层)、大上海会德丰广场(58层)、陆家嘴金融贸易区发展大厦(46层)等17幢，特别不规则的有上海世博会中国馆、上海世博会主题馆、上海世博会世博轴阳光谷及膜结构屋顶、京沪高速铁路上海虹桥站新建工程、贵阳奥体中心主体育场顶棚钢结构等9幢。为全国、特别是上海地区的重大工程的安全建设做出了卓越的贡献。

由国家或地方政府批准颁布的各种设计规范和规程是工程设计所遵循的法律性文件，也是体现设计水平和设计主权的技术文件。沈祖炎教授先后担任16本与钢结构设计和施工有关的规范、规程的主编和参编工作。他1992年主编的上海市标准《高层建筑钢结构设计暂行规定》、1998年主编的《轻型钢结构设计规程》都是我国这方面的第一本标准。为上海市高层钢结构和轻型钢结构的安全使用和推广做出了重要贡献，同时也开始了外国设计者必须遵照中国规范的局面。他于2001年、2004年和2008年主编了三本中国工程建设标准化协会标准：《点支式玻璃幕墙工程技术规程》、《矩形钢管混凝土结构技术规程》、《铸钢节点应用技术规程》，都是全国第一本这方面的标准，结束了这类结构在工程中应用时无标准可依的局面，为建筑钢结构领域的行业进步做出了重大贡献。

3 桃李天下

沈祖炎教授还致力于土木工程专业的教学，获国家及省部级教学奖11项。他主持的教育部"面向21世纪土建类人才培养方案和教学体系的研究和实践"课题研究硕果累累，获国家级教学成果二等奖。以该成果为基础，他主持专业指导委员会完整地制定了土木工程专业(本科)的培养目标、培养方案、课程设置等基本文件，为全国约200余所设有土建类专业的院校实现拓宽专业的转变做出了重要贡献。他主持了同济大学土木工程专业试点班的改革实践，并将成功经验转化到面上的培养计划中。沈祖炎教授在担任全国高等院校土木工程专业教学指导委员会主任及专业评估委员会主任期间，积极开展土木工程专业的评估工作，完成了中英两国土木工程专业评估结论的互认。专业评估结论的互认，说明中国土木工程专业的教学水平已达到国际发达国家的水平，使中国注册结构工程师与英国皇家特许结构工程师的互认处于平等地位，为我国土木工程技术人才进入世界市场提供一个必要的条件。他主持了"本科教学质量保证体系的研究与实践"项目，对进一步促进广大教师和教学管理人员树立教学质量意识，保证和提高本科教学质量具有十分重要的意义，对建立和完善我国高等学校本科教学质量保证体系做出了积极的贡献。

50多年来，沈祖炎教授为国家培养了一大批钢结构方面急需的高级专业人才。沈祖炎教授学风严谨，教学认真，为人师表，教学效果佳，热心于研究生培养，成绩卓著。2001年获"全国模范教师"称号。

沈院士接受中央电视台采访

沈院士参加《钢结构设计规范》修订工作

2006年获全国"第二届高等学校教学名师奖"。已培养硕士生69名、博士生50名、博士后7名;在读博士生13名。在他的培养下一大批优秀人才脱颖而出,成为钢结构学术研究、人才培养、工程建设等领域的骨干。据不完全统计,有国内外大学教授20名、副教授13名、工程建设单位教授级高工4名、高工50名以上,在国外从事博士后或工程技术方面工作的有9名以上。他还曾担任第一、第二、第三届全国高校土木工程专业教学指导委员会主任,第一、第二届全国高校土木工程专业评估委员会主任,在任内完成了中英两国土木工程专业评估结论的互认,为中国高校土木工程专业走向世界开辟了道路。

沈院士在办公室

(科技成果管理与研究:名家访谈,2010年第9期)

红烛闪亮抒真情

——记第二届"高校教学名师奖"获得者沈祖炎院士

沈祖炎简介：

1955年同济大学工业与民用建筑结构专业本科毕业，1966同济大学结构理论专业研究生毕业。曾任同济大学助教、讲师、副教授、副校长、研究生院院长、上海防灾救灾研究所所长、国家土木工程防灾重点实验室主任、全国高校土木工程专业指导委员会主任及评估委员会主任、美国结构稳定研究委员会委员、国际桥梁与结构协会钢木结构委员会委员等。2005年当选为中国工程院院士。

作为研究人员，他是我国钢结构领域的开拓者之一，为我国钢结构理论研究和工程实践做出了举足轻重的贡献；

作为大学教师，他56载躬耕在教学第一线，以渊博的学识和高尚的师德，诠释着为师者应有的内涵与意义；

作为领军人物，他悉心指导培养一批批青年才俊，培育起一支响当当的学术梯队……

他，就是中国工程院院士、同济大学沈祖炎教授。

2006年教师节前夕，他被国家教育部授予第二届"高等学校教学名师"称号。

"您无愧于名师这一称誉！"这是师生们由衷表达的共同心声。

2011年教师节之际，沈院士荣获"上海市教书育人楷模"提名奖。

红烛长燃，光亮永不熄灭，深情诉说着一位同济学人痴迷教坛近一个甲子的悠悠真情。

56载讲台生涯，他以赤诚之爱一路走来，热情经久不衰

20世纪50年代初，沈祖炎就读于同济大学工业与民用建筑结构专业。大学期间，他就以扎实的基本功和过硬的专业素质得到了老师和同学们的公认。别看沈祖炎当时在班上年龄最小，可学习成绩总是稳居第一。他还特别善于并乐于为同窗解惑释疑，是同学们信得过的"小老师"。

1955年，21岁的沈祖炎毕业留校，成了钢结构教研室一名年轻的助教。从此，他与黑板、粉笔为伴，56年如一日，在同济大学钢结构教苑耕耘不辍，播种不倦。

他以讲台人生为乐，甘愿为它奉献青春。他曾先后为工民建、建筑工程、土木工程等专业的本科生主讲过钢结构课程，长达30多年之久。他还为房建专业工农兵学员班教过10年的建筑结构课。从1978年开始招收第一位研究生开始，至今经他亲手指导培养的研究生已逾120名，其中博士研究生近50名。

"上课已经成为我的职业习惯，不让我上课，我非但不会感到轻松，相反会很不习惯，会很难受。"此话不虚。即使是1984—1995年，他担任同济大学主管教学工作的副校长，尽管事务极其繁忙，他仍然不离讲堂，坚持为本科生授课，同时挤出时间培养指导

研究生。

半世纪光阴荏苒，送走一批又一批学生，尽管昔日的青年而今已是鬓发如雪，可他心底那团炽热的火焰，依然还在熊熊燃烧。从1998年起，他还积极倡导并亲自带头为刚刚跨进校门的新生开设《土木工程概论》系列讲座，极大地激发了同济土木学子在进校一开始便形成对所学专业的认同感和自豪感。

为进一步提高本科教育质量，2003年春开始，他抱病牵头，先后主持召开大小会50多次，制定完成了国内首创的同济大学本科教学质量保证体系。他还应邀出任学校本科教学工作管理评审专家组组长。

只要一谈起为师，一提到教学，沈老师就显得兴致盎然，说起来滔滔不绝。"乐趣"、"快乐感"、"满足感"等词汇，是他道出的切身感受，是他的真情流露，让听者不觉深受感染。难怪他的学生们经常说，"教学始终是沈老师最乐于与人交谈的话题。"

"当教师责任重大，影响深远，非认真不可。"

"教学并不是单方面的付出，对教师来说也是成长与进步。"

"一旦进入这个境界，就会收获特别的乐趣。"

……

正是因为沈教授对教师这一职业有着深邃的理解和感悟，他对教育的满腔热忱才能历久而弥新。

教改园地里的研究与实践，他以师者的高度责任感和事业心投身，成果丰硕

"要为学生提供有效、上乘的教育。"

这是沈教授作为师者一生的追求。

为求得最有效的教育，他课前精心备课，课堂热情讲授，用心钻研教学艺术；他走进学生中间，了解教学对象，研究学生认知规律；广泛阅读国内外文献资料，关心并收集最新的工程实践成果；他还将睿智的目光投向了教改这一片新园，积极投身到了教学改革的洪流之中。

他在多个重大教改项目中勇担重任。几年前，全国200余所设有土建类专业的院校成功实现了向"大土木"专业的转变，沈祖炎功劳卓著。那是1995年，他主持教育部"面向21世纪土建类人才培养方案和教学体系的研究与实践"项目取得的成果之一。

当年，在联合多所高校开展深入讨论研究的基础上，以沈祖炎教授为首的项目组提出了专业拓宽方案，即把原有的建筑工程、交通土建工程、城镇建设、矿井建设等专业统一确定为"土木工程专业"。随后，由他出任主任的土木工程专业指导委员会，完整制定了土木工程专业（本科）的培养目标、培养方案、课程设置。紧接着，他还主持完成了同济大学土木工程专业教改的试点工作。

对于许多土木学子来说，"沈祖炎"是一个熟悉的名字。因为在他们所学的专业教科书中，有多本是沈教授的专著或是由他主持编写的。编撰教材，是一件相当费时费精力的事，尤其是对于教学科研任务极度繁重的他来说，更是何其不易！可他不仅编写了12部钢结构专业教材，而且得到了同行一致的好评：《钢结构》获国家级教学成果二等奖、上海市教学成果一等奖；《钢结构基本原理》获教育部全国高校优秀教材一等奖；2009年他主持的《钢结构学科创新型人才培养教学体系建设》获上海市教学成果特等奖、国家级教学成果二等奖……

《同济大学本科教学质量保证体系》是沈教授的又一教改力作。这一体系问世之后，首先在校内得到全面推广。在2004年11月举行的"第七届全国土木工程系（学院）系主任（院长）工作研讨会"上，这一体系得到了来自全国近300名土木院系领导人的热烈响应和充分肯定。应这些同行们恳求，体系内容被赶制成光盘，人手一张，带回到各自所在学校做参考。

2004年，全国人大常委会副委员长许嘉璐来同济大学调研，在听完汇报后，他高度赞赏同济大学在本科教学全面质量管理方面的新探索，"你们是全国第一家，这么全面地把影响教学质量的关键因素和关键环节都考虑进去了，环环紧扣，自成体系，非常好！"

2009年，"全方位监控、循环闭合的本科教学质量保证体系的构建与实践"获上海市教学成果一等奖。同年9月，由沈院士担纲课题组组长的"同济大学研究生教育质量保证体系"开始面向全校各院系推广。

钢结构领域的执着探索，他以恒心和毅力在长年寂寞中坚守，厚积薄发

沈教授对教书育人事业的深挚热爱和真情投入令人由衷感佩，他在钢结构研究领域的奋斗故事，更令人油然而生崇敬之情。他数十年如一日，坚守在曾经一度冷僻的钢结构研究领域，走过了相当长的一段寂寞期。正是如此矢志不渝的执着追求，成就了今天这位享有盛名的钢结构理论研究大家。

在王达时、李国豪等名师的指引下，学生时代的沈祖炎就对钢结构萌发了无限兴趣，他立志日后要在这片广阔天地自由驰骋。留校任教，沈祖炎在教学之余，开始朝着科研领地迈出第一步。

那是钢结构的沉闷年月，由于国内钢材供应十分紧缺，钢结构实际的应用非常有限。既申请不到科研课题，也难于遇上工程建设项目，他的面前是重重难关。可这位意气风发的年轻人并没有泄气，没有却步。

机遇总是垂青于有梦想、有准备的人。1962年，沈祖炎受邀参与编写我国第一本《钢结构设计规范》，负责计算部分。随着一天天做试验、做理论分析，他逐步提炼出一些计算公式，加深了对构件稳定理论的许多认识。不久，他又参编《冷弯薄壁型钢结构技术规范》，随后又主编完成了《轻钢结构设计规程》、《高层建筑钢结构设计规范》等等。

一个个规范相继问世，他的积累在与日俱增，对钢结构的思考也在不断拓宽拓深。他的研究涉及大跨度、高层以及轻型钢结构，研究涵盖钢结构非线性理论、结构稳定与抗震、结构损伤累积效应分析、大型复杂结构关键科学问题等几大重要方向。

80年代起，钢结构在国内开始兴起，从此他的学术成果在一些重大工程中相继得到成功应用。他成为多个国家及地方重大工程建设项目的重要把关人。

1995年初夏，上海大剧院6075吨的钢屋盖实施整体吊装。时任顶部钢结构整体提升副总指挥的沈教授头戴安全帽，目光如炬，在工程现场坐镇指挥。经过20小时协同作业，钢屋盖成功吊装。还有国家大剧院、上海浦东国际机场、东方明珠电视塔、上海环球金融中心、上海世博会世博轴阳光谷……因为有他在技术上的支撑和护航，这些大型建筑的结构安全令人放心有加。

沈院士还是全国超限高层建筑工程抗震设防审查专家委员会的专家，经他亲眼过目审查的工程累计已达290项。时至今日，他依然在为全国特别是上海地区重大工程的安全建设把守着一道道紧要关口。今年6月，由沈院士领衔在南通建筑工程总承包有限公司建立的企业院士工作站揭牌成立。

400多篇论文，23部著作，15本钢结构有关的规范、规程，40多项重要科研项目和20多项重大工程项目的结构理论分析和试验研究，33项科技进步奖……2005年底，沈教授当选中国工程院院士的喜讯传来，领导、同事、学生们无不用"名至实归，众望所归"来表达共同心声。

高尚纯粹的师德风范，他以自己的学识魅力和人格魅力教育影响学生，广受爱戴

20多年前，在重庆建工学院读书的一位硕士研究生，有一天在导师桌上看见了一本教研组刚刚买来的新书《钢结构构件稳定理论》。随手翻看几页，他的目光就被牢牢地吸引住，当场一读为快。他记住了书的著者"沈祖炎"这个名字，一个志愿也在他心头悄然萌生：要考就考沈老师的博士研究生。这位昔日的青年学生最终梦圆同济，如今已成为国家杰出青年基金获得者。

这就是学识的魅力！这就是丰厚学识带来的巨大感召力！沈教授在钢结构理论方面系统的研究接连取得新成果，并与工程实践成功对接，他的学术成就吸引着一个个有志青年纷至沓来，投奔到这位智者的门下，当面聆听他的教诲，感受他精深的学术造诣。

他深厚的学问功力征服了年轻学子们的心。1994年秋，上海八万人体育场钢屋盖模型试验前夕，就在同济大学结构工程所的实验室，绕着由几千根杆件组成的庞大结构模型，沈教授走上两圈，一眼就看出哪些部位，甚至具体到哪几根杆件需要着重观察。一经试验，他的判断完全正确！10多年前的这

一幕,他的学生赵宪忠至今仍记忆犹新。

他走过的这条学术道路,本身就是一本生动鲜活的教科书。他经常与年轻人谈起自己的治学体会:"一旦你认定这个研究方向有发展前途,无论所遭遇的是冷清还是热闹,你都要一直坚持走下去!"

沈教授无论是为学,还是为师、为人,都令人顿生景仰之情。耳濡目染着老师的一言一行,学生们深受感染、熏陶,受益无尽。几乎每一位学生都珍藏着他们的论文处女作,并视若至宝,因为每页纸上无不充满了沈老师一字一句修改过的工整笔迹,甚至连标点符号都一一予以指正。于他们来说,"这是润物细无声的教育。"

同济大学土木工程学院陈以一教授有一个20多年不变的老习惯,只要第二天有课,当天晚上他必定是"诸事不管,只问备课"。他说,这是自己平生第一次上讲台时,随堂听课的沈老师传授给他的。那一天,沈老师毫无保留地与他分享从教多年的经验心得,让初为人师的他获益良多。2006年教师节前夕,陈以一教授获评上海"高校名师";2008年,他带领的钢结构教学团队又入选"国家级教学团队"。

令学生们一直感念不忘的,还有沈老师的谦逊温良、和蔼可亲。尽管沈老师学养深厚,德高望重,可对他的学生从来都是平等相待,慈爱有加。他的学生孙飞飞说,自己在读博士研究生时,沈老师给他留言还习惯于以"您"相称。

实力雄厚的学术梯队,他以战略眼光和深刻洞察力培育,学科持续发展

"沈院士贡献之突出,不仅体现在其个人非凡的教学业绩和学术成就上,让人尤其感到钦佩的是,他对同济大学钢结构学科未来可持续发展所倾注的极大心血。"同济大学前党委书记周家伦说。

近年来,同济大学钢结构学科强劲的发展势头有目共睹:学科体系趋于完备,人才队伍日益壮大,学术地位不断上升,国内外影响力持续增强。"建筑钢结构教育部工程研究中心"也在同济大学正式落户。眼前的这一切喜人成果,无不归功于沈教授的远见卓识和深谋远虑。

既是诲人不倦的良师,又是治学严谨的学者,沈教授还是一位特别善于把握全局的领军人。他一直主张让一些根基好、能力强、创新意识强、对研究怀有兴趣的研究生毕业后留下来,继续科研攻关,认为这将有利于同济大学钢结构学科的长远发展。

事实证明他眼光的前瞻与独到。如今,在曾经师从他,有幸在他的指引下步入钢结构研究领域的中青年人才中,已经有一批成了某一研究领域颇有建树的专家,并各有专攻,还都各自拥有了一支支年轻的新生力量。

"我的学生能超过我,是我最大的快乐。"这是沈老师的真心话。他鼓励学生们结合个人兴趣、社会需求、学科发展,大胆闯出一条自己的科研之路。他们中,既有主攻高层钢结构及钢结构抗火的,有致力于高层建筑结构、大跨度结构和结构弹塑性分析的,有主研钢与轻型结构的,也有瞄准钢结构和新型结构体系研究的……

对于沈教授关注学科长远发展这一点,近年来毕业留校的几位青年博士也有真切同感。当初正是在导师的鼓励下,赵宪忠、李元齐、孙飞飞三位年轻人在留校两年内就分赴英国、日本、意大利做博士后研究或开展合作交流。回国后,沈教授又与他们坐在一道,共同谋划最合适每个人的研究方向。

这样的一个学术环境,让不少人心生向往。留学日本多年的吴明儿博士2004年底加盟同济大学,在决意回国时,他的目光锁定同济,不仅因为"沈祖炎"这个名字在日本钢结构学界享有很高知名度,让他格外心动的,正是"沈教授领衔的这支实力不可小觑的中青年学术骨干梯队"。

"我现在虽说年纪大了,但只要自己身体允许,还是希望能继续带带学生,做做科研,多发挥点余热。"

半世纪勤耕,硕果满园。尽管如今已逾古稀、华发满头,身体时感不适,可他每天心头所系、心中所念的,依然是他钟爱一生的教育科研事业。秋日暖阳下,他奔忙不歇的脚步还是那样坚定有力;芬芳同济园,他师者的大爱仍在三尺讲台弥漫、延伸。爱的红烛啊,依然在炽热地燃烧……

(同济大学.同济人[J],2012年第1期:18-21)

学识渊博，刚直不阿

——中国工程院院士、同济大学教授沈祖炎独家专访

5月15日下午2时，中国工程院院士、同济大学教授沈祖炎在同济大学土木大楼办公室如约接受了《钢构之窗》记者的采访，他的学生李元齐博士陪同采访。李元齐2001年6月—2003年8月在日本东京工艺大学风工程研究中心公派访问，回国后任同济大学教授、博士生导师和建筑钢结构教育部工程研究中心副主任。

沈院士是一位学术精英，也是一位可敬的长者。1955年，沈祖炎大学毕业后留校任教，并立志于从事钢结构领域的研究工作，成为他一生事业的开端。他诲人不倦、奖掖后进，为国内外培养了一大批高层次钢结构科技人才，其中许多已成为国内外相关学科学术带头人。在国内钢结构产业的会议或论坛上，记者多次聆听过沈院士的演讲，切身感受到他学风严谨、学识渊博、刚直不阿、坚持真理，把毕生心血献给了祖国的钢结构事业，是广大钢结构人士学习的楷模。

沈院士今年已虚"八"，看上去精气神挺不错，有一颗非常强大的内心。他热情地握住记者的手，坐定后可谓有问必答，且谈锋甚健，思路清晰，才思敏捷。他对乱象的鞭挞非常透彻，往往切中要害入木三分，且丝丝入扣。令记者感慨的是，沈院士的点评掷地有声，显得强大无比。而这种强大，恰恰潜藏于看似文弱的外表和柔软的表情下……记者蓦地记起司马迁祠楹联："刚直不阿留得正气凌霄汉 幽而发愤著成信史照尘寰"。

记　者：2012年12月22日，"影响中国——第三届中国钢结构产业高峰论坛"主题是科技引领钢结构产业绿色发展。您的主题报告《促进我国建筑钢结构产业发展的技术政策研究》相当抢眼，受到与会代表的追捧。

沈祖炎：我国建筑钢结构产业经过20年的发展，已经形成一个巨大的产业，主要包括：一是以钢铁公司为代表的建筑用钢生产产业，承担建筑钢结构用钢的研发，以及建筑钢结构用钢板材和型材的生产(热轧等)和初级加工(冷弯、焊接等)等；二是以科研院所为代表，承担建筑钢结构体系研发、基础理论研究、设计标准制定、技术咨询和服务等的技术支撑产业；三是以设计单位为代表的建筑钢结构方案及施工图设计产业；四是以钢构公司为代表的建筑钢结构制作产业，也包括现代商品化的针对某类建筑钢结构体系中整体或部分体系(如屋面体系、墙体体系等)产品进行研发、制作、销售、服务等的产业；五是以建筑钢结构施工企业为代表的建筑钢结构现场安装、施工产业，其中部分业务也可能也由大型钢构公司承担。

同时，建筑钢结构产业的发展也带动了相关配套产业的发展。如非钢材料的围护结构、墙体及屋面的保温隔热材料、防腐材料、防火材料、焊接材料、紧固件、脚手架、大量的零件机械加工、各种用于钢构件制作的机械化或智能型加工设备等。

记　者：去年7月21日，第十二届全国现代结构工程学术研讨会上，冒出一个《专家研讨"鸟巢"功与过》的戏剧场面，相左的点评把会场气氛推到沸点。时隔几个月，在第三届中国钢结构产业高峰论坛上，您则直截了当呼吁，"对设计、建造不合理的钢结构建筑要实行一票否决！"在权力和真理之间您毫不犹豫地选择后者，并向社会讲真话。不过，"一票否决"是很得罪人的。

沈祖炎：鸟巢是国外设计大师设计的，从奥运会的角度来说它是有功的，但是从结构专业的角度评价，全是错的。好就是好，不好就是不好。"轻、快、好、省"的对立面是"重、慢、差、费"。鸟巢是不合理

的耗材、国家大剧院是不合理的耗能、水立方是不合理的耗资,不符合创建节约型社会的国策,都应该一票否决。否则它对行业将起破坏性的示范作用。应该坚决杜绝那种因某一专业特殊要求而严重损害其他专业合理性的方案得以通过的招标机制。要坚决反对那种对先天性有严重缺陷的方案做劳民伤财的补救后,再自欺欺人地列出了创造多少世界第一的现象。

一项建筑工程的设计是否优秀应予综合评定,包括规划、建筑、结构、施工、设备、造价等多个方面。但是,建筑工程的规划、建筑和结构设计是其中的关键环节,往往决定了其他方面的优劣。1999 年在英国伦敦建成的"千年穹顶"是英国政府为迎接千禧年而建的标志性建筑,是一个合理地将索、杆、膜组合而成的混合结构体系,其用钢指标仅 20 kg/m^2。但是,这座耗资 12.5 亿美元的多功能大众娱乐建筑却因造价高昂,游人不足,建成后使用率很低,高达几百万英镑的维护费用使得该建筑仅开放了一年就于 2000 年 12 月 31 日被迫关闭。

记　者: 鸟巢、央视等地标性建筑,为什么都是国外设计师操刀的?有人调侃说,国外设计师的梦想只有在中国才能得到实现。

沈祖炎: 外国人在中国说话非常含蓄,说"鸟巢这样的房子只有在中国才能建造,外国绝对建造不起来。"国人中有的听了还自鸣得意,认为外国不会造,中国是第一。鸟巢由于其建筑造型上的"创新"而极端忽视了结构受力体系的合理性,随之而来的结构"创新"都必将是被动而非理性的。所采用的辐射状交叉门式桁架体系导致了惊世骇俗的用钢指标。

有个说法很有意思,当时请了 10 位中外评审专家,9 位是建筑师 1 位是结构师,建筑师中赞成的多一点。结构师说,建筑师占多数,我这一票是没用的。官员说,这个方案是北京人民投票选出来的。很多程序帮了官员的忙,走了一些程序后责任就没有了。程序上没有说明用了国家多少钱,仅仅给大家看一个效果图,信息没给全。因此,这种程序还是不走为好。

李元齐: 为什么沈老师认为鸟巢的结构设计方案不合理?我的理解是它用了结构效率与结构跨度不匹配的结构体系,导致用钢指标异常的高。鸟巢选用了国产 Q345GJ 高性能钢材;桁架柱内柱受力最大的部位采用了高强度的 Q460 钢材,最大厚度达 110 mm。但最终的用钢指标高达 700 kg/m^2 以上,而且给构件制作和安装带来巨大的挑战,钢材及其制作、安装费平均大概在每吨 1.7 万元左右。实际上,这样跨度的大跨空间结构采用刚性体系的话,可能用钢指标在 300 kg/m^2 以内就足够了。

沈祖炎: 从另外一个角度看,大建筑都是最好的政绩工程,好听一点的叫地标工程,实际上是政绩工程。政绩工程要的就是奇形怪状,能吸引眼球,能流芳百世。奇形怪状只有外国人敢做。合肥小鸟巢,36 根游戏棒设计出来的,建筑规律也是没有的,中国人不敢。中国人比较传统,建筑讲究对称,方方正正,形式要和内容相结合,和当地的环境相配合。设计出来的都不错,但造型都不大是标新立异的,这是一个因素。还有一个因素,也是中国的国情。重大工程中如果出了问题,或者是没做好,当地行政长官责任太大。要是外国人设计的就会有个推辞:"外国人都做不好我有什么办法?"做好了最好,做不好我也没有责任,各种复杂的因素都牵扯在里面。因此,也算事出有因,主要还是地方政府的政绩考核体制。

记　者: 您将钢结构建筑的优势凝练成"轻、快、好、省"四个字,很精准。可是,推广钢结构目前依然步履维艰,这是为什么?

沈祖炎: 2012 年我国粗钢产量达到 7.17 亿吨,而建筑钢结构用钢量占钢总产量的比例较低,近 10 年来我国一直徘徊在 4% 左右,远低于发达国家的 10%~30%。

我国钢结构设计标准基本覆盖了建筑钢结构领域,但高性能钢材的生产与发达国家相比还有差距,在高性能钢应用技术、若干新型结构体系方面还尚待完善,甚至存在空白。此外,钢结构产业链还未完善,相关的配套产业滞后于钢结构产业本身的发展,与钢结构体系相适应的建筑体系开发以及三大板材产业还刚刚起步;钢结构咨询服务业还需大力发展;多数从业人员对建筑钢结构应用的适用性和合理性还存在误解……各种因素叠加导致推广钢结构步履蹒跚。

记　者: 当下国内建筑市场上,钢筋混凝土结构建筑仍唱主角，钢结构建筑是配角。您能否梳理一下？

沈祖炎：我国从古代一直到民国之前，木结构和砖木结构是建筑中的主角，后来输入西方技术，混凝土开始成为主角。砖木结构几十年后就会腐烂或者蛀蚀。混凝土不会。以前说百年大计，混凝土一直是主角。20世纪50—70年代，钢产量低，因而限制用钢，钢结构只用在必须要用的场合，诸如国防、机械等。后来钢产量逐渐提高，政策变为推广用钢。目前遇到一个棘手问题，人们习惯了混凝土结构。住的人习惯住混凝土房屋，设计人员也习惯设计混凝土结构，制造（施工）人员也是一样。劳动力方面，生产水泥企业人员有一大批。习惯的力量是相当顽固的，一下把这些东西转过来不容易。这是其一。

其二，以前住宅都采用钢筋混凝土或者砖混结构，20世纪90年代，建设部和国务院都曾提出在住宅中推广钢结构，已经过去20年了，目前和以前的状况仍差不多。住宅这一领地，钢结构几乎尚未跨入门槛，我觉得那么好的东西推广不开很可惜。钢结构相比混凝土结构造价稍微要贵一些，目前国家劳动力成本较低，市场经济条件下，钢结构替代混凝土结构在市场上还有一定难度，住宅是卖给老百姓的，稍微贵一些，老百姓便不买账。想推广钢结构，其实不容易。我觉得一个好的对国家有用的东西，应该从国家层面上来推广，这是造福子孙后代的事情。从国家层面推开，就要有优惠鼓励政策。国外有些国家，钢结构刚开始也推广不开，政府给予一定的优惠政策，让建造商不吃亏。商人为国家牺牲自身利益往往是不愿意的。我在行业内听到这方面的叫嚷声，建造商说做钢结构利润很低、很薄。但是，钢结构符合国家政策。无论是发达地区还是发展中地区，应该尽量去推广。这是一个方向。

李元齐：现在的房地产商，没有主动说要做钢结构住宅的，如果造价真的便宜为什么不做？说钢结构的便宜是指综合成本。工期缩短一年，这也是成本。但是，前期绝对投资还是要上去的。如果成本一样，卖点很容易凸现。去参观钢结构房屋，不刻意宣传的话，一般人是感觉不出来的，感觉不出差异。比如同济大学这座八层的土木大楼，外面能看出是钢结构，里面不注意你也看不出来。钢结构相比砖混房屋，增加了使用面积、抗震性好、可循环使用。但是钢结构房屋成本还是要贵些。同时，两者还是有差别的。譬如，钢结构住宅墙体会轻一些，踢墙、敲门时，物理的隔音会差一些。当然，听不到隔壁声音那是基本要求，肯定能做到。另外，在使用习惯也有些差别。所以，现在推广城镇化保障房，整个社会的认同度和接受还比较低。

沈祖炎：我认为，协会在这方面还有很多事情应该做。前期需要国家的投资，企业是有什么资源就做什么，客观上推广了钢结构。企业优先选用自己的产品，看菜做饭。也不能说不关心钢结构。从市场角度而言就不一定了。绿色装配化是以后的发展方向。远大的建筑体系，符合绿色装配化要求，速度很快。但总体感觉其领导太强势，主观过度，科学发展观尚欠火候，影响了该体系的发展推广。

时下推广钢结构为什么还不够成熟，缺少有人去潜心研究。资金短缺的拿不到项目，有钱的人不想研究。钢厂有钱，但他们不潜心做建筑钢结构用钢的研发。无论是轻钢还是重钢，只要有几个方面可以突破，将会有质的飞跃。比如防火，如果像混凝土一样靠自身防火，不需要涂料。钢结构造价马上就下来了。防火和防锈，主要是材料的问题。在高温情况下，只要满足60%强度保留就可以不倒。结构里面有个安全度，不超过底线就可以，现在有些钢可以做到60%，但是价格昂贵、焊接性能不好。这对设计有问题，甚至不能用，其实完全可以做到的。英国以前用钢量占的比重很少，后来做试验，实验室用的是报废的飞机库，国家研究所把它买下来做房屋试验。用一堆东西去燃烧，根据试验成果改了钢结构规范。以前对钢结构要求太高，现在降下来了，钢结构就推开了。用在防火上面的成本下来了，英国钢结构现在占住宅70%以上。针对防火的问题，真的可以研制一种钢材，自然防火不要用涂料，或者用很少的涂料就可以解决问题。

目前我国钢结构住宅的瓶颈就是防火。住房是一个各种性能的总和，声音、温度、舒适度要考虑，节能防火、防锈、耐用都要考虑。现在不少企业各做各的，都说自己好。市场上要有一个通行的、公共的东西。国外有一种经验可以借鉴。发达国家有两种体系，一是整个国家有一套标准，公开，如果你想介入钢结构住宅这一块,你就可以按这个标准去做,做了就要符合国家标准;二是有实力的企业做自己的体系,你有相对的资源,比公共的标准更好更强,市场竞争力就更好。比如日本的轿车,开始可以做公共的。有实力的企业最后可以做自己的,譬如丰田自己的体系是经过国家认可的,其轿车有比较独特的概念,这样市场竞争性更强。日本住宅也是如此发展。公共的可以把标准要求往下放一放,造出的房子变化少一些、呆一些,造价也会低一些。

李元齐:还有一个问题。四川的地震,倒塌多的都是自建房。如果说这些房屋像日本一样,是经过设计的或是工业化的钢结构房屋,房子就不会倒。最多就是里面的摆设损坏伤人,不会死人。中国今后要解决全国性的自建房问题,经过设计的房屋哪怕是混凝土的也会好很多。以前被国人称之为别墅的房子,其实就是普通的房屋。国外买房子可以和买冰箱一样,找一家工业化住宅的公司,买回去按说明书组装,但都是设计好的,无非是怎么搭配的问题。如果中国能将工业化住宅的理念推广开,那么钢结构的优势非常明显。混凝土太重,远途成本太高,相比较钢结构轻,配送的重量只有混凝土1/4~1/5。近期国家批准我们依托同济大学筹建"国家土建结构预制装配化工程技术研究中心",也是这个目的。钢结构是最适合装配化体系,按沈老师说的结构用墙板、楼面板、屋面板这样去做,这个市场会很火,加上防火防水技术的发展也非常迅速,钢结构建筑会有一个很好的前景。

沈祖炎:钢结构制造厂自己做房产,设计方面可以省不少钱,觉得不亏本就可以建造。比如杭萧的包头万郡。因为有某一方面优势而做钢结构住宅,并不是说谁都能做钢结构住宅。没有优势容易亏本,很多钱被中间环节消耗。一条龙生产模式减少中间环节,包括墙面、楼面都是自己生产。如果按照混凝土模式,社会采购,成本就会增加。

李元齐:时下轻钢龙骨体系建筑企业如雨后春笋。我最近去看了2013广州国际预制房屋展览会,上海钢之杰为许许多多企业加工冷弯薄壁型钢龙骨结构体系,能够卖到国外,大把大把赚钱。说明国内市场有竞争,国外的市场还很广泛。

记　者:绿色建筑是指在建筑的全寿命周期内,最大限度地节约资源(节能、节地、节水、节材)、保护环境和减少污染,为人们提供健康、适用和高效的使用空间,与自然和谐共生的建筑。钢结构建筑是绿色建筑,推广时却屡遭瓶颈,钢结构行业面临尴尬呀。

沈祖炎:钢结构建筑除了具有轻质高强性、优异的材料性能、制作安装工业化程度高、宜拆卸和较好的耐久性等优势外,还有利于节约资源、减少碳排放、可循环利用、有效实现"四节一环保"绿色要求的优越性。

有人说我们的发展,应该为后辈创造条件,而不是挖掘坟墓。社会的发展和做土木工程的联系非常大,所有的建设都脱离不了房屋建筑、桥梁、道路。土木工程关系到国家一个很大的方面。我以前对这些方面想的很少,现在年纪大了。年轻的时候想的就是把眼前的工作做好。年纪大了,阅历多了,就慢慢想开了。作为土木行业的建筑工程师来说,考虑问题要宽一些、深一些。在国家发展建设中,四节一环保,到底怎么做才是做好的。在目前的建筑材料里,我觉得钢结构是最好的。因为它最贴近四节一环保的要求。钢结构可以回收再利用。钢结构使用使结构重量变轻。轻了,有利于运输、制造、安装。由于体量的减小、重量的减轻,减少了相关行业的负担。从节能来说,也是很好的。混凝土很笨重,从工厂运到工地,运输所消耗的能耗,人工付出的体力,都比钢结构大得多。吊桩混凝土机械和吊桩钢结构的机械两者不是等同的。本身的轻会带来一系列相关联的工作的节能。从节地的角度,很多的面积都被笨重巨大的混凝土构件占用掉了,高层达到五六十层以后,底下的混凝土剪力墙都要做到 2 m 左右。

记　者:建筑钢结构产业是指和建筑结构中的承重钢构件(柱、梁、支撑等)或钢受力体系以及与其集成的产品体系等相关的产业,主要包括建筑钢结构构件制作、加工和安装,也包括与结构体系配套的围护系统的相关产品。我国发展建筑钢结构产业有瓶颈,请问,有哪些制约因素?

沈祖炎:首先是钢结构产业链本身问题。我国建筑钢结构产业链配置存在较严重的失衡。诸如上游结构用钢材产品不能完全满足现有市场的需求,自主研发意识和能力有限,部分产品仍依赖进口;部分领域科研成果存在严重滞后,转化不及时;产学研结合不充分，企业相对缺乏技术战略及技术储备；设计队伍薄弱；材料检测、制作、安装、监测队伍技术不能满足施工的需求等。

其次是对钢结构的认识问题。整个社会对建筑结构中采用钢结构的合理性和必要性仍存在很大的误解，导致钢结构方案往往只是用在其他结构方案不能解决的项目上。市场上忽略钢结构轻、快、好、省的特点，而建造的笨、重体系又进一步误导了对钢结构的科学认识。同时，投资方忽视钢结构体系的优点及其间接效益，其具有长远社会意义的优点也不能给业主带来更多直接的利益，这直接导致了目前钢结构建筑在造价方面的劣势难以平衡。

再次是设计理论与队伍问题。钢结构设计理论相对复杂，目前在技术成果的集成和转化方面也存在严重不足，现有的设计技术和方法没有充分利用钢结构的延性优势，导致钢结构的轻质、高强、塑性好等的优势不能带来明显的经济优势。部分领域涌现出了与可持续发展理念、国家基本建设原则、钢结构优点背道而驰的笨、重工程，也凸显钢结构领域的建筑及结构设计人员队伍整体素质亟待提高。

最后是其他潜在制约因素。例如，建筑钢结构产业中专业技术工人缺乏，专业技术工人人工成本快速增长；钢构企业在前期研发中存在投资过大、利润偏低；工程建设招投标模式、工程承包模式和现行的市场价格机制等不利于钢结构产业新技术应用和技术创新的实践；缺乏有效激励钢结构产业发展和工程应用的有效技术政策等。

记　者：沈院士对我国发展建筑钢结构产业有哪些技术政策建议？

沈祖炎：第一，政府层面从利国利民的角度，调控主流媒体和各种渠道着力引导在建筑和土木工程中采用钢结构。着重宣传钢结构具有强度高、塑性好、质地均匀、抗震性能佳等优异结构性能；具有工厂制作、进度快、质量易保证、符合工业化生产等优异的制作性能，为推广钢结构应用消除思想障碍，建立正确观念。

第二，推行强有力的技术政策和市场政策，国家和地方政府应推出行之有效的激励措施，提升业主采用钢结构的积极性。例如：采用钢结构体系的建筑开发商可以得到贷款优惠等。

第三，建立起科学的市场运行机制，推行"集设计、施工和商务于一体的总承包机制"。目前，钢结构建筑产业市场运行机制存在明显漏洞，比如，施工单位希望用钢量越多越好(按用钢量收费)、政府部门或国资企业为树立"政绩工程"需要不惜大量投资。

第四，应认真研究和建立合理的工程招投标机制，重视重大钢结构工程对行业技术的榜样性、示范性和引导性。对不合理的结构体系、对不合理的能耗建筑、对不合理的投资规范都应该实行"一票否决"。

第五，国家和地方政府应加大在钢结构领域研发投入，走产学研合作道路，形成科学的理论攻关、技术研发和成果转化机制。

第六，全国和地方有关行业协会(如勘察设计协会、金属结构协会等)、注册师考试中心等应联合高等院校对土木工程技术人员进行钢结构工程设计、制作和施工方面的继续教育，全面培训和提高对钢结构基本原理、设计理论和制作施工技术等方面的水平。在高等院校土木工程专业的教学中应提高有关钢结构课程方面的比重。

记　者：沈院士身体状况如何？

沈祖炎：眼睛还可以，记忆力却大大下降，以前挺好的。退步最快的是外语。本来日语、俄语可以看书，现在不行了。当时俄语是可以看专业书的，后来从"文化大革命"开始到现在就没碰过俄语，也没碰过日语。英文还可以看看书，因为去美国留学时间长，还没丢掉。

李元齐：到现在，沈老师每周至少要来学校2～3次，这是工作的习惯。平日，一般早上8点多就坐在桌前看书了。中午也不午睡，吃完饭继续看书。晚上10点之前是不会睡觉的，看报告啊或是研究规范，还是那么勤奋好学。

沈祖炎：腰椎有点错位，颈椎也不太好，不能坐沙发，看书时戴脖套。

记　者：学海无涯书作舟。沈院士您多保重。祝愿您健康长寿！

(中国钢结构资讯网，2013-09-17)

专访中国工程院院士、同济大学教授沈祖炎

"轻、快、好、省"是沈祖炎对钢结构建筑的总结,也是沈祖炎潜心研究钢结构近60年对钢结构建筑特点的概括。

润物无声桃李众

1951年9月,沈祖炎考入上海交通大学,并在1952年院系调整到同济大学;1955年,沈祖炎在同济大学工业与民用建筑结构专业本科毕业后,以优异的成绩留校任教。1966年,他在同济大学完成了结构理论专业研究生阶段的学习。

作为大学教师,沈祖炎始终把教学放在首位。为了履行好教师的职责、为了给学生上好每一节课,沈祖炎备课的时间比上一节课的时间要多数倍。沈祖炎说:为了备好课,每一章我都要找几十篇相关的文章作为补充内容,这样心里才有底。他说,教授一门课程几十年,可以抱着一本讲义一教到底,但这样容易给学生一种敷衍了事的感觉,往往也得不到学生的认可。沈祖炎认为,同一门课程的内容不可能一成不变,随着科学的发展,应该将一些新的内容不断充实进来,只有将这些新知识融入课程里面,学生才能学到新东西。沈祖炎对自己严格,对学生也如此。一般的硕士研究生只要修满36个学分就够了,但沈祖炎的学生至少要修满50个学分。沈祖炎认为,作为专业学科的接班人,基础、厚度、宽度一个都不能少。

在教学方面,沈祖炎不是填鸭式的灌输,而是通过对学生的情况摸底,有针对性地传授知识。他认为,教学最重要的不是简单地把知识传授给学生,而是在教给学生基本的知识后,如何启发和引导学生对所学的知识感兴趣,从而达到一种变被动为主动的学习、独立思考的境界。沈祖炎非常重视培养学生独立搞科研的能力,强调做学术一定要有一丝不苟的精神。

自1982起,沈祖炎先后担任同济大学结构工程系副主任、同济大学副校长、研究生院院长、土木工程防灾国家重点实验室主任等职,为中国的钢结构学科发展和钢结构工程建设培养了一大批优秀专业人才。他十分重视教学改革和人才培养,先后获得13项国家级、省部级教学成果奖。基于在教学方面的突出成绩,他先后获得"全国模范教师"、"第二届高等学校教学名师奖"等殊荣。在沈祖炎的积极努力、推动下,中英两国土木工程专业评估结论得以互认,为中国高校土木工程专业走向世界开辟了道路。

学识渊博真豪杰

沈祖炎对学术的研究不仅仅停留在理论上,更多体现在实践方面。他在高层钢结构、大跨度空间钢结构和轻型钢结构非线性设计理论、抗震和稳定分析等方面的系统研究成果贡献卓著。截至目前,沈祖炎已主持了"国家自然科学基金委员会重大项目课题——超高层建筑结构体系及其需要解决的力学问题、重点项目子课题——新型张力空间结构体系的基础理论和共性技术研究、攀登计划子课题——反映高层建筑结构体系施工误差及损伤累积的仿真系统、上海市重点学科项目——现代建筑钢

结构的静动力非线性理论、关键技术研究及产业化"等40余项国家及省部级科研项目,先后获得3项国家科技进步奖、30项省部级科技进步奖。此外,他还出版了《钢结构学》、《房屋钢结构设计》、《钢结构基本原理》等23部著作;主编或参编15本与钢结构有关的技术标准;在国内外刊物发表论文400余篇。沈祖炎为中国的30余项重大工程建设提供了关键技术支撑,承担超限高层建筑审查项目达290项,为全国、特别是上海地区的重大工程的安全建设做出了卓越贡献。

学而不倦是沈祖炎始终走在技术前沿的重要原因。据沈祖炎的学生——同济大学教授李元齐博士介绍,尽管沈祖炎已届耄耋之年,他依然坚持每周到学校至少1次~2次,每天晚上10点之前是不会睡觉的,都在看报告、论文或研究规范。

敢于直言真性情

经历过限制用钢的年代,如今我国已经连续10余年成为产钢大国,但我国在建筑钢结构上的用钢量只占钢产量总数的4%左右。面对这种现状,沈祖炎于2010年提出"必须还钢结构轻、快、好、省的本来面目"。此言一出,赢得一片喝彩。

沈祖炎认为,钢结构具有轻质高强的特点。钢材与混凝土、木材相比,其重力密度与强度的比值最小,就同类建筑结构形式而言,钢结构自重轻、构件截面小、能够承受更大的荷载、便于运输和安装。钢结构住宅的重量是钢筋混凝土住宅的50%左右,使用面积却比钢筋混凝土住宅提高4%左右。

钢结构的工业化程度高,工期短,具备成批大件生产、成品精度高等特点,采用工厂制造、工地高强螺栓安装的施工方法,可有效地缩短工期,为降低造价、发挥投资的经济效益创造条件。在同等条件下,钢结构的施工工期仅是钢筋混凝土结构施工工期的$1/3\sim1/2$。

钢结构材性好、可靠性高。钢材质地均匀、有很好的塑性及韧性,是理想的弹性——塑性体。因此,钢结构建筑具有抗震性能好、耐久性好、易于拆卸等优点。

单纯从目前材料的价格上看,钢结构比混凝土结构的造价要高,但钢结构比混凝土结构建设的速度要快50%左右,可节省很多时间成本;钢结构比混凝土结构的房屋整体重量要轻50%以上,基础处理、运输量的成本都会下降。建造房屋是一个系统工程,包括设计、制造、运输、安装、维修和管理等诸多环节,因此,从整体上看,钢结构更"省"。

沈祖炎表示,钢结构在中国的发展具有较大的空间和潜力,特别适合于工业化建造的建筑和工程结构体系,是一个值得政府和广大从业人员广泛关注的朝阳产业。(宋京平)

(2014年06月03日 14:43 来源:中国建设报 编辑:梦洁)

"教师的责任最为重大"

——沈祖炎院士分享60年为师、从教之道

一谈起教学,谈起培养学生,年逾八旬的他依然还是那样津津乐道、饶有兴味;

时光荏苒,初心未改。弹指一挥,这位可敬的长者已躬耕于同济教苑一个甲子。

"如果说我这辈子为教育事业做出了一些成绩,那也是基于我对教师这个职业的认识,我认为教师是所有职业中责任最为重大的。"在他看来,教师要教书育人,教师要带动、培养、影响一大批人,这些人日后是要为国家社会服务、做贡献的。如果教坏一个人,则贻害无穷。"从教师身上所肩负的责任感来说,它比任何其他职业都要重要、重大,容不得我们有一丝一毫的轻视。"

正是时刻抱持着这样的坚定信念,他自20世纪50年代大学毕业、执鞭同济讲坛起,就始终心怀厚重的责任感、使命感,数十年如一日倾心乐守三尺讲台,将一辈子奉献给教师这一职业,其非凡的名师风范和学识魅力可感可佩!

而今,回望60年从教生涯,他的心中依然燃烧着对教育的一团炽热之火。言谈间,倾听着他一生为师为学的真情感怀和真知灼见,笔者为一个同济学人对教育的赤诚情怀所感动,也受益于他的教育思想和为师智慧。

他,就是中国工程院院士、同济大学土木工程学院沈祖炎教授。

笔者: "只有好老师,才能教出好学生",成长为一名广受学生欢迎的优秀教师,是众多高校青年教师的共同愿望。以您一生的从教经历来看,您认为如何才能成为一名真正优秀的好教师?造就一位名师的重要因素有哪些?

沈祖炎: 教师肩负着为国家培养有用人才的重任,责任确实重大。成为一名好老师,是需要长期的积累和历练的。我认为,首先高校的教师应该自觉地广泛阅读与自身专业领域相关的学术期刊和书籍,了解最新的学术动态和前沿发展,并采用最合适的教学方法教会学生掌握最新的学科专业知识。

其次,高校教师还应该开展科学研究并精于研究,将自己的研究成果和开展研究的方法,通过课堂和实践教学,教会学生养成创新思维的习惯,学会研究方法,初步具备开展研究的能力。

还有一点很重要,我认为教师一定要参与与自身专业有关的实践,接受相关的实践经历,了解和掌握实践需具备的相应知识与技能,并通过课堂和实践教学,教导学生懂得理论与实践的关系,懂得理论联系实践、掌握实践技能的重要性。作为工科教师,我认为应该身兼三种身份:"教师+研究员+工程师"。

以上这三个方面,我用12个字来概括,那就是:"广于读书,精于研究,谙于实践"。

笔者: 随着研究生的规模不断扩大,如何能更为有效地指导研究生学会自主开展研究,进一步提升研究生培养质量,各方都非常关注。您一辈子矢志于人才培养,教育成就卓著,从您的门下走出了众多优秀弟子,请问您在培养指导研究生方面有何独到的经验以资借鉴?

沈祖炎: 研究生教育是我国学位制度中的一个独立阶段,因此应有这一阶段的个性要求。我国的研究生教育又分为硕士研究生和博士研究生两个阶段,这两个阶段有不同的要求,对硕士生、博士生的指导方法也应不同。

自20世纪以来,科技进入迅速发展时期,大学本科毕业生受到学制的限制,只能学到一些基本的知识和初步技能,对于一些科技要求高的单位和综合能力要求强的职位,很难满足要求,需要进一步学

习。本科毕业生属于高等专门普通型人才。

因此，硕士研究生阶段不是本科毕业生人人都需读的，所学的也不再是基本的知识和初步的技能。选择进入硕士研究生阶段学习的应该主要是以下四种本科生：一是为继续进入博士学位学习，圆自己在某一方面有所成就之梦想；二是为能进入某些单位，圆自己想在该单位工作之梦想；三是为进一步拓宽知识面，提高适应各种工作的能力，为今后发展打下坚实基础；四是已经对某一方面怀有兴趣，希望通过学习进一步深入。因此，硕士研究生毕业后应属于高等专门卓越型人才。

博士研究生阶段的情况应该是十分明确的。当硕士研究生毕业，觉得对专业的某一方面产生兴趣，想深入研究并希望取得系列成果的，才需继续进入博士研究生学习阶段，以便坚实系统地打好有关的理论基础，以及深入宽广地掌握专业知识，并能熟练正确地运用科学研究的方法，开展研究活动。因此，博士研究生应属于高等专门精英人才。

笔者：您能与我们分享您指导硕士生、博士生的一些成功经验和具体做法吗？希望能为青年教师带来一些启发和示范。

沈祖炎：基于我对硕士生、博士生两个阶段所起作用的不同认识，在专业指导上也就采取了不同的方法。

我对研究生的指导思想是：应该让研究生有尽可能多的时间用于学习知识和技能，不断提高自身专业素质和水平；不应将研究生作为劳动力，帮助导师完成咨询项目；应该营造一种开放平等的氛围，让研究生对学术问题畅所欲言，导师应予倾听，师生共同讨论切磋，吸收其合理部分。

具体来说，对于硕士研究生，我要详细了解他们在本科期间的学习情况，指导他们制订学习计划，鼓励他们补选本科学习之不足，并要求他们多选学分，尽可能满足他们作为卓越人才培养之所需。我十分重视硕士论文的开题报告，特别是"文献综述"部分，要求硕士生就论文的范围明确写出国内外的研究状况、尚未解决以及存在的问题、硕士论文拟选择的题目、选择理由及拟解决的问题。此外，开题报告中的"采用的技术路线"和"期望得到的结果"两部分也很重要。

我一般会对开题报告修改多次，直到满意为止，然后提交开题审核。开题报告可能会花费较多时间，但是导师在这一环节严格把关，将对提高硕士生自主解决疑难问题的能力将起到十分重要的作用。

对于博士研究生，我很重视他们的论文选题，主张选题应与博士生理论学习中的强项相符合，与博士生的兴趣和志愿大致相符，我还要审核选题是否有创新性内容可供研究，研究内容能否在规定时间内完成，以及研究成果用实验验证的可能性。

博士研究生的开题报告，除了同硕士生一样的要求之外，我还希望他们能阐述论文可能有哪些创新点，以及论文研究成果的实际意义。

我做事情，讲求精益求精，要求学生做到的，自己先做到做好，只有这样才有资格要求学生。我对学生很民主，从不硬压，不伤害学生的自尊心，只要他讲得有道理，就鼓励他把自己的观点讲出来，因为做事情总有不同的方法，没有标准答案。

笔者：人才培养，非一日之功，也非一人之所能为，要积极调动所有相关教师对教学的热忱和积极性。您曾提出要发挥教学团队的引领作用，您能具体谈谈教学团队要承担的主要职责和任务吗？

沈祖炎：教学团队不仅仅是一门课的教学团队，而应当是整个学科方向的教学团队。以钢结构学科方向为例，应包括本科阶段、硕士研究生阶段和博士研究生阶段的有关钢结构的课程和实践环节，教学团队应以这三个阶段的教师参与组成。

教学团队承担着很重要的职责，一是要研究并制订土木工程专业应掌握、熟悉和了解的钢结构学科方向的知识点，并明确在本科、硕士、博士三阶段应分别学习哪些知识点；二是要研究并制订土木工程专业应熟悉的实践技能，包括实验、实习、设计、科学试验等，并明确在本科、硕士、博士三阶段应分别学习哪些技能；三是要讨论并研究教学法的改革，改革的目的是提高学生的自学能力、学习的自主性及学习的兴趣，提高学生的创新能力、解决工程实际问题的能力及团队合作能力等。

任课教师和指导教师应该在教学团队的统一要求下，根据自身的教学理念和经验组织教学过程，形成各自的教学特色。

笔者： 近年来，我国力推高等工程教育改革，希望有所突破。您认为我国的工程教育与国际相比，差距主要在哪里？

沈祖炎： 科技快速发展，教学如何跟上？这已经是全球面临的共性问题，各国都非常重视，国外的工程界对此高度关注，他们分析科技发展对工程带来的影响，并积极介入，提出教育要具有前瞻性。国内还是以高校教师为主，少有工程界介入，因此很难有实质性改变。我们的工程教育主要缺在这块。

笔者： 您一生坚守在钢结构的教学和研究领地，对这个领域有着特别深厚的感情。随着科技的迅猛发展，传统学科普遍面临着如何转型发展的问题。您认为钢结构未来应当如何创新，实现可持续的发展？

沈祖炎： 钢结构学科是一个传统学科，但与钢筋混凝土结构、砖石结构、木结构等传统学科相比，又是一个科学性最强的学科。自20世纪下半叶开始进入信息化时代以来，一些信息化的元素不断进入钢结构学科领域，钢结构学科开始迈入现代化发展行列。

基于电子计算机的数值分析方法的应用，钢结构的各种受力状态得以精准地分析；钢结构韧性好、塑性好的优点得以充分地利用；钢结构向轻量化发展的道路得以可靠地保障。基于信息数字化的自动控制技术的应用，发展了数控机床和焊接机器人的自动化生产线，大大提高了加工质量和制作进度。

进入21世纪后，由于科学技术的突飞猛进，土建行业包括钢结构行业已经越来越多地感受到了新型科技成果对自身的影响，其中尤以"信息技术"、"纳米技术"、"社会可持续发展技术"等所带来的影响最为直接。土建行业开始向"建筑工业化建造"、"建筑全寿命一体化管理（BIM）"、"绿色土建工程"等方向发展。此外，还有更深层次的动向，探索适合土建工程的基于纳米技术的高性能材料的开发。

我认为，在这一轮土建行业现代化的发展中，钢结构学科和钢结构行业更应起领头羊的作用。

笔者： 同济大学的钢结构学科一直处于国内领先地位，请问您，要想确保同济钢结构学科在新的时代下更为长远持续的发展，未来同济的钢结构学科应该走一条什么样的发展道路？

沈祖炎： 在新一轮新发展中，我校的钢结构学科应该抓住机遇，积极投入，从传统钢结构学科领域中破墙而出，在新的钢结构学科领域的天地间找到一个合适的立足之处，从而在保持传统学科领域领先地位的同时，组织力量在新的立足之处抢占钢结构学科新的学术高地。

在这一轮土建行业现代化发展的主要方向中，钢结构学科要与其他学科最新发展紧密结合，而且需要结合的学科比较广，有信息学科、机电自动化学科、管理学科、纳米学科、建筑学科和可持续发展学科等等。因此，必须充分发挥同济大学多学科优势，与相关学科紧密融合，共同研究，协同攻关。

同济的钢结构学科应该与依托同济大学、设在土木工程学院的"国家土建结构预制装配化工程技术研究中心"结合。依靠这一国家级公共平台，紧密结合国家发展土建工程技术的战略需要，携手行业内的重大企业共同开展研发。

同济的钢结构学科力量较强，学科带头人众多，独立的研究团队数目较多，在这种情况下，应该共同讨论，制订信息时代钢结构学科发展规划。我们有八个研究团队，各研究团队应结合各自特点，确定研究新方向。经过5至10年的努力，成为钢结构学科新一轮发展中的领头羊。

笔者： 土木工程领域的研究生学成毕业后，大部分都选择进入行业，成为一名工程技术人员。他们希望通过自身努力，在服务社会的同时也能获得更好的成长和发展。您对他们的职业发展道路有何建言和忠告？

沈祖炎： 现在已有越来越多的硕士和博士毕业生进入到设计、施工和建造行业，使这些行业高学历工程技术人员的占比不断提升，这是一个非常好的趋向，可以不断提高技术人员的科技素质，对提高企业的科技水平是十分有利的。

土木工程专业实行的注册工程师制度是一项很好的制度。注册工程师制度对注册的工程师在社会责任感、社会可持续发展、工程技术的继续教育等方面都提出了明确和很高的要求。对这一制度只要认真执行和有效管理,注册工程师质量的提高是完全有保障的。

为了能将土木工程领域的国际竞争力提升到世界先进行列,我国的工程技术人员应该是属于创新型的人才,这就需要工程技术人员能在工作中不断提高创新的能力。有一个建议很好,那就是要求工程技术人员在完成每一项工程时都应有一篇文章公开发表。如能履行这一要求,则工程技术人员在工作中都会注意提出创新性的想法,不断积累,就会形成创新性思维的习惯。

[同济大学采访,2015.9.2(黄艾娇,采访整理)]

师生友谊

六十年杏坛耕耘，门庭桃李遍天下；
数十年钢构遨游，辉煌成果誉神州

在硕果累累的金秋，迎来了沈祖炎院士从教六十周年喜庆。六十年来，沈院士培养了大批学士、硕士、博士，遍及教学、科研、设计、施工、制作各个方面，可谓桃李满天下。在他带领下，他与学生们在我国钢结构、铝合金结构、空间结构领域的理论分析、科学研究、工程实践等工程领域做出了很大贡献。

20世纪50年代后期，我在同济大学求学时，就耳闻沈院士之名。他是当年学校内有名的青年才俊。但因所学专业不同，没有机会听他讲课。参加工作后，又因文革即起，城市建设滞缓，故也无缘求教合作。直到改革开放后，我国城市建设日新月异，带动了钢结构、空间结构的广泛应用与飞速发展。这时才有机缘与沈院士有了大量的工作接触与合作求教。合作从事的科研项目主要是大型复杂钢结构与空间结构工程的设计研究，如上海八万人体育场以及铝合金结构成套技术研究开发等；同时也一起参与一些规范、规程的定制、评审；参加科技成果、工程项目成果鉴定等工作。20世纪90年代后，又与沈院士一起担任上海市金属结构行业协会的副会长，参与行业发展工作，并一起参与了"金钢奖"的评审工作；同时也有幸参与了沈院士亲自发起组织的一些产学研合作和校企合作的科技中心。在这些合作和交往中，我深感受益匪浅。无论在事业上，亦或在整个行业发展的远景上，以及在治学精神、工作作风等方面，都得到很好的学习和影响。我院设计的上海八万人体育场是市重点工程，其屋盖悬挑长度是当时世界之最，同时在如此大悬挑的空间钢桁架中采用了相贯节点，也是我国大型屋盖结构中首次采用膜结构。这些都是颇具挑战的课题。我院与同济大学合作进行了理论分析和试验研究。沈院士不仅亲自指导研究工作，还对一些模型试验的方案、节点试验的细节要求都亲自参与审定。给我印象最深的是他对每一环节都严格要求，丝毫不放，如模型的支座设计、加载都一一过问，要求尽量符合工程实际，充分体现了严谨的治学态度和敬业精神。在铝合金结构成套技术研究开发中，由于我国这方面起步较晚，和国际水平有较大差距。为了使研究成果更扎实丰富，同时也为后续的工作打好基础，他十分重视基本构件的试验研究，多次讨论在有限的试验经费下，多做各类构件的试验，同时对试验及分析精益求精，对试验设计方案包括支座设计、加载方法都一一亲自指导，最后不仅取得了丰硕的研究成果，并能迅速应用于工程中，为我国铝合金规范的编制提供了一批详实可靠的基础数据和依据，为我国的铝合金结构的推广应用做出了贡献。

沈院士不仅在专业领域引领发展，而且对整个行业的发展非常关心，并倾入了大量心血。在行业协会内，在不同场合多次发言、做报告，在《建筑时报》等报刊上发表文章，提出钢结构行业的发展方向及措施建议，呼吁研究推广钢结构住宅及钢结构产业化方向等。上海市金属结构行业协会举办的"金钢奖"工程评审已有多年，对推动行业技术进步、提高钢结构工程质量发挥了很好的作用。沈院士是评委之一，每次评审他都认真的事前做好资料审阅及要了解的问题和细节。有时他因工作繁忙而不能亲临会场，他不仅事前审阅资料填好选票（按规定一般只需如此），而且在百忙中写下详细的书面意见。这一件事就可看出他对行业的关心、热爱及严谨的态度和作风。在与沈院士三十年的交往中，类似事例不胜枚举。本书是他对我国钢结构行业发展、教育思想、教学改革的贡献和他的治学精神、严谨求实的作风的一个集中体现。我相信读者都能从中领悟到一位老教授、一位科技专家的学术风采和对事业的赤诚之心。最后谨书一联以表庆贺。

六十年杏坛耕耘，树德树人，门庭桃李遍天下；
数十年钢构遨游，理论实践，辉煌成果誉神州。

姚念亮
上海现代建筑设计（集团）有限公司前董事长
教授级高工

亦师亦友
——回忆我与沈祖炎院士的友谊

我与沈祖炎院士都是同济校友，年龄相差也不太大，他长我几岁。1964年我毕业后分配到外地设计院工作，直到1978年全国科学大会之后落实政策调回上海，在此之前我与沈先生并无交集。改革开放带来了建筑行业的繁荣，也使我们有机会设计更高、更大、更复杂多样的建筑结构，这对于我们是一种技术上的挑战，我们必须寻求理论上的支撑。正是这种机缘使我得以结识沈先生，并从此开始了三十多年的友谊。

20世纪80年代初期我设计的第一个重大项目是上海华亭宾馆，这座高度90 m，展开长度140多米，拥有1 000间标准客房的建筑是上海市的重点工程。对于我们搞了十几年工业厂房结构设计的人来说，需要从头学起。我们的第一本教材就是沈先生主编的《高层建筑结构设计》，从这里开始了我的高层建筑结构体系、受力特点和设计方法启蒙。为此后数十年我以高层建筑设计为主的设计生涯打下了初步的基础。

20世纪80年代中后期中国设计领域的对外开放，尤其是90年代浦东的开发，吸引了全世界优秀的建筑师和工程师，他们带来了新的理念和技术。作为本土工程师，在与外方合作的过程中担负了消化吸收他们的技术，保证设计文件符合中国国情并付诸实施的任务。在这个过程中，我们同样需要理论的支撑。90年代我参与上海最重大也最有影响的两个超高层建筑金茂大厦和环球金融中心的设计，从结构方案到抗震审查，沈先生都是作为中方主要专家全过程参与，在讨论的过程中，中外专家常常会由于在理论上、对规范的理解上和对国情的掌握方面的差异而产生不同意见，沈先生总是以他深厚的理论修养、令人信服的说理来引导大家达成共识，找到一条合理的途径，使问题得到解决。

1996年，华东院接受了浦东国际机场一期航站楼设计任务。这是一个大型国际枢纽机场，建筑方案由法国ADP公司完成，结构上有很多创新点，海鸥展翅的建筑造型和83 m跨度张弦梁都是首次采用。华东院为了保证设计的安全合理，组织了多个攻关课题。沈先生领导的学术梯队在这里发挥了重大作用，完成了理论分析、静力模型试验、风洞试验、振动台试验等大量工作，与设计院一道对原方案进行论证和优化，取得了重大的成果。其中83 m大跨度张弦梁还进行了1∶1的实物加载试验。试验在江南造船厂船台上进行，时值盛夏，为了防止阳光直射引起测读数据的漂移，加载安排在夜间，沈先生以及陈以一教授等都亲临现场指挥，通宵达旦，精心测试，取得了可贵的资料，保证了结构设计施工的顺利进行。

进入新世纪，华东院接受了中央电视台新台址的设计任务。这个由荷兰OMA设计事务所设计的建筑方案，由两座倾斜的塔楼在160 m的高空通过75 m的大悬挑相连，成为一个不共面的门形结构。奇特的体型加上建造于8度抗震设防的北京，使结构设计具有极高的难度。沈先生是这个工程结构审查的主要专家之一。我知道沈先生是深刻了解其难点，并且从内心并不赞同建造这类建筑。这在他给央视新台址办的书面意见中有很明确的表达。但是对于具体承担设计的华东院来说，我们别无选择，必须在确保结构安全的前提下攻克一切困难，完成这项国家级的重要设计任务。而沈先生此时给了我们极大的支持。他不仅在多次设计审查会上提出了很多具体意见，他的学术梯队还承担了超高含钢率SRC柱的强度试验和延性研究，蝶形复杂节点的试验和优化等关键性课题，为央视大楼的建成提供了坚实的技术基础。

近年来，我和沈先生还一起参加了《钢结构设计规范》的编制工作，参加了多项重大建设项目审查工作和各种学术会议,每次都能从沈先生的发言中感受到他那高屋建瓴的气势、深厚扎实的理论修养和谦谦的君子风度,每次都感到"与君对语,如沐春风",可以受益终生。感到他不愧为不断把中国钢结构研究推向新高度的一代宗师。

沈先生一家和我的家庭也有很亲密的关系。我爱人孙宝莲在从事幕墙设计研究过程中也得到沈先生和他的学术梯队的很多帮助,我们两家曾在工作之余一起登过泰山,留下很多美好的回忆。我还特别记得,有一次我和沈先生一起在浦东机场参加机库屋盖结构的技术论证会,我那时刚学会开车,是自己开车去的。会议结束后我主动提出送沈老师回家,沈老师欣然应允,于是我这个59岁的实习驾驶员开着那辆普桑,小心翼翼地把沈先生送回了同济新村。这是沈老师对我的信任,至今感到非常亲切。

时间过得真快,沈先生从教已经六十年,我也已经七十有四了。在这个时刻谨以此文表达我对沈先生的最真诚的感谢和敬意,祝沈先生健康长寿,继续带领我们不断攀登钢结构事业的高峰。

汪大绥
华东建筑设计研究总院顾问总工程师
同济大学土木工程学院兼职教授

受惠日久　觉悟渐开
——写在沈祖炎先生执教60年之际

一九八五年春,我来同济参加博士研究生考试。复试完毕,同来考试的同事聂建国老师告诉我一个故事:"口试完了的时候,沈先生专门起身,走到我跟前说:'回去后请代我向孙国良先生问好!'"孙先生是聂老师的硕士生导师。我想象着当时的情景,不由对沈祖炎先生心生敬意:那该是怎样的一位谦谦君子啊!

十年之后,在沈先生的支持下,我有幸回到母校工作。与先生的交往,逐渐多了起来。近二十年亲聆教诲,每每在内心庆幸自己中年之后又得良师。作为先生的私淑弟子,受惠日久,觉悟渐开:

先生治学,要在坚持。自二十世纪五十年代投身钢结构研究,先生一生夙愿不改,坚持在这一领域前沿耕耘,成果迭出、新意频现,但主旨所在,是钢结构设计理论。是先生和他同代人的不懈努力,奠定了我国现代钢结构设计规范的理论基础。有时间的时候,我会仔细品味先生治学的脉络:从五十年代对于钢结构受压构件稳定承载力的研究开始,到八十年代对稳定极限承载力数值积分算法的研究,再到九十年代对于结构静、动力稳定理论的持续攻关。先生治学要在坚持的特色,卓然突出。高山流水,心向往之。

先生治学,锐在创新。研读先生论著,常有包罗万象之气概。但细加体会,就会寻出一条创新的脉络:薄壁钢构件局部稳定→高层钢结构抗震弹塑性分析→大跨度结构的静、动力稳定→张拉集成结构与索膜结构的成形分析……每一步前进,都开辟一个崭新的领域。先生以他深厚的学术素养,带领他的学术团队攀上了一个又一个学术高峰。其中于我印象最深的,恐怕是先生在二十世纪九十年代末进行的钢结构损伤累积效应研究。这是在我国率先进行的将损伤力学引入钢结构基本理论之中的探索性研究。先生带领他的学生们,通过大量细致、科学的试验研究,首次发展了钢材的累积损伤力学模型、并成功应用于高层钢结构的抗震分析之中,实质性推动了钢结构力学分析理论从经典弹塑性力学向现代损伤力学迈进的发展进程。

先生治学,意在引领。近年以来,先生多次在院、系学科发展战略研讨会上强调同济土木工程研究要以引领国内土木学科科学发展、引领土木工程行业技术发展为目标的重要性。在我想来,这实在是先生治学的经验之谈。细究先生治学发展道路,在每一个关键点上,都可以看到我国土木工程发展在当时的先机:七十年代末高层钢结构的萌生,八十年代末大跨度钢结构的兴起,九十年代轻型钢结构的发展。在每一个历史发展的关键节点,都可以看到沈祖炎先生和他的学生们在为未来的发展奠基。"问渠哪得清如许,为有源头活水来"。治学精妙,在于关注现实发展大势中起于青萍之末的微风,先生深得其道。作为后学,能领悟一二,亦为三生有幸啊。

同济土木,越百年而愈见昌盛。筚路蓝缕之中,处处可见如先生一样的一代代学术领袖们的心血结晶。后来者有幸,自是桃李不言、下自成蹊的历史!

谨以此短文为先生执教六十年贺。

李 杰

同济大学土木工程学院建筑工程系教授

沈老师引领我进入钢结构科学研究的殿堂

我最早知晓沈祖炎老师,还是在重庆建筑工程学院攻读硕士学位期间。1984年的一天,学校钢木教研室开会,当时在读研究生的我也列席,教研室主任魏明钟教授拿出一本书说:这本书很好,刚刚出版,建议大家读一读。我拿过来一看,是1983年中国建筑工业出版社出版的《钢结构构件稳定理论》,沈老师是作者之一。当时有关钢结构理论的书很少,我如饥似渴地通读了几遍这本书,可以说我的钢结构稳定理论知识主要就是从该书中获取的,至今受益。当时我就暗下决心一定要考上沈老师的博士生,跟随沈老师学习。

1985年11月我如愿进入同济大学,成为沈先生的博士生。沈老师让我做高层建筑钢结构抗震的研究课题,当时作为学生我不太明白该课题意义,然而随着时间的推移我逐渐理解先生的高瞻远瞩,以及对我学术生涯的深远影响。20世纪80年代,随着改革开放我国开始采用钢结构建造高层建筑,然而我国当时对高层建筑钢结构的研究几乎是空白,没有我们自己的科研成果,以满足我国高层钢结构建设的需求。因此,沈先生给我确定的博士研究课题,可以说是国家之急需,我国的高层钢结构建筑从20世纪80年代的十余幢,到20世纪90年代的几十幢,再到2000年以后几百幢,正是沈先生为我确定的研究方向,在我之后学术生涯的10年、20年乃至30年、40年都大有用武之地。

我国属地震区,抗震是我国工程结构防灾设计需考虑的首要问题。沈先生为我确定的钢结构抗震研究方向,在20世纪80年代的中国属前沿研究课题,在国际上也属学术研究热点。国际上于1994年在罗马尼亚召开了第一届钢结构抗震国际学术会议,以后每三年召开一届,成为国际结构工程领域重要的系列专题国际学术会议之一。目前国内外钢结构抗震研究仍方兴未艾,在2015年7月上海举行的第八届钢结构抗震国际学术会议上,有近400人参会,发表了206篇学术论文。我至今也一直将钢结构抗震作为自己的主要研究方向。

沈先生除了为我指明了可一生坚持的研究方向外,还培养了我的研究思想和研究方法。沈先生注重理论联系实际,为我确定的博士研究课题"高层钢结构弹塑性地震反应分析问题",就是高层钢结构抗震设计需解决的重要问题。沈先生要求学生了解国内外研究动态,从中找出具有创新性的问题,提出具有严密理论依据的解决方案并通过试验加以验证。按照沈先生的要求,我阅读了几百篇国内外有关文献,写了几万字的文献综述,做了两个模型模拟地震振动台试验来验证学位论文的理论模型。1988年12月我博士毕业留校工作,也成为了硕士、博士生指导老师,现在我指导研究生的方法也正是沈老师传授给我的。

沈先生在培养学生的同时,还为学生的发展提供机会。在20世纪80年代,为适应我国经济发展和高层钢结构建筑建设的需要,沈老师主持了上海市《高层建筑钢结构设计暂行规定》编制,这是我国第一部有关高层建筑钢结构的设计标准,沈先生推荐还是博士生的我参加了该标准的编制,通过参加该标准的编制工作,大大扩展了我的工程视野和钢结构建筑的整体观念。之后90年代,沈老师又推荐我参加国家行业标准《高层民用建筑钢结构技术规程》的编制,为我提供了一个向国内顶尖钢结构专家学习与交流平台。另外,早在1990年沈先生支持和资助我参加在英国举办的一次国际会议,这是我第一次出国参加学术会议,也正是这次会议让我结识了一些钢结构领域的国际专家,为我以后的学术发展提供了一个更加宽广的舞台。

我从1985年成为先生的学生到现在已经整整三十年,回顾自己的发展经历,十分感激先生沈老师将我领进钢结构科学研究的殿堂,在我人生发展的每一个重要阶段都给予我指点和帮助,为我的人生提供了一个丰富多彩的舞台,作为学生我唯有勤奋钻研,不断探寻钢结构研究领域的宝藏,为钢结构学科的发展和我国钢结构工程的建设做出应有的贡献,以报答师恩。

李国强

同济大学土木工程学院建筑工程系教授

1985级同济大学博士生

师 恩 如 山
——记沈先生对我影响至深的几件事

日月如梭,光阴似箭,2015年正值沈先生从教60周年。回首跟随沈先生求学的6年硕博生涯,许多往事仍历历在目。他的严谨治学、热情待人和对于专业的热爱深深地影响了我,他的孜孜不倦的教导一直指引着我在工作与研究中不断前行,形成一种善于琢磨和精益求精的工作态度,从而让我得以客观自如地应对目前工作中的多种事务。这里我就以印象深刻的两三件小事作为载体,回忆那段在沈先生门下求学的难忘时光,也借此机会勉励自己。

培养人才,"严"字当头,这是沈先生作为导师对每一位学生的责任意识,严格并严谨的用正确的东西引导着我们。同时,先生也总是能够很敏锐地洞察到学生在学术态度上的一些小"波澜"。犹记得博一的时候,我还有些年少轻狂,对自己硕士阶段的科研成果颇感满意,滋生出了一丝的自满情绪。先生将这些看在眼里,并没有直接指正我,而是以一种独特的,看似有些宽松的方式提点我。他开始推荐我去参加一些结构专业的国际性会议,在与国际同行的交流中,我渐渐开阔了自己的视野。同时,我也开始意识到自己以往的专业研究范围非常有限,研究方法也趋于单一,与国际前沿的先进技术与研究成果还存在着差距。直到现在,我都一直非常感激沈先生的这份良苦用心,让我能够更为直接地去理解学者该有的一份谦虚,他所教予我的这份学术态度至今都在提醒着我不可自满,越宽广,越谦虚。

沈先生平易近人,完全没有导师架子,是我们生活上的良师益友。他经常会在空闲时间找我们聊天,从生活到专业学习畅所欲言,对学生更是有着细致入微的关怀。有几次,他约我午饭时间在食堂碰面指导论文,有时讨论提早结束也会一起在食堂吃顿饭。当我端着一小碗面条坐到他对面时,他说一个大小伙子怎么就吃这么少,要我多注意保重身体,多注意补充营养和坚持锻炼,不可忽视健康的体魄对于一个工程师的重要性。我记得沈先生在谈起自己的研究生经历的时候,曾说:"正是由于两位导师(王达时先生和李国豪先生)孜孜不倦的教导和关怀备至的呵护才有了今天的成就。"作为他的学生,我们现在所感受到的,何尝不是如此呢?如今我能在多重事务中保持着紧凑的工作节奏,与健康的身体状态是分不开的。正是听从了老师的话,我在工作之余一直注重个人养生,坚持锻炼,即使时间再紧张都会敦促自己不要松懈。我更加希望将他对于我们的这些期许和要求,还有那份人文关怀一直传承下去,希望我的学生,还有更多的建筑业工作者能够有更加健康的生活态度,通过合理安排工作时间去兼顾生活中的更多方面。

在我读研期间,沈先生还曾担任同济大学副校长一职,主抓学校多个方面的工作,业务异常繁忙。即使身兼数职,他也会定期跟我们讨论学术问题。我们经常会在沈先生的副校长办公室外等他,一等有时就是半个小时甚至一个小时。那时,作为一名学生,我们还偶尔会抱怨一下,觉得宝贵的学习时间会在这种等待中滑去,但是当我后来也走上行政岗位时,我开始理解当时沈先生的处事方式,还会在头绪繁杂时静下心来回想当时的点点滴滴。作为学生,我聚焦点都在学术上,所关注的是在抓住主要矛盾同时得到处理和解决工程问题的方法;其实,在学术之外,沈先生同样言传身教授予我们毅力、恒心、责任感和协调力,让我从这份难能可贵的品格中不断汲取发展的动力,感谢我的导师!

　　如今回忆起这些往事,仍不免感慨万千。沈先生所展现出的优秀品质和专业素养,让身为学生的我们终身受益,并时时刻刻地激励我们,在专业上不断进取的同时要低调,不骄妄,在待人处事上要从容谦和,与人为善。万物皆以人为尺度,无论做学问还是做人做事,要有跨尺度或多维度的思考。在以后的工作和学习中,我将会继续秉承对结构专业的热情与不懈追求的精神,以专业的态度探索思考,通过严谨的计算、验证为每一座建筑保驾护航,当作是对沈先生事业的一点继承和发扬吧。

丁洁民

同济大学建筑设计研究院(集团)有限公司教授级高工

同济大学土木工程学院建筑工程系兼职教授

1987级同济大学博士生

记沈先生对我指导的几个片断

1982年秋季学期,沈先生给我们班授课"钢结构",第一堂课就是下马威:对材料力学、结构力学进行基础测验,同学们一下子就觉得这个老师厉害(这一招我现在完全拷贝)。当时钢结构课程教完材料性能后就讲连接,连接后第一次期中测验,又把大部分同学打得一败涂地。结构的题目只要内力分析错了,后面结果自然不对,好些同学5道题目有2道内力分析出错,再加其他毛病,卷面只剩40分或20分。有同学认为步骤对就可以了,这样扣分未免过于严厉,先生回答:力算错了,结构就坏了,还能给分?这样先生完全树立了"严厉"的形象。但出意外的有另一件事:看球赛。那学期上课正值世界杯,记得是半决赛,转播时间与钢结构课冲突。因我是班长,同学一致推我与沈先生谈判换课——那时逃课人还少,今日的班长们可能就不用费这个心了。我准备了好些理由,却不料沈先生一口答应,男生们高兴得大喊"理解万岁"。工民建男生占绝大多数,赢得男生就是赢得民心。后来做了沈老师的研究生,才知道先生也是足球迷。不过那天先生是否也去看球赛转播就无从考证了。教务处现在严肃处理教师擅自调课,但对30多年前的这一"事故",相信追诉期已过,况且沈先生后来还主管过全校的教学和科研。严厉和宽松体贴可以如此和谐,就是高校了。

那时毕业是统一分配工作。开始我一心想出去做工程师,能够亲手把书本的东西变现。但沈先生让秦效启老师动员我留校,谈了几次,我就留校当助教了,一生轨迹就此和读书时设想得不一样。留校前2年,还是跟沈先生的课,笔记重新做了两遍。第2个年头让试讲一次,因没有经验,临场讲得太快,提前10多分钟把准备的两节课内容讲完了。又不好提前下课,心里一阵慌,只好站在讲台上乱扯。下课后沈先生笑着问,昨天备了多久时间课?又说,连我(指先生自己)每次上课前一晚上都用在备课上,你应该花更多时间。"老师被学生挂在黑板前"的这个教训够我记一辈子,之后讲课的前一晚,总是战战兢兢,不敢忘了沈先生那带笑的责备。

后来开始跟沈先生读在职研究生,从硕士生到硕博连读,不过中途被学校推荐公派出国。从留校开始有6年时间吧,在沈先生直接指导下学习做科研,奠定了以后从事研究工作的基础。这点基础,在我留学中起了大作用。在进入博士论文研究前,按一般要求有课程学习,结果两位教授和我面谈后,说这些课程不用去听了。同济结构工程的本科和研究生课程学习真是管用,也包括了沈先生给学生们进行的严格训练。

回国以后,还是在沈先生的指导下工作。1995—1997年间,有好些重要的实验项目,先生都是亲力亲为。如国内第一个张弦梁屋架的试验,80 m跨度的足尺试件,放在当时江南船厂的平台上进行。因避让白天生产用电的干扰,试验只能晚上做。从成形到施荷,过程持续一晚上。其时先生已经60岁,是现场年纪最大的一位,居然和我们一起熬夜!有一项最早在国内实施的矩形钢管混凝土构件试验,为了实现高轴压下的往复受弯,装置搞得有点复杂。刚开始试验时的数据状况和事先预估有较大差距,弄得心里毛毛的。沈先生当时还担任着学校领导工作,就抽出中午和下班后时间泡在实验室,具体分析问题,提出改进方式。这样一种事必躬亲的风格给了学生辈们深刻的影响,也确立了重大试验,教师必须一线指导的基本模式。至少在我现在担任主任的钢与轻型结构研究室,一直遵守这个规矩。

1995—2015年的20年间,我还更直接地向先生学习了教育改革、教学管理的智慧和经验。1997年学校成立土木工程学院,我担任了教学副院长的工作。当时面临实施宽口径土木工程专业培养模式的改革,如何把若干个各成系统的窄口径专业课程体系予以合理整合成为一大挑战。沈先生时任全国土木工程专业本科教学指导委员会的主任,在先生直接指导下,学院组织各系用了近一年时间,形成了打通基础课程、设置课群方向的基本方案。其后,沈先生亲自抓试点班,把数学、力学、材料等教师集中起来进行探索。印象特深的一件事,是提出了对新生就要建立工程意识的观点,由之在全国首设了"土木工程概论"课程。为了能把这门课真正上好,要请哪些名师授课,沈先生都亲自遴选,短时间内就使之成为一个经典课程。后来,建设部的具体分管领导告诉我说,他们对大土木的课程体系原来心里并没底,直到看到了同济大学的方案,知道问题可以解决了。由于沈先生和教指委其他前辈的努力,最早根据同济大学方案提出的许多基本教学构想很快就被高校同行们接受。

陈以一
同济大学土木工程学院建筑工程系教授
1988级同济大学博士生

简言从师之获

在纪念"沈先生从教 60 周年"之际，我也已近乎两鬓斑白，回想逝去的岁月，似乎历历在目，感慨无垠。

本人自 1988 年，有幸师从沈祖炎教授步入钢结构方向科研之途，并在副导师胡学仁教授的协助指导下，完成了《网壳结构稳定性及承载全过程研究》的博士论文。博士毕业后留校，依然在沈先生的带领下从事钢结构理论研究，并深入钢结构工程第一线进行应用研究。

随着钢结构在我国的广泛推广应用和专业设置的需要，在沈先生的指导下，本人申请成立钢结构理论与施工技术研究室，带领研究团队及研究生开展钢结构整体稳定性、钢结构施工技术、大跨度钢结构抗震以及既有钢结构监测、检测与鉴定等方面的理论与应用研究，取得了点滴研究成果。首先，参编了沈先生主编的著作《钢结构学》，从理论上提高了知识水平，此后，随着科研成果的增长和累积，主编完成著作《建筑钢结构施工力学原理》与《建筑钢结构稳定理论与应用》，根据上海市建交委的文件要求，主编完成上海市《钢结构检测与鉴定技术规程》，作为副手参编沈先生主编的国家标准《高耸与复杂钢结构检测与鉴定技术标准》以及《钢结构制作安装手册》(第二版)。同时，在沈先生的推荐下，参编《新版钢结构设计手册》、《建筑抗震加固建设标准》、《民用建筑可靠性鉴定标准》、《钢结构加固设计规范》、《建筑金属板围护系统检测鉴定及加固技术标准》、《建设工程质量检测手册》、《现有建筑的可靠性检测与鉴定标准》。目前，作为主编之一正在负责修订上海市地方标准《格构结构工程质量检验及评定标准》、《空间网格结构设计规程》、《铝合金格构结构技术规程》，并同时参编上海市地方标准《钢结构制作与安装规程》、《建筑工程施工控制技术规程》等。另外，在沈先生推荐下，参加了多个行业协会和委员会，成为专业委员会的一员，增长了知识，扩大了同济大学的影响。

多年来，在钢结构领域取得的点点滴滴成果，都离不开沈先生的引导和指导，谨在此向沈先生表示衷心的感谢和祝愿，祝福沈先生、师母快乐安康！生活幸福！

罗永峰
同济大学土木工程学院建筑工程系教授
1988 级同济大学博士生

回眸,感恩,敬佩

今年是导师沈祖炎教授在同济大学从教生涯的第60周年。夜深人静,书房里,作为学生的我在回想,往事一幕又一幕,感言几何?感恩无数,敬佩多多!

1986年元月,还在上海交大工程机械专业金属结构方向读研究生的我,正在等待硕士学位论文答辩。导师周国梁教授告诉我邀请了他的同班同学、我国钢结构专家、同济大学副校长沈祖炎教授担任我的论文答辩会主席,并告诫我沈先生很厉害很严谨,务必好好准备。哇塞,我一下子紧张起来,担心答辩时被沈先生严苛的问题所难倒。在答辩会议上,我有缘第一次见到了和蔼可亲的沈先生,他提出的问题虽然尖锐有难度,但能启发我思考和回答。谢谢沈先生,您让我顺利地通过了论文答辩,获得了硕士学位!

交大硕士毕业后,我还不知道去哪里就业。导师周国梁教授对我说未来我国土木建筑钢结构肯定大有发展前景,向沈先生推荐你去同济钢结构任教吧!但是这有点难,不容易进,一般只留本校的研究生,这还得看你的运气喽。哈哈,我很幸运,经沈先生大力推荐,我如愿进入了同济大学结构工程系钢结构教研室任教。谢谢您,沈先生,您让我实现了令人向往的高校教职生涯的梦想。

1989年,我向沈先生提出报考他的博士生。沈先生不但支持我报考,而且同意我提出申请免去入学考试中的专业课钢结构的考试。这一免考待遇,让我很享受。至今为止,考研的学生都知道,同济钢结构的考试很难,每每都让考生考得落花流水。最后,我荣幸地成为沈先生的博士生,并在沈先生的悉心指导下获得了博士学位。沈先生治学的严谨、学术的精湛、对学生论文的严格要求,让我印象深刻和受益匪浅,也深远地影响着我以后的学术发展之路。谢谢您,沈先生,您的指导和培养成就了我的今天。

做博士论文期间,正好赶上导师手头上一项关于上海市内环线建设项目的研究课题,也就成了我的博士学位论文课题。跟从沈先生做课题,我不仅增强了理论分析、试验研究、数值计算等方方面面的科研能力和项目组织能力,还学到了导师做人做事的优秀品质,更加喜出望外的是还分享了导师给予的一笔可观的项目奖金。沈先生,谢谢您还给予了学生生活上无微不至的关照,这可是我做项目的第一桶金啊,令我印象深刻而难忘!

2000—2001年间,在沈先生的引荐下,我去了澳大利亚Monash大学做访问学者,拓展了教学和科研的国际视野,加强了国际交流与合作。谢谢您,沈先生,您给予了学生终身的关怀与培养!

自1982年以来,沈先生培养了130余名硕士和博士研究生,桃李满天下。目前建筑工程系的师资队伍中就有11位专业教师(9位教授,2位副教授)曾是沈先生的博士生,都已成为钢结构方向的学科带头人和学术骨干。沈先生高瞻远瞩,为这些教师一一定制了主要的研究方向,真可谓星罗棋布,涵盖了钢结构领域方方面面的科学问题,造就了同济钢结构国内一流、国际有一定影响力的师资队伍。"要读钢结构,考同济"已成为国内考研大军的首选。沈先生,敬佩您,谢谢您,您呕心沥血,为同济乃至中国钢结构培养了一支高水平的师资队伍!

2005年,沈先生当选中国工程院院士。那时70岁的他,一直到今天,仍旧孜孜不倦地站在教学和科研工作的第一线,指导研究生,出书立著,主持国家教学改革项目,开展国家自然科学基金基础研究,攻克重大工程建设项目中的设计难题,参加国内外学术会议作专题报告,参加教授会研讨学科发展……

一个也不落下,忙得不亦乐乎。沈先生繁忙工作之余,始终心系建筑工程系学科建设与改革,每当我就系里的重要事务征求他意见时,都能收获其睿智务实的指教和前瞻性的建议。他总是那么的平易近人、善解人意,从不强迫他人接受他的观点,他的话语总是一针见血,让人茅塞顿开。沈先生,敬佩您,谢谢您,您为系里的学科发展做出了杰出贡献!

沈先生为人之品德、做事之勤恳、治学之严谨,为您的学生树立了典范,我们会努力将您的风范代代传承下去!

童乐为

同济大学土木工程学院建筑工程系教授

1989级同济大学博士生

我与沈先生（诗词4首）

初见

1986秋，允诺考第一收为徒

村野少年郎，敝衣拜校长。
口头答应我，第一入门墙。

开学选课55学分·调寄忆江南

开学了，选课叩师尊。
"这个选修颇有用，其他研习惠终身。"
全部应留存！

请假条

师兄弟聚会叩师座谈，难临*

外滩十载学钢构，南下十年习隔震。
两鬓添霜腰椎折，鸡鸣起舞效古人。
莲池海会难亲历，一片丹心托传真。
回想当日受恩处，夜半月明照梦魂。

（*注：2005年12月29日恩师当选为工程院院士。）

雨夜中秋·调寄忆江南*

秉承师门不断学习开拓的精神

云遮月，今夜恰中秋。
一卷书香堪聊愚，十门外语解乡愁。
陋室自清幽！

（*注：2014年中秋。）

徐忠根
广州大学土木工程学院教授
1990级同济大学博士生

感 言

我是沈老师的91级博士研究生叶继红。当年就读本科时,对同济大学这所著名学府就充满向往,而沈老师又是我极其喜爱的钢结构领域公认的"大牛",因此报考沈老师的博士生一直是我心中的梦想。临近硕士毕业,忐忑地给沈老师写了一封信,询问报考事宜,心中一直嘀咕,沈老师那么忙(当时老师任同济大学副校长),会理睬我吗?没想到很快收到了沈老师回信,我的问题也一一得到详尽解答。惊喜之余,我收获更多的是动力,1991年底终于如愿成为沈老师的博士研究生,我也成为哈尔滨建筑大学(现为哈尔滨工业大学)第一个考取同济大学博士生的学生。

沈老师对学生的论文工作极为关注,若干篇重要文献都是老师在国外开会的帮我搜集整理的,而每次与导师面对面讨论,都使我有醍醐灌顶般的收获。沈老师对学生的论文工作也是极为严格的,每一个公式的推导、每一份试验数据都要细细推敲。记得赵金城向沈老师汇报课题时毕恭毕敬,走出办公室直擦额头上的汗水,我在旁哈哈大笑,心想,幸亏我是女孩,沈老师对待女孩没有这样严厉嘛。沈老师对学生的身心健康极为关心,学术会议的茶歇时分,老师会说,小叶吃些点心吧,关切的神情就像是一位父亲。如果说硕士阶段使我知道了科研的基本流程,那么博士阶段则使我对科研方法有了思考,心理素质也有了显著提升——面对困难可以保持从容与淡定。

现在,我也有了自己的研究生,我在仿照当年沈老师指导我的方式指导他们——严谨,严格,并关心他们的成长。直到现在,当讨论到钢结构稳定问题时,我依然会向学生们最先推荐《钢结构构件稳定理论》。敬爱的沈老师执教60年,成绩斐然,培养了众多优秀人才,他们在祖国各行各业闪耀着光芒,发挥着重要作用。沈老师对我说,"小叶,老师就喜欢你这种不服输的劲头。"是的,正是老师的这句肯定,一直激励我努力工作,不敢丝毫懈怠。当获得杰青基金、重点基金资助时,老师叮嘱我,"认真投入,争取获得更上一层楼的成果"。我会这样做的,我会牢记导师的叮咛,把它当做我科研的准则。

最后,值"沈祖炎教授从教60周年"纪念活动之际,学生敬祝沈老师与师母身体健康!桃李满天下!

叶继红
东南大学土木工程学院教授
1991级同济大学博士生

沈老师、同济、交大和我

目前,同济大学建工系正在筹备沈祖炎教授从教60周年的纪念活动,计划出版一本纪念文集。我被邀请撰写"短文感言",感到很荣幸。

按照传统的"逢五逢十"说法,2015年对于我来说也是一个不寻常的年份:今年我刚好50周年;从1980年我15岁进入同济大学算起至今35年;1990年获得同济大学硕士学位至今25年;1995年获得同济大学博士学位后进入交通大学工作至今20年。

知道沈老师,是在大学期间,但也仅仅是知道而已,一个懵懂少年和一位知名教授之间会有什么关系呢?那时的我恐怕无论如何也想不到接下来我的学习、工作竟然真的和沈老师产生了密不可分的关系。借用电影《阿甘正传》中的一句经典台词"Life was like a box of chocolates, you never know what you're gonna get"。

也许是年龄小的缘故,也可能是性格使然,我在同济大学的四年学习生活是在无忧无虑、轻松欢乐中度过的。那时的大学生活比现在要单纯、安静许多。由于成绩不错,大学毕业后被分配到一所高校任教。显然,本科毕业生在大学任教,在学术上须有待进一步提高,自然而然地,工作三年以后,1987年参加了硕士研究生入学考试并被同济大学顺利录取。非常意外的是,入学面试后,我竟然被调剂到沈老师的课题组。师从沈老师,可能是当时每一个同济大学钢结构研究方向考生的愿望。尽管担心竞争太强,我报名考试时并没敢报考他,根本没有奢望成为他的学生,但幸运和机会就是这么轻易地降临到我的头上。

相比本科阶段的学习,两年半的硕士研究生生活很是辛苦。一是沈老师要求高,本来学校规定课程学习阶段修完三十几个学分就可以进入学位论文阶段,沈老师的学生都是被要求四十几个学分甚至五十几个学分。直到现在我还清楚地记得当初在选课的时候和老师讨价还价的情景,为了少学两个学分,讲了一大堆理由,老师竟然答应了。二是同届的其他三位师兄弟都是应届高才生,我的学习自然不敢怠慢。学位论文方面,老师更是要求学生不仅要有理论分析,最好要有试验验证,而且我的硕士论文内容中还涉及在当时比较前沿的有限元分析。在文献阅读方面,由于当时国内还没有互联网技术,老师鼓励学生直接写信和国际同行联系,获取最新的参考资料和信息。现在回想起来,那两年多的硕士阶段学习,无论在基础理论、专业知识、英语的掌握,学术前沿的跟踪还是科研工作的基本技能和方法方面,都奠定了较好的基础。我将硕士论文的主要内容整理成一篇论文发表在《土木工程学报》上,那是我发表的第一篇论文,对我以后的科研工作产生了重要的影响。

硕士毕业后又回到高校工作了两年。1992年9月考入同济大学,仍然在沈祖炎教授指导下攻读博士学位。尽管有了硕士阶段的科研工作基础和铺垫,博士论文阶段仍面临巨大的困难和挑战。沈老师给我确定的研究课题是钢结构抗火性能研究,在当时这属于一个国际前沿研究领域,国内几乎没有研究基础。在老师的严格要求、精心指导下,我完成了国内第一次的钢框架结构抗火试验并编制了有限元分析程序,顺利完成了博士研究生阶段的研究工作,研究成果发表在《土木工程学报》、《建筑结构学报》、*Journal of Constructional Steel Research* 等国内外学术期刊上。据说,在沈老师所有博士研究生中,能够三年毕业获得学位的很少,我是其中一个,这在当时曾经惹得众多师兄弟们的羡慕。

1995年8月,我博士毕业后,沈老师推荐我到上海交通大学力学博士后流动站。不像现在,那时候进博士后流动站竞争十分强烈,我的成功进站正是得益于沈老师的大力推荐。两年后出站留校工作,开始了我的个人发展与交通大学土木工程学科建设休戚与共的艰难而又小有成就感的工作生涯,一直延续至今。其间,1997年被评为副教授,2001年破格晋升教授,2005—2010年任土木工程系主任,2010年起任船舶海洋与建筑工程学院副院长。在我工作期间,沈老师对交大土木学科的建设和发展也给予了关注和支持,特别是在结构实验室的建设和人才队伍建设方面。在沈老师任全国高校土木工程专业指导委员会主任及评估委员会主任期间,交大土木工程学科通过了第一次专业评估。

作为研究生导师,沈老师指导培养了大批硕士、博士研究生。我曾经不止一次自豪地说过,沈老师对我特别关心、关照。师兄弟们在一起时也会说起,沈老师对我关爱有加,其中的原因之一也许是由于我在交大工作的缘故。我是沈老师研究生中唯一在交大任职的,而交通大学曾经是沈老师的母校,不仅如此,我个人认为沈老师心里甚至有一个交大情节。

1952年,全国高等学校院系调整以前,交大土木工程学科曾是全国最好的。1951年,沈老师在南洋模范中学(南洋模范中学和交大有深厚的历史渊源,其前身南洋中学曾是交大前身南洋公学的附属学校)毕业后以第一名的成绩考入交通大学土木工程学科,一年以后全体师生并入同济大学。不过根据不久前为交大土木学科恢复建系30周年纪念活动而对沈老师进行的一次访谈中,沈老师回忆,并入同济大学后,主要课程的任课老师以及同学大部分还是和以前一样,只不过换了一个地方学习而已。对沈老师影响比较大的倒是在交大读书时可以不住校,因为家就在附近,而到了同济以后,就不得不住校了。这次访谈中,沈老师还满怀深情地回忆起他的童年时代父亲的工作和家庭生活情况,由此我们得知沈老师的父亲也是交通大学土木工程学科毕业。

说起为人,老师德高望重、有口皆碑,我不能及,学术方面,学生更是望尘莫及。虽不能相提并论,但沈老师、我、交大、同济之间确实有着并不复杂但又很难说清的故事。时至今日,由于工作关系,我仍经常出入同济,每当有时间,我都会在同济校园或漫步或小憩,每每感慨,他们都给予了我太多,而我自愧无以回报。

最后,将对老师所有的敬仰和感恩都凝聚为一句话:祝老师健康、幸福!

赵金城
上海交通大学土木工程系教授
1992级同济大学博士生

恩师沈祖炎先生从教60周年庆祝随想

欣闻建工系将举办恩师沈祖炎先生从教60周年纪念活动,我非常高兴,但也为身在日本不能为这次活动多出些力而感到遗憾。决定写点什么时,想起自己跟先生认识、有幸入门求学、博士后出站后回同济又有幸一直在先生身边工作,多年来许多记忆一下子涌现出来。但坐下来要写时,却不知如何开笔。想来是自己自小就怕写作文,再者也是跟先生时间长,收益良多,竟不知写哪些话为好。

第一次和沈先生有面对面的交流是在1994年上海大剧院的设计现场。研究生阶段第一学年过后,我和同班的包联进(现在是华东院结构副总)有机会参与该项目大跨度钢屋盖的结构分析工作。当时沈先生、我的导师陈扬骥老师等专家被邀请到现场结构组听取汇报并进行指导,沈老师较长的白眉毛给人深刻印象,感觉慈善又非常严肃、让人有些怕的样子。虽然只是二年级的硕士生,但我们用SAP5对不同屋盖结构方案电算快半年了,也觉得应站在设计院的立场,加之初生牛犊不怕虎,在回答沈老师等专家质疑时话较多,可能还隐隐对某些说法有"不服"之意。但沈老师当场提问和解释都很耐心,完全看不出一位副校长、知名专家对我这个毛头学生有什么"不满"之情。事后我有惴惴之心,偷偷向陈扬骥老师打听,陈老师说沈先生问过他我是谁,"话蛮多的!"。

1995年初我提前攻博,有幸成为沈老师的博士生。因为没做过硕士论文,对即将开题的博士论文的研究工作毫无头绪。沈先生一开始没有和我多说,只叫我多看文献,尽快准备一篇关于拱支网壳结构体系的文献综述文章。也正是这篇文章的准备,使我对沈老师教书育人的方式及人格魅力印象深刻。我至今仍然保留着沈先生返还给我的这篇文章的多次修改稿,也只有到今天自己带了研究生,才能更加体会到这对于一个学生的意义。沈老师把我"精心"准备的第一稿改得面目全非,尤为印象深刻的是,重要公式他都亲自动手再推导了一遍、文稿修改连标点符号都改得非常清楚,并附上他的意见及还需看哪一方面文献的建议。这样的修改持续快半年,必要的时候还要当面讨论,直到定稿后才变得一页只有几个字或标点的修改。我能感受到当时作为主管教学副校长的老师,花了多少宝贵时间在引导一个学生入门!面对老师这样"认真"的修改,作为学生也无法不认真"对待"。这篇论文学术上可能不起眼,但它的完成让学生熟悉了与自己博士论文相关的专业知识、国内外研究现状、目前存在的问题、可供自己研究的内容及可实现的目标和方法,为随后论文工作的顺利开展奠定了很好的基础。更重要的是,这个过程潜移默化地培养了学生认真、耐心和严谨的科研品质,让我养成了自己文献阅读的好习惯,初步领悟到一些做科研的基本方法。我想,我的师兄弟、师姐妹们也都会有我这种相同的经历和感受吧。

沈先生从不把自己的观点强加给别人,即使是对自己的学生。很多熟悉沈先生的人,总跟我说沈先生看专业问题非常敏锐,总能一针见血、直指要害。但他跟自己的学生讨论问题时,他却总是非常耐心地先鼓励学生完整地说出自己的想法,再通过讨论和进一步的文献阅读引导学生自主思考,最终回到正确的方向来。记得有一次,他通知我参与讨论一位师弟论文的试验方案,我还感到奇怪,参加后才知道是这位师弟以前讨论时在某点上总坚持己见,而我刚做完自己论文的试验,可以现身说法地告诉他试验模型实际变形后带来的弯曲次应力对反向分配梁加载系统中吊杆设计的重要影响。跟沈先生时间长了,也明显地感到他非常尊重他人,善于倾听不同学术观点。自己的研究生毕业答辩或举办各种研讨会,他都从不回避请一些大家公认的个性和观点鲜明、平时言辞犀利的专家学者来参加。

沈先生特别热心教育事业,关心钢结构行业发展,这从这本纪念文集收集的关于教学改革和行业发展的代表性论文也可以看出来。沈先生非常关注学校的教学和教学改革,并亲力亲为。几年前他还一直为本科生讲授"土木工程概论",每年上课之前,我都会收到他要修改上一版幻灯片或PPT某些地方的电话,可见他备课之认真和对这门专业入门课的重视。尽管年近八旬,但只要是收到学校或学院关于学生培养方案或教学改革的会议,他都会尽可能参加。有时一天连着几场会,学生食堂的米饭较硬,他中午只是两个包子对付一下就去参加下一场会了。在行业发展的一些重要方向问题和技术标准编制方面,先生也是倾力而为。他对推广钢结构建筑和推进建筑工业化大声疾呼,同时又提醒应充分发挥钢结构"轻"、"快"、"好"、"省"的特点,要注重对建筑工业化本质和内涵的思考,在业内反响强烈。为了市场上能充分发挥钢结构抗震性能的特点,他为新版《钢结构设计规范》和《冷弯型钢结构技术规范》的修编花费了大量的精力。

沈先生非常关心学生的成长。对我自己,从选择做博士后到出站回同济工作,再到赴日本访问、再回同济工作至今,甚至我的家庭生活、孩子成长等,一直以来都得到了沈老师、包括师母跟自己父母一样的关心和支持。这种关怀不仅仅是对我这个有幸在他身边时间较长的学生,还包括对其他师兄弟、师姐妹。我经常听到他和师母问起或谈论起哪个学生的工作或家庭情况,学生自己碰到人生一些关键节点时也愿意主动向他们征询建议。

记得和沈先生曾在同济新村的小路上谈道:一个导师对学生的培养,知识本身在某种程度上可能并不那么重要,因为其价值会随时间或因随后兴趣、工作等变化而变化;更重要的应该是在学习能力、解决问题方式、做事态度甚至人格养成方面的影响。这大概就是《老子》所说的"授人以鱼不如授人以渔"吧。非常幸运自己能遇到这样一位好老师!

衷心祝愿沈老师和师母身体健康!

李元齐
同济大学土木工程学院建筑工程系教授
1995级同济大学博士生

支撑起我国钢骨大厦的人

记同济大学结构工程学科带头人、博士生导师——沈祖炎教授

从事结构工程的华夏儿女们谁都不会甘心这样的历史空白：

　　高层建筑钢结构设计理论　　无

　　高层建筑钢结构设计规范　　无

　　自行设计的高层建筑钢结构　　无

时至今日，这些历史空白正一个个被填补。为此，沈祖炎教授和他领导的科研队伍已付出了整整二十年的辛劳。昨天，他们已规划好我国高层建筑钢结构的发展蓝图；今天，他们正把一切美好的设想变为现实⋯⋯

作为同济大学结构工程学科带头人、博士生导师，沈祖炎教授把他的全部心血都献给了结构理论和工程结构的科研与教学工作。从事高等教育40年来，沈先生为国家培养了大量的结构工程教学、科研和设计方面的优秀人才。以他为核心，在同济大学形成了一个以土木结构工程为主，跨学科、跨专业方向的活跃的科研群体，这使得同济大学多年来一直在我国土木建筑界保持着独特的领先优势。他还主持并承担了20余项国家级、省部级重大和重点攻关项目及科研基金项目。

沈先生的成就和事迹只言片语难以全面述说，这里笔者谨撷取其中几个侧面以飨读者。

1 印象

第一次见到沈先生是在本科生毕业典礼上。当时我是从先生的手里接过自己的毕业证书的。先生和蔼可亲的笑容使我一下子忘却了他是副校长、国内外知名的学者，觉得很幸运能在以后的几年里跟随这样一位宽厚的长者继续深造，心里暖洋洋的。这种暖洋洋的感觉，直到现在每每和先生在一起时都会油然而生。其实每一位与先生交往的人，都有这种容易相处的体验。在办公室、校园和实验室里，无论是专家学者，还是工人师傅，都会和先生热情风趣地交谈几句。小朋友们在他面前更会不失时机地显示一下自己的机灵和调皮。

与先生在一起的时间久了，印象最深的是先生的提问。先生喜欢提问，但并不喜欢以什么方式责难别人。他给学生们审阅论文时，总会列上几个乃至十几个问题。面对面讨论时，往往会从一个问题开始打破砂锅问到底。他的学生大都有过这样的感受：先生询问的目光仿佛要穿透你的思维，使你看清楚关键的问题和存在的不足；此时此刻孙中山"同志仍须努力"的训语仿佛就萦绕在耳旁。

先生办事喜欢身体力行，同时又注重为年轻人创造良好的发展机会。他经常同时主持七八个课题研究，近期的如国家攀登计划、上海大剧院、上海八万人体育场等一些重大和重点项目的研究，先生都会精益求精地制定研究方案和技术路线，定期主持课题讨论会，并亲临现场指挥试验的进行。同时，先生又给予年轻人充分的信任及发展机会，鼓励他们挑重担，让他们大胆地发挥聪明才智，在实践中创造辉煌。

先生的繁忙是众所周知的。然而他的井井有条和从容不迫给人留下了深刻的印象。由于行政和学术上的事务繁多，他每天的时间都排得满满的，但他有一个原则，不论有多忙，科研工作不能放松，研究生的指导更不能放松。沈先生是每年在校研究生最多的一位导师，学生们有什么问题需要当面解决的，他都尽可能优先安排指导时间，学生们的论文、报告已经占用了他大量晚上的休息时间。此外，先生还定期询问各个学生的课题进展情况，并及时给予指点。到了试验等课题关键阶段，他都尽可能每天都能了解到工作进展情况，以便随时讨论和解决遇到的问题。

2　往事点滴

初为沈先生的学生,都会知晓先生要求很严,要有"学海无涯苦作舟"的思想准备。从论文选题到培养计划,从试验方案到模型设计,从理论方法到计算模型,先生都亲自指点。对"严格"二字最有深切体会的,恐怕要数被要求重写开题报告的几位硕士生了,他们有点不理解自己比同班同学多花了不少心血的开题报告反而要重写。这件事也作为先生"严格"的写照而在研究生中广为流传。后来,这几位学生在顺利完成学位论文时颇有感触地说:自己的学位论文能有所进展和突破,多亏了先生悉心指导和良苦用心。

先生对每一位博士生更是倾注了大量的心血。几乎他的所有学生都有过这样的经历:导师对论文的审阅极端严格、细致,导师的修改意见可能涉及每一个公式、每一组数据,甚至遣词造句、标点符号、参考文献。郑伟国博士对当初的事记忆犹新:他的博士学位论文工作在先生精心指导下取得了一些突破性的成绩,他觉得自己的论文水平已经很高了,并且毕业时间已临近,希望能马上答辩。那时正值先生身体状况欠佳,且学术活动和学校工作繁忙。先生仍以其一贯的治学精神,坚持在百忙中对论文所有公式和计算结果进行了仔细审阅,提出了进一步修改的意见。先生以自己的言行让学生们领略了"学无止境"的深刻含义,他的教诲是学生们终生受用不尽的。

在一个偶然的机会里,与先生大学时代的同学——上海建筑科学研究院的总工胡绍隆先生聊了一会儿。胡总说,沈先生在读书的时候就让人十分佩服。当时的学生都很用功,成绩也都很好,学生考试总争第一。沈先生很特别,他考试总是拿满分,即便是不很重要的课程也是如此。他脾气什么都好,就是要争满分这事很倔。

3　万丈高楼平地起

从年轻时起,沈先生就有一个执着的目标,那就是改变我国钢结构领域特别是高层建筑钢结构的落后现象。

我国过去没有《高层钢结构设计规范》,也没有这方面的设计经验,因此以往我国建造的高层钢结构几乎全由国外设计。先生自1976年起即潜心研究高层建筑钢结构设计理论。80年代中期开始,先后主持了上海市七·五重大科研项目"高层钢结构设计理论研究",承担了建设部七·五重大项目"高层建筑钢结构成套技术研究",领导完成了高层钢结构抗震研究的十余项科研课题,提出了更合理更实用的结构分析新方法和新理论,并在长期研究的基础上主持制定了上海市标准《上海市高层建筑钢结构设计暂行规定》、参加制订了建设部标准《高层建筑钢结构设计与施工规范》,为实现高层建筑钢结构由我国自行设计的目标做出了重大贡献。

在填补国内高层建筑钢结构设计理论空白的同时,沈先生还把目标瞄准结构非线性分析理论的发展,力争赶超世界发达国家的水平。功夫不负有心人,在完成上述科研项目的基础上,他和他的课题组建立了一套完整的高层建筑钢结构统一非线性分析理论。该理论的完成使我国的高层钢结构分析理论研究在短短十年一跃达到国际先进水平,并极大地推动了结构工程领域计算与设计理论的发展,使结构的非线性分析理论、稳定计算理论以及抗震、抗风、抗火分析理论融合为结构统一计算理论,为建立以结构整体可靠度为目标的设计理论奠定了坚实的基础。

先生注重基础理论的研究,同时也非常注重理论的实际应用和推广。他在我国高层建筑钢结构工程界深孚众望,经常担任重大高层建筑钢结构设计、咨询、顾问和研究工作。在商品经济大潮的今天,他如果一展身手,完全可以创造很好的个人经济利益,然而他追求的是社会经济效益,他心甘情愿地为此无偿地奉献出他的学识和精力。他先后担任过上海浦东88层420 m高金茂大厦扩初设计的咨询评审顾问,主持了亚洲最高的上海468 m东方明珠电视塔的抗震研究工作,他主持开发的上海市重大攻关项目300 MW锅炉钢结构分析设计程序,结束了我国在这一类结构的设计分析上依赖美国的历史,具有明显的社会和经济效益,为此他被评为上海市重大工业项目会战先进工作者,并获上海市科技精英提名奖。

目前,先生的心愿可以说已经实现了一大半。由于一般的建筑设计院没有高层建筑钢结构的设计经验,且缺乏足够的钢结构方面的技术力量,到目前为止,我国的高层钢结构大厦还都是外国人设计的。为此,先生正在为成立专门的钢结构设计院,汇集专业人才,为最终实现中国人自行设计高层建筑钢结构而不懈努力。

4 著述等身

40年来,先生躬耕于结构工程领域,取得了累累硕果。除了高层建筑钢结构之外,还在大跨度空间结构、结构稳定理论等方面做出了重大的、创造性的成就。

大跨度空间结构的应用水平,在一定程度上代表了一个国家在建筑结构方面的发展水平。为了适应国家建设的需要,沈先生成为我国率先研究大跨度空间结构的知名学者之一,并针对制约该领域发展水平的世界性难题——大跨度空间网壳结构的稳定问题进行了系统、深入的研究。先后主持了国家自然科学基金委、建设部及上海市的多项科研课题,不仅取得了一批重要的学术研究成果,还主持开发了空间网格结构设计的计算机软件,主编出版了《空间网架结构》、《空间结构论文集》、《新型空间结构论文集》等著作,主持了多项大跨空间结构的设计研究工作,其研究成果已广泛应用于《上海市建筑抗震设计规程》和《上海市空间网架设计规程》中,为在我国推广大跨度空间结构做出了重大贡献。

结构稳定理论历来是钢结构、超高层结构和高耸、大跨度结构发展中十分关键的问题。先生自五十年代以来即开始致力于结构稳定极限承载力理论的研究,取得了系统的、重大的研究成果。他建立的一种全新的考虑主要实际因素影响的计算钢结构稳定极限承载力的数值积分法,大大提高了计算精度和速度,还在解决结构局部稳定、局部与整体相关稳定理论方面取得了重大突破,这些成果为制订我国《钢结构设计规范》和《冷弯薄壁型钢结构技术规范》奠定了基础。

他主持完成了国家级、省部级攻关项目及科研基金项目20余项,其中获国家级奖3项、省部级奖11项。近年发表论文近200篇,并出版专著10余部,其中《钢结构构件稳定理论》、《钢结构》等多部著作,获得国家级优秀教材奖。研究成果已被吸收进《钢结构设计规范》等7种国家、部委和上海市规范。

鉴于沈先生的重大学术成就,他被授予国家人事部颁发的中青年有突出贡献专家证书(1988)、全国高校科技先进工作者称号(1990)、上海市科技精英提名奖(1992)。

沈先生的学术成就不仅在国内建筑工程界有突出地位,也在国际上享有较高声誉。多年来,他曾多次应英国皇家学会、诺丁汉大学、日本东京大学、名古屋大学、澳大利亚悉尼大学等邀请出国讲学,并已在国际著名刊物上发表多篇具有重大价值的论文,还担任了国际桥梁与结构学会钢木结构委员会委员和美国结构稳定委员会委员。

5 桃李芬芳

沈先生在承担繁重的科研、行政管理工作的同时,指导了众多研究生。至今他已培养了博士后3名,博士生20多名,硕士生50多名。他们大多已成为各自工作岗位上的青年骨干。

先生十分注重年轻人的培养,从各方面关心他们的成长。他在科研方面,以身作则,为人师表;在学业上严格要求,精心指导。他渊博的知识、严谨的治学风范和诲人不倦的态度使学生受益匪浅。

先生常常有意识地让学生们挑重担,培养他们独立分析和解决复杂问题的科研能力。他的博士毕业生已先后申请到国家自然科学基金(青年基金)、霍英东青年教师基金、上海市青年科技启明星计划基金以及部委科研基金等资助的科研项目。另外,他们还参加了多项国家和部委重大、重点攻关科研项目,取得了大量成果。其中一些学生也已成为教授、博士生导师,在国内外同行中已有一定影响,成为结构工程学科中的骨干力量。

先生是个老党员,他还时时在政治上关心学生,教育学生树立正确的人生目标,端正学习态度。因而他的大多数学生都能勤奋学习,要求上进,其中有许多人加入了中国共产党。他还经常对学生进行爱国主义教育,指出青年人只有与祖国建设相结合,才能发挥有意义的作用。他指导的博士生能安心国内工作,在各个岗位上起骨干带头作用,有的担任了大学的系主任,设计院院长等。

1987年,他被授予上海市普通高等学校先进教育工作者称号,以表彰他在教书育人方面的突出表现。

也许和他所从事的建筑结构领域不无关系,先生从来就是勤勤恳恳的建设者——

他以自己的才智和勤奋建造了我国高层建筑钢结构的理论大厦

他以无限的热情和无私的奉献为国家建设培养了大批高级人才

——如果说建筑是凝固的音乐,那么先生所谱写的无疑是一首具有永久震撼力的乐章。

孙飞飞　童乐为　曹文衔
同济大学土木工程学院建筑工程系

(本文原作于1995年,本次略做修改)

桃李不言,下自成蹊

这几天,整个建筑工程系、土木工程学院乃至同济大学的校园内都洋溢着欢快的气氛,因为沈祖炎教授今年当选为中国工程院院士!在这一片祝福中,沈先生辛苦培养的68名硕士、42名博士、6名博士后应该是最感到快乐、自豪和骄傲的了。我作为沈先生的学生,从1994年硕博连读开始,到现在的11年间,耳濡目染了先生那睿智严谨的治学精神和高屋建瓴的大家风范,以及正直乐观、追求不息的人生信念,诸多感念,受益终生。

沈先生是睿智的,他在空间结构、高层结构、结构抗震等方面都颇有建树。记得1994年在进行上海八万人体育场的模型试验前,沈先生绕着数千根杆件组成的庞大模型结构走了两圈,先见性地指出哪些部位、甚至具体到哪几根杆件最为危险而应着重观察,试验结果证实了他判断的准确性。这一点我的印象非常深刻。随后在上海浦东国际机场、上海东方明珠国际会议中心球网壳结构的分析与试验中,我都更深切地感受到了他对结构的深刻理解与把握。

沈先生是严谨的,他自己这样做,也这样要求我们。这种作风及其影响,对学习土木工程的学生来说是至关重要的。最近,我随沈先生编写国内首部《建筑用铸钢节点设计规程》,在统稿过程中,先生对前后内容的协调、词句的表达、相关规程的引用、标点符号都逐一审阅修订,不容许一点差错。

沈先生指导研究生是因材施教、循循善诱,并努力为他们的成长创造机会的。他根据各人的学术兴趣、学业专长和性格特点,给予针对性的培养。过去的二十年里,为国家培养了大量的优秀人才,其中很多人已成为学校、设计院的骨干和中坚力量。就我个人而言,有机会参与沈先生主持的大型科研和工程项目。我的博士论文即以先生主持的国家攀登计划B项目为背景开展研究工作,在先生的指导下,从结构理念到技术细节都有了跨越式的提高;也正因于此,在留校工作不到一年里,即申请到了一项国家自然科学基金项目。同时,沈先生是具有国际视野和眼光的,他积极鼓励每位留校工作的教师出国深造,开拓视野。经他的推荐,我于2002年到英国剑桥大学进行了两年多的博士后研究工作,临行前,先生吁吁叮嘱;在英国期间,每次电话都殷殷鼓励;回国后,仍协助考虑如何将国外所学与自己的目前工作结合起来以谋长远的发展。正是沈先生这种超越了金钱与权力的人格魅力的感召,才使得大批的学生献身于结构工程的发展。当然,这一切也得益于建筑工程系、土木工程学院、同济大学的历届领导所创造的良好的人才成长环境,得益于同济大学这样一个既培养大家又提携后学的学术环境。

记得自己在博士论文的致谢中这样写道"六年前,作者有幸成为沈祖炎教授的一名硕博连读学生,开始探索那充满神奇、未知与乐趣的结构工程的世界。在论文工作中,尤其是一系列大型结构工程的试验及理论分析过程中,作者耳濡目染了先生那严谨务实的治学精神和高屋建瓴的大家风范;在每次聆听先生那透彻入微的授业与教诲中,都能感受到其间闪烁着的对结构理念乃至人生的真知灼见和哲理光辉。先生每次审阅文章,从理论推导到文字描述,乃至于标点符号,都力求准确明了,臻至完美;每次言谈,学生总能感受到先生那正直乐观、勇往直前、追求不息的人生信念……六年的言传身教,怎是片言只语所能尽述,又怎是一个谢字了得。

谨以这十八万字的论文作为献给先生的微薄礼物,并以今生的不懈努力与追求来回报一位严爱有加的引路长者!"我想这段话,代表了他所有学生的心声!

的确,沈先生在过去51年的教学与科研中,可谓"桃李不言,下自成蹊";今天,他当选为中国工程院院士,是实至名归、众望所归。我们希望也相信在沈先生的带领下,同济大学的结构工程学科必将有更大、更快地发展与腾飞!

赵宪忠

同济大学土木工程学院建筑工程系教授

1995级同济大学博士生

(根据2005年12月16日"庆祝沈祖炎教授当选中国工程院院士座谈会"的弟子代表讲话稿整理)

沈祖炎教授学术专著、论文目录

学术专著（共 20 部）

1	同济大学土木工程学院建筑工程系	《沈祖炎文集》	中国电力出版社,2015
2	沈祖炎,李国强,陈以一,张其林,罗永峰	《钢结构学》	中国建筑工业出版社,2005
3	沈祖炎	《钢结构稳定、抗震与非线性分析理论——沈祖炎教授论文选集》	中国建筑工业出版社,2005
4	沈祖炎,陈扬骥,陈以一	《钢结构基本原理》	中国建筑工业出版社,2000
5	沈祖炎,陈以一,王伯伟	《挑战与突破》	同济大学出版社,2000
6	沈祖炎主编,黄文忠,沈德洪副主编	《钢结构制作安装手册》	中国建筑工业出版社,1998
7	李国强,沈祖炎	《钢结构框架体系弹性及弹塑性分析与计算理论》	上海科学技术出版社,1998
8	沈祖炎,陈扬骥	《网架与网壳》	同济大学出版社,1997
9	沈祖炎主编,李国强,陈以一副主编	《高层、轻型、高耸钢结构的理论与工程技术进展》	同济大学出版社,1997
10	那向谦,沈祖炎主编	《结构工程学的研究现状和趋势》	同济大学出版社,1995
11	董石麟主编,沈祖炎,严慧副主编	《新型空间结构论文集》	浙江大学出版社,1994
12	李国豪,项海帆,沈祖炎等	《桥梁结构稳定与振动》第二版	中国铁道出版社,1992
13	沈祖炎主编,董石麟,陈学潮副主编	《空间网格结构论文集》	同济大学出版社,1991
14	欧阳可庆,沈祖炎等	《钢结构》（全国推荐教材）	建筑工程出版社,1991
15	L. Beedle 主编,沈祖炎等参加	《Stability of Metal Structures — A World View》	AISC 出版社,1991
16	罗邦富,魏明钟,沈祖炎,陈明辉	《钢结构设计手册》	中国建筑工业出版社,1989
17	沈祖炎,严慧,马克俭,陈扬骥	《空间网架结构》	贵州人民出版社,1987
18	吕烈武,沈世钊,沈祖炎,胡学仁	《钢结构构件稳定理论》	中国建筑工业出版社,1983
19	沈祖炎,沈勤斋等	《多层及高层房屋结构设计》（上下册）	上海科技出版社,1979 和1982
20	王达时,潘梅祥,沈祖炎等	《钢结构》（全国统编教材）	中国建筑工业出版社,1962

学术论文(共 313 篇)

(1) 高层建筑钢结构方面(共 120 篇)

1	陈猛,沈祖炎	钢框架结构基于概率抗震性能评估[J]	建筑结构,2012,03:57-60.
2	Shen Zuyan, Wang Yehua, Li Yuanqi	Criteria and Realization of Excellent Designs of Steel Structures	4th International Conference on Technology of Architecture and Structure (ICTAS 2011), Xian Univ Architecture & Technol, Xian, PEOPLES R CHINA, SEP 22-24, 2011
3	Li Yuanqi, Yan Qi, Sun Si, Shen Zuyan, Yu Chengfeng, Yu Chengfeng	Investigation on Residual Stress Distribution of H-Shaped Steel Section with Heavy Thick Steel Used in High-Rise Structures	4th International Conference on Technology of Architecture and Structure (ICTAS 2011), Xian Univ Architecture & Technol, Xian, PEOPLES R CHINA, SEP 22-24, 2011
4	雷淑忠,郭兵,沈祖炎	高层建筑结构抗震弹塑性分析方法比较研究[A]	第19届全国结构工程学术会议论文集(第Ⅰ册)[C].2010:6.
5	Z. Shen, Y. Chen. W. Wang. X. Zhao	Tubular structures in china: state of the art and applications [J]	Structure and Building, 2010, 163 (SB6): 417-426.
6	李元齐,孙思,沈祖炎,徐宏伟,于成峰	高建钢厚壁H型钢残余应力测试研究[J]	建筑钢结构进展,2010,05:19-24.
7	张继承,赵斌,沈祖炎,刘学剑	柔性节点框架结构的非线性动力反应分析[J]	钢结构,2009,03:41-44.
8	沈祖炎,孙飞飞	关于钢结构抗震设计方法的讨论及建议[J]	建筑结构,2009,39(11): 115-122.
9	彭兴黔,沈祖炎,贾勇,周显鹏	开孔门式刚架房屋风荷载试验研究[J]	福州大学学报(自然科学版),2008,05:747-751.
10	王朝波,罗永峰,沈祖炎,陈春晖	平安金融大厦超限高层结构抗震性能优化分析[J]	建筑结构,2008,03:12-16+28.
11	雷淑忠,沈祖炎,郭兵	超高层建筑结构选型技术研究[J]	建筑结构学报,2007,S1:263-268.
12	孙飞飞,沈祖炎	混凝土单轴受拉的非局部本构模型[J]	力学季刊,2006,01:1-6.
13	沈祖炎,宋振森	FEM Analysis of Steel Members Connections Considering Damage Accumulation Effects under Cyclic Loading	International Journal of Applied Mechanics & Engineering,2004年1月
14	李国强,沈祖炎	Spatial Hysteretic Model and Elasto-Plastic Stiffness of Steel Columns	J. Constructional Steel Research, 1999, No. 3
15	沈祖炎,董宝等	A Hysteresis Model for Plane Steel Members with Damage Cumulation Effects	J. Constructional Steel Research, 1998, No. 2/3
16	沈祖炎,赖朝旭等	A Synthetic Discrete Method for Analyzing the Elasto-plastic Seismic Response of Tall Steel Framed-tube Systems	Advances in Structural Engineering-An Inter. J. 1998, No. 3
17	沈祖炎,赵金城	Analysis of Nonlinear Behavior of Steel Frame under Local Fire Conditions	Stability and Ductility of Steel Structures, 1998, Elsevier Science Ltd.: 91-102

续表

18	沈祖炎,董宝	An Experimental-based Cumula-tive Damage Mechanics Model of Steel under Cyclic Loading	Advances in Structural Engineering-An Inter. J. 1997, No. 1
19	李国强,沈祖炎	An Unified Matrix Approach for Nonlinear Analysis of Steel Frames Subjected to Wind or Earthquakes	Computers and Structures 1995, No. 2
20	李国强,沈祖炎	Inelastic Dynamic Response of Space Steel Frames Under Bi-directional Horizontal Earthquakes	E&F. N. SPON, 1990, Aug.
21	孙飞飞,沈祖炎	箍筋约束混凝土模型比较研究	结构工程师,2005年2月
22	陈荣毅,沈祖炎	地震作用下考虑损伤累积效应平面钢杆件截面内力与变形的协调关系	四川建筑科学研究,2002年第4期
23	沈祖炎,沈苏	高层钢结构考虑损伤累积及裂纹效应的抗震分析	同济大学学报,2002年第4期
24	沈祖炎,陈荣毅	巨型结构的应用与发展	同济大学学报,2001年第3期
25	沈祖炎,陈以一	高层建筑钢结构的损伤累积和倒塌机理	重大工程灾变行为与健康监测学术研讨会,2001年
26	童乐为,罗永峰,沈祖炎	上海金茂大厦玻璃幕墙铝合金型材试验评估	同济大学学报,2000年第1期
27	沈祖炎,陈荣毅	高层建筑钢结构在地震作用下考虑损伤累积效应的分析	大型复杂结构的关键科学问题及设计理论研究论文集,2000年
28	董宝,沈祖炎	考虑损伤累积影响的钢柱空间滞回过程的仿真	同济大学学报,1999年第1期
29	陈荣毅,沈祖炎	钢筋混凝土结构抗火设计述评	工业建筑,1999年第8期
30	沈祖炎,郑沂	多肢柱肩梁刚度的分析	建筑结构,1999年第7期
31	陈以一,蒋兆栋,沈祖炎	建筑钢结构的断裂研究评述与损伤控制设计	同济大学学报,1999年第5期
32	沈祖炎,孙飞飞	钢筋混凝土空间框架结构地震反应的仿真分析	结构工程师,1999年增刊
33	陈以一,蒋兆栋,沈祖炎	建筑钢结构的断裂研究评述与损伤控制设计	同济大学学报,1999年第5期
34	陈荣毅,沈祖炎等	平面框架动力响应的状态空间分析	四川建筑科学研究,1999年第1期
35	董宝,沈祖炎	空间钢构件考虑损伤累积效应的恢复力模型及试验验证	上海力学,1999年第4期
36	石建军,沈祖炎	叠合框架角节点在负弯矩作用下的受力模型研究	低温建筑技术,1998年第2期
37	石建军,黄赛超,沈祖炎	预应力钢筋混凝土叠合框架角节点的静力性能研究	四川建筑科学研究,1998年第2期
38	李国强,孙飞飞,沈祖炎	强震下钢框架梁柱焊接连接的断裂行为	建筑结构学报,1998年第4期
39	董宝,沈祖炎	钢材的轴向等幅低周疲劳试验研究	西安公路交通大学学报,1997年增刊
40	赵金城,沈祖炎	局部火灾下钢框架结构整体性能的非线性分析	建筑结构学报,1997年第4期
41	沈祖炎,董宝等	结构损伤累积分析的研究现状和存在的问题	同济大学学报,1997年第2期
42	赵金城,沈祖炎等	钢框架结构抗火性能的试验研究	土木工程学报,1997年第2期
43	李国强,沈祖炎	钢结构最新进展	国际学术动态,1997年第9期
44	曹文衔,沈祖炎,董宝	考虑损伤累积的热弹塑性问题变分原理及其有限元方法	上海力学,1996年第4期
45	董宝,沈祖炎	钢塔结构在地震作用下的损伤累积分析	特种结构,1996年第3期
46	孙飞飞,李国强,沈祖炎,崔鸿超	中日建筑结构技术发展的最新动态	建筑结构学报,1996年第2期
47	陈以一,沈祖炎	灾难性荷载作用下钢结构承载力损伤的数值模拟	同济大学学报,1996年第5期
48	李国强,谢卫兵,沈祖炎	高层支撑钢框架弹塑性地震反应简化分析模型	建筑结构,1996年第11期
49	赵金城,沈祖炎	考虑塑性区扩展的钢框架二阶分析	同济大学学报,1995年第5期

续表

50	赵金城,沈祖炎	钢结构抗火设计进展与评述	建筑结构,1995年第5期
51	李国强,张晓光,沈祖炎	钢板外包混凝土剪力墙板抗剪滞回性能试验研究	工业建筑,1995年第6期
52	沈祖炎,沈勤斋	高层有支撑钢刚架抗侧力性能分析	同济大学学报,1995年第2期
53	沈祖炎,沈勤斋	高层有支撑钢刚架二阶弹塑性分析的改进法	同济大学学报,1995年第1期
54	赵金城,沈祖炎	钢结构抗火设计的燃烧模型及温度传播	工业建筑,1994年第7期
55	李国强,黄靖宇,沈祖炎,等	钢柱的空间弹塑性单元刚度方程	同济大学学报,1994年第4期
56	沈祖炎,张其林	某高层钢结构大厦扩初设计	结构工程师,1994年第1期
57	沈祖炎,李国强	钢框架受风与地震作用的统一非线性矩阵分析理论	同济大学学报,1994年第4期
58	陈以一,沈祖炎	反复变动轴力作用下钢柱的数值分析模型	同济大学学报,1994年第4期
59	丁洁民,沈祖炎	双向压弯构件极限承载力的研究	建筑结构,1994年第6期
60	赵金城,沈祖炎	钢框架弹塑性非线性有限元分析方法的改进	钢结构,1994年第4期
61	丁洁民,沈祖炎	空间钢框架结构的弹塑性稳定	建筑结构学报,1993年第6期
62	丁洁民,沈祖炎	空间钢框架结构的非线性分析	土木工程学报,1993年第6期
63	李国强,沈祖炎	高温下轴心受压钢构件的极限承载力	建筑结构,1993年第9期
64	李国强,沈祖炎	高耸烟囱的吊摆减震技术	工业建筑,1993年第9期
65	沈祖炎,李国强,吴亦茜	高层钢框架弹塑性地震反应简化分析模型	建筑结构,1993年第4期
66	李国强,沈祖炎	用可靠度理论研究摩擦支撑钢框架的设计原则	工业建筑,1993年第3期
67	孙晓红,沈祖炎	角钢—J型钢受拉高强螺栓节点研究	同济大学学报,1992年结构版
68	沈祖炎,李国强	高层摩擦支撑钢框架的优化设计	同济大学学报,1992年第4期
69	李国强,沈祖炎	高层建筑抗震设计的发展趋势	建筑结构学报,1992年第4期
70	沈祖炎,郑伟国	钢梁柱截面弹塑性阶段内力和变形的协调关系	工程力学,1992年增刊
71	李国强,沈祖炎	杆系钢结构弹塑性变形实用分析法	工业建筑,1992年第3期
72	沈祖炎,李国强	交叉钢支撑滞回特性分析	上海力学,1992年第3期
73	李国强,沈祖炎	半刚性连接钢框架弹塑性地震反应分析	同济大学学报,1992年第2期
74	沈祖炎,丁洁民	柔性节点钢框架的二阶弹塑性极限承载力研究	建筑结构学报,1992年第1期
75	沈祖炎,丁洁民	空间钢框架结构弹塑性稳定的综合离散分析法	同济大学学报,1992年第1期
76	沈勤斋,沈祖炎	分析高层钢刚架弹塑性稳定的改进法	同济大学学报,1992年第1期
77	李国强,沈祖炎	考虑剪切变形的压杆刚度方程及应用	同济大学学报,1991年第2期
78	李国强,沈祖炎	用可靠度理论确定偏心支撑钢框架的设计原则	工业建筑,1991年第2期
79	丁洁民,沈祖炎	节点半刚性对钢框架结构内力和位移的影响	建筑结构,1991年第6期
80	丁洁民,沈祖炎	考虑节点变形空间钢框架的弹塑性分析	结构工程学报,1991年专刊
81	李国强,沈祖炎	双向水平地震下圆形烟囱的截面最大弯矩和剪力	结构工程学报,1991年专刊
82	李国强,沈祖炎	我国建筑钢结构的现状与发展	结构工程学报,1991年专刊
83	丁洁民,沈祖炎	高层建筑结构半解析分析中的试函数	江西工业大学学报,1991年第2期
84	沈祖炎,丁洁民	多高层钢框架结构分析与研究	建筑结构,1990年第1期

续表

85	李国强,沈祖炎	钢框架弹塑性静动力反应的非线性分析模型	建筑结构学报,1990年第2期
86	李国强,沈祖炎	考虑节点区剪切变形的钢框架弹塑性地震反应分析	同济大学学报,1990年第1期
87	李国强,沈祖炎	钢框架结构非线性实用分析方法	结构工程师,1990年第4期
88	李国强,沈祖炎	钢框架弹塑性地震反应的简化分析模型	工业建筑,1990年第1期
89	沈祖炎,丁洁民	高层钢结构施工中的温度变形分析	结构工程师,1990年第1期
90	丁洁民,沈祖炎	多层及高层钢刚架的弹塑性稳定	同济大学学报,1989年第2期
91	丁洁民,沈祖炎	二阶效应对钢框架结构水平位移和内力的影响	结构工程师,1989年第3期
92	沈祖炎	关于抗震结构的计算问题	同济大学学报,1959年第10期
93	沈祖炎	关于结构安全度的统计分析的讨论	土木工程学报,1958年第6期
94	沈祖炎	关于我国风压及其超载系数的讨论	土木工程学报,1958年第4期
95	雷淑忠,沈祖炎	Discussion on Structural Scheme Selection of Super Tall Building	Fourth International Conference on Advances in Steel Structures, Shanghai, China, 2005.
96	沈祖炎,宋振森	FEM Analysis of Steel Members Considering Damage Cumulation Effects Under Cyclic Loadings	Proc. of 3rd International Conference on Advances in Steel Structures, 2002, Dec, Hong Kong
97	沈祖炎,陈荣毅	A Cumulative Damage Mechanic Model of Steel for Low-cycle Fatigue Fracture	6th Pacific Structural Steel Conference,2001年
98	沈祖炎	矩形钢管混凝土结构若干问题研究	第五届中日建筑结构技术交流会,2001年,中国西安
99	沈祖炎	Research and Practice of Professional Accreditation for Civil Engineering Programs in China	Int. Workshop on Engineer Professional Accreditation and Engineering Education, 2001 Int. Workshop on Engineer Professional Accreditation and Engineering Education, 2001
100	沈祖炎	A Cumulative Damage Model for the Analysis of Steel Frames under Seismic Actions	Proc. of the Second International Conference on Advances in Steel Structures, China, Hong Kong, 1999.12.15-17
101	童乐为,罗永峰,沈祖炎等	Experimental Assessment for Aluminium Alloy Sections in Glass Curtain Walls of Shanghai Jinmao Building	Proc. of the Second International Conference on Advances in Steel Structures, China, Hong Kong, 1999.12.15-17
102	沈祖炎,曹文衔等	A Cumulative Damage Model of Steel under Fire Condition	Proc. of Fifth Pacific Structural Steel Conference, Korea. 1998, Oct. 13-16
103	沈祖炎	Advances of Tall Steel Buildings in China	Proc. International Conference on Advances in Steel Structures, Hong Kong, 1996, Dec. 11-14
104	赵金城,沈祖炎	Strength and Deformation Properties of Steel Frames under Fire Conditions	Proc. International Conference on Advances in Steel Structures, Hong Kong, 1996, Dec. 11-14
105	董宝,曹文衔,沈祖炎	A Hysteresis Model for Plane Steel Members with Damage Cumulation Effects	Proc. International Conference on Advances in Steel Structures, Hong Kong, 1996, Dec. 11-14
106	赵金城,沈祖炎	NASFAF-A Computer Program for the Fire Resistance Analysis of Steel Frames	Proc. of 1st International Conference on Open Building and Structural Engineering, China, 1995, Oct.

续表

107	李国强,沈祖炎	Effective Length of Columns Employed in Braced Steel Frames	Proc. 4th Pacific Structural Steel Conference, Singapore, 1995, Oct. 25-27
108	沈祖炎,赵金城	Modeling Fire Resistance Behavior of Multistory Steel Frames	Proc. Sixth International Conference on Computing in Civil and Building Engineering, Germany, Berlin, 1995, July, 12-15
109	沈祖炎,李国强	钢框架受风与地震作用的统一非线性矩阵分析理论	结构与地基国际学术研讨会论文集,中国,杭州,1994年10月
110	沈祖炎,黄靖宇	钢柱空间恢复力模型	结构与地基国际学术研讨会论文集,中国,杭州,1994年10月
111	李国强,沈祖炎	A Ring-Like Pendulum for Reducing Seismic Response of Tall Chimneys	Proc. 1st World Conference on Structural Control, USA, Los Angels, 1994, Aug.
112	李国强,黄靖宇,沈祖炎	Computer Imitation Technique of the Spatial Hysteretic Behavior of Steel Columns	Proc. 2nd APCCM, Australia, Sydney, 1993, Aug.
113	李国强,沈祖炎	Model Combination Method of Structural Seismic Response with Probability Meaning	Proc. 6th International Conference on Structural Safety and Reliability, Austria, Junsbruck, 1993, Aug.
114	沈祖炎,李国强	Test and Theory Research on Hysteretic Behavior of Steel X-Type Bracings	Proc. 3rd Pacific Structural Steel Conference, Japan, Tokyo, 1992, Oct.
115	李国强,沈祖炎	Analysis of Fire Response of Steel Frames	Proc. 3rd Pacific Structural Steel Conference, Japan, Tokyo, 1992, Oct.
116	李国强,沈祖炎	Analysis of Inelastic Stability of Space Steel Frames	Proc. EASEC III, China, Shanghai, 1991, Apr.
117	张志良,沈祖炎,陈学潮	Nonlinear FEM Analysis and Experimental Study of Ultimate Capacity of Welded RHS Joints	Proc. of International Symposium on Tubular Structures, 1989, Sep.
118	丁洁民,沈祖炎	The Inelastic Stability of Tall Steel Frames with Flexible Beam-to-Column Connections	Proc. 4th International Colloquium Structural Stability, Asian Session, China, Beijing, 1989, Oct.
119	李国强,沈祖炎	Shaking Table Tests and Seismic Resistant Design of Space Steel Frames	Proc. of the International Conference on High-rise Buildings, China, Nanjing, 1989, March
120	沈祖炎,丁洁民	The Inelastic Stability of Tall Steel Frames	Proc. 4th International Conference on Tall Buildings, China, Shanghai, 1988, Apr.

(2) 大跨度空间结构方面(总127篇)

121	相阳,罗永峰,郭小农,沈祖炎	空间结构弹塑性地震反应分析的简化模型与方法[J]	东南大学学报(自然科学版),2015,04:750-755.
122	罗永峰,相阳,沈祖炎	大跨空间结构地震反应分析方法研究应用现状[J]	力学季刊,2015,01:1-10.
123	汤荣伟,赵宪忠,沈祖炎	Geiger型索穹顶结构参数分析[J]	建筑科学,2013,01:11-14+10.
124	Li YuanQi, L. Wang, Y. Tamura, Zu-Yan Shen	Universal equivalent static wing load estimation for spatial structures based on wind-induced envelope responses	International Journal of Space Structures,2011, 26(2): 105-115 (EI收录, No. 201112257917)
125	王烨华,沈祖炎,李元齐	大跨度空间结构抗火研究进展[J]	空间结构,2010,02:3-12.
126	曾莹,罗永峰,沈祖炎,周健,遇瑞	浦东机场航站楼Y型柱对屋盖整体稳定影响分析[J]	空间结构,2010,01:65-70.

续表

127	李海锋,郭小农,罗永峰,陈晓明,沈祖炎	摩天轮结构的缺陷敏感性分析[J]	结构工程师,2010,02:24-30.
128	白洁,陈晓明,贾宝荣,郭小农,罗永峰,沈祖炎	大型柔性摩天轮结构施工阶段的稳定性分析[A].	中国钢协结构稳定与疲劳分会第12届(ASSF-2010)学术交流会暨教学研讨会论文集[C].中国钢协结构稳定与疲劳分会(Institute of Structural Stability and Fatigue China Steel Construction Society):2010:7.
129	王飞,罗永峰,贾宝荣,陈晓明,沈祖炎	北京摩天轮设计验算与分析[J]	空间结构,2009,01:55-59+76.
130	罗准,罗永峰,苏慈,沈祖炎,周健	浦东机场二期航站楼偏心节点有限元分析[J]	空间结构,2009,01:55-59+76.
131	王朝波,赵宪忠,陈以一,沈祖炎	上海铁路南站外柱异形铸钢节点承载性能研究[J]	土木工程学报,2008,01:18-23.
132	曾莹,罗永峰,沈祖炎,周健	浦东机场航站楼YC1钢柱的稳定性及其与屋盖整体稳定性的关系[A]	天津大学.第七届全国现代结构工程学术研讨会论文集[C].天津大学:2007:7.
133	王磊,李元齐,沈祖炎	特多国家艺术中心单层网壳结构风振系数分析[A]	中国土木工程学会桥梁与结构工程分会风工程委员会.第十三届全国结构风工程学术会议论文集(上册)[C].中国土木工程学会桥梁与结构工程分会风工程委员会:2007:6.
134	宋振森,沈祖炎,罗永峰	求解预定位移水平的改进弧长法[J]	计算力学学报,2007,04:509-512.
135	汪大绥,周建龙,李时,沈祖炎,罗永峰	上海铁路南站钢屋盖整体稳定与抗震研究[J]	建筑结构,2007,05:60-63.
136	沈祖炎,苏慈,罗永峰	杆件力学模型在空间钢结构中的应用研究[J]	建筑结构,2007,01:8-11.
137	何庆祥,罗永峰,沈祖炎,周健	浦东国际机场二期候机长廊稳定性研究	结构工程师,2007,23(2):21-25.
138	苏慈,罗永峰,沈祖炎,郭小农	上海南站钢屋盖Y形主梁极限承载力分析	建筑结构,2006,36(4):61-63.
139	刘晓,罗永峰,沈祖炎,李建宏	杭州国际会议中心裙房钢屋盖结构整体稳定分析[A]	天津大学.第六届全国现代结构工程学术研讨会论文集[C].天津大学:2006:4.
140	李元齐,田村幸雄,沈祖炎	单层网壳结构等效静风荷载分布估计[J]	工程力学,2006,01:57-61.
141	李元齐,沈祖炎	柱面拱支网壳静力性能分析[J]	建筑结构,2006,02:64-67+43.
142	沈祖炎,汤荣伟,赵宪忠	基于悬链线元的索穹顶形状精确确定方法[J]	同济大学学报(自然科学版),2006,01:1-6.
143	李元齐,沈祖炎	本征正交分解法在曲面模型风场重构中的应用[J]	同济大学学报(自然科学版),2006,01:22-26.
144	徐忠根,沈祖炎	样条有限条塑性铰法分析板梁的极限荷载[J]	力学季刊,2006,04:535-541.
145	沈祖炎,黄奎生,陈以一,童骏	大型火电厂主厂房钢支撑—框架结构振动台试验模型[J]	建筑科学与工程学报.2006,23(4):1-5.
146	李元齐,Tamura Yukio,沈祖炎	柱面壳体表面风压分布特性风洞试验研究[J]	同济大学学报(自然科学版),2006,11:1457-1463.
147	李元齐,沈祖炎	Improvements on the Arc-Length-Type Methods	ACTA MECHANICA SINICA,2004,20(5)
148	沈祖炎,李元齐,罗永峰	Stability of Single-Layer Reticulated Shells	International Journal of Steel Structures,2004,4(4)
149	李忠学,沈祖炎	Shaking Table Tests of Two Shallow Reticulated Shells	Int. Journal Solids and Structures,2001, No 38

续表

150	郭小农,沈祖炎	半刚性节点单层球面网壳整体稳定分析	四川建筑科学研究,2004年第1期
151	汤荣伟,沈祖炎,赵宪忠,苏慈	预应力索原长直接求解方法	空间结构,2004年第1期
152	沈祖炎,井泉,罗永峰,朱启忠	某工程大型钢拱结构稳定性分析	结构工程师,2004年第1期
153	陈以一,沈祖炎,翟红,陈扬骥,陈荣毅,杨叔庸,龚模松	圆钢管相贯节点滞回特性的实验研究	建筑结构学报,2003年第6期
154	童乐为,陈以一,郑鸿志,沈祖炎	新白云国际机场航站楼钢管缀板柱足尺试验	同济大学学报:自然科学版,2003年第7期
155	卞若宁,陈以一,赵宪忠,沈祖炎,陈荣毅,吴欣之	空间结构大型铸钢节点试验研究	建筑结构,2002年12期
156	沈祖炎,张立新	基于非线性有限元的索穹顶施工模拟分析	计算力学学报,2002年19卷4期
157	尹彪,赵静,陈以一,沈祖炎	螺旋焊接方、圆钢管短柱试验	钢结构,2002年第1期
158	李元齐,沈祖炎	弧长法中初始荷载增量参数符号确定准则的改进	工程力学,2001年第3期
159	沈祖炎,李元齐	拱支网壳结构的力学性能分析	同济大学学报,2001年29卷第2期
160	沈祖炎,赵宪忠,陈以一	大型空间结构整体模型静力试验的若干关键技术	土木工程学报,2001年34卷4期
161	沈祖炎	《点支式玻璃幕墙工程技术规程》的应用	工程建设标准化,2001年第86期
162	李元齐,沈祖炎	大跨度拱支网壳结构体系及其静力性能研究	浙江大学学报,2001年第6期
163	罗晓群,沈祖炎,张其林	点支式玻璃幕墙中索杆体系的设计	工程建设标准化,2001年第86期
164	杨国伟,沈祖炎	大跨悬挑马鞍形结构空间共同工作性能分析	工业建筑,2001年第6期
165	赵宪忠,陈以一,沈祖炎	双向贯通式钢管节点力学性能的试验研究	工业建筑,2001年第2期
166	赵宪忠,沈祖炎,陈以一,陈扬骥,张晔江	上海东方明珠国际会议中心单层球网壳整体模型试验研究	建筑结构学报,2000年第21卷第3期
167	沈祖炎,李元齐,陈以一	某工程支座节点性能试验研究	建筑结构学报,2000年第6期
168	李元齐,沈祖炎	扰动法在结构分枝失稳分析中的应用	力学季刊,2000年第4期
169	张立新,沈祖炎	预应力索结构中的索单元数值模型	空间结构,2000年第2期
170	沈祖炎,周岱,龚铭	斜拉网壳结构构件单元分析及结构动力特性解	同济大学学报,2000年第2期
171	沈祖炎,赵宪忠	现代大跨度非线性结构体系建筑施工中的关键问题	建筑施工,2000年第3期
172	张立新,沈祖炎,邓长根,李明	铰接杆结构分批张拉的预应力形成	空间结构,2000年第1期
173	李忠学,邓长根,沈祖炎	空间杆系结构非线性动力稳定分析的一种实用算法	上海力学,1999年第2期
174	李忠学,邓长根,沈祖炎	杆系钢结构非线性动力稳定性识别与判定准则	同济大学学报,1999年第1期
175	陈以一,沈祖炎,詹琛,虞晓华,林颖儒	直接汇交节点三重屈服线模型及试验验证	土木工程学报,1999年第6期
176	李忠学,沈祖炎,邓长根,曹文清,卢文胜	钢网壳模型的动力稳定性振动台试验研究	实验力学,1999年第4期
177	李忠学,邓长根,沈祖炎	非线性空间杆系结构的特征分析和动力模态分析	中国学术期刊文摘,1999年第2期
178	唐建民,沈祖炎	悬索结构非线性分析的滑移索单元	计算力学学报,1999年第2期
179	陈以一,沈祖炎等	上海浦东国际机场候机楼R2钢屋架足尺试验研究	建筑结构学报,1999年第2期
180	李国强,沈祖炎等	上海浦东国际机场候机楼R2钢屋盖模型模拟三向地震振动台试验研究	建筑结构学报,1999年第2期
181	詹琛,沈祖炎	圆钢管节点强度计算公式	钢结构,1999年第1期
182	沈祖炎,唐建民	圆形平面轴对称索穹顶结构成形后的刚度计算	同济大学学报,1999年第3期

续表

183	周岱,沈祖炎	斜拉网壳结构的非线性地震响应特性	同济大学学报,1999年第3期
184	周岱,沈祖炎	斜拉网壳结构的构件分析和非线性动力计算	土木工程学报,1999年第6期
185	沈祖炎,李元齐	大跨度拱支网壳结构的弹塑性分析理论及程序编制	空间结构,1999年第4期
186	李元齐,沈祖炎	弧长控制类方法使用中若干问题的探讨与改进	计算力学学报,1998年第4期
187	李元齐,沈祖炎	稳定分析中极值点失稳与分枝点失稳的跟踪策略及程序实现	土木工程学报,1998年第3期
188	李忠学,沈祖炎等	广义位移控制法在动力稳定问题中的应用	同济大学学报,1998年第6期
189	李忠学,邓长根,沈祖炎,等	网壳结构非线性动力稳定性试验分析	中国学术期刊文摘(科技快报),1998年第10期
190	李忠学,邓长根,沈祖炎	杆系钢结构的非线性动力屈曲与稳定性分析	中国学术期刊文摘(科技快报),1998年第6期
191	沈祖炎,陈扬骥,等	上海市八万人体育场屋盖的整体模型和节点试验研究	建筑结构学报,1998年第1期
192	唐建民,沈祖炎	索穹顶结构的静力性状分析	空间结构,1998年第3期
193	罗永峰,滕锦光,沈祖炎	确定结构分支点及跟踪平衡路径的改进弧长法	同济大学学报,1997年第5期
194	沈祖炎,叶继红	运动稳定性理论在结构动力分析中的应用	工程力学,1997年第3期
195	罗永峰,沈永兴,沈祖炎	结构非线性分析中求解预定荷载水平的改进弧长法	计算力学学报,1997年第4期
196	叶继红,沈祖炎	结构阻尼对网壳结构动力稳定性能的影响	工业建筑,1997年第3期
197	叶继红,沈祖炎	单层网壳结构在简单荷载下动力稳定分析	哈尔滨建筑大学学报,1997年第1期
198	叶继红,沈祖炎	初始缺陷对网壳结构动力稳定性能的影响	土木工程学报,1997年第1期
199	董明,钱若军,沈祖炎,等	张力结构的非线性有限元分析	计算力学学报,1997年第3期
200	杨国伟,沈祖炎	环梁刚度对大跨悬臂马鞍形结构空间共同工作性能的影响	工程力学,1997年增刊
201	叶继红,沈祖炎	单层鞍型网壳在地震作用下的动力稳定分析	空间结构,1996年第1期
202	罗永峰,沈永兴,沈祖炎	结构非线性分析中的混合累积求解技术	结构工程师,1996年第4期
203	沈祖炎,高振锋	索网结构几何非线性分析的增量理论	同济大学学报,1996年第4期
204	陈学潮,沈祖炎	网架螺栓球节点锥头的极限承载力和简化公式	同济大学学报,1996年第3期
205	唐建民,沈祖炎	索穹顶结构非线性分析的曲线索单元有限元法	同济大学学报,1996年第1期
206	沈祖炎,李元齐	新型大跨空间结构形式——拱支网壳结构体系	空间结构,1996年第4期
207	罗永峰,胡素娟,胡学仁,沈祖炎	用杆系拱加强的单层柱面网壳稳定性分析	结构工程师,1995年第2期
208	沈祖炎,罗永峰	矩形钢管屋架的试验研究	钢结构,1995年第1期
209	罗永峰,沈祖炎	单层网壳结构弹塑性稳定试验研究	土木工程学报,1995年第4期
210	罗永峰,沈祖炎	网壳结构节点体对其承载性能的影响	同济大学学报,1995年第1期
211	马立明,沈祖炎	大跨空间结构的新型式——张拉索穹顶结构	同济大学学报,1995年第2期
212	钱若军,沈祖炎	索顶结构	空间结构,1995年第3期
213	唐建民,沈祖炎	索穹顶结构成形试验研究	空间结构,1995年第2期
214	沈祖炎,罗永峰	网架结构分析中节点大位移迭加及平衡路径跟踪技术的修正	空间结构,1994年第1期
215	沈祖炎,罗永峰	节点大位移条件下的梁—柱单元坐标转换矩阵	上海力学,1994年第4期

续表

216	沈祖炎,陈学潮	网架结构模型抗震试验研究	土木工程学报,1994年第1期
217	叶继红,沈祖炎	关于劲性索结构计算理论的研究	钢结构,1994年第3期
218	钱若军,沈祖炎	嘉兴电厂干煤棚双层柱面网架分析研究	空间结构,1994年第1期
219	沈祖炎,赵金城,童乐为	钢结构焊接方管节点疲劳性能研究	土木工程学报,1993年第4期
220	童乐为,欧阳可庆,沈祖炎,汤来苏	无节点板钢屋架节点疲劳性能研究	同济大学学报,1993年第4期
221	张其林,陈扬骥,沈祖炎,宋声潘等	102×80米煤棚网壳风压分布的风洞试验研究	特种结构,1993年第4期
222	沈祖炎,童乐为	方管焊接节点的疲劳强度	钢结构,1992年第4期
223	罗永峰,沈祖炎	网壳结构弹塑性大位移屈曲分析	工程力学,1992年增刊
224	沈祖炎	直接焊管结构节点极限承载力计算	钢结构,1991年第4期
225	张其林,沈祖炎	空间桁架弹性大位移的有限元分析	结构工程学报,1991年增刊
226	张其林,沈祖炎	空间桁架结构非线性的增量有限元理论	工程力学,1991年第3期
227	沈祖炎,张志良	焊接方管节点极限承载力计算	同济大学学报,1990年第3期
228	沈祖炎,陈扬骥	关于直接汇交钢管节点的焊缝计算	同济大学学报,1985年第2期
229	沈祖炎,李元齐,罗永峰	Instability Research Of Single Layer Reticulated Shells At Tongji University	Fourth International Conference on Advances in Steel Structures, Shanghai, China, 2005.
230	李元齐, Y. Tamura, 沈祖炎, A. Katsumura	Wind Load and Wind-Resistant Analysis Methods for Large Cantilever Planar Canopy Structures	Fourth International Conference on Advances in Steel Structures, Shanghai, China, 2005.
231	沈祖炎,何庆祥,张凤保	Review of Construction Analysis Methods for Cable-Strut Tensile Structures in China	Fourth International Conference on Advances in Steel Structures, Shanghai, China, 2005.
232	王朝波,赵宪忠,陈以一,沈祖炎	Experimental Study on Cast Steel Joint of South Railway Station in Shanghai	Fourth International Conference on Advances in Steel Structures, Shanghai, China, 2005.
233	苏慈,罗永峰,沈祖炎,陈春晖	Study of Cast Steel Joints in Pudong Cadre Institute	Fourth International Conference on Advances in Steel Structures, Shanghai, China, 2005.
234	罗永峰,洪文明,沈祖炎,高茂远,张荣	Overall Stability of The Large-Scale Steel Structure of Pudong Cadre Institute	Fourth International Conference on Advances in Steel Structures, Shanghai, China, 2005.
235	李元齐,Yukio Tamura,沈祖炎	Dynamic and Equivalent-static Wind-resistant Analysis for single-layer Reticulated shells Based on Wind Tunnel Tests	The Eighth International Symposium on Structural Engineering for Young Experts (ISSEYE-8), Aug. 20-23, 2004, Xi'an, China.
236	李元齐,Yukio Tamura,沈祖炎	Equivalent Static Wind Loading Distribution Estimation for Single-Layer Reticulated Shells in Stability Analysis	IASS-2004, Sep. 20-24, France.
237	李元齐,沈祖炎,Yukio Tamura	Dynamic Behaviors of a Hybrid Structural System: Arch-supported Reticulated Shell Structures	The 2nd International Conference on Steel and Composite Structures (ICSCS'04), Sep. 2-4, 2004, Korea.
238	李元齐,沈祖炎,Yukio Tamura	Order-Reduced Modal Analysis for Single-Layer Reticulated Shells Subjected to Wind Loading Based on the POD Method	The 3rd Int'l Conf. on Advances in Structural Engineering and Mechanics (ASEM'04), Sep. 2-4, 2004, Korea

续表

239	赵宪忠,陈以一,沈祖炎,陈扬骥等	Prestressing and Loading Tests on Full-Scale Roof Truss of Shanghai Pudong International Airport Terminal	Proc. of the Second International Conference on Advances in Steel Structures, Hong Kong, 1999, Dec. 15-17
240	李忠学,沈祖炎等	Nonlinear Dynamic Stability Analysis of Frames under Earthquake Loading	Proc. of the 3rd International Conference on Nonlinear Mechanics, China, 1998, Aug. 17-20
241	陈以一,沈祖炎等	Full Scale Loading Tests on and Analysis of K-CHS Joints	Proc. of 5th International Colloquium on Stability and Ductility of Steel Structures, Japan, 1997, July 29-31
242	沈祖炎,陈扬骥等	Analysis and Experimental Study on the Long Cantilevering Spatial Roof Structure	Proc. of 2nd International Symposium on Structures and Foundations in Civil Engineering, Hong Kong, 1997, Jan. 7-10
243	沈祖炎,刘菁云,赵宪忠	Experimental Study on the Spatial Roof Structure of 80,000-Seat Stadium in Shanghai	Proc. International Conference on Advances in Steel Structures, Hong Kong, 1996, Dec. 11-14
244	徐培征,罗永峰,沈祖炎	The Graphics Recognition of Spatial Grid Structures with AI Methods	Proc. International Conference on Advances in Steel Structures, Hong Kong, 1996, Dec. 11-14
245	罗永峰,沈祖炎	单层网壳结构的稳定性研究	结构与地基国际学术研讨会论文集,中国,杭州,1994年10月
246	沈祖炎,罗永峰	Elasto-Plastic Analysis of Single Layer Reticulated Shells	Proc. 2nd APCCM, Australia, Sydney, 1993, Aug.
247	沈祖炎,朱慈勉,陈扬骥	Comparison and Proposal for Static Strength Formulas of Steel Tubular Joints	Proc. 2nd Shanghai Symposium on Marine Geotechnology and Nearshore Offshore Structures, China, Shanghai, 1985, Oct.

(3) 轻钢结构、构件稳定理论及其他等方面(总158篇)

248	李元齐,李功文,沈祖炎,马越峰,朱少文	冷弯厚壁型钢轴压构件设计可靠度分析[J]	建筑结构学报,2015,05:8-17.
249	李元齐,李功文,沈祖炎,马越峰,朱少文	冷弯厚壁型钢考虑冷弯效应的屈服强度计算方法研究[J]	建筑结构学报,2015,05:1-7.
250	Li Yuanqi, Li Yinglei, Wang Shukun, Shen Zuyan	Ultimate load-carrying capacity of cold-formed thin-walled columns with built-up box and I section under axial compression	Thin-Walled Structures, Volume 79, June 2014, Pages 202-217
251	Zhou Yi, Li Yuanqi, Shen Zuyan, Wang Lei, Yukio Tamura	Numerical analysis of added mass for open flat membrane vibrating in still air using the boundary element method	Journal of Wind Engineering and Industrial Aerodynamics, Volume 131, August 2014, Pages 100-111
252	李元齐,李英磊,王树坤,沈祖炎	冷弯薄壁型钢双肢拼合构件轴压承载力研究[J]	建筑结构学报,2014,12:104-113.
253	杨商飞,郭小农,沈祖炎	钢吊车梁腹板的局部稳定问题浅析[A]	第23届全国结构工程学术会议论文集(第Ⅱ册)[C]. 2014:4.
254	李元齐,刘飞,沈祖炎,王树坤	高强超薄壁冷弯型钢屋架承载性能及设计方法[J]	同济大学学报(自然科学版),2013,02:159-165.
255	李元齐,王莉萍,沈祖炎	基于试验的试件设计指标合理取值方法研究[J]	建筑结构学报,2013,03:124-131.
256	沈祖炎,刘飞,李元齐	高强超薄壁冷弯型钢低层住宅抗震设计方法[J]	建筑结构学报,2013,34(1):44-51.
257	李元齐,刘飞,沈祖炎,申林,秦雅菲.	高强超薄壁冷弯型钢低层住宅足尺模型振动台试验[J]	建筑结构学报,2013,34(1):36-43

续表

258	Li Yuanqi, Shen Zuyan, Yao Xingyou, Ma Rongkui, Liu Fei	Experimental Investigation and Design Method Research on Low-Rise Cold-Formed Thin-Walled Steel Framing Buildings	Journal of Structural Engineering, 2013, 139(5): 818-836.
259	李元齐,刘飞,沈祖炎,何慧文	S350冷弯薄壁型钢龙骨式复合墙体抗震性能试验研究[J]	土木工程学报,2012,12:83-90.
260	李元齐,向虎,沈祖炎	S350冷轧薄板冷弯超薄壁型钢构件设计可靠度分析[J]	建筑钢结构进展,2012,06:21-29.
261	李元齐,向虎,沈祖炎	S280冷轧薄板冷弯型钢构件设计可靠度分析[J]	同济大学学报(自然科学版),2012,08:1154-1162.
262	李元齐,刘飞,沈祖炎,何慧文	S350冷弯薄壁型钢住宅足尺模型振动台试验研究[J]	土木工程学报,2012,10:135-144.
263	Zhou Yi, Li Yuanqi, Shen Zuyan	Numerical Investigation on Added Mass of Circle Membrane Vibrating in Still Air	4th International Conference on Technology of Architecture and Structure (ICTAS 2011). Xian Univ Architecture & Technol, Xian, SEP 22-24, 2011
264	李元齐,姚行友,沈祖炎,王树坤	冷弯薄壁型钢中间加劲板件有效面积计算方法[J]	同济大学学报(自然科学版),2011,11:1563-1568.
265	马荣奎,李元齐,沈祖炎,申林	低层冷弯薄壁型钢龙骨体系抗震性能数值模拟研究现状[J]	结构工程师,2011,04:140-147.
266	姚行友,李元齐,沈祖炎,申林	薄腹工字形截面轴压构件有效面积计算方法比较[J]	建筑结构,2011,08:75-78.
267	翟永梅,王森,沈祖炎	一种快速的震害评估方法——基于区域的遥感影像差值分割提取技术研究[J]	地震研究,2011,02:227-232+254.
268	LI Yuanqi, WANG Lei, SHEN Zuyan, TAMURA Yukio	Added mass estimation of flat membranes vibrating in still air	Journal of Wind Engineering and Industrial Aerodynamics,2011,99(8): 815-824.(SCI/EI收录,No. 2943942000 02)
269	王磊,李元齐,沈祖炎	薄膜振动附加质量试验研究[J]	振动工程学报,2011,02:125-132.
270	李元齐,姚行友,沈祖炎,王树坤,刘翔	高强冷弯薄壁型钢抱合箱形截面受压构件承载力试验研究[J]	建筑结构,2011,06:36-41.
271	Yao Xingyou, Li Yuanqi, Shen Zuyan	Load-Carrying Capacity Estimation Methods for Cold-Formed Steel Lipped Channel Member using Effective Width Method	International Conference on Structures and Building Materials, Guangzhou, 2011
272	姚行友,李元齐,沈祖炎	冷弯薄壁型钢构件畸变屈曲研究现状[J]	结构工程师,2010,05:148-156.
273	李元齐,沈祖炎,王磊,王树坤,刘翔	高强冷弯薄壁型钢卷边槽形截面构件设计可靠度分析[J]	建筑结构学报,2010,11:36-44.
274	李元齐,刘翔,沈祖炎,姚行友,秦雅菲	高强冷弯薄壁型钢卷边槽形截面偏压构件试验研究及承载力分析[J]	建筑结构学报,2010,11:26-35+44.
275	李元齐,王树坤,沈祖炎,姚行友	高强冷弯薄壁型钢卷边槽形截面轴压构件试验研究及承载力分析[J]	建筑结构学报,2010,11:17-25.
276	李元齐,刘翔,沈祖炎,姚行友,秦雅菲	高强冷弯薄壁型钢卷边槽形截面轴压构件畸变屈曲控制试验研究[J]	建筑结构学报,2010,11:10-16.
277	姚行友,李元齐,沈祖炎	高强冷弯薄壁型钢卷边槽形截面轴压构件畸变屈曲性能研究[J]	建筑结构学报,2010,11:1-9.
278	温东辉,沈祖炎,李元齐	冷弯厚壁型钢冷弯效应及残余应力研究进展[J]	结构工程师,2010,01:156-163
279	沈祖炎	中国《钢结构设计规范》的发展历程[J]	建筑结构学报,2010,31(6):1-6.
280	姚行友,李元齐,沈祖炎	高强冷弯薄壁型钢卷边槽形截面轴压构件畸变屈曲性能研究[J]	建筑结构学报,2010,31(11):1-9(EI收录,No. 20104913466129)

续表

281	白洁,罗永峰,贾宝荣,陈晓明,沈祖炎	轮辐式结构施工张拉过程中的结构体系转换[A]	天津大学.第九届全国现代结构工程学术研讨会论文集[C].天津大学:2009:6.
282	刘飞,李元齐,沈祖炎	低层冷弯薄壁型钢结构抗震性能研究综述[A]	天津大学.第九届全国现代结构工程学术研讨会论文集[C].天津大学:2009:8.
283	刘飞,李元齐,沈祖炎	新型冷弯薄壁型钢屋架结构承载力分析[J]	华侨大学学报(自然科学版),2009,06:698-703.
284	刘飞,李元齐,沈祖炎	低层冷弯薄壁型钢龙骨式住宅结构抗震性能研究进展[J]	结构工程师,2009,04:138-144.
285	沈祖炎	《冷弯薄壁型钢结构技术规范》的发展[J]	钢结构,2009,07:55-58.
286	何庆祥,沈祖炎	结构地震行波效应分析综述[A]	中国金属学会.第七届(2009)中国钢铁年会大会论文集(中)[C].中国金属学会:2009:9.
287	何庆祥,沈祖炎	结构地震行波效应分析综述[J]	地震工程与工程振动,2009,01:50-57.
288	赵宪忠,沈祖炎,陈以一	建筑用铸钢节点设计的若干关键问题[J]	结构工程师,2009,25(4):11-18.
289	沈祖炎	《冷弯薄壁型钢结构技术规范》的发展[J]	钢结构,2009,24(7):55-58.
290	Liu Wei, Li Yuanqi, Wang Yanmin, Shen Zuyan	Experimental research on load-carrying capacities of composite wall system with high-strength cold-formed thin-walled structures subjected to compression and bending load	9th International Conference on Steel, Space and Composite Structures. Beijing, OCT 14-15, 2007
291	Liu Fei, Li Yuanqi, Shen Zuyan, Shen Lin, Wang Yanmin	Shaking table test investigation on a full-scale high-strength cold-formed thin-walled steel residential building	9th International Conference on Steel, Space and Composite Structures. Beijing, OCT 14-15, 2007
292	Wang Shukun, Li Yuanqi, Shen Zuyan, Wang Yannnin, Liu Xiang, Wang Lei	Reliability analysis on the axially-compressed member of high strength cold-formed steel structure	9th International Conference on Steel, Space and Composite Structures. Beijing, OCT 14-15, 2007
293	Li Yuanqi, Shen Zuyan, Wang Lei, Wang Yanmin	Analysis and design reliability of axially compressed members with high-strength cold-formed thin-walled steel	Thin-Walled Structures, 2007, 45(4):473-492.
294	刘翔,李元齐,沈祖炎	冷弯薄壁型钢住宅墙体立柱设计方法[A]	天津大学.第六届全国现代结构工程学术研讨会论文集[C].天津大学:2006:4.
295	王树坤,李元齐,沈祖炎	高强冷弯薄壁型钢研究现状[A]	天津大学.第六届全国现代结构工程学术研讨会论文集[C].天津大学:2006:5.
296	沈祖炎,李元齐,王磊,王彦敏,徐宏伟	屈服强度550 MPa高强冷弯薄壁型钢结构轴心受压构件可靠性分析[J]	建筑结构学报,2006,27(3):26-33+41.
297	李元齐,沈祖炎,王磊,王彦敏,徐宏伟	屈服强度550 MPa高强冷弯薄壁型钢结构轴压构件承载力计算模式研究[J]	建筑结构学报,2006,27(3):18-25.
298	李元齐,王磊,沈祖炎,王彦敏,徐宏伟	屈服强度550 MPa高强冷弯薄壁型钢轴压构件承载力设计[J]	建筑结构,2006,08:1-5.
299	沈祖炎,郭小农,李元齐	10 000 kN大型多功能结构试验机系统加载性能检验试验和分析[J]	结构工程师,2006,04:54-59+76.
300	李元齐,王磊,沈祖炎,王彦敏,徐宏伟	屈服强度550 MPa高强钢材冷弯薄壁型钢结构轴压构件承载力设计方法研究[A]	中国力学学会工程力学编辑部.第15届全国结构工程学术会议论文集(第Ⅱ册)[C].中国力学学会工程力学编辑部:2006:4.

续表

301	陈以一,沈祖炎,郑沁宇,陈城	Experimental Study on the Performance of Single Weld Joints in H-Shaped Steel Members	Steel Structures,2002,No. 3
302	张其林,沈祖炎	Spline Function Solution for the Ultimate Strength of Member Structures	Journal of Structural Engineering and Mechanics,1994,No. 2
303	沈祖炎,张其林	Nonlinear Stability Analysis of Steel Members by Finite Element Method	Journal of Engineering Mechanics (ASCE),1992,No. 3
304	沈祖炎,张其林	Interaction of Local and Overall Instability of Compressed Box Columns	Journal of Structural Engineering (ASCE),1991,No. 11
305	沈祖炎,吕烈武	Analysis of Initially Crooked, End Restrained Steel Columns	Journal of Constructional Steel Research,1983,No. 1
306	吕烈武,沈祖炎	Discussion on Proposed Steel Column Strength Criteria	Journal of ASCE Structural,Division ST5,1982
307	吕烈武,沈祖炎	Discussion on Proposed Steel Column Strength Criteria	Journal of ASCE Structural,Division ST7,1982
308	童乐为,沈祖炎	Fatigue Behaviour of L-Section Stiffener to Crossbeam Joints in Orthotropic Steel Bridge Decks	Advances in Structural Engineering-An Inter. J.,1999,No. 4
309	沈祖炎,黄奎生	矩形钢管混凝土轴心受力构件的设计方法	建筑结构,2005年第1期
310	沈祖炎,黄奎生	矩形钢管混凝土偏心受力构件的设计方法	建筑结构,2005年第1期
311	杨有福,韩林海,沈祖炎	矩形钢管混凝土柱的防火保护	建筑结构,2005年第1期
312	汤荣伟,沈祖炎,赵宪忠,苏慈	前处理有向凸多边形智能识别技术研究	结构工程师,2004年第1期
313	陈以一,沈祖炎,韩琳,王赛宁,刘承宗,张松,黄永强	涂醇酸铁红或聚氨酯富锌漆连接面抗滑移系数测定——轻型薄壁钢构件高强度螺栓端板式连接系列研究之一	建筑结构,2004年第1期
314	韩琳,陈以一,沈祖炎,杨永华,刘承宗,王赛宁,王义兵	低抗滑移系数高强度螺栓群的承载性能——轻型薄壁钢构件高强度螺栓端板式连接系列研究之二	建筑结构,2004年第1期
315	陈以一,杨永华,韩琳,沈祖炎	反复弯剪对高强度螺栓端板连接节点抗滑移性能影响——轻型薄壁钢构件高强度螺栓端板式连接系列研究之三	建筑结构,2004年第1期
316	汤荣伟,沈祖炎,赵宪忠,苏慈	前处理有向凸多边形智能识别技术研究	结构工程师,2004年第1期
317	苏庆田,沈祖炎,张其林,黄庆文	不锈钢强度设计值取值的试验和理论依据	建筑结构学报,2003年第1期
318	陈之毅,秦效启,沈祖炎,陈国津	湿混凝土浇筑过程中方钢管混凝土柱侧壁压力的试验研究	建筑结构,2003年第7期
319	李天,李杰,沈祖炎	大系统抗震可靠性分析中的数据应用与处理	世界地震工程,2002年04期
320	王冰,沈祖炎	单层厂房框架三阶柱计算长度系数	钢结构,2002年第6期
321	陈以一,陈城,沈祖炎,郑沁宇	单面焊接H形截面短柱极限承载力研究	建筑结构,2002年第2期
322	陈以一,韩琳,沈祖炎,郑沁宇	单面角焊缝连接的H形钢构件抗剪极限承载力	建筑结构,2002年第9期
323	翟永梅,韩新,沈祖炎	国内外大城市防灾减灾管理模式的比较研究	灾害学,2002年第1期
324	韩新,沈祖炎,曾杰,陈寒根	大型公共建筑防火性能化评估方法基本框架研究	消防科学与技术,2002年第2期
325	沈祖炎,汤荣伟,赵宪忠,杨晶	基于互联网络的钢结构CAI系统的开发	钢结构,2002年第1期
326	韩新,沈祖炎,曾杰,陈寒根	建筑火灾危险性评估性能方法基本框架研究	自然灾害学报,2001年02期
327	沈祖炎,郭小农	对称截面铝合金挤压型材压杆的稳定系数	建筑结构学报,2001年22卷第4期
328	陈以一,沈祖炎,郑沁宇,刘鹏	H型截面构件中单面角焊缝接头的承载性能:I焊缝熔深和接头抗剪承载力试验研究	建筑结构,2001年31卷第2期

续表

329	郑沁宇,陈以一,沈祖炎,刘鹏	H型截面构件中单面角焊缝接头的承载性能:Ⅱ焊接接头抗拉承载力试验	建筑结构,2001年31卷第2期
330	陈之毅,沈祖炎	城市地下空间利用与可持续发展	地下空间,2001年第3期
331	翟永梅,沈祖炎,李文艺	上海市煤气系统和供水系统抗震防灾对策研究	地震研究,2001年第3期
332	翟永梅,徐瑞麟,沈祖炎	面向21世纪的上海城市综合减灾管理模式的探讨	自然灾害学报,2001年第3期
333	程玉民,沈祖炎	加权残数法通用程序包MWRAP的开发技术与工程应用	力学季刊,2000年第4期
334	沈祖炎	方、矩形钢管混凝土在轻钢结构中的应用	结构工程师,2000年增刊
335	王人鹏,沈祖炎等	弹性力学方程的符号表达式系统	同济大学学报,1999年第1期
336	罗永峰,J.G.Teng,沈祖炎	弹性地基上薄壳屈曲中的非线性离散地基模型	同济大学学报,1999年第1期
337	沈祖炎,罗永峰	在役带缺陷空间钢框架结构承载性能分析	空间结构,1998年第1期
338	童乐为,沈祖炎	钢桥面板纵肋现场对焊接头的疲劳性能	同济大学学报,1998年第2期
339	沈祖炎	冷弯薄壁型钢檩条与墙梁的设计	建筑结构,1998年第8期
340	沈祖炎,孙飞飞等	土木工程与计算机仿真	计算机仿真,1998年第1期
341	王恒华,沈祖炎	Qay160全地面起重机吊臂系统在变幅工况下的动力分析	建筑机械,1998年第12期
342	童乐为,沈祖炎	正交异性钢桥面板静力试验和有限元分析	同济大学学报,1997年第6期
343	童乐为,沈祖炎等	城市道路桥梁的疲劳荷载谱	土木工程学报,1997年第5期
344	童乐为,沈祖炎	开口纵肋的正交异性钢桥面板疲劳试验研究	中国公路学报,1997年第3期
345	王恒华,沈祖炎等	平面梁杆结构几何非线性分析的一种简便方法	计算力学学报,1997年第1期
346	王恒华,沈祖炎	平面运动弹性梁杆系统动力分析的实用方法	东南大学学报,1997年土木工程专辑
347	朱慈勉,沈祖炎	薄壁柱相关屈曲分析的混合有限元模型	同济大学学报,1997年第1期
348	程玉民,沈祖炎等	加权残数法通用程序包MWRAP研究	西安公路交通大学学报,1997年增刊
349	程玉民,沈祖炎	一类二阶非线性微分方程解的渐近性态	同济大学学报,1996年第5期
350	王人鹏,沈祖炎	PHIGS图形系统平台与结构CAD系统模型	计算机工程,1996年第6期
351	徐忠根,沈祖炎	样条有限条塑性铰法分析薄板的弯曲极限承载力	上海力学,1996年第2期
352	张其林,沈祖炎	钢杆件极限承载力全过程的样条函数解法	建筑结构学报,1996年第1期
353	沈祖炎,罗永峰	矩形薄板分析的大位移几何非线性有限元线法	上海力学,1995年第3期
354	张其林,沈祖炎	受压槽形截面的屈曲后极限强度	土木工程学报,1995年第2期
355	张其林,沈祖炎	非理想压杆稳定分析的样条函数法	应用力学学报,1994年第2期
356	张其林,沈祖炎	钢构件平面极限强度的样条函数分析法	同济大学学报,1994年增刊
357	沈祖炎	钢结构稳定计算理论的现状及发展趋势	同济大学学报,1994年增刊
358	邓长根,沈祖炎	平面梁杆结构大位移非线性分析方法的改进	同济大学学报,1994年增刊
359	沈祖炎,徐忠根	厚板焊接柱的φ曲线研究	同济大学学报,1993年第2期
360	张其林,沈祖炎,黄站武	轴压钢柱局部稳定的样条函数分析法	上海力学,1993年第2期
361	沈祖炎,郑伟国	结构稳定分析数值积分法	工程力学,1993年增刊
362	沈祖炎,李锦钰,陈扬骥	对九江长江大桥15MnVNq钢重型压杆φ曲线的研究	钢结构,1992年第3期
363	郑伟国,沈祖炎	缀板柱稳定极限承载力的数值积分解法	土木工程学报,1992年第3期

续表

364	沈祖炎,杨宝明	杆系结构全过程非线性分析的全量等弧长法	工程力学,1992年增刊
365	张其林,沈祖炎	轴压薄壁工字形截面柱整体－局部稳定相关作用分析	建筑结构学报,1991年第6期
366	沈祖炎,张其林	受压方管柱的屈曲后极限强度	土木工程学报,1991年第3期
367	沈祖炎,张其林	薄壁钢构件非线性稳定问题的曲壳有限元分析法	土木工程学报,1991年第1期
368	张其林,沈祖炎	薄壁偏压焊接方管柱整体－局部稳定相互作用问题的研究	同济大学学报,1991年第1期
369	沈祖炎	压弯构件在弯矩作用平面内的稳定性计算	钢结构,1991年第2期
370	沈祖炎	单角钢单面联接的承载力计算	钢结构,1991年第1期
371	郑伟国,沈祖炎	结构稳定分析的改进数值积分法	同济大学学报,1990年第4期
372	张志良,沈祖炎	方管节点极限承载力的非线性有限元分析	土木工程学报,1990年第1期
373	张其林,沈祖炎	板壳非线性问题的曲壳有限元法	上海力学,1990年第3期
374	沈祖炎,张其林	H型钢截面竖板的局部稳定研究	结构工程师,1990年第4期
375	沈祖炎,秦效启等	钢管柱整体稳定与局部稳定的研究	上海力学,1988年第4期
376	沈祖炎,陈扬骥,陈学潮	钢结构极限承载力计算的力学模型	同济大学学报,1988年第3期
377	沈德洪,沈祖炎,沈勤斋	箱形截面双向偏心受压构件的稳定极限承载力	土木工程学报,1988年第3期
378	沈祖炎,邓长根	三角形受压翼缘钢梁腹板的屈曲荷载	同济大学学报,1987年第3期
379	沈祖炎,张其林	阶形柱的极限承载力	同济大学学报,1987年第1期
380	沈祖炎,陈以一	考虑单肢轴向变形影响时钢缀板柱承载力的一种理论分析方法	钢结构,1987年第2期
381	丁宽,沈祖炎	薄壁杆弹塑性弯扭失稳的有限元解法	同济大学学报,1986年第4期
382	沈祖炎,陈以一	钢压杆构件弯曲稳定验算的实用相关公式	结构工程师,1986年第1期
383	沈祖炎,胡学仁	单角钢压杆的稳定计算	同济大学学报,1982年第3期
384	沈祖炎	承受冲击压力的钢压杆	同济大学学报,1978年第1期
385	沈祖炎	关于联立一次方程组准确解的列表计算法的讨论	土木工程学报,1958年第1期
386	沈祖炎	关于对称式斜顶坡屋厂房排架的应力分析的讨论	土木工程学报,1956年第2期
387	李元齐,沈祖炎,Yukio Tamura	A Novel Blocking Algorithm for Large-scale Sparse Matrix—Auto-optimizes Blocking & Equivalent Block Method	WCCM VI in conjunction with APCOM'04, Sept. 5-10, 2004, Beijing, China.
388	沈祖炎	A Summary of Chinese Design Codes of Steel Building Structures	The Sixth Japan-China-Korea Symposium on Structural Steel Construction, 2003年11月
389	沈祖炎	矩形钢管混凝土构件承载力设计实用方法	第三界两岸结构与大地工程研讨会,2003年10月
390	童乐为,沈祖炎	Fatigue Strength of L-Section Rib Splice Joints in Orthotropic Steel Bridge Decks	Proc. of Fifth Pacific Structural Steel Conference, Korea, 1998, Oct. 13-16
391	徐忠根,沈祖炎	Analysis of Ultimate Carrying Capacity of Plate Girders by Spline-Finite-Strip and Plastic-Node Method	Proc. International Conference on Advances in Steel Structures, Hong Kong, 1996, Dec. 11-14

续表

392	沈祖炎,郑卫国	A New Numerical Integration Method for the Analysis of Steel Structural Stability	Proc. 4th Pacific Structural Steel Conference, Singapore, 1995, Oct. 25-27
393	沈祖炎,罗永峰	Large Displacement Nonlinear Finite Element Method of Lines-A New Approach for Analysis of Thin-Walled Members	Proc. 4th Pacific Structural Steel Conference, Singapore, 1995, Oct. 25-27
394	沈祖炎,罗永峰	Behavior and Load Carrying Capacity of Steel Trusses in Service with Imperfections	Proc. 4th International Conference on Inspection, Appraisal, Repairs an Maintenance of Buildings and Structures, Hong Kong, 1995, March 28-30
395	沈祖炎	Stability Design Criteria for Steel Structures in China	Proc. 3rd Pacific Structural Steel Conference, Japan, Tokyo, 1992, Oct.
396	张其林,沈祖炎	Elasto-Plastic Large Deflection Solution of Space Trusses By Incremental Finite Element Method	Proc. 3rd Pacific Structural Steel Conference, Japan, Tokyo, 1992, Oct.
397	沈祖炎,丁宽	A New Theory of Thin-Walled Beams Involved the Effects of Shear Deformation	Proc. APCOCM, Hong Kong, 1991, Dec.
398	邓长根,沈祖炎	Direct Least Squares Method and Indirect Least Squares Method for Solving Eigenvalue Problems	Proc. APCOCM, Hong Kong, 1991, Dec.
399	张其林,沈祖炎	Overall and Local Interactive Instability of Axially Loaded Thin-Walled I-Section Columns	Proc. EASEC III, China, Shanghai, 1991, Apr.
400	沈祖炎,张其林	Finite Element Method for Interaction Between Overall and Local Instability of Thin-Walled Steel Members	Proc. 4th International Colloquium Structural Stability, Asian Session, China, Beijing, 1989, Oct.
401	沈祖炎,陈以一	An Experimental Study on the Overall and Local Instability of Tubular Steel Columns Under Axial Compression	Proc. 2nd East Asia-Pacific Conference on Structural Engineering and Construction, Thailand, Chiang Mai, 1989, Jan. 11-13
402	沈祖炎,张其林	Ultimate Strength of Steel Stepped Columns and Steel Stepped Column Frames	Proc. 1st East Asia-Pacific Conference on Structural Engineering and Construction, Thailand, Bangkok, 1986, Jan.
403	吕烈武,沈祖炎	Inelastic Instability Research at Lehigh University	Proc. International Conference on Instability and Plastic Collapse of Steel Structures, 1983, Sep.
404	胡学仁,沈祖炎	Inelastic Stability Analysis of Biaxially Loaded Beam-Columns by the Finite Element Methods	Proc. International Conference on Finite Element Methods, China, Shanghai, 1982, Aug.

(4) 钢管混凝土结构(共16篇)

405	张元植,李元齐,罗金辉,傅学怡,沈祖炎	超大截面钢管混凝土柱分配梁构造节点下压弯构件承载试验研究[J]	土木工程学报,2014,11:45-54.
406	罗金辉,李元齐,张元植,傅学怡,沈祖炎	超大截面钢管混凝土柱分配梁构造节点下轴压荷载传递试验研究[J]	土木工程学报,2014,10:49-60.
407	Shen Zuyan, lei Min, Li Yuanqi, Lin Zhenyu, Luo Jinhui	Experimental Study on Seismic Behavior of Concrete-Filled L-Shaped Steel Tube Columns [J]	Advance in Structural Engineering, 2013, 16(7): 1235-1247.
408	雷敏,沈祖炎,李元齐,罗金辉	异形钢管混凝土柱研究现状[J]	结构工程师,2013,03:155-163.
409	傅学怡,李元齐,雷敏,沈祖炎,罗金辉	超大截面矩形钢管混凝土柱钢-砼共同工作合理构造措施试验研究	土木工程学报,2013,12:33-42.
410	罗金辉,李元齐,沈祖炎,傅学怡	巨型钢管混凝土柱共同工作性能数值分析[J]	同济大学学报(自然科学版),2013,10:1447-1454.

续表

411	张继承,沈祖炎,林振宇	异形钢管混凝土轴压短柱的非线性分析[J]	桂林理工大学学报,2011,01:80-85.
412	Chen Z Y., Shen Z Y	Behavior of L-shaped concrete-filled steel stub columns under axial loading: experiment [J]	Advanced Steel Construction, HKISC, 2010, 6(2): 688-697.
413	张继承,沈祖炎,林震宇,罗金辉	L形钢管混凝土框架结构抗震性能试验研究[J]	建筑结构学报,2010, 31(8): 1-7.
414	张继承,沈祖炎,林震宇,罗金辉	L形钢管混凝土框架结构抗震性能试验研究[J]	建筑结构学报,2010,08:1-7.
415	林震宇,沈祖炎,罗金辉,张继承,李元齐	基于纤维模型有限元柔度法的L形钢管混凝土构件非线性仿真分析[J]	建筑钢结构进展,2010, 12(4): 11-16.
416	林震宇,沈祖炎,罗金辉,张继承	L形钢管混凝土轴压短柱力学性能研究[J]	桂林理工大学学报,2011,01:80-85.
417	林震宇,沈祖炎,罗金辉	反复荷载作用下L形钢管混凝土柱滞回性能研究[J]	建筑钢结构进展,2009,02:12-17.
418	Shen Zuyan, Lin Zhenyu, Luo Jinhui;等	Hysteretic Behaviors of Steel Frames with Concrete-Filled L-shaped Steel Tubular Columns	3rd International Forum on Advances in Structural Engineering. Shanghai, NOV 13-14, 2009
419	沈祖炎,黄奎生	矩形钢管混凝土偏心受力构件的设计方法	建筑结构,2005, 35(1): 5-6.
420	沈祖炎,黄奎生	矩形钢管混凝土轴心受力构件的设计方法[J]	建筑结构,2005, 35(1): 3-4.

(5) 铝合金结构(共7篇)

421	沈祖炎,郭小农,李元齐	铝合金结构研究现状简述[J]	建筑结构学报,2007,06:100-109.
422	郭小农,沈祖炎,李元齐,苏慈	铝合金轴心受压构件理论和试验研究[J]	建筑结构学报,2007, 28(6):118-128.
423	郭小农,沈祖炎,李元齐,苏慈	铝合金受弯构件理论和试验研究[J]	建筑结构学报,2007, 28(6): 129-136.
424	沈祖炎,郭小农,李元齐	铝合金偏心受压构件理论和试验研究[J]	建筑结构学报,2007, 28(6): 136-146.
425	沈祖炎,郭小农,李元齐	铝合金结构构件可靠度分析[J]	建筑结构学报,2007, 28(6):147-152.
426	沈祖炎,郭小农	铝合金结构构件的设计公式及其可靠度研究[J]	建筑钢结构进展. 2007, 9(6): 1-11.
427	郭小农,沈祖炎,李元齐,苏慈	国产结构用铝合金材料本构关系及物理力学性能研究[J]	建筑结构学报,2007, 28(6): 110-117.

(6) 其他(共26篇)

428	沈祖炎,李元齐,张元植	绿色建筑与钢结构[J]	武汉勘察设计,2014,04:26-28.
429	沈祖炎,王烨华,李元齐	结构创新与优秀设计(一~十一)[N]	中国建设报,2013-07-01008.
430	沈祖炎	促进我国建筑钢结构产业发展的技术政策研究[N]	建筑时报,2013-01-14003.
431	李元齐,沈祖炎	建筑工业化建造产业发展的技术政策思考(三)[N]	中国建设报,2013-02-04008.
432	李元齐,沈祖炎	建筑工业化建造产业发展的技术政策思考(二)[N]	中国建设报,2013-01-28008.
433	李元齐,沈祖炎	建筑工业化建造产业发展的技术政策思考(一)[N]	中国建设报,2013-01-14008.
434	沈祖炎,王烨华,李元齐	论结构创新[J]	同济大学学报(自然科学版),2010, 38(1):1-11.
435	沈祖炎	必须还钢结构轻、快、好、省的本来面目[J]	钢结构与建筑业,2010,11-21.
436	沈祖炎,李元齐	促进我国建筑钢结构产业发展的几点思考[J]	建筑钢结构进展.2009,11(4):15-21.
437	沈祖炎,温东辉,李元齐	中国建筑钢结构技术发展现状及展望[J]	建筑结构,2009,39(9):15-24.
438	沈祖炎	土木工程专业创新型人才培养的思考[A]	中国土木工程学会教育工作委员会.高等学校土木工程专业建设的研究与实践——第九届全国高校土木工程学院(系)院长(主任)工作研讨会论文集[C].中国土木工程学会教育工作委员会,2008:8.

沈祖炎教授指导的研究生、博士后名录

博士后(7人)

马立明,王人鹏,程玉明,黄靖宇,周岱,宋振森,吴艾辉

博士研究生名单(63)

1984级:邓长根,张其林,丁宽

1985级:李国强

1986级:朱慈勉,赵晓林

1987级:丁洁民

1988级:罗永峰,陈以一

1989级:郑伟国,童乐为,卢钢

1990级:徐忠根,王依群

1991级:赖朝旭,叶继红,杨宝明,黄靖宇

1992级:赵金城,王恒华

1993级:高振峰,唐建民

1994级:曹文衔,董宝

1995级:李元齐,韩新,李忠学,赵宪忠,孙飞飞

1996级:易天倚,杨巧虹

1997级:陈荣毅,李天

1998级:张立新

1999级:蒋兆栋,吕方宏

2000级:黄奎生

2001级:彭兴黔,赵卫东,郭小农,汤荣伟,雷淑忠

2002级:苏慈

2003级:何庆祥,陈猛,翟永梅

2004级:林振宇,罗金辉

2005级:张继承,刘彦君

2006级:刘飞,王磊

2007级:王烨华

2008级:雷敏,温东辉

2009级:陈雨,周祎

2010级:马俊

2011级:张元植

2012级:相阳

2013级:徐征杰

2014级:刘天鸢

2015级:应宇垦

硕士研究生名单(70)

1982级:丁宽,邓长根,张其林,沈德洪

1983级:岳昌智

1984级:丁洁民,王革

1985级:陈以一,张志良,孙晓红,于之绰,郑伟国

1986级:孙宏,于勇,卢钢

1987级:徐忠根,章俊彦,陈雨禾,赵金城

1988级:黄站武,吴亦茜,杨宝明,刘杰

1989级:杨巧虹,李德章,余军,俞品高

1990级:陈叶军,高振峰,宋博通

1991级:荆宜洪,俞奇松,张晓光

1992级:高茂远,高圣彬,孙玉萍,石建军

1993级:倪建公,虞晓华,童向东,刘青芸

1994级:毕明东,郑沂,王苏南

1995级:江健,应宇垦,杨国伟,苏国维,唐扬

1996级:罗江,李华静,龚铭

1997级:罗晓群,陈英时

1998级:郑沁宇,郭小农

1999级:汤荣伟,沈苏

2000级:陈之毅,王冰,刘晓

2001级:井泉,杨晶

2002级:周海军,林柳

2003级:罗宇,庄建荣,张辛

2004级:王树坤,刘翔

主 要 成 果

表 1 沈祖炎教授主持的重要科学技术研究课题(部分)

序号	课题名称	经费来源	开始时间	截止时间
1	超高层建筑结构体系及其需要解决的力学问题	国家自然科学基金委员会重大项目课题	1999-01	2002-12
2	新型张力空间结构体系的基础理论和共性技术研究	国家自然科学基金委员会重点项目子课题	2007-01	2010-12
3	反映高层建筑结构体系施工误差及损伤累积的仿真系统	攀登计划子课题	1995-01	1999-12
4	新型空间结构的强度、稳定性和动力性研究	国家自然科学基金委员会跟踪项目	1991-01	1993-12
5	绿色土建工程发展战略研究	国家自然科学基金委员会 & 中国工程院联合专项课题	2015-01	2018-12
6	冷弯型钢构件抗火性能及设计方法研究	国家自然科学基金委员会面上项目	2015-01	2018-12
7	新型冷弯厚壁型钢构件设计基本理论	国家自然科学基金委员会面上项目	2012-01	2015-12
8	新型超薄壁冷弯型钢结构抗震性能研究	国家自然科学基金委员会面上项目	2009-01	2011-12
9	空间网格结构的稳定性、极限承载力和合理整体的研究	国家自然科学基金委员会面上项目	1987-01	1989-12
10	高层钢结构空间刚架稳定研究	国家自然科学基金委员会项目	1988-03	1990-12
11	大型通用结构分析程序	科技部国家攻关项目子课题	1986-01	1989-12
12	促进我国建筑钢结构产业快速、健康发展的技术政策研究	中国工程院学部级咨询课题	2009-01	2010-12
13	现代建筑钢结构的静动力非线性理论、关键技术研究及产业化	上海市重点学科	2002-01	2004-12
14	新型高强超薄壁冷弯型钢基本构件畸变屈曲机理及控制研究	国家教委博士点基金	2009-01	2011-12
15	大跨度拱支网壳结构稳定性研究	国家教委博士点基金	1994-09	1997-02
16	高层建筑钢结构抗火计算与设计理论研究	国家教委博士点基金	1992-09	1995-02
17	钢杆件中板件局部稳定及极限承载力研究	国家教委博士点基金	1990-09	1993-02
18	超高层钢结构节点研究	国家教委博士点基金	1987-09	1990-01
19	冷弯薄壁型钢受压构件局部稳定与整体稳定相互影响研究	中央部委	1988-04	1990-12
20	冷弯薄壁型钢结构节点疲劳强度的研究	中央部委	1988-04	1990-12
21	促进我国建筑钢结构产业快速、健康发展的技术政策研究	中国工程院学部级咨询课题	2009-04	2010-12
22	铝合金格构结构成套技术研究与开发	上海市建设技术发展基金会	2004-10	2005-06
23	预应力空间网格结构应用研究	上海市建委	1998-09	2000-09
24	空间网络结构新型节点和CAD研究	上海市建委	1991-10	1994-10
25	网架结构的抗震研究	上海市建委	1988-06	1991-06
26	高层建筑钢结构设计研究	上海市建委	1988-01	1990-12
27	单调静力和反复荷载作用下空间相贯节点力学性能实验研究	广州市建委	2001-08	2002-03

续表

序号	课题名称	经费来源	开始时间	截止时间
28	城市高架桥疲劳荷载谱及钢梁疲劳研究	上海市建委	1993-07	1995-03
29	防撞栏杆结构型式的研究	上海市建委	1991-08	1992-08
30	望亭亚临界300Mw螺旋管水冷壁锅炉CAD	上海市重大工程建设办公室	1991-08	1993-12
31	方钢管混凝土结构研究(国际合作)	日本滕田建筑技术研究所	1996-06	1998-06
32	火电厂主厂房坑震性能研究	华东电力设计院	2002-01	2002-12
33	伊朗活电厂工程设计技术支持和抗震分析	华东电力设计院	2000-02	2000-12
34	上海460米广播电视塔抗震工程试验研究	华东建筑设计院	1991-03	1992-12
35	浦东干部学院建设工程关键技术研究	上海市科委	2004-11	2005-12
36	高耸与复杂钢结构检测与鉴定技术标准	住宅与城乡建设部标准定额司	2009-01	2011-12
37	低层冷弯薄壁型钢建筑技术规程	中国建筑标准设计研究院	2007-01	2009-12
38	高层建筑钢结构设计与施工规程	中国建筑技术发展中心	1990-11	1991-12
39	轻型钢结构技术规程	上海市建筑建材业市场总站	2007-01	2009-12
40	《高耸与复杂钢结构检测与鉴定技术标准》	国家标准编制	2009-01	2011-12
41	上海高层建筑钢结构设计规定:钢结构研究	上海市机电设计研究院	1988-01	1989-12
42	上海高层建筑钢结构设计规定:钢结构研究	上海市机电设计研究院	1988-01	1989-12

表2　　沈祖炎教授主编及参编的技术标准

序号	规程名称	类型	主编/参编	备注(获奖情况)
1	《高耸与复杂钢结构检测与鉴定技术标准》	国家标准	主编	已报批
2	《钢结构设计规范》	国家标准	参编	1992年冶金部科技进步一等奖
3	《冷弯薄壁型钢结构技术规范》(GBJ 18—87) 《冷弯薄壁型钢结构技术规范》(GB 50018)	国家标准	参编	第一版,技术负责,1990年国家科技进步三等奖 第二版,2005年华夏建设科技进步二等奖 第三版在修编中
4	《低层冷弯薄壁型钢房屋建筑技术规程》(JGJ 227—2011)	行业标准	主编	
5	《高层民用建筑钢结构技术规范》	行业标准	参编	
6	《高层建筑钢结构设计暂行规定》 《高层建筑钢结构设计规程》	上海市	主编 主编	国内第一本高层钢结构设计标准
7	《轻型钢结构设计规程》	上海市	主编	国内第一本轻钢结构设计标准
8	《轻型钢结构技术规程》	上海市	主编	
9	《高层建筑钢——混凝土混合结构设计规程》	上海市	参编	2004年上海市科技进步二等奖
10	《钢结构制作工艺规程》	上海市	参编	
11	《轻型钢结构制作及安装验收规程》	上海市	参编	
12	《矩形钢管混凝土结构技术规程》	CECS	主编	
13	《点支式玻璃幕墙工程技术规范》	CECS	主编	
14	《建筑铸钢节点技术规程》	CECS	主编	
15	《异性钢管混凝土结构技术规程》	CECS	主编	编制中
16	《门式钢架轻型房屋钢结构技术规程》	CECS	参编	2003年华夏建设科技进步二等奖

表3 沈祖炎教授负责研究的重大工程(部分)

序号	工程名称	地点	内容及贡献	备注(获奖情况)
1	上海中心	上海	结构体系优化和抗震性能研究	
2	上海环球金融中心	上海	上海环球金融中心(高490 m)节点抗震性能研究,为罕遇地震分析提供重要依据	
3	上海东方明珠电视塔	上海	上海东方明珠电视塔抗震性能研究,为整体结构抗震性能评价及在罕遇地震下的分析提供了依据	建设部科技进步二等奖
4	上海体育场	上海	上海体育场钢管空间屋盖结构整体受力性能和节点强度研究,该研究为大型工程中采用直接汇交相关节点起了相当的推动作用	上海市科技进步二等奖
5	浦东国际机场Ⅰ期航站楼	上海	浦东国际机场航站楼钢结构整体受力非线性分析、抗震分析和80米跨张弦拱屋架的非线性分析和足尺实验研究,该研究为在大跨度结构中采用张弦拱屋架起了有力推动作用	上海市科技进步二等奖
6	浦东国际机场Ⅱ期航站楼	上海	浦东国际机场二期工程向心关节轴承的试验研究,航站楼钢结构整体弹性及弹塑性抗震分析;为工程设计提供了依据	
7	上海大剧院	上海	上海大剧院整体静力、抗震性能、支座连接构造及受力性能研究,并对整体提升施工进行全过程跟踪分析,为结构抗震性能提供确切数据,提供了节点强度和刚度分析方法,并对提升设施提供设计方法,节省钢材达上千吨	上海市科技进步二等奖
8	上海南火车站	上海	上海南火车站276 m大屋盖整体稳定及抗震分析,为设计提供了重要依据	
9	上海东方艺术中心	上海	上海东方艺术中心180 m×120 m竖曲面钢结构整体稳定研究,并提出满足整体稳定要求的建议,为法国设计方接受	
10	中国浦东干部学院	上海	中国浦东干部学院300 m×50 m钢屋盖整体稳定及抗震研究,保证了安全	
11	上海国际会议中心	上海	肋环形网壳结构强度及稳定分析	
12	平安大厦	上海	对日本建设公司设计的平安大厦(38层,平面特别不规则的复杂高层钢组合结构)进行优化,系统改进了原结构设计,并节省钢材8.7%	
13	上海植物展览温室试验研究	上海	焊接及螺栓混合连接节点及子结构受力性能研究,为工程设计提供依据	
14	上航1#机库网架施工演算	上海	上航1#机库网架施工过程分析,为施工安全提供了保障	
15	中央电视台新楼	北京	中央电视台新楼巨型组合柱抗震性能研究,为罕遇地震分析提供重要参数	
16	国家大剧院	北京	国家大剧院钢网壳中方安装方案的整体受力性能、非线性稳定和抗震验算,研究成果使法国设计方接受中国安装方案	
17	北京大飞轮	北京	北京大飞轮结构设计复核与施工阶段结构验算,为设计及施工安全提供了保障	
18	嘉兴发电厂干煤棚	浙江嘉兴	嘉兴发电厂干煤棚103.5 m柱面网壳选型、非线性分析及整体稳定研究,比传统体系省钢30%~40%,推动了这类结构体系在干煤棚中的应用	国家电力公司科技进步三等奖

续表

序号	工程名称	地点	内容及贡献	备注(获奖情况)
19	杭州国际会议中心	浙江杭州	杭州国际会议中心结构计算与分析,为结构设计安全提供了保障	
20	温州大剧院结构静动力分析	浙江温州	温州大剧院钢结构静力分析,为结构设计安全提供了保障	
21	深圳市民中心	广东深圳	深圳市民中心 480 m×150 m 大屋盖抗风研究,并提出优化建议,研究成果为技术招标文件采用	
22	广州新体育馆	广东广州	广州新体育馆 160 m×110 m 钢屋盖整体分析和稳定性研究,并提出保证结构稳定性的改进建议,为法国设计方接受	
23	东莞大剧院结构动力分析	广东东莞	东莞大剧院钢结构动力分析,为结构抗震设计提供了依据	
24	南京奥体中心	江苏南京	南京奥体中心 362m 斜拱钢屋盖结构静动力承载力校核和整体稳定性分析,改进了原设计	
25	福建省运会体育场馆	福建莆田	福建省莆田市省运会体育馆、游泳健身馆风洞试验及风荷载分析,完成了全部结构设计,为结构安全提供了保障	
26	特多国家艺术中心	特多	特多国家艺术中心风洞试验及风荷载分析,为结构抗风设计提供了参数和依据	

表 4　沈祖炎教授承担超限高层建筑抗震设防专项审查的重大工程(部分)

序号	工程名称	审查日期	建设地点
1	长峰商城(59层)	2002年6月6日	上海
2	黄金置地大厦(41层)	2003年6月20日	上海
3	绿洲仕格维花园(48层)	2003年8月27日	上海
4	上海环球金融中心(101层)	2003年9月1日	上海
5	上海外滩中信城(43层)	2003年9月12日	上海
6	中央电视台新主楼(51层)	2004年1月7日	北京
7	港汇广场 OT1/OT2 楼(50层)	2004年1月15日	上海
8	大上海会德丰广场(58层)	2004年2月13日	上海
9	虹口商城(41层)	2004年3月25日	上海
10	陆家嘴金融贸易区 B3-5 地块发展大厦(46层)	2004年6月15日	上海
11	长城大厦(46层)	2005年4月29日	上海
12	上海旗忠网球中心(大跨度)	2005年11月3日	上海
13	上海港客运中心客运综合楼(特别不规则建筑)	2005年12月9日	上海
14	上海陆家金融贸易区 X2 地块南塔楼(53层)和北塔楼(58层)	2006年1月16日	上海
15	华敏帝豪大厦(63层)	2006年3月1日	上海
16	上海外滩中信城 B1 地块主楼(47层)	2006年6月28日	上海
17	宝矿国际广场(48层)	2006年9月8日	上海
18	世博轴及地下综合体(1 045 m 长)	2007年7月18日	上海
19	浦东国际机场东航机库(156.76 m×81.5 m)	2007年7月26日	上海
20	嘉里静安综合发展项目南区南塔楼(>57层)	2007年10月19日	上海

续表

序号	工程名称	审查日期	建设地点
21	中国2010年上海世博会主题馆(288 m×180 m)	2008年2月29日	上海
22	世博轴膜结构屋顶、阳光谷(840 m×97 m)	2008年4月3日	上海
23	贵阳奥体中心主体育场顶棚钢结构(283 m跨)	2008年7月8日	贵阳
24	中国2010年上海世博会中国馆A区	2008年7月28日	上海
25	京沪高速铁路上海虹桥站新建工程	2008年7月30日	上海
26	2010年上海世博会以色列馆(特别不规则建筑)	2009年2月10日	上海
27	2010年上海世博会挪威馆	2009年3月2日	上海
28	上海中心大厦专项预审(120层,632 m)	2009年3月29日	上海
29	东方体育中心游泳馆(复杂结构)	2009年4月24日	上海
30	东方体育中心综合体育馆、室外跳水馆(复杂结构)	2009年4月27日	上海
31	上海中心大厦群房(西侧)(特别不规则建筑)	2009年8月18日	上海

表5　　沈祖炎教授部分优秀教材

教材名称	作者	出版社	出版年	入选规划或获奖情况
《土木工程概论》	沈祖炎	中国建筑工业出版社	2009	
《钢结构基本原理》	沈祖炎、陈扬骥、陈以一	中国建筑工业出版社	2000 2005(二版)	"十五"国家级规划教材 教育部全国高等学校优秀教材一等奖(2002年)
《房屋钢结构设计》	沈祖炎、陈以一、陈扬骥	中国建筑工业出版社	2006	"十一五"国家级规划教材 全国精品教材(2009年)
《网架与网壳》	沈祖炎等	同济大学出版社	1997	
《钢结构学》	沈祖炎等	中国建筑工业出版社	2005	国家科学技术学术著作出版基金资助
《钢结构》 (全国推荐教材)	欧阳可庆、沈祖炎、王肇民等	建筑工程出版社	1991	国家级教学成果奖二等奖(1997年) 全国普通高等学校建设部优秀教材奖(1996年)

表6　　沈祖炎教授获奖励情况

获奖时间	获奖项目名称	奖项名称	奖励等级及排名	授奖部门
国家级科技进步奖				
1996 1995	新型空间结构的强度、稳定性和动力性能的研究	科技进步奖	三等奖(2) 二等奖(2)	国家 教育部
1993 1992	高层建筑钢结构成套技术	科技进步奖	二等奖(4) 一等奖(4)	国家 建设部
1990 1989	冷弯薄壁型钢结构技术规范(GBJ 18—87)	科技进步奖	三等奖(5) 一等奖(5)	国家 湖北省
省部级科技进步和自然科学奖				
1990	空间网格结构的稳定性、极限承载力及合理形体的研究	科技进步奖	一等奖(1)	教育部
2008	现代多高层钢结构设计的若干技术理论	自然科学奖	一等奖(1)	教育部
2002	钢结构框架体系分析理论与计算机辅助设计	科技进步奖	一等奖(2)	教育部
2010	多高层建筑钢结构抗震关键技术研制与应用	科学技术奖	一等奖(2)	上海市
2010	多高层建筑钢结构抗震关键技术研制与应用	科学技术奖	一等奖(2)	上海市

续表

获奖时间	获奖项目名称	奖项名称	奖励等级及排名	授奖部门
2004	高参数大容量大电厂设计技术研究	科技进步奖	一等奖(2)	国家电力公司
1992	《钢结构设计规范》国家标准(GBJ 17—88)	科技进步奖	一等奖(12)	冶金部
1985	双向压弯构件弹塑性稳定及压弯构件相关公式的研究	科技进步奖	二等奖(1)	教育部
1996	空间网架结构关键技术研究	科技进步奖	二等奖(1)	上海市
2004	《高层建筑钢-混凝土混合结构设计规程》及其科学研究与工程实践基础	科技进步奖	二等奖(2)	上海市
2000	浦东国际机场航站楼大跨度预应力钢屋盖的试验研究	科技进步奖	二等奖(2)	上海市
1998	上海体育场马鞍型环状大悬挑钢管空间屋盖结构研究	科技进步奖	二等奖(3)	上海市
1999	上海大剧院屋盖钢结构设计与研究	科技进步奖	二等奖(5)	上海市
2005	《冷弯薄壁型钢结构技术规范》GB 50018—2002	华夏建设奖	二等奖(2)	建设部
1994	上海广播电视塔地震工程试验研究	科技进步奖	二等奖(2)	建设部
2003	《门式刚架轻型房屋钢结构技术规程》CECS102:2002	华夏建设奖	二等奖(3)	建设部
2000	现代钢结构非线性分析及CAD软件	科技进步奖	二等奖(5)	中国高校
2000	重大土木工程安全性与耐久性的基础研究	科技进步奖	二等奖(6)	中国高校
1996	高层建筑钢结构非线性分析理论	科技进步奖	三等奖(1)	教育部
2005	H型钢T型接头单面焊缝力学性能研究及结构工程应用	科技进步奖	三等奖(1)	上海市
2004	上海重特大火灾与化学事故安全管理关键技术研究	科技进步奖	三等奖(1)	上海市
1999	空间钢结构杆系统CAD软件-3D3S	科技进步奖	三等奖(1)	上海市
1998	上海市抗灾救灾组织指挥体系、滚动规划与信息数据库的研究	科技进步奖	三等奖(1)	上海市
1993	上海市抗灾救灾现状、科研发展系统规划与装备发展研究	科技进步奖	三等奖(1)	上海市
1991	高层建筑钢结构设计理论研究	科技进步奖	三等奖(1)	上海市
1986	钢管节点承载力与焊缝计算研究	科技进步奖	三等奖(1)	上海市
2000	上海市防震减灾应急决策系统(GIS应用)研究	科技进步奖	三等奖(2)	上海市
2013	冷弯薄壁型钢住宅成套关键技术研究	科技进步奖	三等奖(7)	住建部
2000	大跨度干煤棚结构选型研究	科技进步奖	三等奖(2)	国家电力公司
国家级教学成果和优秀教材奖				
2014 2013	20年磨一剑——与国际实质等效的中国土木工程专业评估制度的创立与实践	教学成果奖	一等奖(2) 特等奖(2)	国家级 上海市
2014 2013	全方位监控、多阶段跟踪、持续性改进、本研全覆盖的质量保证体系建设与实践	教学成果奖	二等奖(1) 特等奖(1)	国家级 上海市
2009 2009	《钢结构学科创新型人才培养教学体系建设》	教学成果奖	二等奖(1) 特等奖(1)	国家级 上海市
2001 2001	《土建类专业人才培养方案及教学内容体系改革的研究与实践》	教学成果奖	二等奖(1) 一等奖(1)	国家级 上海市
1989	"钢结构系列课程建设"	教学成果奖	优秀奖(1)	国家级
2002	《钢结构基本原理》	优秀教材奖	一等奖(1)	国家级
1997	《钢结构》	教学成果奖	二等奖(2)	国家级
1988 1987	《多层及高层房屋结构设计》上、下册	优秀教材奖	优秀奖(1) 一等奖(1)	国家级 城乡建设环境保护部

续表

获奖时间	获奖项目名称	奖项名称	奖励等级及排名	授奖部门
省部级教学成果和优秀教材奖				
2009	《全方位监控、循环闭合的本科教学质量保证体系的构建与实践》	教学成果奖	一等奖(2)	上海市
1995	《桥梁结构稳定与振动》	优秀科技图书部级奖	一等奖	铁道部
1996	《钢结构》	优秀教材奖	一等奖(2)	建设部
1990	《钢结构构件稳定理论》	优秀科技图书部级奖	一等奖(3)	建设部
个人荣誉奖				
2006	全国第二届高等学校教学名师奖	教育部		
2001	全国模范教师	教育部人事部		
1988	中青年有突出贡献专家	人事部		
1990	政府特殊津贴	国务院		
2015	终身成就奖	中国钢结构协会		
2010	中国2010年上海世界博览会荣誉纪念	中国2010年上海世界博览会执行委员会		
1991	上海市科技教育部精英提名奖	上海市科学技术协会		
1990	全国高等学校先进科技工作者	国家教委科技委		
1987	上海市先进教育工作者	上海市高等教育局		
1995	第二届上海市高校优秀导师	上海市高等教育局		
1991	上海市重点工业项目会战先进工作者	上海市科重点工业会战领导小组		

编 后 语

经过一段时间的努力,《明师厚德　钻坚仰高——沈祖炎教授从教60周年纪念文集》终于编辑完毕。

作为沈祖炎院士的学生,我们全体编辑组的成员都曾在不同的时段、不同的场合受到过先生的指导和培养。在编辑过程中,读着这一行行文字、看着这一幅幅图片,我们仿佛又回到了课堂、报告厅、试验室和工地,再次聆听先生或和风细雨、或掷地有声的谆谆教诲,再次感受和体会沈先生呕心沥血为培养中国土木工程建设人才的辛勤耕耘和为推动钢结构学科发展及中国钢结构行业进步奔走呼喊的拳拳之心。我们努力希望不遗漏先生的每一条真知灼见、每一句至理名言,不遗漏每一个得到他教诲和影响的学子及同仁的崇敬之意。但是,限于时间和学识水平,这本文集依然不能完整地囊括和体现沈先生高屋建瓴、如春风化雨、润物无声的全部教育思想,不能完整地表达所有后学晚辈高山仰止般的感念之情,挂一漏万在所难免。为此,我们真诚地希望读者给予原谅。

借此,我们对同济大学宣传部、同济大学出版社、同济大学档案馆以及所有在编辑本书过程中给予我们关心、帮助和支持的朋友们表示衷心的感谢!

纪念文集编辑委员会

2015 年 10 月 20 日

2006年沈祖炎在同济大学土木楼办公室

1987年沈祖炎和夫人张逸芬合影

沈祖炎和夫人张逸芬合影

2001年沈祖炎和南洋模范中学高中同班同学合影

沈祖炎和夫人张逸芬在厦门老君岩前合影

沈祖炎、沈世钊在美国里海大学与吕烈武教授的研究生合影

1994年沈祖炎在伦敦

沈祖炎和董石麟院士合影

沈祖炎在办公室

沈祖炎查阅外文文献

沈祖炎和夫人在日本Nakashima教授家做客

沈祖炎和他南洋模范中学高中老师李亚辉老师在一起

沈祖炎和哥哥、姐姐们合影

2013年沈祖炎看望西安建筑科技大学陈绍蕃先生

2005年《铸钢节点应用技术规程》编委合影

2012年《高耸与复杂钢结构检测与鉴定技术标准》审查会合影

2012年沈祖炎参加同济大学建工系教授会合影

沈祖炎、李国豪及原上海市副市长倪天增出席上海防灾救灾研究所成立大会

沈祖炎和同济大学前党委书记周家伦

2010年参加同济大学建工系钢结构教学研讨会

沈祖炎、吴启迪校长参加博士生毕业典礼

2005年沈祖炎当选院士后的座谈会

2006年获得国家级教学名师

参加天津大学土木工程专业评估

沈祖炎参加教育部直属院校教育研究协作组第四届年会

沈祖炎、董石麟参观建工系系史陈列室

沈祖炎、童乐为与钢之杰签署院士工作站协议

2004年沈祖炎和原上海市人大常委会主任陈铁迪等在同济大学校园

1996年沈祖炎和李国豪校长等土木工程防灾国家重点试验室成员合影

2007年同济百年校庆时参观系史展示厅

第三届土木工程光华论坛合影

2010年高铁虹桥站工程建设研讨会

沈祖炎和董石麟院士等与外国专家交流

沈祖炎指导上海八万人体育场钢屋盖整体模型试验

沈祖炎在浦东国际机场钢屋架试验现场

沈祖炎作学术报告

上海院士团队参观世博会中国馆

沈祖炎与陈以一、邓长根以及外国学者合影

沈祖炎与陈以一主持国际会议

沈祖炎和美国工程院院士Galambos教授在一起

沈祖炎和尹衍梁先生在台湾参观钢筋混凝土预制构件厂

沈祖炎在上海大剧院钢屋盖整体提升现场

沈祖炎主持国际会议

1997年沈祖炎和孙均、项海帆院士等参加国际研讨会

2001年沈祖炎在第五届中日建筑结构交流会上作报告

1999年沈祖炎和胡绍隆在上海浦东国际机场施工现场

2002年沈祖炎在ICASS国际会议作报告

沈祖炎和张中权等冷弯薄壁型钢结构技术规范组成员

沈祖炎和周绪红院士等冷弯薄壁型钢结构技术规范组成员合影

1995年讨论钢结构问题

1995年讨论钢结构工程问题

《矩形钢管混凝土结构技术规程》审查会合影

《空间网格结构技术规程》审查会合影（审查委员会主任）

2009年《低层冷弯薄壁型钢房屋建筑技术规程》审查会

2009年《高耸与复杂钢结构检测与鉴定技术标准》编制组合影

《矩形钢管混凝土结构技术规程》审查会合影

《空间网格结构技术规程》审查会合影(审查委员会主任)

2009年《低层冷弯薄壁型钢房屋建筑技术规程》审查会

2009年《高耸与复杂钢结构检测与鉴定技术标准》编制组合影

沈祖炎精工奖学金颁发

2009年建筑工程系工程教育改革校企研讨会

同济大学本科教学质量保证体系研究组成员合影

土木工程防灾国家重点试验室立项审查委员会合影

1992年沈祖炎与罗永峰、朱慈勉博士毕业合影

1994年沈祖炎与李国强参观日本试验室

1995年沈祖炎与学生李元齐毕业合影

沈祖炎与研究生赵金城合影

1998年沈祖炎与陈以一、李国强合影

2005年沈祖炎与陈以一合影

2002年沈祖炎指导博士后宋振森

2005年沈祖炎与研究生汤荣伟、黄奎生毕业合影

2007年同济百年校庆时沈祖炎与童乐为合影

2011年沈祖炎夫妇与李国强、陈以一在庐山

2003年沈祖炎与他担任班主任的63届学生合影

2005年沈祖炎与他的学生合影

2004年沈祖炎与硕士生井泉毕业合影

沈祖炎指导博士后王人鹏

沈祖炎与张其林合影

1997年沈祖炎与高圣彬、刘青芸在日本名古屋参观交流

2014年沈祖炎、夫人张逸芬与罗金辉合影

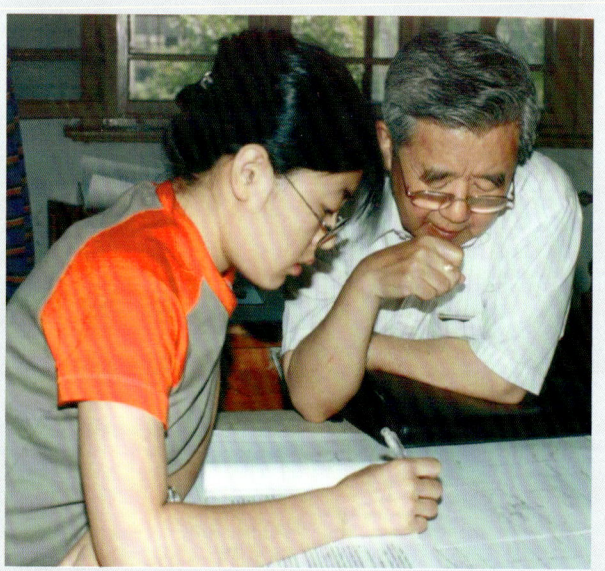
沈祖炎指导学生课程设计